Wolfgang Stelly · Jürgen Thomas

Einmal Verbrecher – immer Verbrecher?

Wolfgang Stelly · Jürgen Thomas

Einmal Verbrecher – immer Verbrecher?

Springer Fachmedien Wiesbaden GmbH

Die Deutsche Bibliothek – CIP-Einheitsaufnahme
Ein Titeldatensatz für diese Publikation ist bei
Der Deutschen Bibliothek erhältlich.

ISBN 978-3-531-13665-3 ISBN 978-3-322-89598-1 (eBook)
DOI 10.1007/978-3-322-89598-1

1. Auflage Juli 2001

Lektorat: Monika Mülhausen
www.westdeutschervlg.de

Umschlaggestaltung: Horst Dieter Bürkle, Darmstadt

Inhaltsverzeichnis

Geleitwort

Hinter dem weiten Begriff „Kriminalität“ verbergen sich zahlreiche unterschiedliche Problemlagen, die zwar in der Wirklichkeit des Lebens alle auf die eine oder andere Weise miteinander verknüpft sind, aber dennoch in wissenschaftlicher, praktischer und (kriminal-) politischer Hinsicht einer separaten Analyse bedürfen, wenn man im Grundlagenwissen weiterkommen und Anwendungswissen verbessern will. Kriminalität als soziales Phänomen, insbesondere Massenphänomen in modernen Gesellschaften, hat andere Gesetzmäßigkeiten denn Kriminalität als Einzelereignis im Alltag oder Kriminalität als Teil einer lebensgeschichtlichen Verstrickung von Menschen in eine Art Kreislauf von „Verbrechen und Strafe“, die in bestimmten Fällen als ausgeprägte so genannte „kriminelle Karriere“ imponiert. Dunkelfelduntersuchungen in der Kriminologie haben überall in der Welt in den letzten Jahrzehnten den Befund verfestigt, dass das Begehen von Handlungen, die einem Straftatbestand subsumiert werden können, vor allem bei den männlichen Angehörigen der Normalpopulation statistisch normal und sozusagen ubiquitär ist. Das heißt, im Schnitt rund 90 % junger Männer geben bei so genannten Täterbefragungen an, Straftaten begangen zu haben. Die meisten dieser Taten werden allerdings nicht entdeckt. Und die meisten jungen Menschen bleiben offiziell unauffällig oder kommen, selbst wenn sie einmal polizeilich angezeigt werden, allenfalls vorübergehend „in Schwierigkeiten“. Eine genauere Analyse der Ergebnisse von Täterbefragungen im Dunkelfeld zeigt nun regelmäßig, soweit die Daten überhaupt entsprechende Differenzierung erlauben, dass das Begehen von Straftaten, wenn es auch normal ist, jedenfalls nicht gleich verteilt ist. Vereinfacht: viele Befragte geben nur eine oder maximal 3 Straftaten an, wenige Befragte geben viele Straftaten an. Oder anders betrachtet: die meisten Befragten bewegen sich nach ihren Angaben üblicherweise im Bereich der kleinen oder allenfalls mittleren Kriminalität, nur wenige Befragte berichten von wiederholten schwereren Taten. Dem Grunde nach bestätigen Täterbefragungen damit einen auch international ziemlich gesicherten Befund aus der Auswertung von Hellfelddaten, insbesondere von Sondererhebungen zu polizeilichen Ermittlungsverfahren bzw. Kriminalstatistiken: 3-5 % einer Geburtskohorte werden im Jahresquerschnitt verdächtig, für mehr als 30 % aller erfassten Straftaten verantwortlich zu sein. Bei Einzeldelikten fallen die Prozentwerte je nachdem niedriger oder höher aus. Im Längsschnitt können sich im Detail ebenfalls andere Werte ergeben. Für die wiederholt Auffälligen haben sich Begriffe wie „Mehrfachtäter“, „Intensivtäter“ oder „chronische Täter“ (entsprechend den „chronics“ in den USA) eingebürgert. Solche Befunde sind natürlich geeignet, klassische Fragestellungen der täterorientierten Kriminologie und Kriminalpolitik wieder zu aktivieren. Dazu gehört die Frage, ob die mehrfach Auffälligen etwa bestimmte „Eigenschaften“ haben oder zeigen könnten, die sie in der Substanz von anderen Menschen bzw. nur einmal oder gelegentlich Straffälligen abheben oder, noch brisanter, anhand derer man sie sozusagen von

Amts wegen (oder mit Hilfe von Gutachtern) unterscheiden und einer wie auch immer gestalteten besonderen Behandlung zuführen kann. Der vor allem in den 70er Jahren blühende Labeling Approach (Etikettierungsansatz) war angetreten, die Frage nach „Unterschieden", gar statischen und in der Persönlichkeit eingebundenen Merkmalen, schon im Ansatz für sinnlos zu erklären. Wo es um „Zuschreibung" durch gesellschaftliche und dann institutionelle Definitionsprozesse geht, verfehlt danach jeder Versuch einer „Beschreibung" von vorgeblich real vorhandenen Phänomenen und der Analyse von ggf. vorhandenen kausalen Zusammenhängen den wissenschaftlichen Punkt, auf den es ankommt. In den USA hatten Michael Gottfredson und Travis Hirschi mit ihrem Werk über eine „General Theory of Crime" (1990) den in jüngeren Jahren am meisten Aufmerksamkeit erregenden Versuch gestartet, eine an der Persönlichkeit ausgerichtete umfassende Kriminalitätstheorie zu entwickeln und damit sozusagen dem Labeling Ansatz den kriminologischen und kriminalpolitischen Wind aus den Segeln zu nehmen. Mit ihrem Konzept der „criminality", einer früh in der Persönlichkeit angelegten und im Kern nicht veränderbaren Neigung zu abweichendem Verhalten, die sich in einzelnen „crimes", aber auch in anderen Abweichungen manifestieren kann und faktisch manifestiert, und die sie letztlich auf den Faktor mangelnder Selbstkontrolle zurückführen, starteten sie indes nicht nur einen Angriff auf etikettierungstheoretische Positionen, sondern auch auf alle diejenigen kausal orientierten Positionen in der Kriminologie, die Wandel oder „Veränderung" für möglich halten. Dazu gehören insbesondere Längsschnitt- oder Verlaufsuntersuchungen, die davon ausgehen, dass durchaus vorfindbare „Unterschiede" zwischen Menschen/Tätern besser als Folge von dynamischen divergierenden lebensgeschichtlichen Entwicklungsverläufen denn als Ausfluss von statischen Eigenschaften verstanden werden können und sollten. Dementsprechend gehen sie weiter davon aus, dass auch bei scheinbar hartnäckig verfestigten kriminellen Karrieren, die sich schon in früher Jugend entwickeln, prinzipiell jederzeit Veränderungen und sogar Abbrüche möglich sind. Umgekehrt ist es danach prinzipiell auch jederzeit möglich, dass ein bis dato ganz unauffälliger Mensch erst im Erwachsenenalter mit erheblicher Straffälligkeit imponiert. Am einflussreichsten waren in dieser Hinsicht, zugleich am pointiertesten in der Gegenposition zu Gottfredson/Hirschi, in den USA Robert Sampson und John Laub mit ihrem Werk über „Crime in the Making" (1993). Anhand einer imponierenden neuen Aufbereitung der Daten, die Sheldon und Eleanor Glueck für ihre (selbst eher statisch orientierte) Verlaufs- und Vergleichsstudie über die Ursachen erheblicher Jugendkriminalität und deren weiteren Verlauf (Unraveling Juvenile Delinquency, 1950) erhoben hatten, entwickelten sie mit ihrer „age graded theory of social control" eine besonders anregende Variante interaktionistischer Kriminalitätstheorien. Danach gibt es nicht nur sehr differenzierte Wege des Einstiegs und des Verweilens in Kriminalität („pathways"), sondern im einzelnen ebenfalls sehr differenzierte, aber grundsätzlich doch typische Wendemarken („turning points") heraus aus der Kriminalität, die mit wichtigen lebensgeschichtlichen Ereignissen oder Entscheidungen verknüpft sind.

Die Autoren des vorliegenden Werkes steigen aus deutscher Sicht in die durch Gottfredson/Hirschi und Sampson/Laub exemplarisch markierte neuere Diskussion über Bedingungen und Zusammenhänge von „Kontinuität und Diskontinuität von Kriminalität im Lebenslauf" anhand einer Reanalyse der Ergebnisse der „Tübinger Jungtäter- Vergleichsuntersuchung" (begründet durch und geleitet von Hans Göppinger) einschließlich der späteren Nachuntersuchung (geleitet von Hans-Jürgen Kerner) ein. Sie vertiefen damit zugleich Einsichten, die am Institut für Kriminologie durch ein entsprechendes von der DFG gefördertes Projekt über „Verlaufsmuster und Wendepunkte in der Lebensgeschichte" gewonnen werden konnten. Da die Tübinger Untersuchung international zu den wenigen gehört, die ihre Probanden über das 30. Lebensjahr hinaus begleitet und untersucht haben, beansprucht die empirische Studie von Wolfgang Stelly und Jürgen Thomas besondere Aufmerksamkeit. Anhand von zwei aufeinander bezogenen Perspektiven, nämlich „Kriminalität und soziale Einbindung im Kindes- und Jugendalter" einerseits und „Kriminalität und soziale Einbindung im Erwachsenenalter" andererseits, arbeiten sie eindrücklich heraus, dass diejenigen Kriminologen, die es theoretisch sozusagen mit Sampson und Laub halten, empirisch die besseren Argumente für sich haben. Bei der repräsentativen Vergleichsgruppe der Tübinger Probanden beschränkt sich der weitaus größte Teil der registrierten Kriminalität auf einmalige oder im Wiederholungsfall doch eher leichte Delikte in der Jugend- und Heranwachsendenphase. Dieses Erscheinungsbild ist weder mit einer problematischen Sozialisation erklärbar, noch findet sie ihre Entsprechung in einer in sonstigen Bereichen auffälligen Lebensführung, und hat schließlich keine größeren Auswirkungen auf den weiteren Lebensweg der Individuen. Bei der Gruppe der Häftlingsprobanden ist es naturgemäß zunächst nicht verwunderlich zu sehen, dass sich bei der Mehrzahl von ihnen die eher schwereren strafrechtlichen Auffälligkeiten auch in anderen Verhaltensauffälligkeiten und einer insgesamt sozial depravierten Lebenssituation widerspiegeln. Der für die weitere kriminologische Diskussion herausfordernde Befund ist freilich, dass die um das 25. Lebensjahr der Probanden herum ziemlich ähnliche Situation einerseits auf höchst unterschiedlichen Vorgeschichten beruht, und dass auch ab dann die weitere Lebensgeschichte weniger von gleichförmiger Kontinuität (in) der Straffälligkeit denn von Brüchen und Veränderungen gekennzeichnet ist. Für das Auslaufen oder sogar den raschen Abbruch scheinbar verfestigter krimineller Karrieren sind weniger Faktoren aus der frühen Kindheits- und Jugendgeschichte verantwortlich als vielmehr die jeweils aktuellen Einbindungen der Probanden in die informellen Bereiche der sozialen Kontrolle wie Freundschaftsbeziehungen, Partnerschaft, Familie und Arbeitswelt. Einem Großteil der Häftlingsprobanden gelingt es auf diese Weise, sich wider alle Belastungsfolgen aus dem bisherigen Leben in eine sozial unauffällige Lebensweise erfolgreich zu integrieren. Durch die vorliegende quantitativ angelegte Studie ist ein solider Grund für weitergehende und vertiefende, vor allem qualitative Analysen zum Thema „Kriminalität und Verlauf" und zum Thema „Sanktion und Lebensgeschichte" gelegt. Ich wünsche ihr weite Verbreitung.

Tübingen, im April 2001

Prof. Dr. Hans-Jürgen Kerner
Direktor des Instituts für Kriminologie der Universität Tübingen

1 Einleitung

Diese Arbeit handelt von individuellen Entwicklungsmustern von Kriminalität im Lebenslauf. Wir fragen danach, welche unterschiedlichen Kriminalitätsverläufe sich in einer Langzeitperspektive identifizieren lassen und wie die unterschiedlichen Verlaufsmuster erklärt werden können. Dies schließt auch die Frage mit ein, welche Faktoren hinter dem Beginn, dem Fortgang und dem Ende krimineller Karrieren stehen.

Der Begriff „kriminelle Karriere“ meint dabei lediglich, dass die Verstrickung in kriminelle Aktivitäten zu einem bestimmten Zeitpunkt im Leben beginnt, sich über eine bestimmte Zeitdauer erstreckt, und dann aufhört. Dabei kann es sich sowohl um eine einmalige oder episodenhafte strafrechtliche Auffälligkeit handeln, die ohne lebensgeschichtliche und strafrechtliche Konsequenzen bleibt, als auch um wiederholte strafrechtliche Auffälligkeiten, die sich über verschiedene Lebensphasen erstrecken und mit längeren Haftaufenthalten einhergehen. Für beide Verlaufsformen gibt es zahlreiche empirische Evidenzen: so wurde einerseits in verschiedenen Langzeitstudien festgestellt, dass Individuen, die als Kinder und Jugendliche kriminelles Verhalten zeigten, sehr viel häufiger auch als Heranwachsende und junge Erwachsene strafrechtlich auffällig wurden (z.B. Farrington 1992, McCord 1991, Elliott et al. 1985). Loeber (1996, S.1) spricht in seinem Literaturüberblick über Entwicklungsverläufe von Kriminalität zusammenfassend von einem „impressive body of longitudinal data on the continuity of problem behaviors over time.“ Andererseits belegen viele der bekannten Langzeitstudien aber auch, dass die große Mehrheit der jugendlichen Straftäter ihre „Karriere“ vor oder während der frühen Erwachsenenphase abbricht (z. B. Stattin/Magnusson 1991, Shannon 1988).

Nicht zuletzt aufgrund dieser scheinbar widersprüchlichen Ergebnisse besteht in der kriminologischen Forschung Uneinigkeit darüber, ob es sich bei kriminellem Verhalten eher um ein über den Zeitverlauf stabiles Verhaltensmuster oder um ein passageres, auf einen relativ engen Zeitraum begrenztes Phänomen handelt. Dies ist umso bedenklicher, als mit der Klärung dieser Frage weitreichende Konsequenzen für die Kriminalpraxis verbunden sind. Zum einen sind Richter, psychiatrische und psychologische Sachverständige durch gesetzliche Vorgaben gehalten teilweise langfristige Prognosen über die weitere Entwicklung von Straftätern abzugeben. Zum anderen können damit verschiedene kriminalpolitische Strategien begründet werden. Die Diskussion um die Verschärfung des Strafrechts und die tatsächlich eingetretene Verschärfung (Kreß 1998) sind nicht zuletzt aufgrund eines diffusen allgemeinen Eindrucks in der Öffentlichkeit entstanden, den man trotz Jahrzehnten der Resozialisierungsidee immer noch auf die Formel ‚Einmal Verbrecher immer Verbrecher‘ bringen kann. Besonders jugendliche Mehrfachtäter, die in der kriminologischen Fachdiskussion mit Begrifflichkeiten wie „chronische Lebenslauf-Täter“ (Schneider 2000) oder „life-course persistent antisocials“ (Moffitt 1993) bedacht werden, stehen immer wieder im Mittelpunkt der kriminalpolitischen Diskussionen. Sollten sich solche „chronischen Straftäter“ identifizieren lassen, d. h. Straftäter, die über einen längeren Zeitraum bzw. über die Jugendphase hinaus immer wieder straffällig werden, so könnte damit eine kriminalpolitische Strategie der „selective incapacitation“ legitimiert werden, die im Kern auf eine prognoseorientierte Strafzumessung abzielt. Betrachtet man Kriminalität jedoch eher als episodenhaftes Phänomen, das sich vor allem auf die Jugendphase konzentriert, so scheint eine Strategie der Nichtintervention, die auf „Spontanbewährung“ setzt, die angemessenere Reaktion zu sein.

Die Beantwortung der Frage, ob im Zusammenhang mit Kriminalität eher von Kontinuität oder von Veränderungen bzw. Brüchen gesprochen werden kann, ist aber auch ein Beitrag zu der alten, aber nach wie vor aktuellen kriminologischen und sozialwissenschaftlichen Fachdiskussion um die Ursachen von Kriminalität: Ist kriminelles Verhalten mit individuellen Differenzen oder bestimmten Persönlichkeitsmerkmalen, die im Lebenslauf stabil bleiben, zu erklären, oder liegen ihre Ursachen vor allem in den über den Zeitverlauf variablen Lebensbedingungen eines Individuums? Auch zur Beantwortung dieser Frage wollen wir mit den Analysen der Lebens- und Kriminalitätsgeschichte der Probanden der Tübinger Jungtäter-Vergleichsuntersuchung einen Beitrag liefern.

In den meisten kriminologischen Erklärungsansätzen wird Kriminalität als Sonderfall sozial abweichenden Verhaltens verstanden. Ist Kriminalität noch relativ einfach einzugrenzen als das individuelle Verhalten, das von den staatlichen Strafverfolgungsinstanzen als strafbar eingestuft und mit Sanktionen belegt wird (Wiswede 1979), stößt man mit diesem Vorhaben bei der Frage „Was ist abweichendes Verhalten?“ schon auf größere Probleme. Der Schlüssel zur Bestimmung von abweichendem beziehungsweise konformem Verhalten ist in der Soziologie in dem Konzept der Norm, im Sinne einer Steuerung von sozialen Interaktionen zu sehen (Popitz 1980). Mit dieser Definition ist jedoch ein Referenzproblem verbunden, denn schon Durkheim (1973) hat daraufhin gewiesen, dass man bei Gesellschaften, aber auch bei kleineren sozialen Einheiten keineswegs von einem konstanten normativen Bezugsrahmen ausgehen kann. Ein in der sozialen Wirklichkeit beobachtetes Verhaltensmuster kann demnach sowohl abweichendes wie konformes Verhalten sein, je nachdem, welche Bezugsgruppe gewählt wird. Es würde den Rahmen dieser Arbeit sprengen, wenn wir die Probleme bei der Definition von abweichendem Verhalten im Einzelnen diskutieren wollten. Für die Zwecke unserer Arbeit definieren wir „sozial abweichendes“ oder auch „sozial auffälliges Verhalten“ als Verhalten, das von den gesamtgesellschaftlich akzeptierten und gültigen Normen abweicht, auch dann, wenn es nach anderen gruppenspezifischen Mustern konformes Verhalten ist (Mühlmann 1969). Diese breite Definition von sozial abweichendem Verhalten schließt auch Verhaltensformen ein, die nicht strafrechtlich sanktioniert werden, wie beispielsweise aggressives Verhalten, Lügen, mangelnde Leistungsbereitschaft, Alkoholmissbrauch usw. Solche „weichen“ Formen von sozial abweichendem Verhalten spielen in der kriminologischen Forschungspraxis bzw. den dahinter stehenden Theorieansätzen eine wichtige Rolle. Vor allem bei der Analyse „krimineller Karrieren“, die ihren Ausgangspunkt in der Kindheit haben, markieren diese „weichen“

Formen von Kriminalität den Beginn der Auffälligkeit, die in der Jugend- und Erwachsenphase durch strafrechtlich relevantes Verhalten ergänzt wird.

Bei den meisten kriminologischen Erklärungsansätzen handelt es sich weniger um Kriminalitätstheorien, sondern um Theorien abweichenden Verhaltens. Diese Gleichsetzung scheint zwar durch empirische Ergebnisse gedeckt zu sein, in denen strafrechtlich relevante Verhaltensauffälligkeiten oftmals einhergehen mit Verhaltensauffälligkeiten in anderen sozialen Kontexten (wie z. B. fehlende Leistungsbereitschaft oder Alkoholprobleme). Grundsätzlich fraglich ist jedoch, ob eine solche Gleichsetzung verschiedener Verhaltensweisen sinnvoll ist, zumal dies schon bei verschiedenen strafrechtlich relevanten Verhaltensäußerungen sehr problematisch ist: Zeigt ein Ladendieb ein *ähnliches* Verhalten wie ein Mörder bzw. stecken hinter einem Diebstahl und einem Mord die selben Ursachen? Wir können und wollen dieses grundsätzliche Problem kriminologischer Erklärungsansätze in dieser Arbeit nicht lösen. Unser Fokus ist auf den Erklärungsgehalt der bekanntesten Kriminalitätstheorien für Veränderungen bzw. Kontinuität von kriminellem Verhalten gerichtet. Die Abgrenzungsproblematik zwischen kriminellem Verhalten und anderen Formen sozial abweichenden Verhaltens findet nur insoweit Berücksichtigung als sie Bestandteil der berücksichtigten Theorieansätze ist.

Im Mittelpunkt unserer Analysen steht die sogenannte „klassischen Kriminalität". Auch hier gibt es keine allgemeinverbindliche, theoretisch abgesicherte Abgrenzung, welche Delikte unter diesem Begriff zu fassen sind. Es handelt sich hierbei eher um eine forschungspraktische Abgrenzung, nach der unter „klassischer Kriminalität" vor allem Eigentums- und Vermögensdelikte, sowie Delikte gegen die körperliche Unversehrtheit gefasst werden. Mit diesem Deliktsspektrum werden unter Ausschluss der Straßenverkehrsdelikte über 90% der in der Polizeilichen Kriminalstatistik registrierten Delikte abgedeckt (Kürzinger 1993). Diese Deliktspalette bilden auch den Kern der Delikte in der Tübinger Jungtäter-Vergleichsuntersuchung. Da in der Tübinger Jungtäter-Vergleichsuntersuchung nur männliche Probanden untersucht wurden, bleibt anzumerken, dass sich unsere Analysen zu den Entwicklungsbedingungen von Kriminalität im Lebenslauf nur auf die Kriminalität von Männer beschränken. Diese Einschränkung ist insofern bedeutsam, da empirische Untersuchungen immer wieder einen deutlichen Unterschied zwischen Männer- und Frauenkriminalität feststellten. Die Unterschiede beziehen sich sowohl auf die Art der Delikte, wie auch auf die Häufigkeit der Begehung von Straftaten allgemein. Diese Differenzen wurden in den allermeisten Kriminalitätstheorien bislang noch nicht verarbeitet. Auch wir müssen diese Defizite bei unseren Analysen in Kauf nehmen.

Den Einstieg in die Diskussion der unterschiedlichen Kriminalitätsverläufe und ihrer theoretischen Aufarbeitung bildet eine Bestandsaufnahme in Kapitel 2: Welche Verlaufsmuster von Kriminalität lassen sich in repräsentativen Untersuchungen ermitteln, in denen auf der Basis von Individualdaten die Entwicklung kriminellen Verhaltens über mehrere Lebensabschnitte hinweg untersucht wurde? Da uns keine auf Individualdaten basierende repräsentative Studie bekannt ist, in der die Langzeitentwicklung von Kriminalität über das 30. Lebensjahr hinaus erfasst wurde, müssen wir uns bei der Erstellung dieses repräsentativen Gesamtbildes von Kriminalitätsverläufen auf den Zeitraum bis zum Ende der jungen Erwachsenenphase beschränken. Ungeachtet davon, ob offizielle Kriminalitätsregistrierungen oder selbstberichtete Angaben zu Straftaten herangezogen werden, können dabei unterschieden nach Beginn, Dauer und der Häufigkeit der strafrechtlichen Auffälligkeiten eine Vielzahl verschiedener Kriminalitätsverläufe ausgemacht werden. Unser besonderes Augenmerk gilt hierbei der Kriminalitätsentwicklung der sogenannten „chronischen Straftäter", deren vermeintlich kontinuierliche strafrechtliche Auffälligkeit gerade für die kriminalpolitischen Diskussionen große Bedeutung hat.

Wie können die unterschiedlichen Verläufe von Kriminalität erklärt werden? Um diese Frage, der wir in Kapitel 3 nachgehen, auf ein bearbeitbares Maß einzugrenzen, beschränken wir uns zunächst auf zwei unterschiedliche Entwicklungssequenzen von Kriminalität: Zum einen auf die Kontinuität von kriminellem Verhalten und zum anderen auf das Ende der strafrechtlichen Auffälligkeiten. Bereits an diesen beiden Entwicklungssequenzen lassen sich deutlich die Erklärungsdefizite der klassischen kriminologischen Theorieansätze aufzeigen. Trotz oder gerade wegen dieser Defizite wurden die Argumentationen der klassischen Theorien in verschiedenen neueren entwicklungsdynamischen Theorieansätze aufgegriffen und teilweise zusammengeführt. Gemeinsam ist diesen Ansätzen, dass sie die Kriminalitätsentwicklung in den Zusammenhang mit der lebensgeschichtlichen Entwicklung der Individuen stellen und unterschiedliche Kriminalitätsverläufe ausdifferenzieren. Unter diesen neueren entwicklungsdynamischen Erklärungsansätzen nimmt für unsere Fragestellung die altersabhängige soziale Kontrolltheorie von Sampson und Laub eine besondere Stellung ein: mit ihr ist nicht nur die ganze Bandbreite der unterschiedlichen Verläufe von Kriminalität in der Jugend- und jungen Erwachsenenalter fassbar; im Unterschied zu den meisten anderen entwicklungsdynamischen Theorieansätzen können mit ihr auch Kriminalitätsentwicklungen im mittleren und späten Erwachsenenalter erklärt werden. Das Erklärungsmodell von Sampson und Laub, das sie mit einer Reanalyse der Glueck/Glueck-Langzeitstudie „Unraveling Delinquency" empirisch untermauerten, bildet den zentralen theoretischen Bezugspunkt unserer Arbeit. In unseren Analysen werden wir die theoretischen Überlegungen von Sampson und Laub kontrovers zu der „allgemeinen Kriminalitätstheorie" von Gottfredson und Hirschi diskutieren, in der in weiten Teilen die Gegenthesen zur „altersabhängigen sozialen Kontrolltheorie" formuliert sind. Denn während Sampson und Laub die Veränderung von kriminellem Verhalten im Lebenslauf betonen, liegt bei Gottfredson und Hirschi der Schwerpunkt auf der Kontinuität des Verhaltens.

Die Datengrundlage unserer empirischen Analysen, in denen wir der Frage nach den Ursachen und Entwicklungsbedingungen von Kriminalität im Lebenslauf nachgehen, bildet die Tübinger Jungtäter-Vergleichsuntersuchung, die wir in Kapitel 4 ausführlich vorstellen. In ihr wurde die Lebensgeschichte von 200 Häftlingen (H-Sample) und 200 Probanden eines repräsentativen Vergleichssamples (V-Sample) von der Geburt bis ins fortgeschrittene Erwachsenenalter (bei der letzten Erhebung waren die Untersuchungsprobanden durchschnittlich 45 Jahre alt) erfasst. Dieser lange Untersuchungszeitraum macht die Tübinger Jungtäter-Vergleichsuntersuchung zu etwas Besonderem, denn mit Ausnahme der von Sampson/Laub fortgeführten

Langzeitstudie „Unraveling Delinquency" ist sie die einzige uns bekannte Langzeitstudie, bei der sowohl die individuelle Entwicklung von Kriminalität, als auch der lebensgeschichtliche Hintergrund dieser Entwicklung über einen so langen Zeitraum erhoben wurde. Angesichts der aufwendigen Planungen und den hohen finanziellen Kosten, die eine solche Langzeitstudie erfordert, ist dies jedoch nicht überraschend. In die Tübinger Jungtäter-Vergleichsuntersuchung wurden mehrere Millionen Forschungsgelder und Mittel aus den öffentlichen Haushalten investiert. Über zwei Dutzend Frauen und Männer, sei es in ihrer Funktion als Wissenschaftler, Sozialarbeiter, Interviewer, Projektkoordinator oder Schreibkraft, haben über die Jahre an dieser Untersuchung mitgearbeitet. In ihrem nunmehr 35jährigen Bestehen wurden über 40 Publikationen auf der Grundlage dieser Langzeitstudie veröffentlicht. Unterschiedliche Forschungsinteressen der zeitweilig beschäftigten Wissenschaftler führten dazu, dass im Laufe der Zeit gewaltige Mengen an Datenmaterial angesammelt wurden. Als wir mit unserer Arbeit begannen, fanden wir neben verschiedenen Datensätzen mit über 1000 Variablen schätzungsweise 800 (!) Aktenordner vor, in denen die Interviews, Explorationen, Gerichtsakten und Auswertungen abgelegt waren. Diese Fülle des Materials und die teilweise sehr unzureichende Dokumentation der einzelnen Forschungsschritte erlaubte uns schon allein aus zeitlichen Gründen keine systematische Neuauswertung der Originalakten und die Erstellung eines neuen, von vorhergehenden Analysen völlig unabhängigen Datensatzes. Wir entschieden uns stattdessen, auf bestehende Datensätze zurückzugreifen, Variablen gemäß unserer theoretischen Überlegungen zu modifizieren, und ihre Validität an Hand des qualitativen Datenmaterials stichprobenhaft zu überprüfen. Der dabei entstandene Datensatz bildet die Basis für die Analysen der unterschiedlichen Kriminalitätsverläufe und ihrer Bedingungsfaktoren. Ergänzt werden diese quantitativen Analysen durch qualitative Fallstudien einzelner Lebensgeschichten, die auf dem umfangreichen Akten- und Interviewmaterial beruhen.

In Kapitel 5 untersuchen wir die Kriminalitätsentwicklung der Tübinger Probanden in der Kindheit- und Jugendphase. Zwei Kriminalitätsverläufe stehen dabei im Mittelpunkt: schwere bzw. wiederholte Kriminalität bis zum 18. Lebensjahr und leichte bzw. einmalige Kriminalität bis zum 18. Lebensjahr. Wir fragen danach, ob bzw. inwieweit diese unterschiedlichen Kriminalitätsverläufe mit dem kontrolltheoretischen Erklärungsansatz von Sampson und Laub gefasst werden können. Ihrem entwicklungsdynamischen Modell folgend untersuchen wir die Bedeutung der drei im Kindes- und Jugendalter zentralen Institutionen informeller sozialer Kontrolle – Familie, Schule und Gruppe der Gleichaltrigen (Peers) – für die Entstehung und Entwicklung von Kriminalität und sozialer Auffälligkeit. Die Diskussion der Ursachen und Entwicklungsbedingungen von Kriminalität und sozialer Auffälligkeiten in Kindheit und Jugend schließt auch die Frage nach dem Zusammenhang von Struktur und Prozess sozialer Kontrolle mit ein: welche Bedeutung haben strukturelle Merkmale der Herkunftsfamilie wie z.B. Schichtzugehörigkeit, Familiengröße oder Abwesenheit eines Elternteils auf die Ausgestaltung der sozialen Interaktionen in Familie und Schule?

Da sich beide Teilsamples der TJVU – das Häftlingssample und das repräsentative Vergleichssample – in ihrer Kriminalitätsbelastung im Erwachsenenalter deutlich unterscheiden und zudem nur für das Häftlingssample die Kriminalitätsentwicklung auch über das 32. Lebensjahr hinaus lückenlos erfasst wurden, führten wir die Analysen der Erwachsenenzeit (Kapitel 6) für die beiden Teilsamples getrennt durch. Bei den Probanden des V-Sample, bei denen in der Erwachsenenzeit in Sachen Kriminalität nahezu alle Entwicklungsmöglichkeiten offen standen, gehen wir der Frage nach, ob kriminelles oder sozial abweichendes Verhalten in der Kindheit und Jugend zu einer höheren Kriminalitätsbelastung in der jungen Erwachsenphase führt. Welche Ursachen, so fragen wir weiter, stehen hinter der für viele der Probanden des Vergleichssample typischen „leichten Jugend- und Heranwachsendenkriminalität" und welche Konsequenzen für den weiteren Lebensweg sind damit verbunden?

Durch das Selektionskriterium „Haftaufenthalt" bedingt waren alle Probanden des Häftlingssamples in ihrer jungen Erwachsenenphase aktive Straftäter. Dennoch ist in diesem Sample die Bandbreite sowohl hinsichtlich dem Zeitpunkt des Beginns und des Endes der kriminellen Karriere als auch hinsichtlich der Intensität und der Häufigkeit der strafrechtlichen Auffälligkeiten beträchtlich. Diese Varianz ermöglicht es der Frage nachzugehen, ob von der Kriminalitätsentwicklung in vorausgegangenen Lebensphasen auf die Kriminalitätsentwicklung in nachfolgenden Lebensphasen geschlossen werden kann. Wir können zudem überprüfen, inwieweit bei einem solchen im Vergleich mit der Masse der Straftäter stark mit Kriminalität belasteten Sample bei einem längeren Untersuchungszeitraum überhaupt von einer Kontinuität der strafrechtlichen Auffälligkeiten gesprochen werden kann. Im Unterschied zu den insgesamt sehr wenigen anderen Untersuchungen, die kriminelle Karrieren über einen so langen Zeitraum untersuchten, können wir die Kriminalitätsentwicklung unserer Probanden im Zusammenhang mit der Entwicklung in anderen Lebens- und Verhaltensbereichen (z.B. Arbeit, Partnerschaft, Freizeit) analysieren. Es ist uns somit nicht nur möglich, unterschiedliche Verlaufsmuster krimineller Karrieren zu identifizieren, sondern auch nach den Ursachen der verschiedenen Entwicklungsmuster zu fragen. Hierbei können wir nicht nur nachprüfen, ob bzw. wie es im Verlauf einer kriminellen Karriere durch das Wechselspiel von fehlender Integration in Arbeit und Partnerschaft und Kriminalität zu einer Verdichtung von Problemkonstellation kommt, die eine Fortsetzung der Strafkarriere wahrscheinlich machen. Wir können auch zeigen, wie Veränderungen in zentralen Bereichen informeller sozialer Kontrolle zu einem Ende der kriminellen Karriere führen. Dies ermöglicht auch die Klärung der Frage, die im Zentrum der aktuellen Theoriediskussion um die Ursachen des Abbruchs krimineller Karrieren, dem sogenannten „desistance from crime", steht: Ist mit dem Ende der strafrechtlichen Auffälligkeit eine allgemeinere Verhaltensveränderung verbunden, die mit veränderten sozialen Interaktionen in anderen Lebensbereichen einhergeht, oder wird die „individuelle Disposition zur Abweichung" lediglich aus dem „Hellfeld" der Kriminalität in das „Dunkelfeld" des sozialen Nahbereichs verlagert?

2 Verlaufsmuster von Kriminalität – Eine Bestandsaufnahme

Die meisten kriminologischen Langzeitstudien liefern zahlreiche Belege für den deutlichen Zusammenhang von sozial auffälligem Verhalten in einer Lebensphase und sozial auffälligem „Verhalten" in einer nachfolgenden Lebensphase. Für diesen Aspekt der Kontinuität ist in der empirischen kriminologischen Forschung ein erhebliches Ausmaß an Bestätigung erreicht worden.[1] Caspi und Moffitt (1995, S.472) fassen die Forschung über die Kontinuität sozial abweichenden Verhaltens folgendermaßen zusammen: „Individual differences in antisocial behavior are very stable across the life course." Als Beleg für diese Aussage zitieren die Autoren viele Studien, die sich mit der Kontinuität von abweichendem Verhalten in der Kindheit und Jugendphase beschäftigen. Demgegenüber ist die Anzahl der Studien, die als empirische Belege für eine Kontinuität sozialer Auffälligkeiten über die Jugendphase hinaus angeführt werden, nur sehr gering. Die Autoren sprechen nur noch davon, dass „a history of antisocial behavior in childhood and adolescence is also linked with criminal behavior in later life." Diese Zurückhaltung bei der Interpretation des Zusammenhangs von sozial abweichendem Verhalten über die Jugendphase hinaus, verweist auf die nach wie vor bestehenden Forschungsdefizite. Bei den meisten prospektiv angelegten Studien auf die sich die Verlaufsforschung bezieht, wurde das mittlere Erwachsenalter entweder nicht erfasst oder noch nicht erreicht. Trotz dieser deutlichen Defizite kommen Caspi und Moffitt zu dem Ergebniss: „These robust continuities have been revealed over the past 50 years, in different nations, and with multiple methods of assessment; in Canada, England, Finnland, New Zealand, Sweden, and the United States, data from teacher ratings, parent reports, and peer nominations of aggressive behavior have been found to predict important outcomes later in life" (Caspi/Moffitt 1995, S.472). Diese allgemeine Kontinuitätshypothese wird von den beiden Autoren jedoch wieder relativiert. Eine Kontinuität von abweichendem Verhalten ist nur bei einer bestimmten Gruppe feststellbar: „In fact, research has shown that antisocial behavior is remarkably stable across time and circumstance for some persons, but decidedly unstable for most other people.... Among less extreme persons, however, temporary and situational manifestations of antisocial behavior may be quite common" (S. 473). Eine ähnliche Einschränkung findet sich bei Loeber (1982)[2] und Dishion/French/Patterson (1995). Fortgesetztes kriminelles Verhalten gibt es also nur für eine spezielle Gruppe von Straftätern.

---

1 Vgl. stellvertretend für viele: West/Farrington (1977), Olweus (1979), Loeber (1982), Loeber/LeBlanc (1990), Nagin/Paternoster (1991).

2 Loeber formuliert die Kontinuitätshypothese folgendermaßen „Children who intially display high rates of antisocial behavior are more likely to persist in this behavior than children who initially show lower rates of antisocial behavior" (1982, S. 1433).

Im Gegensatz zu der allgemeinen und der speziellen Kontinuitätshypothese vertreten wir die Auffassung, dass Veränderungen des kriminellen Verhaltens und nicht zuletzt die Episodenhaftigkeit dieses Verhaltens selbst in der Jugendphase eine treffendere Beschreibung für die Entwicklung von abweichendem Verhalten ist. Selbst bei der speziellen Tätergruppe, die Moffitt/Caspi, Loeber und Dishion/French/Patterson im Visier haben, sind Brüche und Veränderungen deutlich erkennbar.

Aufzeigen werden wir diese Brüche und Veränderungen im kriminellen Verhalten anhand mehrerer Langzeitstudien. Da wir nicht auf die originalen Erhebungsdaten für die Langzeituntersuchungen zurückgreifen können, müssen wir bei unseren Analysen auf die jeweils veröffentlichten Daten Bezug nehmen. Diese Einschränkung bringt es mit sich, dass wir nicht alle in Frage kommenden kriminologischen Langzeituntersuchungen für unsere Analyse verwenden konnten, da bei einigen Langzeituntersuchungen die veröffentlichten Daten nicht die für unsere Fragestellung nötigen Informationen beinhalten. Eine weitere Einschränkung bei der Auswahl der Langzeitstudien ergab sich durch die unterschiedliche Länge der Studien. Berücksichtigt werden nur Studien, bei denen die Kriminalitätsentwicklung auch über die Jugendphase hinaus erfasst wurde.

Die erste Studie, die wir vorstellen wollen, ist eine Kohortenuntersuchung über die individuelle Entwicklung von Kriminalität des Geburtsjahrgangs 1958, die unter der Leitung von Marvin Wolfgang in der Stadt Philadelphia durchgeführt wurde. Bei dieser Untersuchung wurde die Kriminalitätsentwicklung zwischen dem 10. und dem 26. Lebensjahr auf der Grundlage polizeilicher Registrierungen erfasst. Sie wurde von uns ausgewählt, weil sie eine der bekanntesten Langzeitstudien über Kriminalität ist und einen nachhaltigen Eindruck nicht nur in der Kriminologie hinterlassen hat. Zahlreiche Theorie- und Methodendiskurse sind durch die Analysen von Wolfgang et al. (1972) geprägt. Die Typologisierung der Täter, die Wolfgang et al. eingeführt haben wurde bei vielen Langzeituntersuchungen übernommen. Sie unterscheiden vier Typen von Tätern: Personen, die niemals strafrechtlich auffällig wurden; Personen, die nur einmal strafrechtlich auffällig wurden; Personen, die 2-4 mal strafrechtlich auffällig wurden und Personen, die fünf- oder mehrmals strafrechtlich auffällig wurden. Die letztgenannte Tätergruppe bezeichneten Wolfgang et al. als „chronische“ Straftäter. Vor allem diese Gruppe von Straftätern hat eine bis heute anhaltenden Diskussion in der kriminologischen Verlaufsforschung ausgelöst. Bei unserer Analysen über die Entwicklung von Kriminalität übernehmen wir die Tätertypologie von Wolfgang et al. Das bedeutet jedoch nicht, dass wir der Typologie einen ontischen Status unterstellen. Die Typologie dient nur als Werkzeug zur Überprüfung der Kontinuität von kriminellem Verhalten. Mit der gleichen Intention verwenden wir auch die in der kriminologischen Literatur verwendeten Begrifflichkeiten des Intensiv- oder Karrieretäters. Im Gegensatz zu der numerischen Operationalisierung des „chronischen“ Straftäters, gibt es für diese Begrifflichkeiten jedoch keine präzisen Angaben darüber, wie viele Straftaten ausreichend sind, um Personen als Intensiv- oder Karrieretäter zu bezeichnen.[3] Albrecht (1993) verweist darauf, dass der gemeinsame Nenner bei diesen Begriffen darin besteht, dass es sich um Straftäter handelt, die eine erhebliche Anzahl von Straftaten über einen längeren Zeitraum verübt haben. Nicht zuletzt aufgrund dieser unpräzisen Definitionen wurde in der empirisch orientierten Forschung, die vor der Aufgabe steht, solche unpräzisen Definitionen und ihren oftmals stillschweigenden Implikationen in konkrete Forschung umzusetzen, sehr häufig die numerische Operationalisierung von Wolfgang et al. übernommen. Für unsere Untersuchung verwenden wir die Begriffe Intensiv- und Karrieretäter, soweit nicht anders ausgewiesen, für die Beschreibung eines wiederholten kriminellen Verhaltens, das sich über mehrere Lebensphasen hinzieht.

Die zweite Langzeitstudie, an der wir die unterschiedlichen Entwicklungsverläufe von Kriminalität aufzeigen wollen, ist eine Langzeituntersuchung aus Schweden, die von Stattin und Magnusson geleitet wurde. Bei dieser Untersuchung wurde die individuelle Kriminalitätsentwicklung auf der Basis offiziell registrierter Kriminalität eines ganzen Schuljahrganges einer Stadt in Schweden von der frühsten Kindheit bis zum 29. Lebensjahr untersucht. Da bei den Veröffentlichungen über die Kriminalitätsentwicklungen ähnliche Tätereinteilungen und ähnliche Zeitintervalle wie bei der Philadelphia-Studie benutzt wurden, können wir die jeweiligen Verlaufsmuster von Kriminalität einem direkten Vergleich unterziehen. Bei der schwedischen Studie wurden zudem die sozialen Auffälligkeiten in der Kindheit erfasst. Durch diese frühe Erfassung von abweichendem Verhalten können wir die These überprüfen, nach der ein früher Beginn von sozialen Auffälligkeiten ein guter Prädiktor für fortgesetztes längerfristiges kriminelles Verhalten ist. Eine These, die nicht nur in der Wissenschaft Verbreitung findet, sondern auch in der Kriminalpolitik.

Wir haben die beiden groß angelegten Verlaufsstudien ausgewählt, weil sie zu den wenigen Untersuchungen zählen, bei denen die individuelle Kriminalitätsentwicklung auf der Basis eines repräsentativen Samples über einen längeren Zeitraum, der auch die Erwachsenenphase miteinschließt, erfasst wurde. Eine vergleichbare deutsche Studie ist uns nicht bekannt. Wir können jedoch zwei deutsche Untersuchungen zum Vergleich heranziehen, bei denen die Verlaufsstrukturen von Kriminalität in der Jugend- und jungen Heranwachsendenphase erfasst wurden. Bei der Studie von Heinz/Spieß/Storz wurden die offiziellen Verurteilungen der Geburtsjahrgänge 1961 und 1967 von der Strafmündigkeit (14. Lebensjahr) bis zum Alter der Volljährigkeit erfasst. Die Freiburger Kohortenstudien untersuchen die Entwicklung von offiziell registrierten Auffälligkeiten der Geburtsjahrgänge 1970 und 1973 im Bundesland Baden-Württemberg bis zum Alter von 21 Jahren. Zumindest für diese Lebensphase können wir einen Vergleich mit der schwedischen und der amerikanischen Verlaufsstudie durchführen.

[3] Die Definition des Intensivtäters von Kaiser (1993, S.178) verdeutlicht diesen Sachverhalt: „Als Intensivtäter gelten solche Mehrfachdelinquenten, die aufgrund von Art, Schwere und Häufigkeit des Rechtsbruchs eine besonders hohe Sozialgefährlichkeit gegenüber sogenannten „intermittierenden", d. h. nur gelegentlich deliktisch handelnden, Rückfalltätern erkennen lassen." Diese Definition ist alles andere als eindeutig.

Die Entwicklung bei jugendlichen Mehrfachtätern und bei Tätern, die schwere Straftaten begangen haben, ist ein Verlaufsaspekt, dem wir gesondert nachgehen. Für die Verlaufsbetrachtung dieser speziellen Gruppe wählten wir die Studie von Kerner und Janssen (1996) aus, bei der die Wiederverurteilung von Jugendlichen, die in Nordrhein-Westfalen im Jugendstrafvollzug waren, über einen Zeitraum von 20 Jahren verfolgt wurde.

Alle bislang aufgeführten Langzeitstudien basieren auf der Entwicklung von offiziell registrierter Kriminalität. Die offiziell registrierte Kriminalität spiegelt jedoch nur einen Teil der tatsächlich vorhandenen Kriminalität wieder. Wir wollen deshalb auf der Grundlage einer repräsentativ angelegten Verlaufsstudie, die auf selbstberichteten Angaben über Kriminalität basiert, der Frage nachgehen, ob eine unterschiedliche Erfassung der Kriminalität zu unterschiedlichen Kriminalitätsverläufen führt. Für diesen Vergleich haben wir den National Youth Survey ausgewählt, der unter der Leitung von Elliott in den USA durchgeführt wurde. Diese Untersuchung ist eine der wenigen Langzeitstudien über die Entwicklung von Kriminalität und abweichendem Verhalten, bei der selbstberichtete Angaben über kriminelle Handlungen auch über die Jugendphase hinaus erhoben wurden. Einen Überblick über die im folgenden diskutierten Studien gibt Tabelle 1.

Tabelle 1: Übersicht der diskutierten Kriminalitätsverlaufsstudien

	Untersuchungsort	*Alter der Prob. bei Beginn der Untersuchung*	*Untersuchungszeitraum*	*Fallzahl*	*Art der Erfassung von sozial abweichendem Verhalten*	*Art der Studie*
Philadelphia Kohortenstudie (1958)	Eine Stadt in den USA	10 Jahre	16 Jahre	27160	Registrierungen durch die Polizei	Geburtskohorte
Schwedische Schulkohorten-studie (1955)	Eine Stadt in Schweden	10 Jahre	30 Jahre	709	Registrierungen durch die Polizei und andere Sozialinstitutionen	Schulkohorte
Bundesweite Geburtskohortenstudie (1961/1967)	Bundesrepublik Deutschland	14 Jahre	4 Jahre (bzw. max. 8 Jahre)	999500/ 1019800	Einträge ins Erziehungs- und Zentralregister	Geburtskohorten
Freiburger Kohortenstudie (1970/1973)	Baden-Württemberg	7 Jahre	14 Jahre	126704/ 99454	Registrierung durch die Polizei	Geburtskohorten
Rückfall nach Jugendstrafvollzug (Beginn 1960)	Nordrhein-Westfalen	18-20 Jahre	20 Jahre	500	Einträge ins Erziehungs- und Zentralregister	Rückfall einer Häftlingspopulation
National Youth Survey (NYS) (Beginn 1976)	USA	11-17 Jahre	14 Jahre	1725	Selbstberichtete Delinquenz	Repräsentatives Panel

2.1 Die Philadelphia-Kohortenstudie

Bei der Philadelphia-Kohortenstudie[4] wurden die polizeilich registrierten Auffälligkeiten des Geburtsjahrganges 1958 bis zum Alter von 26 Jahren erhoben. Die Grundgesamtheit besteht aus 27 160 Männer und Frauen, die in Philadelphia geboren wurden und die mindestens zwischen dem 10. und 17. Lebensjahr auch dort wohnten. Die polizeilich registrierten Auffälligkeiten umfassen außer der ganze Palette der klassischen Straftatbestände auch jugendtypische Statusdelikte. Die Datenbasis enthält darüber hinaus nicht nur die Polizeikontakte, die zu einer Anzeige führten, sondern auch informelle Regelungen, die die Polizei in Philadelphia bei leichten Formen von Auffälligkeiten von Jugendlichen praktizierte (vgl. Tracy/Kempf-Leonhard 1996, S.67).

Für die Analyse der Kriminalitätsverläufe verwenden wir nur die Daten der männlichen weißen Population, um eine Vergleichbarkeit mit den später dargestellten Studien zu ermöglichen. Bis zum 18. Lebensjahr wurden 23% dieser Geburtskohorte[5] mindestens einmal von der Polizei registriert. Diese Rate erhöht sich bis zum 26. Lebensjahr auf 31%. Beinahe jede dritte männliche weiße Person dieser Kohorte hatte bis zur frühen Erwachsenzeit mindestens einen Kontakt mit den staatlichen Strafverfolgungsinstanzen. Wenngleich eine Gleichsetzung von polizeilich registriertem kriminellen Verhalten mit tatsächlichem kriminellen Verhalten nicht unproblematisch ist, verweist der relativ hohe Wert darauf, dass sozial auffälliges Verhalten bei männlichen Jugendlichen offensichtlich kein seltenes Verhalten ist.

Ob es sich dabei um eine einmalige Auffälligkeit oder um mehrmalige Auffälligkeiten handelt, lässt sich aus Tabelle 2 erkennen. Betrachten wir nur die Jugendlichen, die mindestens einmal registriert wurden, so zeigt sich, dass 52% nur einmal polizeilich registriert wurden, 33% zwei – viermal und 15% fünf oder mehrmals. Über die Hälfte der jugendlichen Straftäter wurde also in dieser Lebensphase nur einmal polizeilich registriert. Bei den Jugendlichen, die häufiger registriert wurden, könnte man auf den ersten Blick durchaus von einer Kontinuität sozialer Auffälligkeit sprechen. Es stellt sich jedoch die Frage, ob beispielsweise zwei oder drei polizeiliche Registrierungen innerhalb eines achtjährigen Zeitraums ausreichend sind, dem Bedeutungsgehalt der mit den Kontinuitätsaussagen verbunden wird, gerecht zu werden. Denn wie die von Wolfgang et al. eingeführte Begrifflichkeit des „chronischen" Straftäters – die auf der Grundlage der Kriminalitätsentwicklung in der Ju-

---

4 Vgl. Wolfgang/Thornberry/Figlio (1987), Tracy/Wolfgang/Figlio (1990), Wolfgang (1995), Tracy/Kempf-Leonhard (1996).

5 Auch bei der Philadelphia-Untersuchung zeigte sich zwischen den Geschlechtern und den Ethnien ein deutlicher Unterschied in der Kriminalitätsbelastung: Die Prävalenzrate der schwarzen männlichen Bevölkerung betrug 53% und die Prävalenzrate der hispanischen männlichen Bevölkerung 35%. Demgegenüber betrug der Anteil bei den Frauen nur 14%, wobei die Rate bei der schwarzen weiblichen Untersuchungspopulation mit 19% doppelt so hoch war wie bei der weißen weiblichen Population.

gendphase entwickelt wurde – nahe legt, geht es bei der Diskussion über die Kontinuität kriminellen Verhaltens um ein verfestigtes Verhalten, das in die Zukunft verlängert wird. Zur Klärung der Frage, ob sich die mit dem Begriff des „chronischen“ Straftäters implizierte Kontinuität der Auffälligkeit auch für einen längeren Zeitraum zeigen lässt, wollen wir die Kriminalitätsentwicklung der Probanden der Philadelphia-Studie im Erwachsenenalter untersuchen. Eine ausführliche Darstellung der Registrierungshäufigkeit in der Erwachsenenphase findet sich erstmals bei Tracy/Kempf-Leonhard (1996).

Tabelle 2: Philadelphia-Kohortenstudie (1958): Polizeikontakte der männlichen weißen Probanden bis zum 18. Lebensjahr

Anzahl Polizeikontakte	*Anzahl der Probanden aus der Geburtskohorte*	*Anzahl an jugendlichen Straftätern*
0	4804 (78%)	–
1	733 (12%)	733 (52%)
2-4	470 (7%)	470 (33%)
5+	209 (3%)	209 (15%)
	N = 6216 (100%)	N = 1412 (100%)

Quelle: Tracy/Kempf-Leonard (1996), S. 91.

Von den 1412 Untersuchungsprobanden, die überhaupt in ihrer Jugend polizeilich registriert wurden, wird der größte Teil im Erwachsenenalter nicht mehr offiziell auffällig. 63% (890 Probanden) aller Probanden, die in ihrer Jugend registriert wurden, beenden ihre offiziell registrierte Auffälligkeit beim Übergang ins Erwachsenalter, und nur 37% (552 Probanden) wurden auch als junge Erwachsene registriert.

Betrachten wir die Straftäter differenziert nach der Häufigkeit ihrer Polizeikontakte in der Jugend (Tabelle 3), zeigt sich, dass bis auf die kleine Gruppe der sogenannten „chronischen“ jugendlichen Straftäter, der größte Teil seine Auffälligkeit beim Übergang ins Erwachsenalter beendet. Beispielsweise wurden von den 470 Probanden, die in ihrer Jugend 2-4 Polizeikontakte hatten, 57% im Erwachsenenalter nicht mehr registriert, 20% hatten nur noch eine Registrierung und nur knapp jeder Vierte (24%) hatte genauso viele oder mehr Registrierungen im Erwachsenalter wie schon in der Jugend. Von einer Eskalation im Sinne von fünf oder mehr Auffälligkeiten kann man nur bei jedem zwanzigsten dieser jugendlichen Straftäter sprechen.

Tabelle 3: Philadelphia-Kohortenstudie (1958): Polizeikontakte der männlichen weißen Bevölkerung in der Erwachsenenphase (19. – 26. Lebensjahr) in Abhängigkeit von den Polizeikontakten in der Jugendphase (10. – 18. Lebensjahr)

	Erwachsenenphase (19.-26. Lj)									
	0		*1*		*2-4*		*5+*		*Gesamt*	
Jugendphase (10.-18. Lj.)	N	%	N	%	N	%	N	%	N	%
0	4280	89,1	343	7,1	149	3,1	32	0,7	4804	100
1	550	75,0	112	15,3	58	7,9	13	1,8	733	100
2-4	266	56,6	93	19,8	87	18,5	24	5,1	470	100
5+	74	35,4	34	16,3	52	24,9	49	23,4	209	100

Quelle: Tracy/Kempf-Leonard (1996).

Selbst bei den sogenannten „chronischen" Jugendstraftätern ist bei einer langfristigen Verlaufsbetrachtung der Aspekt der Veränderung unübersehbar. 35% der jugendlichen „chronischen" Straftäter hatten zwischen dem 19. und 26. Lebensjahr keine weiteren Polizeikontakte mehr und nur knapp ein Viertel der „chronischen" Jugendstraftäter, war auch in der Erwachsenenzeit „chronisch" auffällig. Alle übrigen „chronics" zeigten einen unterschiedlich ausgeprägten Rückgang in der Häufigkeit der polizeilichen Registrierungen.

Die Kriminalitätsentwicklung, wie sie in Tabelle 3 dargestellt ist, ermöglicht es uns auch ausgehend von der Erwachsenenzeit die Entwicklung der Kriminalität in der Jugend zu betrachten. Eine in der Langzeitforschung häufig erwähnte These besagt, dass sich soziale Auffälligkeiten im Erwachsenalter schon in der Kindheit und Jugendphase zeigen würden (Robins 1978, S.611). Auf der Grundlage der Philadelphia-Studie ist auch diese Kontinuitätsthese stark zu relativieren. Von den insgesamt 1046 erwachsenen Straftätern wurde etwa die Hälfte (524 Probanden) erst nach dem 18. Lebensjahr zum ersten Mal polizeilich registriert. Der Anteil dieser Spätstarter beträgt somit ca. ein Viertel aller bis zum 26. Lebensjahr polizeilich registrierten Kohortenmitglieder. Bei nahezu zwei Drittel (343 Probanden) der Spätstarter blieb es bei einer einmaligen polizeilichen Registrierung. Die einmalige Auffälligkeit bestimmt jedoch nicht nur das Bild bei den Spätstartern, sondern generell das Bild bei allen Erwachsentätern. 11% der Erwachsenentäter kamen auf fünf oder mehr Polizeikontakte zwischen dem 19. und 26. Lebensjahr, 33% auf 2-4 Polizeikontakte und 56% hatten nur einen Polizeikontakt aufzuweisen. Wie wir schon bei der Delinquenzverteilung in der Jugend festgestellt haben, ist demnach auch beim größten Teil der Erwachsenenstraftäter der Kontakt mit der Polizei als episodenhaftes Ereignis zu charakterisieren.

Bei der retrospektiven Betrachtung der Kriminalitätsentwicklung zeigt sich zudem, dass von den 118 Straftätern, die in der Erwachsenenphase fünf oder mehr Polizeikontakte hatten, mehr als ein Viertel in ihrer Jugend überhaupt keinen Polizeikontakt zu verzeichnen hatte (Abbildung 1). Dies bedeutet im Umkehrschluss, dass über ein Viertel der sogenannten „chronischen" Erwachsenenstraftäter ihre offiziell registrierte Kriminalitätskarriere erst in der Erwachsenenzeit begann.

Abbildung 1: Philadelphia-Kohortenstudie (1958):

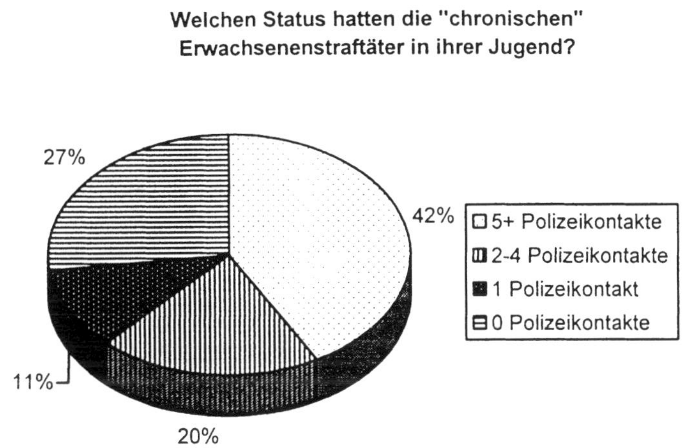

Quelle: Tracy/Kempf-Leonard (1996).

Wie Tabelle 3 zudem verdeutlicht, wurde die Mehrheit der Probanden, die bis zum 26. Lebensjahr mindestens einmal strafrechtlich auffällig wurden, nur in einer der beiden Lebensphasen von der Polizei registriert. Der Großteil der Auffälligkeiten beschränkt sich dabei auf die Jugendphase. Von den 1936 registrierten Kohortenmitgliedern wurden 890 (46%) nur in der Jugend, 524 (27%) nur im Erwachsenenalter und 522 (27%) in beiden Zeiträumen polizeilich registriert. Nur knapp ein Viertel der gesamten Täterpopulation wurde also in beiden Lebensphasen auffällig und nur 49 dieser Probanden sind nach der Definition von Wolfgang et al. sowohl in ihrer Jugend wie auch in ihrer Erwachsenenzeit als „chronische" Straftäter auffällig geworden sind. Das sind insgesamt nur 3% der Probanden, die bis zum Alter von 26 Jahren überhaupt registriert wurden beziehungsweise nur 1% der gesamten Geburtskohorte. Auch wenn man als Indikator für eine verfestigtes Verhalten alle Probanden fasst, die in jedem der beiden Zeiträume entweder als „chronische" Täter (fünf und mehr Polizeikontakte) oder als Wiederholungstäter (2-4 Polizeikontakte) auffällig wurden, ist diese Kontinuitätsgruppe innerhalb der Gruppe der überhaupt polizeilich registrierten Probanden mit 12% doch eine sehr kleine Gruppe. Alle anderen Probanden zeigen deutliche Veränderungen in ihrer Kriminalitätsentwicklung.

Wir können also festhalten, dass die Kriminalitätsentwicklung beim größten Teil der Straftäter durch Veränderungen und nicht durch Kontinuität geprägt ist. Sowohl in der Jugendphase wie auch in der jungen Erwachsenenphase ist eine gemessen an der Anzahl der offiziellen Polizeikontakte starke und länger andauernde Involvierung in Kriminalität nur bei einer kleinen Minderheit aller Kohortenmitglieder, aber auch nur bei einer Minderheit aller Straftäter festzustellen. Selbst bei den von Wolfgang et al. definierten „chronischen" Jugendstraftätern bleibt ein delinquentes Nachspiel in der Erwachsenenzeit häufig aus. Die Veränderungen zeigen sich auch bei einer retrospektiven Betrachtung der Entwicklung der Erwachsenentätern. Bei knapp einem Drittel der mehrfachauffälligen Erwachsenstraftätern (mehr als eine Registrierung) sind die Auffälligkeiten im Erwachsenenalter ohne delinquente Vorgeschichte in der Jugend.

2.2 Die schwedische Langzeitstudie von Stattin/Magnusson

Stattin und Magnusson untersuchten in einer prospektiv angelegten Langzeitstudie einen Schuljahrgang einer Stadt in Schweden[6]. Beim Beginn der Studie 1965 waren die Untersuchungsprobanden durchschnittlich 10 Jahre alt und kamen in die dritte Klasse der städtischen Grundschule. Da es in dieser Stadt keine Privatschulen gab, waren die einzigen Kinder, die durch dieses Forschungsdesign nicht erreicht wurden, Kinder, die aufgrund von starken psychischen Störungen in speziellen Institutionen untergebracht waren. Der Anteil dieser Kinder an allen 10-jährigen Kindern der Stadt betrug weniger als 1%. Insofern umfasst das Sample der Studie nicht nur eine Schulkohorte, sondern auch annähernd eine gesamte Geburtskohorte. Die insgesamt 1392 Untersuchungsprobanden (709 männliche Jugendliche und 683 weibliche Jugendliche) wurden retrospektiv (Kindheit) und prospektiv (bis zum Alter von 30 Jahren) untersucht. Die Datengrundlage bildete die offiziell registrierte Kriminalität sowie die offiziell registrierten sozialen Auffälligkeiten vor dem Alter der Strafmündigkeit. Auf Grund der im Vergleich zu anderen Staaten hohen Kontrolldichte in Schweden, war es den Forschern möglich, individuelle Daten von lokalen und zentralen staatlichen Wohlfahrtsorganisationen mit individuellen Daten von lokalen und zentralen Strafverfolgungsbehörden zusammenzuführen.[7] Für die nachfolgenden Darstellungen und Analysen beziehen wir uns aus Gründen der Vergleichbarkeit mit den anderen dargestellten Studien nur auf die männliche Untersuchungspopulation.

Lässt man die Kindheitsphase unberücksichtigt wurden bis zum Alter von 20 Jahren 25% dieser Kohorte mindestens einmal offiziell registriert. Diese Rate erhöht

6 Siehe Stattin/Magnusson (1991), Stattin/Magnusson/Reichel (1989), Magnusson (1988).

7 Für die Langzeituntersuchung wurden die Daten des National Police Board, bei dem alle polizeilichen Registrierungen ab dem 15.Lebensjahr zentral erfasst werden, die Daten der lokalen Polizei, bei der alle polizeilichen Registrierungen bis zum Alter von 15 Jahren erfasst werden, sowie die Daten der lokalen und der zentralen Child Welfare Board's zusammengefasst. Siehe Stattin/Magnusson/Reichel (1989, S. 370).

sich auf 35% bis zum Alter von 29 Jahren[8]. Wie schon bei der Philadelphia-Kohortenuntersuchung zeigt sich auch bei der schwedischen Langzeitstudie, dass für Männer ein Kontakt mit den staatlichen Kontrollinstanzen kein seltenes Ereignis ist. Wie stark jedoch diese Involvierung in Kriminalität ist, ergibt sich erst aus einer Differenzierung nach den Registrierungshäufigkeiten (Tabelle 4).

Tabelle 4: *Anzahl der offiziellen Kriminalitätsregistrierungen der Probanden der Schwedischen Langzeitstudie in der Jugend*

Anzahl Registrierungen in der Jugend (15. – 20. Lj.)	*Anzahl der Probanden aus der Kohorte*	*Anzahl an jugendlichen Straftätern*
0	532 (75%)	-
1	88 (13%)	88 (50%)
2-3	50 (7%)	50 (28%)
4-10	17 (2%)	17 (10%)
10+	22 (3%)	22 (12%)
	N = 709 (100%)	N = 177 (100%)

Quelle: Stattin/Magnusson (1991).

177 Probanden wurden in ihrer Jugend mindestens einmal offiziell registriert. Bei der Hälfte dieser potentiellen Straftäter blieb es bei nur einer Registrierung. Auch bei der schwedischen Studie zeigt sich somit, dass beim größten Teil der Probanden, die in ihrer Jugend offiziell registriert wurden, die offizielle Auffälligkeit nur als einmaliges Ereignis auftritt. Noch deutlicher wird die Episodenhaftigkeit von Kriminalität, wenn man die Jugend und die frühe Erwachsenenphase gemeinsam betrachtet. Bis auf die Jugendlichen, die vier und mehr Registrierungen erhielten, beendete die Mehrheit der jugendlichen Straftäter ihre offiziell registrierte Auffälligkeit beim Übergang zum Erwachsenenalter (Tabelle 5).

8 Wenn man den Zeitraum bis zum 14. Lebensjahr mit einbezieht erhöht sich die Prävalenzrate bis zum Alter von 29 Jahren auf 37,7 % und die Zahl der Täter auf 267 (Stattin/Magnusson/Reichel 1989, S. 374).

Tabelle 5: Anzahl der offiziellen Kriminalitätsregistrierungen der Probanden der schwedischen Langzeitstudie bis zum 29. Lj. in Abhängigkeit von den offiziellen Kriminalitätsregistrierungen in der Jugendphase

	Frühes Erwachsenalter (21.-29. Lj.)				
Jugend (15.-20. Lj.)	0	1	2-3	4+	Gesamt
0	460 (86,5%)	44 (8,3%)	21 (3,9%)	7 (1,3%)	532 (100%)
1	62 (70,5%)	15 (17%)	10 (11,4%)	1 (1,1%)	88 (100%)
2-3	29 (58%)	6 (12%)	11 (22%)	4 (8%)	50 (100%)
4+	7 (18%)	6 (15,4%)	10 (25,6%)	16 (41%)	39 (100%)
Gesamt	558 (79%)	71 (10%)	52 (7%)	28 (4%)	709 (100%)

Quelle: Stattin/Magnusson (1991).

Auch bei der schwedischen Langzeitstudie finden sich Probanden, die wir im Sinne der Definition von Wolfgang et al. als „chronische" Straftäter[9] charakterisieren können. Wir wollen an dieser Stelle wiederum der Frage nach dem weiteren Delinquenzverlauf dieser Gruppe von Straftätern nachgehen. Was wird aus den jugendlichen „chronischen" Straftätern im Erwachsenalter?

Von den 39 Probanden, die in ihrer Jugend vier oder mehr offizielle Registrierungen hatten (6% der gesamten Kohorte und 22% aller jugendlichen Straftätern), bleiben 18% im Erwachsenalter ohne weitere Registrierungen (Tabelle 5) und 15% dieser mehrfachauffälligen Jugendlichen bekamen in der Erwachsenzeit noch eine Registrierung. Nur knapp die Hälfte dieser „chronischen" Jugendstraftäter hatte auch in der Erwachsenphase vier oder mehr Registrierungen.

Der Aspekt der Veränderung in der Delinquenzentwicklung von jugendlichen Wiederholungstätern zeigt sich noch deutlicher, wenn wir die Entwicklung in der Erwachsenzeit bei allen Jugendlichen betrachten, die mehr als eine Registrierung in der Jugendphase hatten (n=89). Nur knapp die Hälfte (n=41) dieser Jugendlichen

[9] Für unsere Analyse wurden alle Probanden, die vier oder mehr offizielle Registrierungen hatten, als „chronische" Straftäter gefasst. Diese leichte Differenz zu der Einteilung von Wolfgang et al. musste in Kauf genommen werden, da uns die Daten nur in dieser Form vorlagen.

hatte eine gleichbleibende oder zunehmende Registrierungshäufigkeit im Erwachsenenalter. Alle anderen erhielten entweder gar keine oder nur noch eine offizielle Registrierung in ihrer Erwachsenenzeit. Die Abkehr und der Rückgang von kriminellem Verhalten ist bei diesen Jugendlichen demnach ein ebenso häufiges Verlaufsmuster wie eine kontinuierliche Entwicklung von Kriminalität.

Da bei der schwedischen Studie auch die Auffälligkeiten in der Kindheit erhoben wurde, können wir bei ihr die Entwicklung im Legalverhalten über alle drei Zeitphasen verfolgen (Tabelle 6). Nur 14% der gesamten Täterpopulation[10] wurden in allen drei Lebensphasen in Folge kriminellen Verhaltens registriert. Ein Viertel der Täterpopulation wurde in zwei Lebensphasen und 61 % wurden nur in einer Lebensphase registriert. Eine Kontinuität von kriminellem Verhalten über mehrere Lebensphasen hinweg ist nur bei einer kleinen Anzahl von Straftätern zu erkennen.

[10] Diese kleine Zahl von Straftätern (38 Probanden) war für 59% aller Delikte, die in der Kindheit begangen wurden, für 63 % aller Delikte in der Jugendphase und für 62% aller Straftaten im Erwachsenenalter verantwortlich (Stattin/Magnusson 1991, S. 337).

Tabelle 6: Die offiziellen Registrierungen über alle drei Lebensphasen

Kindheit	*Jugendphase*	*Erwachsenphase*	*Anteil an der gesamten Population*	*Anteil an allen Tätern*
Registrierung	Registrierung	Registrierung	38 (5,4%)	14,2%
Registrierung	Registrierung	Keine Registrierung	17 (2,4%)	6,4%
Registrierung	Keine Registrierung	Registrierung	8 (1,1%)	2,9%
Registrierung	Keine Registrierung	Keine Registrierung	18 (2,5%)	6,7%
Keine Registrierung	Registrierung	Registrierung	41 (5,8%)	15,3%
Keine Registrierung	Registrierung	Keine Registrierung	81 (11,4%)	30,3%
Keine Registrierung	Keine Registrierung	Registrierung	64 (9,0%)	23,9%
Keine Registrierung	Keine Registrierung	Keine Registrierung	442 (62,3%)	-

Quelle: Stattin/Magnusson (1991).

Ist diese „Kontinuitätsgruppe“ durch ihre frühen Registrierungen zu identifizieren, wie einige Vertreter des Karriereansatzes (Blumstein et al. 1986, Farrington et al. 1990) behaupten? Wie Tabelle 7 und Tabelle 8 veranschaulichen, wurden 81 der 709 Probanden schon in ihrer Kindheit offiziell registriert. Das bedeutet, dass immerhin 30% der insgesamt bis zum 29. Lebensjahr registrierten männlichen Probanden ihr kriminelles Verhalten schon vor dem Beginn der Strafmündigkeit beginnen. Von diesen Probanden haben knapp ein Drittel keinerlei Registrierungen in der Jugendphase und knapp die Hälfte (43%) dieser Frühauffälligen blieb ohne Registrierung in der Erwachsenzeit. Selbst von den mehrfach Frühauffälligen, den 31 Probanden, die bis zum Alter von 14 Jahren mehr als einmal registriert wurden, weisen 19% keine Registrierung und weitere 19% nur eine Registrierung in der Jugend auf. Noch deutlicher wird die Veränderung im Zeitverlauf, wenn wir die Entwicklung dieser Frühauffälligen in der Erwachsenzeit betrachten. Nur etwas mehr als die Hälfte der Kinder, die bis zum Alter von 14 Jahren durch eine mehrfache Registrierung aufgefallen sind, wurden im Erwachsenenalter ebenfalls mehr als einmal registriert. Das bedeutet anderseits, dass knapp ein Viertel dieser frühauffälligen Probanden in der Erwachsenphase keine Registrierung mehr hat und ein weiteres Viertel nur noch eine Registrierung. Nur jeder zweite dieser mehrfachfrühauffälligen Probanden gehört zu der Tätergruppe die in allen Lebensphasen in Folge delinquenten Verhaltens registriert wurden.

Tabelle 7: *Anzahl der offiziellen Kriminalitätsregistrierungen der Probanden der Schwedischen Langzeitstudie bis zum Alter von 29. Lj. in Abhängigkeit von den offiziellen Kriminalitätsregistrierungen in der Kindheit*

	Frühes Erwachsenenalter (21. – 29. Lj.)					
Kindheit (bis 14. Lj.)	0	1	2-3	4 – 10	10+	Gesamt
0	523 (83,3%)	56 (8,9%)	36 (5,7%)	11 (1,8'%)	2 (0,3%)	628 (100%)
1	27 (54%)	10 (20%)	7 (14%)	3 (6%)	3 (6%)	50 (100%)
2-3	6 (25%)	5 (20,8%)	6 (25%)	2 (8,3'%)	5 (20,8%)	24 (100%)
4-10	2 (33,3%)	-	3 (50%)	-	1 (16,7%)	6 (100%)
10+	-	-	-	-	1 (100%)	1 (100%)
Gesamt	558 (78,7%)	71 (10%)	52 (7,3%)	16 (2,3%)	12 (1,7%)	709 (100%)

Quelle: Stattin/Magnusson (1991).

Tabelle 8: *Anzahl der offiziellen Kriminalitätsregistrierungen der Probanden der Schwedischen Langzeitstudie bis zum 20. Lj. in Abhängigkeit von den offiziellen Kriminalitätsregistrierungen in der Kindheit*

	Jugend (15. – 20. Lj.)					
Kindheit (bis 14. Lj.)	0	1	2-3	4 – 10	10+	Gesamt
0	506 (80,6%)	73 (11,6%)	38 (6,1%)	5 (0,8%)	6 (1,0%)	628 (100%)
1	20 (40%)	9 (18%)	9 (18%)	4 (8%)	8 (16%)	50 (100%)
2-3	6 (25%)	4 (16,7%)	2 (8,3%)	7 (29,2%)	5 (20,8%)	24 (100%)
4-10	-	2 (33,3%)	1 (16,7%)	-	3 (50%)	6 (100%)
10+	-	-	-	1 (100%)	-	1 (100%)
Gesamt	532 (75%)	88 (12,4%)	50 (7,1%)	17 (2,4%)	22 (3,1%)	709 (100%)

Quelle: Stattin/Magnusson (1991).

Diese Kriminalitätsentwicklungen sind mit den verschiedensten Prognosen über die Entwicklung von frühauffälligen Tätern kaum in Einklang zu bringen. Interessanterweise ziehen Stattin und Magnusson (1991, S. 341) eine gegensätzliche Schlussfolgerung: „The presence in a subject's record of registered crime, and especially of several recorded crime occasions, below age 15, was found to be quite strongly connected with registered crime in adolescence and in early adulthood." Eine ähnliche Argumentation findet sich bei Farrington et al. (1990, S. 329): „The age at which the first offense occurs is one of the best predictors of a future criminal career." Wie kommt es zu dieser Einschätzung? Eine mögliche Antwort lautet: Die empirischen Ergebnisse werden im Sinne des vorherrschenden Wissenschaftsparadigmas interpretiert. Wenn der Fokus der Analyse auf dem Aspekt der Kontinuität sozial abweichenden Verhaltens liegt, ist die Rhetorik ein andere als bei einer Analyse, die ihren Schwerpunkt auf Brüche und Veränderungen legt – wohlgemerkt auf der Grundlage derselben empirischen Ergebnisse. Was genau bedeutet es, wenn Stattin und Magnusson den Zusammenhang zwischen Frühauffälligkeit und späterer Auffälligkeit als „strongly connected" charakterisieren, oder Farrington et al. von „best predictor" reden? Was ist der Maßstab für diese Einschätzung? Wenn man viele schwache Prädiktoren für die Erklärung von Kriminalität hat, ist schon ein Prädiktor der nur leicht höhere Eintrittwahrscheinlichkeiten erklären kann, eben ein „best predictor". Wenn man sich jedoch nicht nur auf relative Maßstäbe bezieht, verändert sich der Eindruck. Knapp ein Drittel der Frühauffälligen zeigt keine Auffälligkeit als Erwachsener und mehr als die Hälfte der erwachsenen Mehrfachtäter zeigte keine Auffälligkeit vor dem 14. Lebensjahr. Auch die Feststellung, dass die Hälfte der mehrfachfrühauffälligen Probanden in allen Lebensphasen kriminelle Handlungen begehen, ist für kriminalpolitische Empfehlungen oder gar für Prognosen zu undifferenziert. Diese Einschätzung findet sich auch bei Stattin und Magnusson (1991, S.343) wieder: „Overall these data suggest that considerable more research should be directed towards the group of subjects whose criminal career starts early." Trotz dieser nach wie vor bestehenden Forschungsdefizite wird in der Kriminologie immer wieder der Eindruck erweckt, dass eine wissenschaftlich abgesicherte Prognose möglich sei. Beim gegenwärtigen Stand der Forschung wissen wir zwar, dass die Wahrscheinlichkeit einer kriminellen Karriere durch einen frühen Beginn deutlich höher ist als ein später Einstieg, aber der absolute Wert der Einstiegswahrscheinlichkeit in eine kriminelle Karriere, lässt sich kaum in sinnvolle Individualprognosen übersetzen.

2.3 Verlaufsstrukturen in deutschen Kohortenstudien

Die erste deutsche Studie, auf die wir eingehen wollen, ist die bundesweit angelegte Kohortenstudie von Heinz/Spieß/Storz (1988). Bei dieser empirischen Erhebung der Einträge des Berliner Erziehungs- und Zentralregisters wurde die Verlaufsentwicklung der offiziell registrierten Delinquenz der Geburtsjahrgänge 1961 und 1967 analysiert. Innerhalb eines vierjährigen Untersuchungszeitraums (14.-18. Lebensjahr) wurden für den Geburtsjahrgang 1961 90 599 Jugendliche (Grundgesamtheit: 999 500 Personen) mit 121 896 Einträgen registriert, und für den Geburtsjahrgang 1967 (Grundgesamtheit: 1 019 800 Personen) 115 867 Jugendliche mit insgesamt 159 664 Eintragungen.[11] Da sich auch bei dieser Untersuchung ein deutlicher Unterschied zwischen Männern und Frauen zeigte, werden wir uns im Folgenden nur auf den männlichen Teil der untersuchten Probanden beschränken.

Bei der Geburtskohorte von 1967 wurden alle Registrierungen zwischen dem 14. und dem 18. Lebensjahr erfasst. Die Prävalenzrate dieser Kohorte betrug 17% (Tabelle 9), d.h. jeder sechste männliche Jugendliche der Geburtskohorte von 1967 wurde in seiner Jugendphase (14.-18. Lebensjahr) mindestens einmal offiziell registriert. Bei der überwältigenden Mehrheit der Jugendlichen, die überhaupt registriert wurden, blieb es jedoch bei nur einer Registrierung (73%). Nur 1,8% aller registrierten Jugendlichen oder 0,3% der gesamten männlichen Kohorte hatten 5 oder mehr Registrierungen zwischen dem 14. und dem 18. Lebensjahr.

[11] Die Eintragungen beruhen auf rechtskräftigen Verurteilungen oder auf informellen Sanktionierungen nach den §§ 45,47 JGG.

Tabelle 9: Anzahl der Kriminalitätsregistrierungen bei Männern des Geburtsjahrgangs 1967 der Kohortenstudie von Heinz/Spieß/Storz im Jugendalter (14. – 18.Lebensjahr)

Anzahl der Registrierungen	*N*	*%*
1	65.804	73,0%
2	15.329	17,0%
3	5.255	5,8%
4	2.190	2,4%
5	966	1,1%
6	387	0,4%
7	165	0,2%
8	69	0,1%
9	23	*
10	12	*
11	4	*
12	1	*
16	1	*
Gesamtzahl aller registrierten Jugendlichen	90.206	100,0%
Gesamtzahl der Kohorte	523.300	

$p < 0{,}1$

Quelle: Heinz/Spieß/Storz (1988), S. 650.

Bei dem Geburtsjahrgang 1961 wurde das Forschungsdesign verändert. Als Ausgangsbasis wurden die offiziellen Registrierungen der Kohorte zwischen dem 14. und 18. Lebensjahr herangezogen. Jeder Proband, der in diesem Zeitraum mindestens eine Registrierung hatte, wurde davon ausgehend vier Jahre weiter verfolgt.[12] Durch dieses Design verändert sich im Vergleich zu der Untersuchung des Geburtsjahrgangs 1967 die Risikozeit, da für jeden verurteilten Täter ein nachfolgender Untersuchungszeitraum von 4 Jahren besteht. Auch bei dieser Untersuchungsdauer zeigt sich, dass es bei der Mehrheit der verurteilten Probanden (55,8%) bei einem

[12] Bei beide Kohorten wurde eine Auswertung der Registrierungen vom Eintritt der Strafmündigkeit bis zur Volljährigkeit durchgeführt. Darüber hinaus beinhaltet die Analyse der Kohorte von 1961 auch Registrierungen über das Alter von 18 hinaus bis zum maximalen Alter von 22 Jahren.

einzigen Eintrag im Bundeszentralregister blieb. Nur 5,4% der Untersuchungsprobanden hatten in einem vierjährigen Rückfallzeitraum fünf und mehr Einträge (Tabelle 10). Dieser geringe Anteil von sogenannten „chronischen" Tätern und der hohe Anteil von Einmaltätern zeigt sich also nicht nur bei polizeilich registrierten Täterpopulationen, sondern auch bei rechtskräftig verurteilten Tätern.

Tabelle 10: Anzahl der Registrierungen in einem Zeitraum von vier Jahren bei Probanden, die im Alter zwischen 14 und 18 Jahren mindestens eine Registrierung aufweisen, Geburtsjahrgangs 1961 der Kohortenstudie von Heinz/Spieß/Storz

Anzahl der Registrierungen	*N*	*%*
1	41.467	55,8%
2	16.255	21,9%
3	8.172	11,0%
4	4.445	6,0%
5	2.221	3,0%
6	1.070	1,5%
7	432	0,6%
8	184	0,2%
9	66	0,1%
10	17	*
11	5	*
12	5	*
16	0	*
Insgesamt	74.339	100,0%

* p = < 0,005

Quelle: Heinz/Spieß/Storz (1988), S. 650

Weitere deutsche Kohortenstudien, bei denen sich die bisher aufgezeigten Verlaufsstrukturen zum großen Teil wiederfinden, werden derzeit im Freiburger Max-Planck-Institut für ausländisches und internationales Strafrecht durchgeführt. Da wir bisher nur auf einige wenige Publikationen (Kaiser/Geissler 1988, Karger/Sutterer 1993, Grundies 1999) zu diesen Untersuchungen zurückgreifen konnten, können leider nicht alle der uns interessierenden Delinquenzverlaufsstrukturen dargestellt werden. Untersucht wird die Entwicklung polizeilich registrierter Kriminalität der Geburtskohorten 1970, 1973, 1975, 1978, 1985 und 1988 im Bundesland Baden-Württemberg. Auswertungen bis zum Alter von 21 Jahren liegen nur für die Kohorten 1970 und 1973 vor, weshalb sich unsere Analysen auf die Verlaufsstruktur dieser zwei Kohorten beschränken.[13]

Tabelle 11: Anzahl der Polizeiregistrierungen der männlichen Geburtskohorte der Jahre 1970, und 1973 des Landes Baden-Württemberg (Freiburger Kohortenstudie)

		Alter 7-18 Jahre		*Alter 7-21 Jahre*	
	Anzahl der Registrierungen	*Anteil an allen Registrierten*	*Anteil an der Kohorte*	*Anteil an allen Registrierten*	*Anteil an der Kohorte*
1970	1	62,6%	9,9%	59,3%	12,7%
	2-4	25,3%	4%	26,6%	5,7%
	5+	12,0%	1,9%	14,0%	3,0%
	Gesamt	100%	15,8%	100%	21,4%
1973	1	63,2%	11,2%	57,6%	13,6%
	2-4	25,9%	4,6%	28,8%	6,8%
	5+	10,7%	1,9%	13,9%	3,3%
	Gesamt	100%	17,7%	100%	23,7%

Quelle: Grundies (1999), S. 376.

Jeder fünfte männliche Jugendliche der Geburtskohorte 1970 des Landes Baden-Württemberg beziehungsweise jeder vierte männliche Jugendliche der Geburtskohorte 1973 hat bis zum Alter von 21 Jahren mindestens eine Registrierung erhalten (Tabelle 11). Bei einem Vergleich dieser Werte mit den Prävalenzraten der von Heinz/Spieß/Storz durchgeführten bundesweiten Geburtskohortenuntersuchung von 1961 zeigt sich eine weitgehende Übereinstimmung: Die Prävalenzrate bis zum 18. Lebensjahr des Geburtsjahrgangs von 1961 beträgt 17%, die der zwei Geburtskohor-

[13] Aus Gründen der Vergleichbarkeit mit den bisher dargestellten Studien beschränken wir unsere Darstellung auf den männlichen deutschen Teil der Kohorte. Eine nach Geschlecht und nach Deutschen und Ausländern differenzierte Darstellung findet sich in dem Aufsatz von Grundies (1999). Auch bei den Freiburger Kohortenuntersuchungen konnte die immer wieder vorgefundenen deutlichen Unterschiede in den Registrierungshäufigkeiten zwischen diesen sozialen Dimensionen reproduziert werden: „Eine Analyse ergibt, dass 1992 (gemittelte Werte der Geburtskohorten 1970 und 1973) von den 7 bis 21jährigen männlichen Deutschen der Wohnbevölkerung Baden-Württembergs ca. 23% von der Polizei ein- oder mehrmals registriert wurde. Die entsprechenden Werte betragen für weibliche Deutsche ca. 8%, für männliche Ausländer ca. 53% und für weibliche Ausländer ca. 17%. Damit ergeben sich ungefähr folgende Verhältnisse der Registrierungshäufigkeiten: weiblich : männlich = 1 : 3 und Deutsche zu Ausländer = 1 : 2" (Grundies 1999, Seite 398).

ten von Baden-Württemberg 15,8% (1970) und 17,7% (1973). Auch die Verteilung der Inzidenzraten deckt sich mit den anderen Untersuchungen: Bei dem größten Teil der polizeilich registrierten Probanden blieb es bei einer einmaligen Registrierung. In allen drei Geburtskohorten beträgt der Anteil dieser Gruppe ungefähr 60%. Nur durchschnittlich ein Viertel der registrierten Probanden wurde 2-4 mal registriert und etwa 14% der registrierten Probanden kann man im Sinne von Wolfgang et al. als „chronische" Straftäter charakterisieren. Bezogen auf die gesamte Geburtskohorte liegt der Anteil der „chronischen" Straftäter zwischen 2% und 3%. Insoweit ist die Übereinstimmung mit den bisher dargestellten Kohortenuntersuchungen sehr groß. Leider gibt es von den Freiburger Kohortenuntersuchungen noch keine Daten beziehungsweise Veröffentlichungen der Delinquenzentwicklung über das 21. Lebensjahr hinaus, so dass auf dieser Datengrundlage der Abbruchprozess der sogenannten „chronischen" Straftätern nicht nachgezeichnet werden kann. Ein anderes Verlaufsmuster, die sogenannten „Spätstarter", ist jedoch auch bei den Freiburger Kohortenuntersuchungen aufzufinden. Ähnlich wie bei den beiden bisher dargestellten Kohortenuntersuchungen umfasst ihr Anteil etwa ein Viertel der gesamten Täterpopulation.

Auf der Grundlage der bisher dargestellten Untersuchungen können wir einige generelle Entwicklungsmuster herausarbeiten. Ein erstes Entwicklungsmuster beschreibt die sogenannten „Einmaltäter". Die Einmaltäter dominieren quantitativ betrachtet eine Täterpopulation, soweit sie repräsentativ erhoben wurde und auf offiziellen Registrierungen beruht. Bei der Philadelphia-Untersuchung beträgt der Anteil der Einmaltäter 46%, bei der schwedischen Studie 43% und bei den deutschen Kohortenstudien über 50%. Bei dieser Tätergruppe gibt es keine Anzeichen für ein kontinuierliches kriminelles Verhalten. Ihre Involvierung in Kriminalität und der Kontakt mit dem Strafrechtssystem ist als episodenhaft zu charakterisieren.[14]

Ein weiteres Entwicklungsmuster ist die Abkehr von kriminellem Verhalten beim Übergang zur Erwachsenphase. Auch die Mehrheit der Jugendlichen, die mehr als einmal offiziell registriert wurden, beenden ihre Auffälligkeit in der Erwachsenphase. Selbst bei den sogenannten „chronischen" Jugendstraftätern, die bei allen bisher diskutierten Studien nur einen geringen Anteil der Täterpopulation ausmachen, ist eine Abkehr von Kriminalität beziehungsweise ein deutlicher Rückgang des kriminellen Verhaltens zu beobachten. Die Anzahl der Probanden, die als „chronisch" Auffällige registriert werden und die diese Registrierungshäufigkeit in einem anderen Lebensabschnitt nicht mehr aufweisen, ist ähnlich groß wie die Gruppe der Probanden, die in mehreren Lebensabschnitten eine hohe Registrierungshäufigkeit aufweisen. Die Verlaufsanalysen zeigen, dass sich eine häufigere Registrierung zumeist auf einen bestimmten Lebensabschnitt – überwiegend die Jugendphase- beschränkt.

Ein drittes Entwicklungsmuster lässt sich am besten mit dem Begriff des „Spätstarters" beschrieben. Inhaltlich handelt es sich um Personen, deren soziale Auffälligkeit sich erst im Erwachsenenalter zeigt, beziehungsweise die erst im Erwachsen-

---

[14] Ob mit diesem episodenhaften Verhalten lebensgeschichtliche Nachteile verbunden sind, ist eine Frage der wir im Kapitel 6.1 nachgehen werden.

alter offiziell registriert wurden. Der Anteil der Spätstarter beträgt ungefähr ein Viertel der gesamten Täterpopulation der berücksichtigten Studien.

2.4 Rückfall nach Jugendstrafvollzug

Die bisherigen Ergebnisse über die weitere Kriminalitätsentwicklung bei jugendlichen Mehrfachtätern lassen sich recht zwanglos mit den Ergebnissen aus der Rückfallstudie von Kerner und Janssen (1996) verbinden, die sich auf die schärfste Form der staatlichen Sanktionierung bezieht – die Freiheitsstrafe. Wir wechseln also bei dieser Untersuchung von einer Verlaufsanalyse von Geburtskohorten zu einer Verlaufsanalyse einer Sanktionskohorte, genauer gesagt zu einer Verlaufsbetrachtung einer Häftlingskohorte. Diese spezielle Verlaufsbetrachtung soll prüfen, ob sich die Brüche und Veränderungen in der Delinquenzentwicklung, die wir bei den bisherigen Verlaufsstudien aufzeigen konnten, auch bei Individuen wiederfinden lassen, die in ihrer Jugendzeit so schwere Straftaten begingen, dass sie eine Freiheitsstrafe verbüßen mussten.

Das Sample von Kerner/Janssen umfasst 500 junge Männer, die 1960 aus dem Jugendstrafvollzug Nordrhein-Westfalen entlassen worden waren und deren Legalbewährung über eine Zeitspanne von 20 Jahren verfolgt wurde. Für die Untersuchung wurden drei verschiedene Rückfalldefinitionen verwendet:

Rückfall 1:	mindestens eine neue Verurteilung nach der Entlassung
Rückfall 2:	mindestens eine neue Verurteilung zu einer Freiheitsstrafe
Rückfall 3:	mindestens eine neue (Teil-)Verbüßung einer nach der zweiten Rückfalldefinition verhängten Freiheitsstrafe.

Bei Zugrundelegung der ersten Rückfalldefinition waren nach 5-6 Jahren 78% der Probanden rückfällig geworden. Bei einer Betrachtung eines 10jährigen Zeitraums erhöht sich der Wert auf 83%, um bei einem 20jährigen Beobachtungszeitraum nur noch unwesentlich weiter auf 84% zu steigen. Gemäß der zweiten Rückfalldefinition betrug die Rückfallquote nach 5-6 Jahren noch 66%, die sich bei einem 10jährigen Beobachtungszeitraum auf 70% und bei einem 20jährigen Beobachtungszeitraum auf 72% erhöht. Auch bei der dritten Rückfalldefinition war nach den ersten 5-6 Jahren der größte Anteil der Rückfalltäter mit 48,2% enthalten. Allerdings war bei dieser Rückfalldefinition im Unterschied zu den beiden vorausgegangenen noch ein deutlicher Anstieg der Rückfälligkeit in dem Zeitabschnitt zwischen dem 6. und 10. Jahr nach der Entlassung zu beobachten, so dass bei einem Gesamtbetrachtungszeitraum von 10 Jahren die Rückfallquote 60% betrug. Diese Quote erhöhte sich bei einem 20jährigen Betrachtungszeitraum nur noch leicht auf 64%.

Tabelle 12: Anteil der Probanden, die nach den drei Rückfalldefinitionen wieder registriert wurden, differenziert nach drei Nachuntersuchungszeiträumen

	1. – 5. Jahr	*6. – 10. Jahr*	*11. – 20. Jahr*
Rückfalldefinition 1	78%	57%	50%
Rückfalldefinition 2	66%	54%	39%
Rückfalldefinition 3	48%	26%	23%

Quelle: Kerner/Janssen (1996), S.148-155.

Unter dieser statischen Perspektive sieht alles danach aus, als ob eben doch der Rückfall die dominante Struktur wäre. Betrachtet man den Abbruch einer kriminellen Karriere als Prozess, der nicht auf einer „Null-Eins-Logik" beruht, sondern vielmehr einen Entwicklungsprozess darstellt, der durchaus noch bestimmte Sanktionen beinhaltet, verändert sich der Eindruck der durch die statische Perspektive entstanden ist. Innerhalb von fünf Jahren nach der Entlassung kam es bei 48% zu einer erneuten Inhaftierung. Im Zeitraum 6.-10. Jahr nach der Entlassung betrug die Quote der „Wiederkehrer" nur noch 26% und im Zeitraum 11.-20. Jahr nach der Entlassung 23% (Tabelle 12). Das heißt bei 77% der Untersuchungspopulation kam es ein Jahrzehnt nach ihrer Entlassung aus dem Jugendstrafvollzug zu keiner erneuten Inhaftierung mehr. Selbst wenn wir das „härteste" Kriterium für den Rückfall annehmen, also nur eine erneute Verurteilung, ist der Rückgang offensichtlich. Im ersten Nachuntersuchungszeitraum (1.-5. Jahr nach der Entlassung) wurden 78% wieder verurteilt, im zweiten Zeitraum (6.-10. Jahr nach der Entlassung) betrug die Quote 57% und im dritten Zeitraum (11.-20. Jahr nach der Entlassung) wurden 50% erneut verurteilt. Diese Verlaufsanalyse verdeutlicht, dass bei einer längerfristigen Betrachtung ein großer Teil der jugendlichen Strafgefangenen es schaffte, nicht mehr mit den staatlichen Strafverfolgungsinstanzen in Kontakt zu kommen.[15]

[15] Zu ähnlichen Ergebnissen kam Baumann (1996) bei seiner Untersuchung der Registrierungskarrieren von Strafentlassenen. Er untersuchte die Rückfallquote von 191 männlichen erwachsenen Strafentlassenen, die zwischen dem 1.1.1978 und dem 31.12.1981 nach mindestens zwölfmonatiger Strafverbüßung aus der Freiburger Justizvollzugsanstalt entlassen wurden bis zum Jahr 1989. In diesem Zeitraum hatten 82% einen erneuten Eintrag im Bundeszentralregister und die Hälfte der Population wurde erneut inhaftiert. Wenn wir jedoch ein langsames Ausklingen der Karriere unterstellen und nur die Registrierungen in den letzten fünf Jahren der Untersuchungsdauer berücksichtigen, kommt es bei 37% zu keiner neuen Registrierung. Bei den 82% der Probanden, die erneut inhaftiert wurden, war die Hälfte schon innerhalb von 20 Monaten rückfällig. Ein ähnliche Abbruchquote konnte Krüger (1999) in einer Verlaufsanalyse von 97 jugendlichen Mehrfachtätern in Hamburg feststellen. Ausgehend von der jugendlichen Mehrfachtäterschaft wurden die Delinquenzentwicklung der Untersuchungsprobanden bis zum Alter von 35-36 Jahren erfasst. Am Ende des Untersuchungszeitraums waren 45 der 97 untersuchten Probanden noch polizeilich registriert. Das entspricht einer Abbruchquote von knapp 50%. Vergleichbare Ergebnisse zeigten sich auch bei der Rückfalluntersuchung von Dolde/Grübl (1996) bei ehemaligen Jugendstrafgefangenen in Baden-Württemberg.

2.5 Verlaufsstrukturen selbstberichteter Delinquenz

Alle bisher dargestellten Verlaufsstudien basieren auf der Registrierung von abweichendem Verhalten durch staatliche Institutionen. Dieser Umstand ist nicht unproblematisch. Die Probleme, die bei der Erfassung von offiziell registrierter Kriminalität auftreten, sind in der kriminologischen Literatur relativ gut dokumentiert (Kaiser 1997, S.143-158). Erfasst werden nur diejenigen strafbaren Handlungen, die von den staatlichen Kontrollinstanzen, durch Opfer, sowie durch unbeteiligte Dritte angezeigt werden. Alle drei Bedingungsfaktoren sind jedoch keine festen Konstanten. Die Verfolgung und Aufklärung durch staatliche Kontrollinstanzen hängt ab von der Kontrolldichte (Pfeiffer 1987) sowie dem spezifischen Kontrollverhalten der staatlichen Strafverfolgungsorgane (Mansel/Hurrlemann 1994, Mansel 1999). Aber auch das Anzeigeverhalten in der Bevölkerung oder das Anzeigeverhalten von Opfern verändert sich im Zeitverlauf (Kaiser 1997, S.139-143). Wenn sich jedoch die bisher dargestellten unterschiedlichen Kriminalitätsverläufe bei einer auf selbstberichteter Delinquenz beruhenden Analyse nachweisen lassen, ergibt sich ein zusätzliches Argument dafür, dass die Verläufe kein Artefakt der jeweiligen Untersuchungsmethode sind.

Für die Verlaufsbetrachtung von selbstberichteter Delinquenz haben wir den National Youth Survey (NYS) ausgewählt, eine der wenigen Langzeitstudien, bei der systematisch Selbstberichte über kriminelles Verhalten erhoben wurden. Der National Youth Survey ist eine repräsentative Stichprobe von 1725 11-17jährigen Jugendlichen in den USA (Elliott/Huizinga/Ageton 1985). Begonnen wurde die Untersuchung im Jahre 1976. Die Probanden wurden in den ersten fünf Befragungswellen im Abstand von einem Jahr befragt. Bei den Befragungswellen 6-8[16] wurden die Untersuchungsprobanden in einem dreijährigen Abstand nach ihrer Delinquenz im vorausgegangenen Jahr befragt. Erhoben wurde abweichendes Verhalten von leichten Formen von Devianz, beispielsweise Schummeln bei Schultests, oder Ordnungswidrigkeiten, beispielsweise Betrunkensein in der Öffentlichkeit, bis hin zu Raub- Gewalt- oder Sexualdelikten.

Die nachfolgenden Analysen beruhen auf eigenen Berechnungen eines Teils dieser Probanden. Aus Gründen der Vergleichbarkeit mit den bisher dargestellten Verlaufsstudien wurden von uns alle männlichen weißen Probanden, die bei der ersten Befragung zwischen 13 und 16 Jahre alt waren und die bis zur 8. Befragungswelle teilgenommen haben, ausgewählt. Dieses Teilsample des National Youth Surveys umfasste 262 Probanden.[17] Der Untersuchungszeitraum umfasst 14 Jahre. Das Alter

[16] Für unsere Analysen konnten wir auf die Daten der ersten 8 Befragungswellen zurückgreifen. Die Datensätze des NYS wurden im Rahmen des von der DFG geförderten Projektes „Involvierung in Delinquenz als Opfer und als Täter“ am Institut für Kriminologie Tübingen aufgearbeitet. Unser Dank für die Überlassung der Datensätze gilt insbesondere Volkard Schindler.

[17] Die geringe Fallzahl von 262 Probanden (verglichen mit den ursprünglich 1725 Probanden) ergab sich über die Selektionen Rasse, Geschlecht, Alter bei der ersten Befragung zwischen 13 und 16 Jahren sowie über die Teilnahme bei allen acht Befragungswellen.

der Probanden am Ende dieses Untersuchungszeitraums liegt zwischen 27 und 30 Jahren.

Angesichts der breiten Palette von sozial abweichendem Verhalten und der Menge von trivialen Sachverhalten, die bei dieser Untersuchung erfasst wurden, haben wir uns dafür entschieden, nur die selbstberichteten Angaben zur Delinquenz zu berücksichtigen, die nicht als Bagatelldelikte einzustufen sind. Berücksichtigt wurden Vermögens- und Fälschungsdelikte, Einbruchs- und Raubdelikte sowie Delikte im Zusammenhang mit sexueller Gewalt.[18] Aus Gründen der Vergleichbarkeit mit den bisher dargestellten Studien haben wir in einem ersten Schritt die Einteilungslogik, wie sie von Wolfgang et al. bei der Philadelphia-Studie entwickelt wurde, übernommen. Als „chronischer" jugendlicher Straftäter wird ein Proband dann eingestuft, wenn er in den ersten fünf Befragungswellen mindestens fünf Delikte aus den oben aufgeführten Deliktskategorien begangen hat. Die entsprechende Einteilungslogik wurde auch für die Erwachsenenphase angewendet, wobei hier nur drei Befragungswellen zur Verfügung standen.

Auf der Grundlage dieser Einteilung sind 152 der insgesamt 262 Probanden als „chronische" jugendliche Straftäter zu charakterisieren (Tabelle 13). Nur knapp ein Viertel dieser jugendlichen „chronischen" Straftäter weist allerdings eine gleich hohe Begehungshäufigkeit in der Erwachsenenzeit auf. Knapp die Hälfte der jugendlichen „chronischen" Straftäter (40%) beenden ihr kriminelles Verhalten in ihrer Erwachsenenzeit. Noch deutlicher wird diese Abkehr von kriminellem Verhalten bei den anderen jugendlichen Tätergruppen: 56% der Jugendlichen, die in ihrer Jugend 2-4 schwere Straftaten begangen haben, berichten von keinerlei Vorkommnissen in ihrer Erwachsenenzeit. Bei der Gruppe der jugendlichen Einmaltäter sind es sogar 68%.

---

18 Nicht berücksichtigt wurden Ordnungswidrigkeiten, Verhaltensformen die den Bereich Jugendschutz betreffen, Delikte im Bereich von leichter Sachbeschädigung, Diebstahlsdelikte, Drogendelikte, Delikte im Bereich von Körperverletzung und Sittlichkeitsdelikte. Die letzten vier Deliktsbereiche wurden, obwohl sie per se nicht als Bagatelldelikte zu bewerten sind, nicht in der Analyse berücksichtigt, da sich bei genauerer Betrachtung zeigte, dass sich hinter diesen Delikten eine größere Anzahl von trivialen Sachverhalten verbergen. Beispielsweise konnte Elliott durch zusätzliche Fragen, die eine präzisere Einschätzung der Sachverhalte ermöglichten, nachweisen, dass 75% der angegebenen Körperverletzungsdelikte als Bagatellsachverhalte zu werten sind (Elliott 1989).

Tabelle 13: Anzahl der selbstberichteten Delinquenz in der Erwachsenenphase in Abhängigkeit selbstberichteter Delinquenz in der Jugendphase im National Youth Survey

	Erwachsenenphase				
	0	1	2-4	5 und mehr	
Jugendphase					
0	37 (77%)	5 (10%)	5 (10%)	1 (3%)	48 (100%)
1	19 (68%)	4 (14%)	3 (11%)	2 (7%)	28 (100%)
2-4	19 (56%)	3 (9%)	7 (20%)	5 (15%)	34 (100%)
5 und mehr	61 (40%)	21 (14%)	35 (23%)	35 (23%)	152 (100%)

Quelle: Eigene Berechnungen auf Grundlage der ersten 8 Befragungswellen des National Youth Survey.

Bei der bisher verwendeten Tätertypologie von Wolfgang et al. wurde ein Proband als „chronischer" Straftäter charakterisiert, wenn er irgendwann in seiner Jugend fünf oder mehr Straftaten begangen hat, unabhängig von der Zeitspanne, in der dies geschah. Als Indikator für eine lebensweltliche Involvierung in Kriminalität ist diese Einteilung nicht unproblematisch, da ein Proband der beispielsweise fünf offizielle Registrierungen beziehungsweise Straftaten innerhalb eines Monats anhäuft, schon als „chronischer" Straftäter identifiziert wird, auch wenn er in der restlichen Zeit nicht mehr auffällig wird. Aus diesen Gründen haben wir eine Tätertypologie auf der Grundlage der Dauer der zeitlichen Involvierung gebildet. Als jugendliche Intensivtäter bezeichnen wir Probanden, die nach Selbstzeugnissen in mindestens drei der fünf Jahre der Jugendphase (1.-5.Welle) jeweils mindestens eine Straftat begangen haben. Die Mittelkategorie bilden Probanden, die in ein oder zwei Jahren mindestens eine Straftat begangen haben. Die verbleibende Gruppe schließlich beinhaltet Probanden, die berichteten, dass sie keinerlei Straftaten in ihrer Jugend begangen haben. Von dieser Einteilung mussten wir in der Erwachsenphase (6.- 8. Welle) abweichen, da die Befragungen nicht mehr im Abstand von einem, sondern von drei Jahren durchgeführt wurden. Als Intensivtäter in der Erwachsenzeit wurde ein Proband dann charakterisiert, wenn er berichtete, dass er in mindestens zwei der drei Untersuchungsjahre der Erwachsenphase jeweils mindestens eine Straftat begangen hat. Die Mittelkategorie bilden Probanden, die von mindestens einer Straftat in einem Jahr in ihrer Erwachsenzeit beichten. Die verbleibenden Probanden berichteten von keinerlei Straftaten in ihrer Erwachsenenphase.

Wenn wir die Übergangshäufigkeiten von der Jugend- zur Erwachsenphase auf Grundlage dieser Tätertypologie betrachten (Tabelle 14), sind die Veränderungen wiederum deutlich erkennbar. Ausgehend von der gesamten Täterschaft, hatten nur ein Fünftel dieser Täter angegeben, sowohl in der Jugend wie auch in der Erwachsenenzeit in mehreren Jahren kriminelle Handlungen begangen zu haben. Alle anderen Probanden zeigten deutliche Veränderungen beim Übergang zum Erwachsenalter, wobei wiederum die Beendigung von kriminellem Verhalten die dominante Struktur darstellt. Selbst von den jugendlichen Intensivtätern berichteten 37%, dass sie keine weiteren Straftaten im Erwachsenenalter begangen haben.

Tabelle 14: Anzahl der Tatjahre im National Youth Survey

	Erwachsenenphase			
	0	1	2 und mehr	
Jugendphase				
0	37 (77%)	11 (23%)	-	48 (100%)
1-2	49 (64%)	18 (23%)	10 (13%)	77 (100%)
3 und mehr	50 (37%)	48 (35%)	39 (28%)	137 (100%)

Quelle: Eigene Berechnungen auf Grundlage der 8 Befragungswellen des National Youth Survey.

Dieses Entwicklungsmuster konnte Elliott (1994) auch bei seiner Analyse schwerer Gewaltdelikte nachweisen.[19] Der Anteil der männlichen Probanden, die vor dem 18. Lebensjahr mindestens eine schwere Straftat begangen haben und dieses Verhalten in der Erwachsenzeit fortsetzten, beträgt 22%. Auch dieses Ergebnis bestätigen die bisher gewonnene Erkenntnis, dass beim Übergang zur Erwachsenenphase ein großer Teil der jugendlichen Mehrfachtäter, wie auch ein großer Teil der jugendlichen Gewalttäter die kriminellen Aktivitäten entweder ganz beendet oder deutlich reduziert.[20] Elliott (1994, S.15) selbst zieht aus seiner Analyse eine ähnliche Schlussfol-

19 Unter schwere Straftaten fasste Elliott (1994, S.3) schwere und gefährliche Formen von Körperverletzung, Raubdelikte und Vergewaltigung. Erfasst wurden die Delikte über die Fragen: 1)"Have you attacked someone with the idea of seriously hurting or killing that person?" 2)"Have you used force or strong-arm methods to get money or things from people?" 3)"Have you had or tried to have sexual relations with someone against their will?"

20 Auch bei der Philadelphia-Untersuchung hatten 44% der männlichen Probanden, die in ihrer Jugend wegen schweren gewalttätigen Delikten registriert wurden, keine offiziellen Registrierungen im Erwachsenalter (Tracy/Kempf-Leonhard 1996, S.144).

gerung: „These data seem to support the maturational reform hypothesis that the transition into responsible adult roles leads to desistance from crime and violent behavior."

Ein Unterschied zu den bisher diskutierten Verlaufsstudien besteht jedoch in der Größe der Kriminalitätsbelastung. Die Prävalenzraten bei den bisher dargestellten Kohortenstudien, die auf offiziell registrierter Kriminalität basieren, schwanken zwischen 30% und 40%. Die Prävalenzrate auf der Grundlage selbstberichteter Delinquenz beim NYS beträgt jedoch 86%, das heißt 86% der insgesamt 262 untersuchten Probanden haben angegeben, in ihrer Jugend oder in ihrer Erwachsenenzeit mindestens eine Straftat begangen zu haben. Diese hohe Prävalenzrate konnten auch bei anderen Befragungen über Selbstberichte zur Delinquenz immer wieder festgestellt werden. Beispielsweise betrug die Prävalenzrate bei delinquentem Verhalten in den Niederlanden 84,5%, in England und Wales 65,9%, in Portugal 81,5% und in der Schweiz 90,3%, wobei alle vier Studien auf landesweite Zufallsstichproben beruhen (Junger-Tas/Terlouw/Klein 1994, S. 371). Diese deutlichen Unterschiede in den Prävalenzraten von selbstberichteter und offiziell registrierter Kriminalität konnte Farrington auch bei der Langzeitstudie „Cambridge Study in Delinquent Development" nachweisen. Es zeigte sich, dass die Prävalenzrate, die sich auf selbstberichtete Angaben stützt, dreimal so hoch war, wie die Prävalenzrate, die auf offiziell erfassten Registrierungen basiert. Die offizielle Prävalenzrate betrug 33%, die Prävalenzrate aufgrund der Selbstberichte 96% (Farrington 1989, S. 404f.).

Die Untersuchung von Farrington, unsere Analyse mit dem NYS und die angeführten Dunkelfeldstudien belegen, dass delinquentes Verhalten in der Jugend ein ubiquitäres Phänomen darstellen: „Irgendwelche Delikte kommen bei fast jedem in der Jugend vor" (Kreuzer 1985, S.162). Auch eine neuere deutsche Untersuchung von Mansel und Hurrelmann (1998) über selbstberichtetes aggressives Verhalten von Schülerinnen und Schülern der Sekundarstufe 1 in Nordrhein-Westfalen und Sachsen im Jahre 1988 und 1996 unterstützt diese These: 42,6% der männlichen Befragten haben 1996 angegeben, dass sie in diesem Jahr jemanden absichtlich geschlagen oder verprügelt haben. Die dargestellte Ergebnisse deuten daraufhin, dass doch eine deutlich größere Anzahl von Jugendlichen zumindest zeitweise kriminelles Verhalten zeigt, als aufgrund von Analysen über offizielle Delinquenz vermutet wird.[21]

---

21 Das bedeutet jedoch nicht, dass die höheren Kriminalitätsbelastung bei selbstberichteten Angaben ohne Probleme sind. Ein häufig erwähntes Problem bei der Analyse selbstberichteter Angaben zu kriminellem Verhalten betrifft die Gefahr der Doppelzählung. Bei einer Validitätsüberprüfung der selbstberichteten Angaben des National Youth Survey, zeigte sich, dass beispielsweise bei dem Delikt Autodiebstahl 40% der Probanden, die dieses Delikt angaben, wegen demselben Tatbestand auch das Delikt Fahren ohne Fahrerlaubnis und 23% einen Diebstahl über 50 Dollar angaben (Elliott 1989). Ohne detaillierte Analysen besteht also die Gefahr einer zu hohen Kriminalitätsbelastung. Aber auch die gegenteiligen Effekte, also eine Unterschätzung der Kriminalitätsbelastung konnte auf der Grundlage des NYS nachgewiesen werden. Menard und Elliott (1990) konnten nachweisen, dass die Angaben zur Delinquenz bei einem jährlichen Befragungsrhythmus deutlich höher ausfallen, als bei einer retrospektiven Befragung der letzten drei Jahre. Ein weiteres Problem bei Eigenberichten über kriminelles Verhalten ist das sogenannte Trivialitätsproblem. Dieses Problem lässt sich wiederum sehr anschaulich anhand des National Youth Survey aufzeigen. Für eine Validierung und

2.6 Zusammenfassung

Betrachten wir die Entwicklung und die Verbreitung von kriminellem Verhalten auf der Grundlage offizieller Registrierungen, ist die größte Gruppe die der Nicht-Auffälligen. Bei der Philadelphia-Studie wurden 4280 Probanden (69%) der insgesamt 6212 männlichen weißen Probanden weder in der Jugend noch in der Erwachsenenzeit offiziell registriert. Bei der schwedischen Langzeitstudie betrug dieser Anteil 65% aller Untersuchungsprobanden und bei den deutschen Kohortenstudien über 70%. Die Größe dieser „Kontinuitätsgruppe" verändert sich jedoch deutlich, wenn die Datengrundlage auf selbstberichteten Angaben über Delinquenz beruht. Diese Studien zeigen, dass Jugendkriminalität ein ubiquitäres Phänomen bei männlichen Jugendlichen ist (Elliott 1984, LeBlanc/Frechette 1989, Kreuzer 1994). Patterson et al. (1992, S.28) sprechen in diesem Zusammenhang vom universellen Charakter dieser Form von sozialer Auffälligkeit: „It seems to be the norm in our culture for boys to engage in moderate rates of trivial antisocial acts. It has been shown that normal children of all ages in all cultures engage in some coercive behaviors." Diese Einschätzungen finden sich auch in der deutschsprachigen Jugendsoziologie wieder (Hurrlemann 1998). Der ubiquitäre Charakter der Auffälligkeit zeigt sich ansatzweise auch bei den Längsschnittanalysen, die auf der Basis von offiziellen Registrierungen erfasst wurden. Quantitativ betrachtet ist auch bei diesen Studien die einmalige Auffälligkeit die am häufigsten auftretende Delinquenzverlaufsform. Knapp die Hälfte aller Täter sind bei der amerikanischen und der schwedischen Kohortenstudie Einmaltäter. Wobei der jeweilige Untersuchungszeitraum mit 16 Jahren bei der Phildelphia-Studie und 30 Jahren bei der schwedischen Studie ausreichend lang ist, um eine Veränderung des Legalverhaltens bei diesen Einmaltätern weitgehend auszuschließen. Die Wahrscheinlichkeit einer offiziell registrierten Straftat im mittleren und späten Erwachsenalter, ist bei der Gruppe der jugendlichen beziehungsweise der jungen Heranwachsenden Einmaltätern als sehr gering einzuschätzen.

---

bessere Einschätzung der selbstberichteten Angaben zur Delinquenz wurden in ausgewählten Jahren Zusatzfragen zu den ursprünglich erfassten Delikten gestellt. Am Beispiel des Deliktes Körperverletzung konnte Elliott (1988) durch die Analyse der Zusatzfragen, nachweisen, dass es sich bei 75% der Körperverletzungsdelikte um Bagatellsachverhalte handelte. Selbst bei den sogenannten Index-Straftaten (Vergewaltigung, Raub, schwere Körperverletzung, Bandenschlägerei, Einbruchdiebstahl, Diebstahl über 50 Dollar und Autodiebstahl) und bei schweren gewalttätigen Delikten (schwere Körperverletzung, Raub, Vergewaltigung und Bandenschlägerei) wurden aufgrund der Zusatzfragen 22% beziehungsweise 33% der angegebenen Delikte als nicht schwerwiegend charakterisiert. Diese Unsicherheit bei der Klassifikation der Delikte ist nur durch sehr detaillierte Zusatzfragen, die den Kontext der Handlung mit berücksichtigen, zu beheben. Mit dieser Strategie stößt man jedoch sehr schnell an die Grenzen der Leistungsfähigkeit von quantitativ orientierten Forschungen. Insoweit ist Elliott (1989, S.155) zuzustimmen, wenn er darauf hinweist, dass „few issues are as critical to the study of crime and delinquency as the question of the reliability, validity and precision of our measures of this phenomenon". Oder wie Kerner (1994, S.924) treffend formuliert: „Wie Kriminalität wirklich aussieht, weiß niemand." Was wir jedoch wissen, ist, dass die unterschiedlichsten Untersuchungen, die wir dargestellt und diskutiert haben, deutliche Gemeinsamkeiten in den Verlaufsmustern von Kriminalität aufweisen.

Diese Einschätzung verändert sich jedoch, wenn wir uns den jugendlichen Intensivtätern zuwenden. Nur zwischen 10% und 16% der jugendlichen Straftäter aus den jeweiligen Kohortenuntersuchungen können wir als „chronische" Jugendstraftäter bezeichnen. Jedoch ist diese kleine Anzahl von Straftätern für einen sehr großen Anteil der gesamten Jugendkriminalität einer Kohorte verantwortlich. In der vorgestellten Studie aus Philadelphia begingen die jugendlichen „chronischen" Straftäter 49% aller in der Jugend registrierten Straftaten der Kohorte.[22] Die große Masse der Einmaltäter (52% aller Täter) ist demgegenüber nur für 19% aller Delikte verantwortlich. Wenn wir nur Straftaten berücksichtigt, die nach dem Uniform Crime Report als schwere Straftaten anzusehen sind, ist die kleine Gruppe der „chronischen Straftäter für 61% dieser Delikte verantwortlich (Tracy/Wolfgang/Figlio 1990, S. 91). Trotz der Schwere der Auffälligkeit kommt es bei einem relativ großen Teil der jugendlichen „chronischen" Straftäter dennoch zu keiner Fortsetzung der kriminellen Karriere im Erwachsenenalter. Bei der Philadelphia-Untersuchung hatten 37% der „chronischen" Jugendstraftäter keine Registrierung in der Erwachsenenzeit und weitere 16% hatten nur noch eine Registrierung. Bei der schwedischen Langzeitstudie war die Rückfallquote bei den „chronischen" Jugendstraftätern zwar höher, aber auch bei dieser Untersuchung kam es bei einem Drittel von ihnen zu einem deutlichen Rückgang bei den Registrierungen im Erwachsenenalter.

Dieser Rückgang zeigt sich auch bei den Analysen auf der Grundlage des National Youth Survey, bei dem Selbstberichte zur Delinquenz die Datengrundlage bilden. Jeder dritte Proband, der von mindestens fünf Delikten in der Jugendphase berichtet, beendet sein kriminelles Verhalten beim Übergang in die Erwachsenenphase. Selbst bei jedem dritten Jugendlichen mit Hafterfahrung, also einer Population, welche die höchste Rückfallquote aufweist, ist, wie Kerner/Janssen (1996) gezeigt haben, bei einer zwanzigjährigen Verlaufsbetrachtung entweder überhaupt keine strafrechtliche Auffälligkeit mehr festzustellen, oder nur noch Straftaten, die hinsichtlich der Schwere als Rückgang der Auffälligkeit zu werten sind. Da bei der

[22] Die kriminalpolitische Prisanz der jugendlichen Mehrfachtäter wurde auch durch eine aktuelle Untersuchung des Bayrischen Landeskriminalamtes (1998) bestätigt. Bei dieser Untersuchung wurden die registrierten Strafkarrieren aller Jugendlichen, die 1991 im Alter von 14 oder 15 in München als Tatverdächtige polizeilich ermittelt wurden, bis zum Jahr 1996 verfolgt. Insgesamt handelt es sich um 906 Jugendliche, 702 Männer und 204 Frauen. Innerhalb des fünfjährigen Untersuchungszeitraums blieben 305 Tatverdächtige (34%) ohne weitere Kontakte mit den Strafverfolgungsinstanzen. 306 Tatverdächtige (34%) hatten 2-4 Kontakte, und 295 Tatverdächtige hatten fünf und mehr Kontakte. Insgesamt wurden von den 906 Tatverdächtigen innerhalb des fünfjährigen Untersuchungszeitraums 6 268 Straftaten polizeilich erfasst. Über vier Fünftel (83%) entfallen auf das eine Drittel der Tatverdächtigen (295) mit fünf oder mehr Einträgen (S.115). Mehr als die Hälfte davon (52%) entfallen auf die 87 Tatverdächtigen, für die 20 oder mehr Straftaten registriert wurden, wobei diese Gruppe auch für 3/4 aller schweren Diebstähle verantwortlich war. Die Autoren der Studie weisen jedoch daraufhin: "Eine ins Erwachsenalter hineinreichende kriminelle Karriere kann auf der Grundlage unserer Daten allein jedoch nicht angenommen werden. Auch bei Jugendlichen, die über mehrere Jahre und mit vielen Straftaten polizeilich auffällig waren, kommt es häufig zu einer „Spontanremission" – weitere strafbare Handlungen bleiben aus."(S.112).

Studie von Kerner/Janssen auch die frühe und mittlere Erwachsenphase erhoben wurde, weist dieses Ergebnis daraufhin, dass der Rückgang der Kriminalität nicht nur dem Rollenwechsel vom Jugendlichen zum Erwachsenen geschuldet ist, sondern dass er auch in späteren Lebensphase eine häufige Entwicklungssequenz darstellt.

Dennoch darf nicht übersehen werden, dass es eine Anzahl von Straftätern gibt, deren Kriminalitätsentwicklung lebensgeschichtlich tatsächlich als kontinuierlich zu charakterisieren ist. Beispielsweise beträgt der Anteil der in beiden Lebensphasen „chronisch" Auffälligen bei der Philadelphia-Kohortenuntersuchung knapp 1% der gesamten Kohorte. Bei der schwedischen Studie war der Anteil etwas über 2% und bei den Analysen auf der Grundlage des National Youth Surveys betrug der Anteil 13%. Berücksichtigt werden muss dabei, dass die Entwicklung der Kriminalität bei diesen Verlaufsstudien nur bis zum 30. Lebensjahr reicht. Unsere Ergebnisse über die Kriminalitätsentwicklung im mittleren und späteren Lebensalter (Kapitel 6), deuten jedoch daraufhin, dass sich die Gruppe der im wahrsten Sinne des Wortes „lebenslänglich" auffälligen Personen nochmals deutlich verringert.

Eine weitere Verlaufsgruppe – die sogenannten „Spätstarter" – unterscheiden sich von den anderen Kriminalitätsverlaufsgruppen dadurch, dass ihre zum Teil starke Verstrickung in Kriminalität erst im Heranwachsenden und frühen Erwachsenalter beginnt. Diese Verlaufsgruppe ist, wie die Kohortenstudien belegen, quantitativ gesehen eine nicht unerhebliche Gruppe. Von den insgesamt 1046 Straftätern der Philadelphia-Kohortenuntersuchung, die im Erwachsenalter polizeilich registriert wurden, fielen 50% erst nach dem 18. Lebensjahr zum ersten Mal auf. Ein ähnliches Ergebnis zeigte sich bei der schwedischen Langzeitstudie. Hier machen die „Spätstarter" die Hälfte der gesamten Erwachsenendelinquenz, beziehungsweise ein knappes Drittel der gesamten Täterpopulation, aus. In einem Überblick über mehrere Langzeitstudien zur Kriminalität kommen Blumstein et al. (1986) zu dem Ergebnis, dass 40-50 % der Personen, die als Erwachsene offiziell registriert wurden, keinerlei Registrierungen als Jugendliche aufwiesen.

Ein etwas anderes Bild erhält man dann, wenn man sich die Gruppe der Spätstarter auf der Grundlage von selbstberichteter Delinquenz betrachtet. Nur knapp jeder zehnte der Erwachsenenstraftäter des National Youth Survey gab an, keine Straftaten in der Jugend begangen zu haben. Diese Differenz zwischen Hell- und Dunkelfeld geben zu der Vermutung Anlass, dass es sich bei dem Phänomen „Spätstarter" um eine langsame Entwicklung zu einem verfestigteren kriminellen Verhalten handelt und weniger um eine radikale Veränderung des Verhaltens. Diese Vermutung harrt jedoch noch einer genaueren empirischen Überprüfung. Rutter et al. (1998, S. 104) kommen bei ihrem Literaturüberblick zu diesem Verlaufstyp zu der Feststellung: „Little is known about adult-onset antisocial behavior."

Mit den bisher dargestellten Entwicklungsmustern von Kriminalität, den „Einmaltätern", den „Spätstarter", den „chronischen" Jugendstraftäter und den in allen Lebensphasen stark auffälligen Probanden, sind jedoch nicht alle Entwicklungsmuster abgedeckt. Eine Delinquenzverlaufsform, die sich in allen dargestellten Langzeitstudien immer wieder aufweisen lässt, besteht aus Probanden, die lebensgeschichtlich betrachtet in sehr unterschiedlicher Form in Kriminalität involviert sind. Unterschiedlich starke Phasen von Auffälligkeiten wechseln sich ab mit Phasen von gänzlicher Unauffälligkeit. Bei der Philadelphia-Studie können wir knapp ein Drittel aller Täter diesem Entwicklungsmuster zuordnen. Obgleich auch diesem Verlaufsmuster noch wenig Aufmerksamkeit gewidmet wurde, bleibt festzuhalten, dass es sich auch bei diesem Entwicklungsmuster um einen diskontinuierlichen Kriminalitätsverlauf handelt.

Die beschriebenen Verlaufsmuster von Kriminalität werden mit den anfangs zitierten Kontinuitätsannahmen nur unzureichend erfasst. Die Veränderungen und Brüche bei der Kriminalitätsentwicklung sind bei den meisten dargestellten Verlaufsgruppen offensichtlich. Insofern verzerren Verlaufsanalysen, die sich einseitig auf die Untersuchung von Kontinuität von kriminellem Verhalten konzentriert, das Verlaufsbild von Kriminalität. Diese Defizite bei der empirischen Analyse haben sich auch in der Theoriebildung niedergeschlagen, wie wir im nächsten Kapitel zeigen werden.

3 Theorien zur Kontinuität und Diskontinuität von Kriminalität

Wie im vorangegangenen Kapitel ausgeführt, ist in Langzeitstudien zum abweichenden Verhalten eine Vielzahl unterschiedlicher Delinquenzverläufe auszumachen. Das Gesamtbild der Kriminalität ist in einer Längsschnittbetrachtung stärker von Brüchen und Veränderungen als von Kontinuität und Stabilität geprägt. Auch wenn man die Einmaltäter unberücksichtigt lässt, die den größten Anteil der Straftäter einer Geburtskohorte ausmachen, sind Kriminalitätsverläufe wie „Abbruch schwerer Jugendkriminalität im Erwachsenenalter“ oder „Beginn schwerer Kriminalität im Erwachsenenalter“ bei Straftätern genauso häufig anzutreffen wie beispielsweise der Kontinuitätsverlauf „schwere Jugendkriminalität und schwere Erwachsenenkriminalität".

Trotz dieser deutlichen Brüche in der Delinquenzentwicklung der meisten Individuen steht die Kontinuität von Delinquenz im Zentrum der meisten kriminologischen Erklärungsversuche. Ein Grund hierfür liegt darin, dass sich die kriminalpraktischen und kriminalpolitischen Diskurse oftmals auf eine kleine Gruppe von „chronischen Straftätern“ oder „Intensivtätern“ konzentrieren, die, wie die oben aufgeführten Studien zeigen, für einen großen Teil der bei einer Geburtskohorte registrierten Kriminalität verantwortlich ist. Die Fokussierung auf eine solche „Problemgruppe“ färbt auch auf die Kriminologie als „praxisnaher“ Wissenschaft ab. Nicht zuletzt die finanzielle Abhängigkeit der Forschungsprojekte vom politischen System hat eine nicht zu unterschätzende Wirkung auf die theoretischen Grundlagen der Forschung. So existiert beispielsweise in den USA eine auffällige Parallelität zwischen den Forschungsvorhaben, die sich vor allem mit „chronischen Straftätern“ oder „Karrieretätern“ beschäftigten, und den bis heute anhaltenden kriminalpolitischen Diskursen (siehe hierzu Gottfredson/Hirschi 1986, 1988). Einige Vertreter des sogenannten „criminal career approach", versprechen den verantwortlichen Praktikern sogar einen direkten Nutzen ihres Forschungsprogramms für die Kriminalpolitik: „...the success of this strategy (classifying and targeting offenders) depends on the ability of the criminal justice system to identify career offenders accurately and early in their criminal careers. Better information needs to be gathered and made available to the criminal justice officials who arrest, prosecute, and sentence these offenders [...] A multifaceted approach to crime control that reserves incapacitation for career offenders or for those offenders convicted of truly heinous crimes and expands the use of intermediate sanctions with other types of offenders is likely to be the most effective crime control strategy for the 1990s“ (Visher 1995, S. 532f). Diese Auffassung steht allerdings in einem merkwürdigen Kontrast zu den bisher erreichten Forschungsergebnissen dieses Forschungsprogramms.[23]

[23] Siehe hierzu auch Agnew (1995), Barnett et al. (1992), Gottfredson/Gottfredson (1994).

Zum anderen sind für diese Dominanz der Kontinuität sicherlich auch wissenschaftsimmanente Gründe verantwortlich. Ein solcher Grund liegt z. B. darin, dass es in der Vergangenheit kaum empirische Langzeitstudien gab, die auf der Basis von Individualdaten die Entwicklung von Kriminalität über einen längeren Zeitraum oder gar mehrere Lebensphasen hinweg untersuchten. Ein anderer Grund mag in sogenannten Zitierkartellen und der Herausbildung einzelner kriminologischer Schulen liegen. Wie wichtig solche Zitierkartelle und kriminologische Schulenbildungen für die Verbreitung wissenschaftlicher Ergebnisse sind, zeigen z. B. Laub/Sampson (1991) sehr anschaulich am Umgang mit den Forschungsergebnissen von Glueck und Glueck. Sie führen detailliert auf, wie in Folge der harschen Kritik von Sutherland an der Glueck/Glueck-Studie „Unraveling Delinquency“ – eine der ersten Langzeitstudien der Kriminologie überhaupt – diese Studie jahrzehntelang nahezu unbeachtet blieb.

Eine Theorie, die als *allgemeine* Kriminalitätstheorie konzipiert ist, müsste angesichts der vorgefundenen unterschiedlichen Kriminalitätsverlaufsmuster nicht nur die Kontinuität, sondern auch die Veränderungen des Legalverhaltens im Lebenslauf erklären können. In diesem Kapitel wollen wir daher der Frage nachgehen, ob und inwieweit die vorhandenen theoretischen Ansätze über die Erklärung fortgesetzter Delinquenz hinaus auch Erklärungen bieten für die empirisch vorgefundenen Diskontinuitätsverläufe. Da eine ausführliche Darstellung und kritische Diskussion der einzelnen Ansätze den Rahmen dieser Arbeit sprengen würden, beschränken wir uns auf den grundsätzlichen Argumentationsgang des jeweiligen Theorieansatzes. Unser besonderes Augenmerk gilt der Frage, welche Erklärungen die verschiedenen Theorien für das Ende sozialer Auffälligkeiten liefern beziehungsweise welche Erklärungen aus ihnen abgeleitet werden können. Dabei gehen wir – ebenfalls in der notwendigen Kürze – auch auf einzelne empirische Studien ein, deren Ergebnisse auf die grundsätzliche Bedeutung der einzelnen Theorieansätze für die Erklärung der Beendigung kriminellen Verhaltens verweisen.

Den Ausgangspunkt unserer Analyse bilden fünf klassische Theorieansätze, die alle als allgemeine Kriminalitätstheorien konzipiert oder zumindest in Fachkreisen als solche betrachtet werden. Es handelt sich dabei erstens um die Theorie der „differentiellen Assoziation", dem wohl bekanntesten lerntheoretischen Ansatz, zweitens die „Drucktheorie“, eine kriminologische Variante der Anomietheorie, drittens den „Labeling"- oder Ettiketierungsansatz, viertens die auf den Grundannahmen des „rational choice"-Ansatzes basierende Abschreckungstheorie und fünftens die soziale Kontrolltheorie. Im Anschluss daran diskutieren wir sechs neuere Theoriekonzepte, die sich von ihrer Grundargumentation zwar den einzelnen klassischen Theorien zuordnen lassen, in denen aber meist versucht wird, einzelne Aspekte der verschiedenen klassischen Theorien miteinander zu verbinden. Gemeinsam ist ihnen, dass sie die Entwicklungsdynamik von Delinquenz betonen und sie vor dem Hintergrund der lebensgeschichtlichen Entwicklung von Individuen interpretieren. Einige der darin diskutierten Aspekte sind in die „altersabhängige soziale Kontrolltheorie“ von Sampson/Laub überführbar, andere der vorgestellten Ansätze thematisieren Aspekte, die auf Schwachpunkte und Lücken des Erklärungsansatzes von Sampson/Laub verweisen. Dieser Erklärungsansatz, den wir im Anschluss daran ausführlich vorstellen werden, bildet die zentrale theoretische Grundlage unserer empirischen Analysen zu Kontinuität und Diskontinuität von Kriminalität im Lebenslauf der Probanden der Tübinger Jungtäter-Vergleichsuntersuchung. Ihm stellen wir abschließend die „allgemeine Kriminalitätstheorie“ von Gottfredson/Hirschi gegenüber. Mit der darin formulierten These einer über den Lebenslauf stabilen „Selbstkontrolle“ vertreten sie in der aktuellen Diskussion über Stabilität und Veränderung von Kriminalität im Lebenslauf, die derzeit wohl populärste Gegenposition zu den entwicklungsdynamischen Erklärungsansätzen im Allgemeinen und zu Sampson/Laubs „altersabhängigen sozialen Kontrolltheorie“ im Besonderen.

3.1 Klassische Theorieansätze

3.1.1 Die Theorie der differentiellen Assoziation

Die Theorie der differentiellen Assoziation, die bereits 1939 von Sutherland formuliert wurde, erklärt delinquentes Verhalten wie jedes andere Verhalten als Folge eines Lernprozesses. Zum Straftäter wird eine Person dann, wenn sie sowohl die Techniken für das delinquente Verhalten als auch die Normen oder Einstellungen, die Gesetzesverletzungen begünstigen, gelernt hat. Das Lernen von Kriminalität erfolgt im Prozess der „differentiellen Assoziation”, dem Kontakt mit abweichenden und nicht-abweichenden Verhaltensmustern. Die Übernahme eines Verhaltensmuster wird zwar durch den persönlichen Kontakt mit Personen, die sie repräsentieren beziehungsweise im praktischen alltäglichen Umgang sozusagen vorbildhaft vermitteln, begünstigt, dieser persönliche Kontakt ist jedoch nicht unbedingt erforderlich. Wichtig zum Verständnis der theoretischen Aussage ist, dass es auf die Muster als solche primär ankommt. Das bedeutet, dass auch Personen, die selber konform und integriert sind, konkret dennoch Muster und Legitimationen für abweichendes Verhalten übermitteln können. Umgekehrt kann es im konkreten Fall sein, dass eine offiziell auffällige Person tatsächlich positive Muster vermittelt. Die Sutherlandsche Theorie überschreitet also entgegen verbreiteten Missverständnissen die einfache Alltags- und manchmal auch die Fachlogik, dass der Umgang mit „schlechten“ Personen auch „schlechtes“ Verhalten hervorbringen müsse, um einen wesentlichen Schritt.

Aufgegriffen wurde Sutherlands Theorie in den verschiedenen Variationen der sozialen Lerntheorien (Akers 1985, Akers et al. 1979) und in den verschiedenen Konzepten einer delinquenten „Subkultur“ (Wolfgang/Ferracuti 1967, Sykes/Matza 1968, Miller 1958). Wenngleich sich die verschiedenen Ansätze hinsichtlich der Mechanismen des Lernens und der Bedeutung sozialstruktureller Faktoren unterschieden, ist ihnen doch die Grundannahme der Theorie der differentiellen Assoziation gemeinsam, dass der Kontakt mit delinquenten Verhaltensmustern die Wahrscheinlichkeit delinquenten Verhaltens erhöht.

Weder Sutherland noch sein Schüler Cressey, der diese Theorietradition weiterführte (Cressey 1954, Sutherland/Cressey 1955), machen Brüche im abweichenden

Verhalten eines Individuums im Lebenslauf zum direkten Thema ihres Erklärungsansatzes. Sutherlands Hauptanliegen war zum einen, in Abgrenzung zu biologisch-anthropologischen Ansätzen den Lern- und Prozesscharakter von delinquentem Verhalten hervorzuheben (vgl. Lamnek 1993). Zum anderen versuchte er, eine Erklärung für die unterschiedliche Verteilung der Kriminalität in verschiedenen Bevölkerungsgruppen zu liefern. Aus Sutherlands Theorie des differentiellen Lernens lässt sich jedoch ableiten, dass fortgesetztes delinquentes Verhalten verursacht wird durch den fortgesetzten Kontakt mit Personen, die delinquente Verhaltensweisen, Vorbilder, Neutralisationstechniken und Normen übermitteln. Dies impliziert auch, dass für einen Abbruch der kriminellen Karriere delinquente Kontakte durch konventionelle, nicht-delinquente Kontakte ersetzt werden müssten.

Der von der Theorie der „differential association" postulierte Zusammenhang zwischen den Kontakten eines Individuums mit abweichenden Verhaltensmustern und delinquentem Verhalten wurde in verschiedenen empirischen Untersuchungen immer wieder aufgezeigt. Neben zahlreichen Studien, die nachweisen, dass Individuen, die enge Beziehungen zu delinquenten Peers haben, stärker in Kriminalität involviert sind (z. B. Elliott/Voss 1974, Akers et al. 1979, Loeber/Dishion 1983, Patterson/Dishion 1985), existieren auch einige Untersuchungen, die speziell auf den Zusammenhang zwischen der Zugehörigkeit zu einer delinquenten Gleichaltrigengruppe und dem Abbruch einer kriminellen Karriere eingehen. In ihrer Untersuchung von jugendlichen Straftätern zeigten beispielsweise Knight und West (1974), dass die Probanden, die frühzeitig keine Straftaten mehr begingen, dazu neigten, die delinquente Gleichaltrigengruppe zu verlassen. An die Stelle des Anschlusses an die Clique traten Beziehungen zu lediglich einer oder zwei nicht-delinquenten Personen. Mulvey und Aber (1988) fanden zwar in ihrer quantitativen Analyse hinsichtlich des bloßen Vorhandenseins delinquenter Peers keinen Unterschied zwischen Abbrechern und Rückfall- beziehungsweise Wiederholungstätern. Ihre qualitative Analyse zeigt jedoch, dass sich beide Gruppen hinsichtlich der qualitativen Ausformung der Beziehung zu den delinquenten Peers unterscheiden: während die Rückfalltäter mit ihren zahlreichen Kumpels sehr häufig auf der Suche „for a good time" durch die Straßen zogen, wählten die Abbrecher ihre Peers sorgfältiger aus, verbrachten weniger Zeit mit ihnen und zeigten ein zielgerichtetes Freizeitverhalten. Buikhuisen und Hoekstra (1974) berichten, dass nach den Ergebnissen ihrer Studie bedingt Haftentlassene, die in ihre ursprüngliche Wohngegend, also ihr altes „Lernumfeld" zurückkommen, ein höheres Rückfallrisiko aufweisen als andere bedingt Haftentlassene. Ganz ähnlich West (1982), der feststellte, dass die kriminellen Aktivitäten junger Männer, die von ihrer Heimatstadt wegzogen, zurückgingen.

Diese von der empirischen Forschung aufgefundenen Zusammenhänge zwischen der Beendigung kriminellen Verhaltens und der Beendigung des Kontaktes mit Personen, die delinquente Verhaltensmuster übermitteln, an sich sagen noch nichts über die Wirkungsweise beziehungsweise die Logik des Prozesses aus. Die Trennung von delinquenten Freunden kann beispielsweise das Ergebnis eines Reflexionsprozesses sein. Sie kann aber auch die Folge eines sozialstrukturell vorgegebenen Prozesses der Auflösung oder Lockerung von Jugendfreundschaften beziehungsweise Jugendcliquen sein, der beim Übergang zum Erwachsenenalter aufgrund der Rollentransformation vor sich geht. Jede dieser Interpretationen ist zwar mit der sozialen Lerntheorie vereinbar, doch beruhen sie auf völlig unterschiedlichen Entwicklungslogiken, die in der Lerntheorie nicht weiter thematisiert werden.

3.1.2 Die Drucktheorie

Die Drucktheorie[24] (Merton 1938, 1968) behauptet ebenso wie die Theorie der differentiellen Assoziationen, dass sich Individuen nicht von Natur aus abweichend verhalten, sondern konventionelle, gesellschaftlich anerkannte Ziele wie materielle Güter, Freunde, soziale Anerkennung etc. anstreben. Die kulturelle Struktur einer Gesellschaft gibt dabei nicht nur die angestrebten Ziele vor, sondern bestimmt auch die zum Erreichen dieser Ziele erlaubten Wege. Bezieht man die kulturelle Struktur einer Gesellschaft auf deren Sozialstruktur, die „die faktische Verteilung der Mittel und Möglichkeiten, die kulturellen Ziele auf einem als legitim definierten Wege zu erreichen" (Lamnek 1977, S. 51) regelt, so stellt man fest, dass sich beide nicht im Gleichgewicht befinden: nicht alle Individuen verfügen über die legalen Mittel, die gesellschaftlich vorgegebenen Ziele zu erreichen. Diese fehlende Übereinstimmung von kultureller Struktur und Sozialstruktur, die als anomischer Zustand charakterisiert wird, setzen das betroffene Individuum unter Druck.

Merton unterscheidet insgesamt fünf verschiedene Reaktionsformen („adaption modi") des Individuums auf diesen „anomischen Druck", die sich hinsichtlich der Akzeptanz der konventionellen Ziele und/oder Mittel unterscheiden. Bei der Reaktionsform der Innovation („innovation") akzeptiert das Individuum zwar die gesellschaftlichen Ziele, es greift jedoch auf illegitime, gesellschaftlich nicht-akzeptierte Mittel zurück, um diese Ziele zu erreichen. Diese Reaktionsform umfasst den größten Bereich delinquenten Verhaltens, insbesondere die Eigentumsdelinquenz. Delinquentes Verhalten kann aber auch im Zusammenhang mit zwei anderen Reaktionsformen, der Rebellion („rebellion") und dem Rückzug („retreatism") auftreten. Rebellion umfasst die Ablehnung sowohl der gesellschaftlichen Ziele wie auch der Mittel, z. B. in Form einer gewalttätigen Veränderung des Gesellschaftssystems, wie es der Terrorismus versucht. Rückzug meint ein Verhalten, das sich nicht mehr an den gesellschaftlichen Zielen orientiert; es kann sich in Form der Flucht in die Welt der Drogen und des Alkohols und der damit zusammenhängenden Beschaffungskriminalität äußern.[25]

---

[24] Die Drucktheorie geht letztlich zwar auf die Überlegungen Durkheims zur Anomie zurück, doch war es erst Merton, der mit seinem Anomiekonzept einen allgemeinen Rahmen zur Analyse sozialer und kultureller Ursachen abweichenden Verhaltens schuf.

[25] Die beiden anderen von Merton identifizierten Anpassungsformen „conformity" und „ritualism" schließen keine Kriminalität mitein. „Conformity" meint dabei ein Verhalten, bei dem versucht wird, die akzeptierten gesellschaftlichen Ziele unter Einsatz konventioneller Mittel zu erreichen. Beim Verhaltenstyp des „ritualism" werden unter rigider Einhaltung der konventionellen Normen die angestrebten Ziele soweit reduziert, bis sie mit den legal verfügbaren Mitteln erreicht werden können.

Merton erklärt mit seiner Drucktheorie zwar das schichtspezifisch unterschiedlich verteilte Ausmaß des „anomischen Druckes" – ein Gedanke, den Cohen 1955 in seinem Konzept der „deprivierten delinquenten Subkultur" weiterführt –, er beantwortet jedoch nicht die Frage, unter welchen Bedingungen ein Individuum eine bestimmte Reaktionsform wählt. Dieses Defizit versuchten Cloward und Ohlin (1959, 1961) unter Einbeziehung lerntheoretischer Überlegungen zu beheben. Nach ihrer Theorie der „differentiellen Gelegenheiten" ist die Übernahme delinquenter Anpassungsformen von einem Umfeld abhängig, in dem Kriminalität gelernt und verfestigt wird. Ein solches Umfeld sehen Cloward/Ohlin in drei zumindest analytisch trennbaren Subkulturen gegeben:

- In einer „criminal subculture", deren Mitglieder sich zweckorientiert zur erwerbsmäßigen Kriminalität (vor allem in Form von Diebstahl, Betrug und Erpressung) zusammenfinden.
- In einer „conflict subculture", in der die fehlenden legalen Mittel des Statuserwerbs durch Gewalt und dem damit verbundenen subkulturinternen Status kompensiert werden.
- Und in einer „retreatist subculture", deren Mitglieder sie als „double failures" beschreiben, da ihnen nicht nur die legalen Mittel, sondern auch die in den anderen beiden Subkulturen eingesetzten illegalen Mittel fehlen. Sie wenden sich gänzlich von den konventionellen Zielen ab und flüchten sich in eine Welt aus Drogen und Alkohol.

Mit diesem Rückgriff auf lerntheoretische Überlegungen kann mit der Drucktheorie fortgesetzte Kriminalität erklärt werden: Diejenigen, die aufgrund des fehlenden Zugangs zu legalen Mitteln unter Druck stehen, beispielsweise diejenigen, die keine gut bezahlte Arbeit oder keinen Erfolg in der Schule haben oder diejenigen, die in eine niedrige Schicht geboren wurden, greifen nicht nur vermehrt zu illegalen Mitteln, sondern suchen auch Verbindungen zu anderen Personen, die in einer ähnlichen Lage sind. Diese Kontakte wiederum unterstützen das delinquente Verhalten dadurch, dass sie dem Individuum generell Halt geben und, je nach Biographie und Lage der Kontaktpartner, speziell auch kriminelle Techniken vermitteln und Gelegenheiten zu Straftaten eröffnen.

Die Drucktheorie bleibt jedoch unklar, soweit es um die Erklärung der Beendigung delinquenten Verhaltens geht. Da die Vertreter der Drucktheorie davon ausgehen, dass Individuen sich generell konform verhalten wollen, wäre eine Rückkehr zu einem konventionellen, nicht-delinquenten Verhalten bei Wegfall des Druckes zu erwarten. Dies könnte zum einen dadurch der Fall sein, dass das Individuum seine Zielorientierung verändert und sein Anspruchsniveau im Sinne des Mertonschen Adaptionsmodus „ritualism" (vgl. Fußnote 25) senkt; zum anderen dadurch, dass das Individuum legale Mittel zur Zielerreichung erhält, die im zuvor nicht zur Verfügung standen. Eine solche Erklärung für das Ende delinquenten Verhaltens wird beispielsweise durch die Untersuchungen von Shannon (1988) oder LeBlanc und

Fréchette (1989) gestützt. Beide Untersuchungen zeigen einen Rückgang der Diebstähle bei Jugendlichen, sobald diese eine Arbeit mit guter Bezahlung bekamen.

Eine andere Erklärung für den Wegfall des Druckes und damit für das Ende delinquenten Verhaltens könnte darin liegen, dass das Individuum in einem geringeren Ausmaß mit bestimmten gesellschaftlichen Zielsetzungen und Erwartungshaltungen konfrontiert wird. Empirische Unterstützung erfährt diese These durch die Studie von Elliot und Voss (1977). Sie stellten fest, dass die offiziell registrierte Delinquenz bei Schulabbrechern nach dem Verlassen der Schule und damit dem Ende der Konfrontation mit schulischem Leistungsdruck zurückging.

Trotz der jeweils unterschiedlichen Logik der Druckreduktion bleiben alle drei anomietheoretischen Erklärungsversuche für das Ende delinquenten Verhaltens unbefriedigend, da die hinter den Veränderungen stehenden subjektiven Prozesse weitgehend ausgeblendet werden. Die sozialen und individuellen Bedingungen der unterschiedlichen Akzeptanz von Normen und Zielen, der unterschiedlichen Wahrnehmung einer Drucksituation, der Perzeption der zur Verfügung stehenden Mittel[26] und schließlich der Entscheidung für oder gegen ein bestimmtes Mittel der Zielerreichung bleiben ungeklärt. Diese subjektive Dimension des sozialen Druckes betont Agnew in seiner „general strain theory", einer dynamisierten Variante der Drucktheorie, auf die wir an anderer Stelle (Kapitel 3.2.4) noch näher eingehen werden.

3.1.3 Der Labeling-Ansatz

Dem dritten klassischen Theorieansatz, der Labelingtheorie oder dem „labeling approach" sind sehr unterschiedliche theoretische Konzepte zuzuordnen, die es schwierig machen, eine allgemeingültige Darstellung dieses Ansatzes zu geben. Gemeinsam ist den unterschiedlichen Konzepten die Grundannahme, dass keine menschliche Handlung an sich deviant ist. Devianz und Kriminalität sind vielmehr die Folgen eines selektiven Zuschreibungsprozesses („labeling") durch die Instanzen der sozialen Kontrolle. Der Zuschreibungsprozess wird seinerseits durch das auf der Makroebene vorhandene sozialstrukturelle Machtgefälle bestimmt.

Besonders in der deutschen Kriminologie ist eine Variante des Labeling-Ansatzes weit verbreitet, die auf makrostruktureller Ebene die Zusammenhänge von Strafrecht, Kontrollinstanzen und Kriminalität diskutiert[27]. Diese Variante des Labeling-Ansatzes soll uns hier jedoch nicht weiter beschäftigen. Wir beschränken uns auf die Varianten des Labeling-Ansatzes, die täterorientiert argumentieren und individuelle Delinquenz zum Erklärungsgegenstand machen. Ihre Grundargumentation kann man dahingehend zusammenfassen, dass es gerade die mit der Zuschreibung verbundenen

---

[26] Lamnek (1993, S.248) verweist in diesem Zusammenhang zu recht auf das Thomas-Theorem, demzufolge für das Verhalten der Individuen nicht die objektiven Bedingungen, sondern deren subjektiven Wahrnehmungen entscheidend sind.

[27] Zur deutschen Debatte, auch zur Fortführung unter dem veränderten Aspekt sozialer Kontrolle und sozialer Disziplinierung vgl. Frehsee/Löschper/Schumann et al. 1993, Boy (1983).

Stigmatisierungs- und Umdefinitionsprozesse sozialer und personaler Identität sind, die (weitere) Straftaten überhaupt erst hervorrufen.

Eine Variante (Becker 1964, Erikson 1964, Goffman 1961, 1963) geht davon aus, dass durch die offiziellen Kontrollbemühungen und besonders durch die mit der Strafverfolgung verbundenen Verurteilungen das Individuum mit dem „master status“ des Kriminellen versehen wird. Dieser „master status“ als Krimineller reduziert fast zwangsläufig die Chancen des Individuums sowohl auf nicht-deviante Kontakte als auch darauf, gesellschaftlich postulierte und anerkannte Ziele mit legalen Mitteln zu erreichen. Deviante Kontakte und fehlende legale Mittel führen in Konsequenz des veränderten Status zu erneuter Straffälligkeit und fortgesetztem delinquenten Verhalten. Die personale beziehungsweise biographische Seite des Stigmas wird in einer anderen Variante des „labeling approach“ hervorgehoben. Die Vertreter dieser theoretischen Ausrichtung nehmen an, dass Individuen weitgehend in Übereinstimmung mit ihrem Selbstbild handeln. Sie gehen, davon aus, dass das offizielle Etikett „Krimineller“ vom so „gelabelten“ Individuum im Laufe eines Zuschreibungsprozesses und der darauf aufbauenden Selbstbildänderungen internalisiert wird. Entsprechend wird eine Person, deren Selbstbild das eines „Kriminellen“ geworden ist, in Zukunft auch konsistenterweise kriminelles Handeln zeigen (Lemert 1951, Goffman 1961, Kelly 1979). Eine solche Form von sozialer Auffälligkeit, die auf die Übernahme der zugeschriebenen Rolle des Abweichlers oder des veränderten Status zurückzuführen ist, wird als „sekundäre Devianz“ bezeichnet.

In einer der wenigen Studien, in der versucht wurde, die Ideen des „labeling approach“ empirisch anhand eines Langzeitdatensatzes zu überprüfen, konnten Ray und Downs (1986) nur wenig Bestätigung für den Prozess der sekundären Devianz finden. Für den weiblichen Teil der von ihnen untersuchten Drogenkonsumenten stellten sie überhaupt keinen Effekt eines Labeling-Prozesses fest. Das Selbstbild der untersuchten Drogenkonsumentinnen wurde durch die Zuschreibungen der formalen Kontrollinstanzen nicht verändert. Für den männlichen Teil der untersuchten Probanden funktionierte der Prozess der sekundären Devianz nicht so wie von der Labelingtheorie vorgesehen. Ray und Downs stellten fest, dass die von ihnen untersuchten männlichen Probanden ihren Drogenkonsum vor allem dann steigerten, wenn sie sich selbst als „Drogenkonsument“ einschätzten. Die Übernahme des Selbstbildes als „Drogenkonsument“ hatte jedoch keinen ursprünglichen Zusammenhang mit den Zuschreibungen, die von den formalen Sanktionsinstanzen ausgingen. Zuerst war die Selbsteinschätzung als „Drogenkonsument“, dann erst kam die entsprechende Etikettierung der formalen Kontrollinstanzen. Der Etikettierung der formalen Kontrollinstanzen kam aber insoweit Bedeutung für den weiteren Drogenkonsum zu, als dass sie das vorhandene Selbstbild als „Drogenkonsument“ verstärkte. Im Gegensatz zu den Annahmen der Labelingtheorie zeigt diese Untersuchung aber, dass die Zuschreibung der formalen Kontrollinstanzen nicht als Hauptursache für den fortgesetzten Drogenkonsum gesehen werden kann. „Males do not change their labels of themselves in response to others‘ perceptions of themselves, a result in accordance with the sex role expectation that males are less susceptile to interpersonal influences than females“ (Ray/Downs 1986, S. 188). Auch andere empirische Untersuchungen konnten, wenn überhaupt nur einen schwachen Einfluss der Etikettierung auf fortgesetzte Delinquenz feststellen (Farrington 1977, Palamara et al. 1986). Der Einfluss wurde zudem um so schwächer, je mehr andere als „kriminogen" angesehene Faktoren in die Analysen integriert wurden (Smith/Paternoster 1990, Gove 1980, 1982).

Vor dem Hintergrund dieser empirischen Ergebnisse ist die Erklärungskraft des „labeling approach" für fortgesetzte Delinquenz sehr skeptisch zu beurteilen. Seine Schwächen werden noch deutlicher, wenn es um die Erklärung von Abbruchprozessen geht, also darum, wie und warum gegebenenfalls Individuen den Stigmatisierungen und ihren Folgen „trotzen" (analog etwa dem Goffmanschen Stigmamanagement; Goffman 1963). Konsequenterweise müsste man an „gegenwirksamen" Etikettierungs- beziehungsweise Interaktionsprozessen ansetzen. Diese Prozesse sind jedoch nicht Gegenstand des klassischen Labeling-Ansatzes. Dies mag auch daran liegen, dass die Labelingtheorie zumindest in ihren kriminologischen Varianten kaum die unterschiedlichen subjektiven Verarbeitungen der Etikettierungsversuche thematisiert, und das Individuum wie Bordua (1967, S. 53) kritisiert als „essentially empty organism" konzipiert. Diese Kritik findet sich auch bei Göppinger (1997, S. 137): „Da längst nicht alle Verurteilten in eine kriminelle Karriere einmünden, geht die Annahme eines gleichsam zwangsläufigen Prozesses, der den einmal offiziell Erfassten erst wieder als endgültig Abgestempelten und Außenseiter entlässt, an der Wirklichkeit vorbei. Offensichtlich gibt es beträchtliche Unterschiede in der Empfänglichkeit und Widerstandsfähigkeit des Menschen gegenüber seiner ‚Etikettierung' durch andere."

Wenn man auch den ursprünglichen Annahmen der Labelingtheorie skeptisch gegenüber steht, so zeigt nicht nur die aufgeführte Untersuchung von Ray und Downs und der von ihnen festgestellte Verstärkungseffekt, dass es durchaus sinnvoll sein kann, Teile der Theorie in komplexere Kriminalitätstheorien zu integrieren. Diese Einschätzung deckt sich auch mit der Untersuchung von Boy, der die Labelingtheorie einer kritischen Überprüfung unterzog und nur wenig Bestätigung für die von der Etikettierungstheorie postulierten Einflüsse von Interaktionsmerkmalen in Gerichtsverhandlungen fand: „Als Folge ist der weitreichende Anspruch des labeling approach, die allein richtige Erklärung für die Entstehung von Kriminalität gefunden zu haben, eindeutig zurückzuweisen... Andererseits sind Zusammenhänge, wie sie die Etikettierungstheorie für die Erklärung von Strafurteilen anführt, in den Daten immerhin nachweisbar. Sie sind möglicherweise geeignet, Teilbereiche einer normativ orientierten Analyse zu unterstützen" (Boy 1983, S. 1409).

Bedeutung für die Diskussion um den Abbruch krimineller Karrieren bekommt der „labeling approach" aber auf jeden Fall dadurch, dass er einen kategorialen Gegenpol darstellt zu allen Ansätzen, die auf „Abschreckung durch Strafe" oder auch auf andere und gegebenenfalls sogar therapeutische „Interventionen" zur Erklärung von Abbruchprozessen rekurrieren.

3.1.4 Die Theorie der Abschreckung

Die Theorie der Abschreckung durch Strafe ist ungeachtet der vielfältigen Kritik innerhalb der kriminologischen Forschung eine der populärsten Kriminalitätstheorien. Ihr Leitbild ist der rationale Akteur, der in der Lage ist, sein Verhalten einer Kosten-Nutzen-Kalkulation zu unterziehen. Übertragen auf den Bereich der Kriminalität heißt dies, dass jedes Individuum den Nutzen, den es aus einer Straftat erwartet, gegen die erwarteten Kosten (vor allem in Form von Strafe) abwägt. Um ein Individuum von einer Straftat abzuschrecken, sollten die staatlichen Sanktionsinstanzen die Kosten so hoch setzen, dass das Individuum diese Kosten scheut.[28]

Wie ist nun diese Idee vereinbar mit delinquenten oder gar fortgesetztem delinquenten Verhalten? Mehrere Möglichkeiten sind hier denkbar. Die erste Möglichkeit besteht darin, dass der Täter die Kosten falsch einschätzt. Eine falsche Einschätzung der Kosten kann entstehen, wenn der Täter über die Strafbarkeit der Handlung sowie die Strafschwere falsch oder unzureichend informiert ist, oder wenn er das Entdeckungsrisiko falsch einschätzt. Eine zweite Möglichkeit besteht darin, dass der Täter die Kosten zwar realistisch einschätzt, es aber dennoch zur Straftat kommt, weil der Nutzen, den er sich durch die Straftat erhofft, die erwarteten Kosten übersteigt. Im Umkehrschluss wird eine strafbare Handlung, die ein potentieller Straftäter begehen will, dann nicht realisiert, wenn für ihn die durch die Handlung entstehenden Kosten die Nutzeffekte übersteigen. Auf das Problem fortgesetzter Delinquenz übertragen bedeutet dies, dass es dann zu einer Beendigung der kriminellen Phase kommt, wenn die Kosten, die sich bei wiederholter registrierter Auffälligkeit überproportional steigern[29], den Nutzen fortgesetzten kriminellen Verhaltens übertreffen.

Diese doch recht abstrakten Überlegungen, die man alle unter dem Stichwort „Abschreckung durch Strafe" subsumieren kann, wurden innerhalb der Rechtswissenschaft ausdifferenziert in der Theorie der Generalprävention und der Theorie der Spezialprävention. Bei der Generalprävention unterscheidet man eine positive und eine negative Wirkung. Unter der positiven Generalprävention versteht man die verhaltenssteuernde oder, anders gesagt, sittenbildende Kraft des Strafrechts. Sie zielt auf die „Einübung von Normvertrauen, Normanerkennung und Rechtstreue" (Jacobs 1983, S. 9) und richtet sich an die Allgemeinbevölkerung. Die negative Generalprävention richtet sich auch an die Allgemeinbevölkerung, allerdings im Sinne potentieller Täter, die durch die Strafandrohungen von strafbaren Handlungen abgehalten werden sollen. Im Unterschied zur generalpräventiven Strategie zielt die Spezialprävention nicht auf die Allgemeinbevölkerung, sondern auf die Täterpopulation ab. Auch die Spezialprävention kann in zwei Richtungen wirken: Einerseits im

[28] Da die Kosten, welche die staatlichen Kontrollinstanzen dem potentiellen Straftäter androhen, auch Kosten bei den staatlichen Sanktionsinstanzen verursachen, unterliegen auch die staatlichen Akteure einer Kosten-Nutzen-Kalkulation. Bei einer konsequenten Übertragung der Idee des rationalen Akteurs auf den Bereich der Kriminalität stellt sich, wie G. S. Becker (1993, S. 40) formuliert, die Frage: „Wieviel Ressourcen und welches Maß an Strafen sollte man einsetzen, um verschiedene Arten von Gesetzen durchzusetzen? Um eine äquivalente, aber ungewöhnliche Formulierung zu benutzen: Wieviel Rechtsverletzung sollte man dulden und wieviele Straftäter sollte man straffrei ausgehen lassen?".

[29] Die Strafgesetzgebung in den meisten westlichen Ländern sieht eine Strafverschärfung bei wiederholter Kriminalität vor.

Sinne einer „Besserung“ oder Integration des Täters, andererseits im Sinne einer Abschreckung oder Unschädlichmachung des Täters.

Wie schon erwähnt werden diese Überlegungen innerhalb der kriminologischen Forschung mit großer Skepsis betrachtet. Schumann (1998) arbeitet in einem Aufsatz über die empirische Beweisbarkeit der Grundannahmen der positiven Generalprävention, in dem er die Operationalisierungsprobleme dieser Theorie sowie die bisherigen Forschungsergebnisse referiert, die Immunisierungsstrategien der Vertreter der Theorie der positiven Generalprävention deutlich heraus. Er kritisiert die Theorie der Generalprävention vor allem dahingehend, dass aus ihr bislang kaum Hypothesen abgeleitet wurden, die empirisch überprüfbar sind (Schumann 1998, S. 28).

Gleich welche Variante der Abschreckungsidee herangezogen wird, eine Abschreckungs- oder Bestärkungsfunktion des Strafrechts kann nur dann angenommen werden, wenn davon ausgegangen wird, dass die anvisierte Zielgruppe Kenntnisse darüber hat, welches Verhalten strafrechtlich sanktioniert wird, welche Strafschwere eine Straftat nach sich zieht und wie groß das Entdeckungsrisiko ist. Diese Annahmen sind jedoch nicht unproblematisch. Zwar besteht eine weit verbreitete Kenntnis der „mala in se"-Delikte, also der klassischen Straftatbestände, wie beispielsweise die Studien von Schöch (1988) oder Dölling (1983) belegen. Die Kenntnis der „mala quia prohibita"- Delikte ist jedoch mit großen Unsicherheiten behaftet. So zeigte sich bei der Göttinger Untersuchung von Schöch, dass der überwiegende Teil der Untersuchungsprobanden nichts von der Veränderung des Betäubungsmittelgesetzes von 1982 wusste. Dieses Ergebnis erbrachte auch die Untersuchung von Schumann (1989): „Von den immerhin zwei Drittel (518) des Samples, die die Rechtslage vorher – nämlich die Legalität von Anbau – gekannt hatten, waren über die geänderte Rechtslage – Strafbarkeit – allerdings nur noch 175 Jugendliche informiert“ (Schumann 1989, S. 22).

Auch wenn man die Kenntnis der Strafbarkeit und des Strafmaßes und eine realistische Einschätzung des Entdeckungsrisikos unterstellt, ist es sehr strittig, inwieweit diese Faktoren überhaupt das Verhalten beeinflussen. Berlitz/Guth/Kaulitzki/Schumann (1987) zeigten an einem repräsentativen Samples Bremer Jugendlicher die weitgehende Bedeutungslosigkeit der zu erwarteten Strafschwere und der Risikoabschätzung für das zukünftige Legalverhalten.[30] Wenngleich die Beurteilung des Risikos auf bivariater Ebene in geringem Maße mit nachfolgender selbstberichteter Delinquenz korrelierte, so nahm sich der verhaltenssteuernde Einfluss dieser „Abschreckungsvariablen“ im Vergleich zu sonstigen Einflussfaktoren (z. B. Peers, Freizeitaktivitäten) doch sehr bescheiden aus. Gerade bei Jugendlichen scheinen die informellen Sanktionen, die von der Familie oder dem Freundeskreis ausgehen, eine weitaus größere Bedeutung zu besitzen als die erwarteten Konsequenzen der staatlichen Sanktionsinstanzen (Albrecht 1993).

30 Die Unerheblichkeit der Strafschwere wurde auch von den Studien von Albrecht (1980), von Schöch (1984) und Dölling (1983, 1984) gezeigt.

Eine Kritik, die von den Vertretern der Idee der Abschreckung durch Strafe immer wieder angebracht wird, betrifft die Kostenseite. Es wird eingewendet, dass die Sanktionspraxis die Kosten für eine Straftat zu niedrig ansetzt, und dass dadurch die abschreckende Wirkung konterkariert wird. Doch auch dieses Argument wird von der empirischen Forschung weitgehend widerlegt. Ein Überblick über das Forschungsfeld der Spezialprävention vermittelt eher den Eindruck einer Nicht- beziehungsweise Gleichwirkung staatlicher Sanktionen (Kerner 1996).[31] Greve/Hosser (1996) kommen in ihrem Literaturüberblick zu dem Schluss, dass über die Haftdauer hinausgehende, „auf Hafteinflüsse zurückgehende Defizite kognitiver, emotionaler und behavioraler Art" nicht nachgewiesen werden konnten, es aber andererseits auch keine Belege dafür gibt, dass „Freiheitsentzug die beabsichtigten langfristigen Veränderungen der Überzeugungen und Einstellungen hin zu sozial tolerablem Verhalten fördert" (S. 235).

Schumann fasst die Ergebnisse der verschiedenen Untersuchungen zur Wirkung von der Abschreckung folgendermaßen zusammen: „Es zeigt sich, dass Abschreckung nur eingeschränkt besteht, nämlich differentiell (deliktbezogen) und restriktiv (die Quantität der Taten reduzierend), nicht aber absolut oder generell. Ferner ist dieser eingeschränkte Effekt nur bei einer marginalen Gruppe zu unterstellen, die nicht z. B. aus moralischer Überzeugung ohnehin konform handelt" (Schumann 1998 S. 164). Dieses Resümee deckt sich weitgehend mit der These von Tittle (1980) und Silbermann (1976), dass offizielle Sanktionen beziehungsweise die erwartete Strafe nur Personen, die eine schwache moralische Bindung zur Gesellschaft aufweisen, vor weiteren Straftaten abschreckt.

Piliavin et al. (1986) konnten diese These in ihrer Untersuchung nicht bestätigen. Sie halten aber dennoch an einer gewisse Beeinflussung des Legalverhaltens durch die Bewertung des Risikos und die Erwartung bestimmter Sanktionen fest. Die Risikoeinschätzung wird nach ihren Ergebnissen jedoch nicht von der erwarteten Strafhöhe, sondern von dem Entdeckungsrisiko in den konkreten, unmittelbaren Situationen, in denen das Individuum die Straftat begeht, bestimmt. Durch diese Situationsabhängigkeit ist die Risikoeinschätzung – wie Piliavin et al. (1986) auch empirisch

[31] Kerner (1996) kommt bei seinem Überblick über Evaluationsstudien zur Legalbewährung zu dem Ergebnis: "Wenn nach der Anwendung von Sanktionen Unterschiede gefunden wurden, dann in der Regel eher dahingehend, dass der weniger intensive Eingriff wenigstens leicht günstigere Resultate erbringt, also mit höherer (Legal-)Bewährung verbunden ist. [...] Als Grundtendenz der entsprechend durchgeführten Forschungen [gemeint sind Analysen auf Individualdatenniveau] hat sich ergeben: je mehr Variablen gleichzeitig kontrolliert werden, desto stärker nähern sich vorher etwa imponierende Unterschiede einander an. Ursprünglich möglicherweise weit auseinanderliegende Rückfallquoten in der Folge von verschiedenen Sanktionen werden mithin tendenziell ähnlich. Verlängert man diese Befunde in die Zukunft, dann liegt eine weitreichende Hypothese auf der Hand. Sie geht dahin, dass bisher noch verbleibende Unterschiede in den Folgen von Sanktionen sich völlig ins Nichts auflösen könnten, sobald wir alle wesentlichen Vorbedingungen oder Randbedingungen aufzuklären in der Lage sein werden. Kriminologischer Ausdruck dieser Hypothese ist die These von der Gleichwirkung verschiedener Sanktionen und die seltener, aber doch verbreitet vertretene schärfere These von der Nichtwirkung aller (jedenfalls staatlich vermittelten) Sanktionen" (Kerner 1996, S. 7).

belegen – zeitlich instabil, weshalb sie mit standardisierten Messverfahren nicht adäquat erfasst werden kann.

Auch Shover (1983, 1985), der die kriminellen Karrieren von sogenannten „street offenders" qualitativ untersuchte, ermittelte diese zeitliche Instabilität des Abschreckungseffektes. Bei den meisten der von ihm untersuchten Tätern folgten auf immer kürzeren Zeiten in Freiheit immer längere Zeiten im Gefängnis. Mit der Einsicht, dass es ihnen nicht möglich war, langfristig „erfolgreich" zu sein und Gefängnisaufenthalte zu vermeiden, und der mit zunehmenden Alter größer werdenden Einsicht, dass ihr Leben eine begrenzte, knappe Ressource ist, veränderte sich bei den meisten Tätern auch die Einschätzung des mit einer Straftat verbundenen Risikos. Diese Angst vor weiteren Haftaufenthalten und die Unzufriedenheit mit ihrer bisheriger Lebensführung spielte auch bei den von Sommers et al. (1994) qualitativ untersuchten Ex-Straftäterinnen eine zentrale Rolle für den Entschluss, aus der Kriminalität auszusteigen.

Der Umstand, dass älter werdende Täter das Gefängnis aktiv zu vermeiden suchen und sich mit dem Gedanken anfreunden, dass dies möglicherweise ohne Änderung des „Lebens davor" nicht gelingen könne, scheint demnach auf durchaus rationalen Abwägungen zu beruhen. Diese Abwägung ist jedoch nicht mit den üblichen Straftheorien zu erfassen, da die individuelle Entscheidung nur vor dem Hintergrund des bisherigen Lebensverlaufes als vernünftige beziehungsweise rationale Wahl analysiert werden kann. Die Einbettung der Idee der „rationalen Wahl" in individuelle lebensgeschichtliche Verläufe erfordert ein ausgefeiltes Forschungsdesign, bei dem unter anderem auch andere (potentielle) Ursachen kontrolliert werden müssen. Als eigenständige Theorien für die Erklärung des Abbruchs von Kriminalität sind die auf „rational choice"-Überlegungen beruhenden Straftheorien jedoch unzureichend, da sie weder über die individuellen Ziele noch über die zur Verfügung stehenden Mittel Aussagen treffen können. Diese Dimensionen werden durch die anderen Kriminalitätstheorien – wenigstens dem Anspruch nach – mit Inhalten gefüllt. Das „rational choice"-Moment ist so gesehen in andere Kriminalitätstheorien überführbar, soweit diese Theorien das Individuum nicht nur als von seiner sozialen Umwelt determiniert sehen. Solche Integrationsversuche bilden beispielsweise die Ansätze von Greenberg und Shover/Thompson (siehe Kapitel 3.2).

3.1.5 Die soziale Kontrolltheorie

Die soziale Kontrolltheorie geht davon aus, dass die Einbindung einer Person in die Gesellschaft die Hauptursache für konformes Verhalten ist. Ist ein Individuum fest in die gesellschaftlichen Institutionen (Familie, Schule, Arbeit) eingebunden und fühlt es sich ihren Werte und Normen verpflichtet, so ist es unwahrscheinlich, dass es sich abweichend und rechtswidrig verhält. Sind diese Bindungen und die daraus resultierende soziale Kontrolle nur schwach ausgeprägt, ist es demgegenüber wahrscheinlich, dass sich ein Individuum in der Verfolgung seiner eigenen Interessen und Bedürfnisse auch rechtswidrig verhält.[32]

Der bedeutendste Versuch, diesen Grundgedanken zu spezifizieren und für die empirische Kriminologie fruchtbar zu machen, stammt von Travis Hirschi (1969). Nach Hirschi umfasst die Bindung eines Individuums an die Gesellschaft vier verschiedene Elemente: „attachment to meaningful persons", „commitment to conventional goals", „involvement in conventional acitivities" und „belief in social rules".

„Attachment to meaningful persons" bezeichnet dabei die emotionale Bindung des Individuums an relevante Bezugspersonen. Die emotionale Nähe führt dazu, dass sich das Individuum bewusst und unbewusst am Verhalten dieser Menschen orientiert und in seinem Handeln die Interessen, Bedürfnisse und Erwartungen der Anderen berücksichtigt.

„Commitment to conventional goals", meint die Orientierung der Lebensführung des Individuums an konventionellen Zielen (z. B. beruflicher Erfolg, Sicherheit). Dies schließt auch die (eigen-) rationale Überlegung des Individuums mit ein, was es durch abweichendes Verhalten zu gewinnen beziehungsweise zu verlieren hat.

„Involvement in conventional acitivities" beschreibt die zeitliche und räumliche Eingebundenheit des Individuums in konventionelle Aktivitäten (wie z. B. Arbeit, feste Freizeitgestaltung), so dass mangels Zeit und Gelegenheit das abweichende Verhalten ausbleibt.

„Belief in social rules" bezieht sich auf die Wert- und Normorientierung des Individuums. Es wird dabei davon ausgegangen, dass sich ein Individuum dann konform verhält, wenn die eigenen Wertorientierungen in Übereinstimmung stehen mit den gesellschaftlichen Normen und Werten.

Je stärker diese Elemente der sozialen Bindung an die Gesellschaft ausgeprägt sind, desto wahrscheinlicher wird sich das Individuums konform verhalten. Alle vier Elemente der sozialen Bindung sind dabei nach Hirschi eng miteinander verbunden und die Schwächung eines dieser Elemente führt auch zur Schwächung der anderen.

Hirschi konzipierte seine soziale Kontrolltheorie – wie der Titel „Causes of delinquency" schon andeutet – zwar als allgemeine Kriminalitätstheorie, die Operationalisierung und empirische Überprüfung seines Bindungskonzepts leistet er jedoch nur für das Kindes- und Jugendalter. Entsprechend führt Hirschi nur den Zusammenhang zwischen Kriminalität im Jugendalter und der Anbindung an die in dieser Lebensphase zentralen Institutionen sozialer Kontrolle (Familie, Schule und Peers)

[32] Dieser Grundgedanke der sozialen Kontrolltheorie findet sich bereits in den Überlegungen von Durkheim, wie sie beispielsweise in seiner Analyse des Selbstmordes dargelegt werden: "Aber wenn die innere Verbundenheit einer Gruppe aufhört, dann entfremdet sich in gleichem Maße das Individuum dem Gemeinschaftsleben, und seine Ziele gewinnen Vorrang vor denen der Gruppe; mit einem Wort, die Einzelpersönlichkeit stellt sich über das Kollektiv. Je weiter die Schwächung in der Gruppe fortschreitet, der er angehört, um so weniger ist er von ihr abhängig und um so mehr steht es demzufolge bei ihm, ob er noch andere Verhaltensregeln anerkennt als die, die in seinem Privatinteresse liegen" (Durkheim 1973, S. 232).

näher aus. Eine Erklärung für die Kontinuität oder Veränderungen von Kriminalität im weiteren Lebenslauf findet sich bei ihm nicht.

Eine solche Erklärung lässt sich jedoch aus der sozialen Kontrolltheorie ableiten. Wenig problematisch gestaltet sich dabei die Erklärung eines Kontinuitätsverlaufes von Kriminalität auch über die Jugendphase hinaus: aus Hirschis Grundannahme, dass sich alle Menschen quasi von Natur aus auch delinquent verhalten, lässt sich fortgesetzte Kriminalität aus dem fortgesetzten Fehlen von Kontrolle erklären. Ebenso kann eine Erklärung für das Ende der sozialen Auffälligkeiten eines Individuums aus der Kontrolltheorie abgeleitet werden: Bei den Abbrechern kommt es zur Wiederherstellung oder Stärkung von sozialer Kontrolle nach einer Periode, in der diese Kontrolle nur schwach ausgeprägt war. Ausführungen darüber, ob oder wie es zu einer Veränderung der Einbindung und damit zu einer Veränderung im Verhalten des Individuums kommt, fehlen jedoch in Hirschis sozialer Kontrolltheorie.

Für die soziale Kontrolltheorie gilt somit, was auch für die anderen klassischen Theorien festgestellt werden kann: Sie ist eher unvollständig als unrichtig. Diese Kritik an der klassischen sozialen Kontrolltheorie bezieht sich nicht nur auf das Fehlen einer Erklärung für das Ende sozialer Auffälligkeiten, sondern auch auf die fehlende Präzisierung der Abhängigkeitsprozesse zwischen den einzelnen Bindungsdimensionen. Ihre mögliche Veränderung im Zeitverlauf wird ebenfalls vernachlässigt wie ihre Abhängigkeit von sozialstrukturellen Faktoren. Diese Defizite der klassischen Kontrolltheorie konnten sowohl Thornberry (siehe Kapitel 3.2) wie auch Sampson/Laub (siehe Kapitel 3.3.) in ihren dynamisierten Erklärungsmodellen weitgehend beheben.

Auch für die soziale Kontrolltheorie können verschiedene empirische Untersuchungen aufgeführt werden, die auf ihre Bedeutung für die Erklärung des Endes sozialer Auffälligkeiten verweisen. So konnte beispielsweise in mehreren Langzeitstudien gezeigt werden, dass die Häufigkeit der Straftatbegehung bei Männern nach einer auf funktionierender Partnerschaftsbeziehung beruhenden Heirat zurückgeht (Rand 1987, Knight/Osborn/West 1977, West 1982, Blumstein/Cohen/Farrington 1988). Qualitativ angelegte Studien zeigten beispielsweise, dass das Ende der Auffälligkeiten oftmals einhergeht mit dem Erhalt einer attraktiven Arbeit (Meisenhelder 1976, Mulvey/Aber 1988). Auf eine genauere Darstellung dieser empirischen Ergebnisse wollen wir jedoch an dieser Stelle verzichten, da sie ausführlicher im Zusammenhang mit unseren eigenen Ergebnissen zum Abbruch krimineller Karrieren diskutiert werden (vgl. Kapitel 6.4).

3.1.6 Zusammenfassung

Alle aufgeführten klassischen Kriminalitätstheorien bieten alternative Erklärungen für die Entstehung von delinquentem Verhalten. Bei den lerntheoretischen Ansätzen wie der Theorie der differentiellen Assoziation, ist es der Kontakt mit delinquenten Verhaltensmuster (z. B. in Form einer delinquenten Peer-Gruppe) der delinquentes Verhalten hervorruft. Bei den anomie- oder drucktheoretischen Ansätzen wird Kriminalität als Folge des Auseinanderklaffens von gesellschaftlich vorgegebenen Zielen und den dem Individuum zur Zielerreichung zur Verfügung stehenden legalen

Mitteln erklärt. Der labeling-theoretische Ansatz sieht Kriminalität als die Folge stigmatisierender Reaktionen auf ganz „normales", ubiquitäres sozialauffälliges Verhalten. Die Kontrolltheorie erklärt delinquentes Verhalten mit der unzureichenden sozialen Kontrolle durch die Institutionen der primären und sekundären Sozialisation. Und nach der Theorie der Abschreckung kommt es dann zu delinquentem Verhalten, wenn das Abschreckungspotential der formalen Kontrollinstanzen zu gering ist.

Die einzelnen Ansätze unterscheiden sich hinsichtlich ihrer anthropologischen Grundannahmen („der Mensch verhält sich von Natur aus konform" vs. „die soziale Auffälligkeit ist das gleichsam ‚natürliche' Verhalten des Menschen"). Gleichwohl ist ein gemeinsames Merkmal der Theorien die statische Betrachtung von Kriminalität. Zwar wird in den grundsätzlichen theoretischen Argumentationen auf eine Festlegung auf eine bestimmte Lebensphase verzichtet, doch bleibt die Spezifizierung der Kausalwirkungen weitgehend auf die Kindheits- und Jugendphase beschränkt. Das Phänomen Kriminalität wird nicht in den Lebenslauf eingebettet und Entwicklungsprozesse über die kriminelle Jugendphase hinaus sind kaum Gegenstand der klassischen Kriminalitätstheorien.

Alle behandelten Theorieansätze basieren mehr oder weniger auf einer dichotomen Konzeption von Kriminalität, bei der zwischen Straftätern und Nicht-Straftätern zu einem bestimmten Zeitpunkt unterschieden wird. Unterschiede zwischen den Individuen in dem Ausmaß der Involvierung in Kriminalität, z. B. hinsichtlich der Häufigkeit oder der Schwere der Straftaten, werden dabei ebenso vernachlässigt wie Veränderungen der sozialen Auffälligkeiten (z. B. Eskalation, Rückgang der Auffälligkeiten) oder der Abbruch einer „kriminellen Karriere". Diese Nichtthematisierung der unterschiedlichen Entwicklungsdynamiken von Kriminalität zeigt sich auch darin, dass in den meisten klassischen Kriminalitätstheorien keine expliziten Erklärungen für die Kontinuität oder das Ende sozialer Auffälligkeiten enthalten sind.[33] Aus allen Theorieansätzen können jedoch solche Erklärungen abgeleitet werden.

Die Kontinuität delinquenten Verhaltens im Lebenslauf kann dadurch erfasst werden, dass eine zeitliche Fortwirkung der Faktoren unterstellt wird, die für die Entstehung der Kriminalität verantwortlich sind. Nach der Theorie der differentiellen Assoziation kann fortgesetzte Kriminalität mit dem fortgesetzten Kontakt mit delinquenten Verhaltensmustern erklärt werden. Der Drucktheorie zufolge ist sie erklärbar mit dem fortbestehenden Ungleichgewicht von Mitteln und Zielen. Nach dem Labeling-Ansatz als die Folge der mit den Etikettierungsprozessen verbundenen Identitätsveränderungen oder – nach einer anderen Variante – als Folge der geringeren konformen Handlungsmöglichkeiten des stigmatisierten Individuums. Nach der Abschreckungstheorie mit einer fortgesetzten „falschen" Kosten-Nutzen-Einschät-

[33] Eine Ausnahme bildet die Labelingtheorie, die gerade auf die Erklärung verfestigter sozialer Auffälligkeiten abzielt, und hinsichtlich des Endes des delinquenten Verhaltens die Abschreckungstheorie, die das Ende der Auffälligkeiten mit den zunehmenden Kosten der Straffälligkeit erklärt.

zung oder dem fortgesetzten Überwiegen des aus einer kriminellen Handlung resultierenden Nutzen. Und nach der Kontrolltheorie mit dem fortgesetzten Fehlen sozialer Kontrolle.

Mögen diese Erklärungen für die Kontinuität sozialer Auffälligkeit noch mehr oder weniger befriedigen, so werden die Defizite bei allen Theorieansätzen offensichtlich, wenn es um die Erklärung der Beendigung der Auffälligkeiten geht. Die Notwendigkeit des Herauslösens aus delinquenten Verbindungen und ihre Ersetzung durch nicht-delinquente Verbindungen ist eine leichte und logische Ableitung. Doch weder von der Theorie der differentiellen Assoziation, noch von den Subkulturtheorien lässt sich ableiten, wie und warum diese Loslösung für die Mehrheit der jugendlichen Straftäter beim Übergang zur Erwachsenenphase eintritt. Die Drucktheorie beantwortet nicht die Frage, wie oder wodurch es in verschiedenen Lebensphasen zu einem Wegfall des Druckes kommt. Der Labeling-Anatz lässt offen, warum es zu einem veränderten Umgang mit dem „label" kommt. Und die Kontrolltheorie in der Fassung von Hirschi thematisiert nicht die Veränderung der sozialen Kontrolle und die damit verbundenen Veränderungen der Delinquenz im Lebenslauf. Auch die Theorie der Abschreckung hat – selbst wenn man die Zweifel an ihrer empirischen Haltbarkeit außen vor lässt – ihre Probleme mit dem Phänomen des Abbruchs. Warum sollte bei dem gleichen Individuum in einer Lebensphase die Abschreckung wirken, in einer anderen aber nicht? Warum lassen sich manche Jugendliche von der Strafe abschrecken, andere aber nicht? Zur Beantwortung dieser Fragen kann die Theorie der Abschreckung durch Strafe keinen großen Beitrag leisten.

Die klassischen Theorieansätze sind allenfalls in der Lage, auf der phänomenologischen Ebene den Abbruch und die damit verbundenen Veränderungen darzustellen. Keine der dargestellten „Ableitungen" liefert jedoch eine ausreichende Erklärung für das Phänomen des Abbruchs im Sinne einer systematischen Erfassung der detaillierten Prozesse und der dahinterstehenden Kausalwirkungen.[34]

Die Defizite der klassischen Theorieansätze hinsichtlich der Erklärung des Abbruchs könnten auch für die Erklärung anderer Kriminalitätsverläufe wie z. B. der „Beginn schwerer Kriminalität im Erwachsenenalter bei vorausgegangener Unauffälligkeit" oder „episodenhafte Delinquenz" aufgezeigt werden. Solche Delinquenzver-

[34] Neben den fünf klassischen kriminologischen Theorieansätzen finden sich noch andere einfache Erklärungsansätze für den Abbruch krimineller Karrieren, die jedoch in der aktuellen kriminologischen Diskussion nur eine untergeordnete Rolle spielen. Eine sehr einfache Erklärung für den Abbruch krimineller Karrieren rekurriert auf den biologischen Alterungsprozess: mit fortschreitendem Alter nehmen die körperlichen Fähigkeiten (Kraft, Energie, Ausdauer etc.) ab, was generell die Aussichten auf eine „erfolgreiche" kriminelle Karriere schmälert und manche Deliktarten nicht mehr problemlos ausführbar macht (z. B. Körperverletzung, Einbruchsdiebstahl etc.). Diese These erfährt immerhin teilweise empirische Unterstützung durch Shover (1985), der Aussagen von professionellen Einbrechern aufgezeichnet hat, die ihren Ausstieg aus einer delinquenten Lebensführung unter anderem auf ihre psychische und physische „Ermüdung" zurückführten. Ähnliche Aussagen sind auch bei Irwin (1970) zu finden. Diese Ermüdungsthese ist jedoch nur auf ältere Täter sinnvoll anwendbar, wohl aber kaum auf Täter, die ihre kriminelle Karriere bereits im späten Jugend- oder frühen Erwachsenenalter beenden.

läufe sind weder Gegenstand der vorgestellten Ansätze, noch können befriedigende Erklärungen aus ihnen abgeleitet werden.

Diese Vernachlässigung der unterschiedlichen Entwicklungsdynamiken von Kriminalität im Lebenslauf in den klassischen Theorieansätzen lässt sich zu einem großen Teil auf ihre vereinfachte Sicht des Verhältnisses von Individuum und sozialer Umwelt zurückführen. Die klassischen Theorien fassen dieses Verhältnis zu sehr als einseitigen Abhängigkeitsprozess, bei dem das Individuum lediglich auf Umwelteinflüsse reagiert, aber nicht als handelndes, die Umwelt gestaltendes Subjekt erscheint. Das Verhalten eines Individuums ist jedoch nicht nur ein rein reaktives, sondern auch das Resultat bestimmter lebensgeschichtlicher, biographischer Entwicklungen. Die vorausgegangenen Erfahrungen und Ressourcen eines Individuums strukturieren dabei nicht nur die aktuelle soziale Umwelt des Individuums, sondern bestimmen auch die jeweilige Reaktion auf diese „äußere Realität"[35]. Eine solche Wechselwirkung von äußerer Realität und subjektiver Verarbeitung und die daraus entstehende Dynamik ist jedoch erst im Zeitverlauf erfassbar. Eine solche zeitliche Perspektive fehlt in den vorgestellten Ansätzen weitgehend.

Trotz der aufgeführten Defizite bleibt festzuhalten, dass zumindest für einzelne Aspekte aller vorgestellten klassischen Theorieansätze empirische Belege erbracht wurden, die darauf hindeuten, dass es sinnvoll ist, Elemente der einzelnen Theorieansätze für die Erklärung von Kontinuität und Veränderung von Delinquenz im Lebenslauf heranzuziehen. Diese empirischen Evidenzen einerseits und die oben formulierte Kritik an den klassischen Theorieansätzen andererseits führten gerade in den letzten Jahren zu zahlreichen Versuchen, die verschiedenen theoretischen Ansätze weiterzuentwickeln und zu dynamisieren, um so die in der empirischen Forschung vorgefundenen Variationen delinquenten Verhaltens (die unterschiedlichen Verlaufsmuster, Einstiegs- und Abbruchprozesse) zu erklären. Bei diesen Versuchen handelt es sich oftmals weniger um klar voneinander abgegrenzte Theorien, als vielmehr um Erklärungsmodelle, in die einzelne Teilaspekte der unterschiedlichen klassischen Theorieansätze aufgenommen wurden.

3.2 Neuere entwicklungsdynamische Theorieansätze

Die klassischen Theorieansätze der Kriminologie fragen nach dem Zusammenhang zwischen delinquentem Verhalten und sozialen Faktoren. Eine unterschiedliche Wirkung dieser Faktoren in Abhängigkeit vom Alter der Individuen wird dabei nicht thematisiert. Die Frage, inwieweit es nötig ist, das Alter und den Lebenslauf zur adäquaten Erklärung delinquenten Verhaltens heranzuziehen, war Gegenstand einer weitreichenden Debatte in der amerikanischen Kriminologie in den 80er Jahren, die als „age-crime-debate" in die kriminologische Wissenschaftsgeschichte einging.[36]

[35] Zum Begriff der „äußeren Realität" vgl. Hurrelmann (1986, S.62 ff).

[36] Zur "age-crime-debate" siehe Blumstein/Cohen (1979), Hirschi/Gottfredson (1983, 1988), Gottfredson/Hirschi (1986), Greenberg (1985), Blumstein/Cohen/Farrington (1988a, 1988b).

Ein wichtiger Ausgangspunkt dieser Debatte waren die in Kapitel 2.1 aufgeführten „chronischen" Jugendstraftäter der Philadelphia-Kohortenstudie. Die Forschungsergebnisse über diese Tätergruppe wurden 1986 im amerikanischen „National Research Council's Panel on Research on Criminal Careers"[37] aufgegriffen und mit der Idee verbunden, dass die Kriminalitätsrate stark gesenkt werden könnte, wenn die „chronic offenders" ins Zentrum der Kriminalpolitik gestellt werden. In dieser Publikation wurden Begrifflichkeiten wie „Partizipation", „Prävalenz", „Häufigkeit", „Schwere", „Beginn", „Abbruch" und „Dauer" im Kontext krimineller Karrieren diskutiert. Dieses Begriffssystem wurde in der Folge auch dazu herangezogen, den Zusammenhang zwischen Alter und Kriminalität, wie er sich in der für alle modernen Industriestaaten typischen Alters-Kriminalitätskurve darstellt, zu erklären.[38]

Nach der klassischen Interpretation wurde diese spezifische Alters-Kriminalitätsverteilung mit einem Rückgang der Tathäufigkeit bei allen Tätern zu Beginn der Erwachsenenphase erklärt, d. h. die Anzahl der Täter bleibt gleich, aber jeder Täter begeht weniger Straftaten. Die Vertreter des „Karriereansatzes" stellten dieser Erklärung eine alternative Erklärung entgegen. Demzufolge ist der Rückgang der Kriminalitätskurve durch den Rückgang der Anzahl der aktiven Täter hervorgerufen, d. h. die Anzahl der Täter nimmt insgesamt ab, doch die verbleibenden Täter begehen immer noch unverändert viele Straftaten.

Die kriminalpolitischen Implikationen dieser Position sind weitreichend. Einige Vertreter des Karriereansatzes (Visher 1995) vertreten die Auffassung, dass es durch eine frühzeitige Identifizierung und langfristige Arrestierung („selective incapacitation") dieser kleinen Gruppe von sogenannten Karrierestraftätern („career criminals") zu einer deutlichen Reduzierung der gesamten Kriminalität kommt. Diese Auffassung wird von Gottfredson und Hirschi (1990 und Hirschi/Gottfredson 1983) kritisiert. Da es nach ihrer Ansicht mit zunehmendem Alter bei allen Straftätern zu einem Rückgang kommt, ist eine selektive Inhaftierung irrelevant.[39]

Wenngleich die Frage, welche Erklärung hinter dem typischen Verlauf der Alters-Kriminalitätskurve steht, bis heute ungeklärt blieb, hatte die Interpretation der „age-crime-curve" durch die Vertreter des Karriereansatzes weitreichende Folgen für

---

37 Blumstein/Cohen/ Roth/Visher (1986).

38 In kriminalstatistischen Analysen konnte – unabhängig davon ob polizeiliche Registrierungen oder Verurteilungen als Indikator herangezogen wurden – immer wieder aufgezeigt werden, dass die Kriminalitätsbelastung nicht gleichmäßig über alle Altersgruppen verteilt ist. Kaiser beschreibt den Verlauf der Alters-Kriminalitätskurve wie folgt: „Allgemein steigt die registrierte individuelle Kriminalitätsbelastung bis zum Alter von 20 Jahren steil an, um dann zunächst erst allmählich, nach dem 35. Lebensjahr wieder stärker abzufallen" (Kaiser, S. 420). Diese spezifische Struktur der Alterskriminalitätskurve gehört in der Zwischenzeit zu den sichersten Befunden in der Kriminologie. Da die Alters-Kriminalitäts-Verteilung jedoch auf Querschnittserhebungen aller Täter beziehungsweise Tatverdächtigen basiert, gab und gibt es sehr unterschiedliche Interpretationen über diese Verteilung.

39 Hirschi/Gottfredson vertreten die Ansicht, dass ungeachtet anderer soziologischer Erklärungen das Alter als eine Art „Naturkonstante" zum Rückgang der kriminellen Aktivitäten aller Straftäter führt (siehe hierzu Kapitel 3.4).

die kriminologische Theoriediskussion. Denn sollten einige Täter kontinuierlich in Kriminalität involviert sein, während andere Täter ihre „Karriere" beenden, könnten unterschiedliche Faktoren für die Varianz der Delinquenzverläufe verantwortlich sein. Entsprechend wäre es erforderlich, getrennte Erklärungen für den Beginn, die Häufigkeit, die Dauer und den Abbruch delinquenten Verhaltens zu entwickeln.

Die Diskussion drehte sich zunehmend um die Frage, ob Kriminalität und kriminelle Karrieren mit einem einzelnen kausalen Faktor erklärt werden können, wie dies beispielsweise Gottfredson/Hirschi mit ihrem Konzept der „low-self-control"[40] vertraten, oder ob für die Varianz der Delinquenzverläufe unterschiedliche Faktoren, die sich zudem je nach Lebensphase unterscheiden, verantwortlich sind. Letztere Position bildete die gemeinsame Grundannahme eines neuen Forschungszweiges der Kriminologie, der sogenannten Entwicklungskriminologie („developmental criminology"). Die Vertreter dieses relativ jungen Zweiges kriminologischer Forschung verschoben die Fragestellung der klassischen Theorieansätze nach dem Unterschied zwischen Tätern und Nicht-Tätern hin zu der Frage nach der Stabilität und Veränderung von delinquentem Verhalten im Lebenslauf der Individuen (vgl. Loeber/LeBlanc 1998, S. 116). Sie verbanden hierzu die Überlegungen des „Karriereansatzes" mit neueren Konzepten einer Lebensverlaufsforschung („life course analysis"), die aus der Entwicklungspsychologie stammen. Nach Elder und Caspi (1988) richten diese neueren Konzepte der Entwicklungspsychologie ihre „Aufmerksamkeit auf den alterstrukturierenden Lebensplan des Einzelnen und auf den nach bestimmten Mustern verlaufenden Weg in einer Vielzahl von Rollen, wie etwa Schule, Ehe, Beruf und Elternschaft, die eingegangen, erfüllt und wieder verlassen werden. In Übereinstimmung mit dieser grundlegenden Struktur gehört der erfolgreiche Übergang in und die Anpassung an altersbestimmte Rollen zu den wesentlichen Entwicklungsaufgaben, denen sich der einzelne im Laufe seines Lebens gegenübersteht" (S. 43).

Dieser Konzeption folgend betrachtet die Entwicklungskriminologie die Entwicklung von Kriminalität als Teil des allgemeinen Entwicklungsprozesses vom Kind zum Erwachsenen und analysiert sie vor dem Hintergrund der Veränderungen der sozialen Umwelt eines Individuums im Lebensverlauf. Besondere Bedeutung haben hierbei die mit der biologischen und psychischen „Reifung" verbundenen „Übergänge" („transitions") beziehungsweise Statuspassagen. Solche zentralen Übergänge im Lebenslauf eines Individuums sind beispielsweise die Hinwendung zu den Peers und der damit verbundene Bedeutungsverlust der Eltern-Kind-Beziehung, der Übergang von der Schule in die Arbeitswelt oder die Veränderung der Peer-Beziehung im Sinne des Bedeutungsverlustes gleichgeschlechtlicher Peers und der Zuwendung zu einem Partner des anderen Geschlechts.

Loeber/LeBlanc beschreiben in ihrem Überblicksartikel die Zielsetzungen der „Entwicklungskriminologie" wie folgt: „In the interest of brevity, we use the term developemtal criminology to refer to temporal within-individual changes in offen-

[40] siehe Kapitel 3.4

ding. Developmental criminology focusses on two areas of study. First is the study of the developmental and dynamics of offending with age; this approach is largely descriptive and concern the processes of behavioral development. The second focus is the identification of explicative or causal factors that predate, or co-occur with the behavioral development and have an effect on its course" (1998, S. 117).

Drei zentrale Konzepte stehen nach Loeber/LeBlanc (1998) im Zentrum einer entwicklungsdynamischen Analyse von Kriminalität: „activation (or initiation)", „aggravation" und „desistance". „Activation" verweist dabei auf die Prozesse der Zunahme (im Sinne wachsender Häufigkeit) der Straftaten, der Stabilisierung (Kontinuität über den Zeitverlauf) delinquenten Verhaltens und der Zunahme der Bandbreite der Straftaten. „Aggregation" ist eine Entwicklungsfolge im Sinne der Zunahme der Deliktschwere im Zeitverlauf. Und „desistance" fasst Prozesse wie die Abnahme der Häufigkeit der Straftatbegehung, die Abnahme der Deliktschwere, die Stabilisierung einer bestimmten Deliktschwere und die Spezialisierung auf bestimmte Delikte.

Bei vielen Forschungsarbeiten, die sich diesem neuen Forschungszweig der „Entwicklungskriminologie" zuordnen lassen (z. B. Loeber/LeBlanc 1990, Nagin/Farrington/Moffitt 1995), handelt es sich vor allem um empirische Deskriptionen unterschiedlicher Delinquenzverläufe, bei denen die theoretische Erfassung der unterschiedlichen Dynamiken nur im Ansatz geleistet wird. Auch wenn die Kritik, die Entwicklungskriminologie zeichne sich wie bereits der Karriereansatz durch eine „weitgehende Theorieabstinenz" (Schubert 1997) aus, auf einen Großteil dieser Arbeiten zutrifft, so beeinflusste sie die neuere kriminologische Theoriebildung doch wesentlich. In den meisten neueren Theorieansätzen wird Kriminalität als Entwicklungsprozess betrachtet, der unterschiedlichen Dynamiken unterliegt. Entsprechend der Betonung von unterschiedlichen Entwicklungsdynamiken rückte damit auch die Frage nach der Kontinuität und Veränderung von Kriminalität im Lebenslauf ins Zentrum der Theoriediskussion. Bei vielen Ansätzen wird das delinquente Verhalten in den Kontext des Lebenslaufes, d. h. in den Kontext der Entwicklung vom Kind zum Jugendlichen, vom Jugendlichen zum jungen Erwachsenen, vom jungen Erwachsenen zum älteren Erwachsenen etc. gestellt. Den verschiedenen Einflussfaktoren wird dabei in den unterschiedlichen Altersabschnitten eine unterschiedliche Wirkungen auf die Individuen zugeschrieben. So erklären beispielsweise bestimmte Faktoren den Beginn des delinquenten Verhaltens, wohingegen andere Faktoren die Kontinuität delinquenten Verhaltens über einen längeren Zeitabschnitt erklären und wieder andere das Ende der kriminellen Aktivitäten eines Individuums.

Die kriminologische Theoriediskussion seit Beginn der 80er Jahre wurde zudem durch eine zweite Entwicklung beeinflusst: Lange Zeit versuchten viele Kriminologen, die Anzahl der konkurrierenden Theorien dadurch zu minimieren, dass sie sich um die Falsifikation einzelner Theorien bemühten, indem sie den verschiedenen Theorieaussagen empirische Befunde gegenüberstellten. Dieses Vorgehen erwies sich jedoch als schwierig, da die verschiedenen theoretischen Ansätze oftmals dieselben Indikatoren für unterschiedliche Kausalwirkungen unterstellen.[41] So ist z. B. sowohl in der Kontrolltheorie, der Lerntheorie wie auch der Drucktheorie ein gewalttätiger und inkonsistenter Erziehungsstil ein zentrales Erklärungsmoment. Der Kontrolltheorie zufolge wirkt die negative Familieninteraktion auf Delinquenz, indem sie die Bindung an die Eltern reduziert, die Internalisierung konventioneller Werte beeinträchtigt und dadurch die Wahrscheinlichkeit erhöht, dass ein Kind keine starke Anbindung an die Schule bekommt. Nach der sozialen Lerntheorie gibt die negative Familieninteraktion dem Kind ein „Gewalt"-Modell vor, das dem Kind zu verstehen gibt, dass Gewalt in gewissen Umständen akzeptabel ist. Dies wiederum erhöht die Wahrscheinlichkeit, dass es sich mit delinquenten Peers assoziiert. Und nach der Drucktheorie sind die Folge von übermäßiger Gewalt bei der Erziehung wütende und frustrierte Kinder, die zum Beispiel ihre Eltern angreifen, von zu Hause weglaufen oder Drogen nehmen, um diese Situation zu bewältigen.

Sicherlich ist der Umstand, dass ein Indikator als „Beleg" für drei unterschiedliche Kausalwirkungen herangezogen werden kann, auf die häufig in der empirischen Kriminologie anzutreffende ungenaue Operationalisierung der postulierten theoretischen Zusammenhänge zurückzuführen. Das angeführte Beispiel lässt erahnen, wie schwierig sich der Falsifikationsprozess in der konkreten Forschungspraxis mit ihren Beschränkungen hinsichtlich des verfügbaren empirischen Datenmaterial etc. gestaltet.

Die Probleme bei den Falsifikationsbemühungen einerseits und die bereits aufgeführte Vielzahl von empirischen „Belegen" zumindest für Teilaussagen der verschiedenen klassischen Theorien andererseits brachte einige Kriminologen dazu, sich der Theorieintegration als Alternative zur Theoriereduktion zuzuwenden. Ihrer Argumentation nach widersprechen sich viele der Einzeltheorien nicht, sondern betonen nur unterschiedliche Aspekte desselben Phänomens.[42] Die verschiedenen Theorien könnten demnach in größere Theorien integriert werden, die „erklärungsstärker" sind, in dem Sinne, dass sie eine größere Bandbreite des Phänomens Kriminalität erklären.

Wir wollen im Folgenden einige dieser neueren Theorieansätze [43] vorstellen: Es handelt sich dabei um Agnews „allgemeine Drucktheorie", die „Tätertaxonomie" von Moffitt und Thornberrys „Interaktionsmodell". Gemeinsam ist diesen Ansätzen nicht nur, dass sie die Entwicklung von Kriminalität in den Kontext der lebensgeschichtlichen Entwicklung stellen, sie liefern auch explizit Erklärungsangebote für unterschiedliche Verlaufsmuster von Kriminalität im Lebenslauf. Den Einstieg in die Diskussion der neueren entwicklungsdynamischen Theoriemodelle bilden jedoch drei andere Erklärungsansätze: die „Beschämungstheorie" von Braithwaite, das

---

[41] vgl. Agnew (1997), S. 127.

[42] Elliott/Huizinga/Ageton (1985), Elliott (1985).

[43] Andere Versuche der Theorieintegration, die in dieser Arbeit nicht berücksichtigt werden, stammen beispielsweise von Tittle (1995)' Vila (1994) und Bernard/Snipes (1996). Eine gute Zusammenfassung dieser neuen Theoriemodelle findet sich bei Vold et al. (1998).

Konzept der „differential expectations" von Shover/Thompson und die „Alterstheorie" von Greenberg. In diesen Erklärungsansätzen wurden zwar keine expliziten Erklärungen unterschiedlicher Kriminalitätsverläufe ausformuliert. Sie sind aber insoweit von besonderem Interesse, als in ihnen das Ende der strafrechtlichen Auffälligkeiten in einen Zusammenhang mit der lebensgeschichtlichen Entwicklung der Täter gebracht wird.

3.2.1 Braithwaites Beschämungstheorie

Einen Versuch, die Grundannahmen des „labeling approach" in einer allgemeinen Kriminalitätstheorie aufzugreifen, mit der sowohl Kontinuität als auch Brüche der Kriminalitätsentwicklung im Lebenslauf erklärt werden können, wurde von Braithwaite (1989) unternommen. Braithwaites theoretisches Modell kreist um den Gedanken der Beschämung (shaming).[44] Beschämung fasst Braithwaite als den Prozess auf, mit dem die Gesellschaft einem Individuum deutlich signalisiert, dass sie ein Verhalten für unangemessen oder falsch hält. Die Beschämung zielt darauf ab, dass das Individuum seinen Fehler erkennt und aus Angst vor einer solchen Beschämung zukünftig von solchem Verhalten absieht. Die Art der Vermittlung, dass es sich um „beschämendes Verhalten" handelt, kann sowohl emotional, z. B. durch Liebesentzug, wie auch physisch z. B. durch Gewalt oder Freiheitsentzug, erfolgen. Sie findet sowohl formell durch die offiziellen Sanktionsinstanzen als auch informell durch die unmittelbaren sozialen Netzwerke, wie beispielsweise die Familie, die Schule oder Freunde statt, und ist somit ein integraler Bestandteil des allgemeinen Sozialisationsprozesses eines Individuums.

Die Beschämung ist nach Braithwaite der zentrale Mechanismus, der im Individuum eine interne Kontrolle erzeugt und ihm eine Richtschnur für sozial akzeptiertes beziehungsweise nicht akzeptiertes Verhalten vorgibt. Nach Braithwaite ist jedoch nicht jede Form der Beschämung zum Aufbau einer internen Kontrolle geeignet. Er unterscheidet in diesem Zusammenhang zwei Formen: Die eine bezeichnet er als stigmatisierendes „shaming", die andere als reintegratives „shaming". Das stigmatisierende „shaming", wie es Braithwaite konzeptualisiert, unterscheidet sich kaum von den bekannten Stigmatisierungsprozessen, wie sie in der labeling-theoretischen Tradition entwickelt wurden. Bei diesem Prozess wird nicht unterschieden zwischen der konkreten kriminellen Handlung und dem Individuum, das diese Handlung ausführt. Durch diese fehlende Differenzierung wird die Person in ihrer Gesamtheit stigmatisiert und dementsprechend abgelehnt. Das reintegrative „shaming" hingegen

---

44 Braithwaite entwickelte seine „Beschämungstheorie" anhand eines Vergleichs der Kriminalitätsraten von Japan und den westlichen Industrienationen. Die deutlich niedrigere Kriminalitätsrate Japans, so Braithwaite, sei dem dort praktizierten reintegrierendem „shaming" zu verdanken. Diese „Schamkulturthese" ist, wie die soziologische Japanforschung zeigte, aber kaum haltbar (vgl. hierzu Kersten 1997, S.14ff, Shimada 1994). Breiter angelegte Analysen der Kriminalität in Japan, die beispielsweise auch Korruption und Schattenwirtschaft mit einbeziehen, zeigen zudem, dass die Kriminalitätsprobleme Japans größer sind, als ein Vergleich auf der Ebene der Straßenkriminalität unterstellt (vgl. hierzu Miyazawa 1993).

impliziert, dass nur die abweichende Handlung und nicht die Person verurteilt und zurückgewiesen wird.

Während beim reintegrativen „shaming" die Reaktion des Umfelds darauf abzielt, die Bindungen des Individuums zu konventionellen Lebensbereichen wiederherzustellen beziehungsweise zu stärken, führt das stigmatisierende „shaming" zu einer Schwächung der Bindung des Individuums zur konventionellen Gesellschaft und ihren Normen. Die Schwächung von konventionellen Bindungen als Folge stigmatisierender Beschämungsprozesse zeigt sich z. B. bei den Schwierigkeiten ehemaliger Häftlinge einen Arbeitsplatz zu finden. Eine weitere Schwächung der Bindung zur konventionellen Gesellschaft resultiert nach Braithwaite daraus, dass die Stigmatisierten eine enge Anbindung an „Seinesgleichen"[45] in einer delinquenten Peer-Gruppe oder Subkultur suchen, deren Normen- und Wertesystem sie dann übernehmen.

Ausgehend von diesen theoretischen Überlegungen hängt der Abbruch oder die Kontinuität delinquenten Verhaltens vor allem von der Art der gesellschaftlichen Reaktion auf vorausgegangene Delinquenz ab: Individuen, die bei delinquentem Verhalten von ihrer sozialen Umwelt so behandelt werden, dass nur ihr Verhalten und nicht ihre Person stigmatisiert wird, und die entsprechend Angebote der Reintegration in die konventionelle Gesellschaft erhalten, beenden ihr delinquentes Verhalten eher als Individuen, die in Folge ihrer Delinquenz auch als Person stigmatisiert werden. Letztere entwickeln durch die negativen Verstärkungsprozesse der delinquenten Peer-Gruppe oder Subkultur zunehmend einen delinquenten Habitus und behalten ihr delinquentes Verhalten bei.

Wie die soziale Umwelt auf Delinquenz reagiert, hängt nach Braithwaite von verschiedenen Bedingungen ab. Diese Bedingungen spezifiziert er unter Rückgriff auf andere kriminologische Theorien. So ist es nach Braithwaite wahrscheinlich, dass Personen, die starke soziale Bindungen haben, eher reintegratives „shaming" erfahren (soziale Kontrolltheorie). Es ist aber auch wahrscheinlich, dass Personen, die in der Vergangenheit bereits als „Kriminelle" stigmatisiert wurden und sich entsprechend einer delinquenten Peer-Gruppe oder Subkultur zuwenden, auch zukünftig dieses Stigma erhalten (klassischer Labeling-Ansatz). Unter Rückgriff auf straintheoretische Überlegungen hält Braithwaite in Gesellschaften, die einen engen sozialen Zusammenhalt aufweisen („communitarism"), eher reintegratives „shaming" für die wahrscheinliche Reaktion auf soziale Auffälligkeiten. In Gesellschaften, in denen aufgrund eines hohen Grades an Urbanisierung und Mobilität ein solcher Zusammenhalt schwach ist, kommt es eher zu stigmatisierendem „shaming".

Glugotta (1994) nahm die Braithwaitesche Überlegung zum Ausgangspunkt seiner empirischen Arbeit zum Abbruch von Jugendkriminalität. Er untersuchte dazu 15 „Abbrecher" („desister"), die nach ihrer ersten Verurteilung im Alter von 13 Jahren nicht mehr auffällig wurden, und 15 Wiederholungstäter („persister"), die nach ihrer ersten Verurteilung (ebenfalls im Alter von 13) noch weitere zweimal verurteilt wur-

[45] vgl. hiezu auch Goffman (1963, S.30ff).

den. Glugotta stellte zwar fest, dass ein Ende des delinquenten Verhaltens einherging mit einer Integration in konventionelle Lebensbereiche beziehungsweise dass fortgesetzte Delinquenz einherging mit fortgesetztem Einfluss delinquenter Peers. Er fand jedoch im Gegensatz zu Braithwaite keinen Unterschied zwischen „Abbrechern" und „Persistern" hinsichtlich der Reaktion des sozialen Umfeldes nach der ersten Verurteilung. Auch den Zusammenhang zwischen Stigmatisierungsprozessen und der Zuwendung zu delinquenten Peers konnte Glugotta nicht bestätigen. Bei seinen Probanden entwickelten sich die delinquenten Peers aus Freundschaftsverbindungen aus der Kindheit, in der die Gruppe noch kein abweichendes Verhalten zeigte. Zwar führten die Stigmatisierungsprozesse zu einer engeren Anbindung an die delinquente Gruppe, mit der Konsequenz, dass die Anbindung an die konventionellen Wertmaßstäbe der Gesellschaft geschwächt wurden, allerdings verhinderten diese Stigmatisierungsprozesse eine Reintegration nicht. Glugotta kommt zu folgendem Schluß: „Shaming alone was not strongly associated with desistance, nor with dissociation from delinquent peers. Subjects who dissociated from delinquent friends more often needed stronger interventions, such as physical or social separation from delinquent association" (S. 252).

3.2.2 Das Konzept der „differential expectations"

Im Unterschied zu anderen Überlegungen, wie beispielsweise dem der „aging-produced maturation" (Glueck/Glueck 1937), die von einem direkten Zusammenhang zwischen dem Alter und dem Ende der sozialen Auffälligkeiten ausgehen, entwickeln Shover und Thompson (1992) mit ihrem Konzept der „differential expectations" ein Erklärungsmodell, bei dem das Alter nur indirekt, als Ausdruck einer im Lebensverlauf veränderten Kosten-Nutzen-Abwägung auf „desistance" wirkt. Sie greifen dazu die Grundannahmen der Lerntheorie auf und verbinden sie mit einem „rational choice"-Ansatz, der sich mit der Frage beschäftigt, wie situationsspezifische Faktoren bewirken, dass jemand eine bestimmte Situation als Gelegenheit zur Begehung einer Straftat einstuft. Ihre Betonung liegt dabei auf den Konsequenzen, die bei der Bestrafung oder Belohnung eines bestimmten Verhaltens als Verstärkung dienen und somit künftiges Verhalten fördern oder hemmen.

Der bisherige Erfolg bei kriminellen Aktivitäten und der Erfolg in konventionellen Lebensbereichen (z. B. Beruf, Schule) bestimmen nach Shover und Thompson nicht nur die aktuellen Erwartungen hinsichtlich des Nutzens krimineller und konventioneller Aktivitäten, sondern auch die Einschätzung des Risikos, das mit einer Straftat verbunden ist. Die „differential expectations" (erwarteter Erfolg aus konventionellem und delinquentem Handeln) und die Risikoeinschätzung des Individuums bestimmen ihrerseits wiederum die Entscheidung des Individuums für oder gegen eine weitere Straftat. Mit dem Älterwerden der Täter und den dabei gesammelten Erfahrungen mit den Strafverfolgungsorganen verbessert sich nicht nur deren Fähigkeit, die positiven und negativen Folgen kriminellen Verhaltens abzuschätzen (Shover 1983, 1985), sondern ihnen wird auch bewusst, dass mit einer fortgesetzten Straffälligkeit und deren Folgen die Erreichung konventioneller Ziele (z. B. Familie, vertrauensvolle Beziehungen, beruflicher Erfolg) immer schwieriger wird beziehungsweise mit konventionellen Mitteln leichter zu erreichen ist. Der Ausstieg aus einer kriminellen Lebensführung ist somit die Folge eines veränderten Kosten-Nutzen-Kalküls im Verlaufe des Älterwerdens, das abhängig ist von den vorausgegangenen Lebens- und Lernerfahrungen.

Empirische Belege für ihr „desistance"-Modell sehen Shover/Thompson in der von ihnen durchgeführten Reanalyse des Rand Inmate Survey (948 erwachsene männliche Ex-Häftlinge). Wie Shover und Thompson zeigen, ist die Abbruchswahrscheinlichkeit dann sehr hoch, wenn die Erwartung der Individuen, über eine Straftat Anerkennung, Geld, Autonomie, Glück etc. erreichen zu können, niedrig ist. Die in ihrem Modell postulierten Zusammenhänge zwischen der Risikoeinschätzung und dem Abbruchverhalten einerseits und dem erwarteten Erfolg aus einer nichtkriminellen Lebensführung und dem Abbruchverhalten andererseits fanden sie in ihrer Untersuchung jedoch nicht. Als möglichen Grund dafür nennen sie die von ihnen verwendeten Indikatoren. Besonders zur validen Erfassung der Einschätzung des mit einer Straftat verbundenen Risikos (hinsichtlich Entdeckung und Bestrafung) wäre nach Shover/Thompson ein Indikator nötig, der, anders als der von ihnen verwendete, dieses Risikokalkül in konkreten Kontexten und Handlungssituationen erfasst.

3.2.3 Greenbergs „Alterstheorie"

Greenberg (1979) unternimmt den Versuch, den typischen Verlauf der Alters-Kriminalitätskurve mit einer Kombination von Druck- und Kontrolltheorie zu erklären, wobei er zusätzlich Überlegungen des „rational choice"-Ansatzes aufgreift. Zur Erklärung des steilen Anstiegs der Delinquenz in der Jugendzeit verwendet er die Grundidee der Drucktheorie, nach der abweichendes Verhalten als Folge der zu großen Diskrepanz zwischen den Zielen und den bestimmten Personengruppen zugänglichen Mitteln erklärt wird. Der daraus resultierende Druck ist besonders bei Jugendlichen groß, da bei dieser Gruppe sehr ausgeprägte Konsumziele einhergehen mit begrenzten finanziellen Mitteln. Mit dieser Diskrepanz zwischen materiellen Zielen und verfügbaren legalen Mitteln sind jedoch nur Eigentumsdelikte erklärbar, weshalb Greenberg zudem die „nicht-materiellen" Komponente des sozialen Druckes betont: Jugendliche sind auch jenseits der materiellen Dimension besonderem sozialen Druck ausgesetzt. Einerseits sehen sich Jugendliche gesellschaftlichen Rollenerwartungen – besonders durch die Einbindung in die Peer-Gruppe – hinsichtlich Statuserwerb, Selbständigkeit und Autonomie ausgesetzt. Andererseits wird ihnen durch die Einbindung in das Schul- und Ausbildungssystem die Erfüllung gerade dieser Verhaltenserwartungen erschwert oder gar verweigert, da das Schul- und Ausbildungssystem von den Jugendlichen Unterordnung und Disziplin fordert. Einen Ausweg aus dieser Situation bietet nach Greenberg eine jugendliche Gegenkultur, in der Statuserwerb nach eigenen Regeln und Normen möglich ist. Diese jugendliche Gegenkultur schließt nicht nur verschiedene Formen devianten Verhaltens (z. B. Alkohol- und Drogenkonsum, Widerstand gegen Autoritäten), sondern auch Kriminalität mit ein.

Den Rückgang der Alterskurve erklärt Greenberg zum einen damit, dass mit dem Übergang ins Erwachsenenalter der soziale Druck nachlässt: Das Individuum misst der Popularität unter den Peers weniger Bedeutung bei, es erhält mehr legale Quellen zum Gelderwerb (v.a. durch Arbeit) und es erfährt besonders durch die Beendigung der Ausbildungsphase einen Zuwachs an Autonomie. Zum anderen steigen mit dem Alter die „äußeren Kosten" abweichenden Verhaltens. Mit dem Übergang vom Status des Jugendlichen zum Status des Erwachsenen nehmen nicht nur die strafrechtlichen Konsequenzen delinquenten Verhaltens zu, sondern auch die „Kosten" im Bereich der informellen sozialen Kontrolle, beispielsweise der Verlust des Ansehens, der Partnerschaft, des Berufs. Einfacher formuliert: Mit zunehmendem Alter sind mit den kriminellen Handlungen nicht nur größere Risiken verbunden, sondern man hat in der Regel auch mehr zu verlieren als in jungen Jahren. Demnach ist der Verzicht auf weitere kriminelle Handlungen nicht nur Folge des abnehmenden sozialen Drucks, sondern auch Resultat einer veränderten Kosten-Nutzen-Abwägung.

Obwohl Greensbergs Erklärungsmodell nie empirisch getestet wurde, war es gerade hinsichtlich seiner empirischen Haltbarkeit heftiger Kritik ausgesetzt. Hirschi/Gottfredson (1983) kritisierten, dass die druck-theoretischen Erklärungen in Greenbergs Modell nicht haltbar seien. Denn nach der Drucktheorie müssten Jugendliche, die über weniger finanzielle Mittel verfügen, mehr Diebstähle begehen als begüterte Jugendliche. Jedoch hätten, so Hirschi/Gottfredson (1983, S. 568), zahlreiche Studien gezeigt, dass z. B. bei arbeitslosen Jugendlichen nicht mehr Diebstähle registriert werden, als bei Jugendlichen, die einen Arbeitsplatz haben.[46]

Diese Kritik durch zwei sehr prominente Vertreter der amerikanischen Kriminologie führte dazu, dass Greenbergs Versuch einer Dynamisierung der sozialen Drucktheorie nur wenig Beachtung in der weiteren Theoriediskussion fand. Eine Ausnahme bildete Agnew, der die Überlegungen Greenbergs in seiner allgemeinen Drucktheorie („general strain theory") aufgriff.

3.2.4 Agnews allgemeine Drucktheorie

Agnew (1985, 1992, 1997) geht ebenfalls vom Grundgedanken der klassischen Drucktheorie aus, demzufolge das Individuum durch die Diskrepanz zwischen Mitteln und Zielen unter sozialen Druck gesetzt wird. Agnew erweitert diesen Gedanken dahingehend, dass er diesen sozialen Druck nicht nur dann gegeben sieht, wenn ein Individuum daran gehindert wird, ein vom ihm positiv bewertetes Ziel zu erreichen. Sozialer Druck entsteht auch durch den tatsächlichen oder vom Individuum antizipierten Verlust positiv bewerteter Stimuli, z. B. durch den Verlust eines Partners,

---

[46] Hartnagel (1997) konnte diesen Einwand zumindest teilweise entkräften. Er konnte empirisch zeigen, dass der empfundene soziale Druck nicht nur von den „objektiv" zur Verfügung stehenden Mitteln, sondern auch von den eigenen Erwartungshaltungen der Jugendlichen abhängt. So hatten von allen untersuchten Schulabgängern diejenigen Jugendlichen, die arbeitslos waren und zugleich hohe Ansprüche an eine Arbeitsstelle hatten, und Jugendliche, die ihre Arbeitsstelle häufig wechselten und einer „Erfolgsideologie" anhängten, die höchste Kriminalitätsbelastung (S. 321).

durch den Tod eines Familienmitgliedes, dem Verlust der Arbeit etc. oder wenn das Individuum mit negativen Stimuli konfrontiert wird wie z. B. Beleidigungen, tätlichen Angriffen oder schlechter Behandlung in der Schule.

Erfahrbar wird dieser soziale Druck in der Interaktion mit anderen Individuen, in „relationships in which others are not treating the individual as he or she would like to be treated" (Agnew 1992, S. 50). Ob diese negativen Erfahrungen vom Individuum jedoch als sozialer Druck empfunden beziehungsweise interpretiert werden, auf den es reagieren muss, hängt nach Agnew nicht nur von der Situation selbst, sondern auch von den kognitiven Bewältigungsstrategien („cognitive coping") des Individuums ab. Ein Individuum, das beispielsweise daran gehindert wird, seine finanziellen Ziele zu erreichen, kann diese Situation auch dadurch bewältigen, dass es die Situation uminterpretiert. Es kann z. B. seine finanziellen Ziele reduzieren, andere (nicht-materielle) Ziele für wichtiger erklären oder die eigene finanzielle Situation beschönigen. Wenn eine Situation jedoch als Belastung empfunden wird, können sowohl hinsichtlich des Verhaltens wie auch des emotionalen Umgangs mit der Situation unterschiedliche Bewältigungsstrategien eingesetzt werden. Ein Teil dieser Bewältigungsstrategien schließt dabei auch Kriminalität mitein. So kann z. B. auf finanziellen Druck durch einen Diebstahl („behavioral coping") oder durch Flucht in Drogen („emotional coping") reagiert werden.

Delinquenz resultiert somit nach Agnew aus dem Zusammenspiel von drei Faktoren: erstens bedarf es Interaktionssituationen, die das Individuum als sozialen Druck erfährt, zweitens einer entsprechenden Bewertung dieser Situation durch das Individuum und drittens der Wahl einer delinquenten Bewältigungsstrategie.

Die Drucktheorie Agnews ist als allgemeine dynamische Kriminalitätstheorie konzipiert und beinhaltet sowohl Erklärungsangebote für Kontinuität als auch für Veränderungen des delinquenten Verhaltens eines Individuums im Lebenslauf. Die Kontinuität delinquenten Verhaltens erklärt Agnew zum einen mit der Stabilität bestimmter Charaktereigenschaften eines Individuums, die im Lebenslauf durch die Interaktion mit einer „feindlichen" sozialen Umwelt gefestigt und verstärkt werden. Zu diesen delinquenzbegünstigenden Charakterzügen, die sich in Folge einer fehlerhaften Sozialisation oder biologischer Ursachen bereits in der frühen Kindheit ausbilden, zählt Agnew Eigenschaften wie Gereiztheit, niedrige Frustrationstoleranz, Impulsivität, Hyperaktivität, Gefühllosigkeit gegenüber anderen, Aufmerksamkeitsdefizite, fehlende Problemlösungsfähigkeit etc. Diese individuellen Eigenschaften, die Agnew unter dem Begriff „Aggressivität" zusammenfasst, erhöhen nicht nur die Wahrscheinlichkeit, dass ein Individuum in der Interaktion mit anderen sozialen Druck erfährt, sondern auch die Wahrscheinlichkeit, dass es darauf mit delinquentem Verhalten reagiert. Die Delinquenz wiederum macht es wahrscheinlicher, dass die Umwelt „feindlich" auf das Individuum reagiert, dass das Individuum von konventionellen Individuen zurückgewiesen wird und schlechtere Jobs oder weniger attraktive Partner bekommt. Es vergrößern sich dadurch wiederum die Probleme, angestrebte Ziele zu erreichen (z. B. Anerkennung, Geld), und es erhöht sich die Wahrscheinlichkeit, dass ein Individuum positive Stimuli (z. B. attraktiver Partner, gute Arbeit) verliert und häufiger negativen Stimuli ausgesetzt (wie Gewalt durch Eltern, schlechte Behandlung in der Schule, delinquente Peers) ist. Auf diesen sozialen Druck reagiert das Individuum mit Delinquenz. Eine sich selbst verfestigende „Feedback-Schleife" ist entstanden, aus der das Individuum nur schwer ausbrechen kann. Zu einer solchen Rückkopplungsschleife kann es nach Agnew aber auch bei Individuen kommen, die zwar keine „aggressiven" Charakterzüge haben, aber die in einer Umwelt aufwachsen, in der sie mit vielen negativen Stimuli konfrontiert werden und in der Delinquenz z. B. durch eine „Subkultur der Gewalt" eine „normale" Reaktion darstellt. Eine solche Konstellation sieht Agnew besonders bei Angehörigen der städtischen Unterschicht gegeben. Auch hier führt die Delinquenz zu „feindlichen" Reaktionen der Umwelt, die wiederum die Wahrscheinlichkeit, aus dieser „feindlichen" Umwelt zu entkommen, vermindern.

Veränderungen im delinquenten Verhalten gibt es nach Agnew dann, wenn es Veränderungen, erstens in den Situationen, die ein Individuum als sozialen Druck erfahren kann, gibt, zweitens in der Bewertung dieser Situationen durch das Individuum und drittens in den von ihm gewählten Bewältigungsstrategien. Während solche Veränderungen bei den oben beschriebenen Individuen sehr unwahrscheinlich sind, kommt es nach Agnew bei der Mehrheit der Individuen sowohl beim Übergang vom Kindes- ins Jugendalter, als auch beim Übergang vom Jugend- ins Erwachsenenalter zu signifikanten Veränderungen in allen drei Dimensionen.[47]

Nach Agnew erfahren die meisten Individuen beim Übergang von der Kindheit ins Jugendalter sowohl einen „dramatic increase in the size and complexity of their social world"[48], der belastende Situationen wahrscheinlicher macht, als auch Veränderungen im kognitiven Bereich, die dazu führen, dass diese Situationen verstärkt als belastend und „feindlich" interpretiert werden. Zugleich nimmt mit dem Übergang ins Jugendalter auf Grund fehlender Erfahrungen mit der Bewältigung dieser Situationen, fehlender nicht-delinquenter Bewältigungsstrategien und der Nähe delinquenter Bewältigungsmuster durch delinquente Peers die Wahrscheinlichkeit zu, dass delinquente Bewältigungsstrategien gewählt werden. Beim Übergang ins Erwachsenenalter kommt es nach Agnew jedoch wieder zu gegenläufigen Veränderungen. Zum einen sind Erwachsene weniger häufig belastenden Situationen ausgesetzt, da ihre Welt kontrollierbarer und selbstbestimmter ist als die Welt der Jugendlichen: ihr Freundeskreis ist kleiner und beständiger, sie leben häufiger in festen Partnerschaften, sie haben mehr Autonomie und eine größere Wahlfreiheit hinsichtlich Freunde, Wohnort, Kleidung, Aussehen, Arbeit etc. Zum anderen nehmen Erwachsene Lebenssituationen und Interaktionen weniger „feindlich" wahr als Jugendliche: Sie betrachten die Welt weniger egozentriert und geben weniger häufig anderen die

---

[47] Wenngleich Agnew (1997, S. 133ff.) einräumen muss, dass eine repräsentative empirische Überprüfung seiner allgemeinen Drucktheorie noch fehlt, so kann er doch zahlreiche Studien aufführen, die diese von ihm postulierten Veränderungen im Zusammenhang mit Status- beziehungsweise Rollenübergängen unterstützen.

[48] Agnew nennt in diesem Zusammenhang u. a. die biologischen Veränderungen des Körpers, den Zuwachs an Freunden, die Zunahme an räumlicher Mobilität, den Kontakt zum anderen Geschlecht, Veränderungen in der Bedeutung der Eltern beziehungsweise Peer-Gruppe usw.

Schuld für bestehende Probleme. Da das Leben von Erwachsenen zudem weniger öffentlich stattfindet als das Leben von Jugendlichen, stehen ihnen auch andere Möglichkeiten der kognitiven Reinterpretation von Situationen offen. Diese Möglichkeiten sind Jugendlichen oftmals verwehrt, da sie ihre Reinterpretationen gegenüber ihren Peers vertreten müssen. Schließlich stehen Erwachsenen auch andere Möglichkeiten des Umgangs mit schwierigen Lebenssituationen offen als Jugendlichen. Erwachsene können auf Grund ihrer größeren Ressourcen und ihrer größeren Autonomie auf zahlreiche nicht-delinquente Bewältigungsstrategien zurückgreifen, die Jugendlichen verschlossen sind. Sie können problematischen Situationen z. B. dadurch bewältigen, dass sie in eine neue Nachbarschaft umziehen, sich von Freunden trennen, sich scheiden lassen, eine Arbeit kündigen etc. Ihre größeren Ressourcen stärken aber auch ihre Position in den Auseinandersetzungen mit der sozialen Umwelt. Da sich die Welt der Erwachsenen nicht mehr so schnell verändert wie die der Jugendlichen, können sie auch auf Erfahrungen in der Bewältigung von Situationen zurückgreifen. Durch den Bedeutungsverlust der Peers stehen Erwachsenen im Unterschied zu Jugendlichen zudem auch die Bewältigungsstrategien offen, die von den Peers nicht akzeptiert worden wären. Mit dem Übergang ins Erwachsenenalter wird also nicht nur der soziale Druck geringer, sondern in Folge eines veränderten Umgangs mit diesem Druck reduziert sich auch die Wahrscheinlichkeit einer Involvierung in Kriminalität.

Der Vorteil Agnews allgemeiner Drucktheorie liegt gegenüber der klassischen Drucktheorie darin, dass mit ihr die unterschiedliche Dynamik von Delinquenzverläufen erfasst und erklärt werden kann. So kann nicht nur der Kontinuitätsverlauf „chronische Straftäter", sondern auch der Rückgang der Delinquenz, wie er sich in der typischen Alters-Kriminalitäts-Kurve darstellt, erklärt werden. Durch die Berücksichtigung kognitiver Prozesse wird zudem eine weitere Schwäche der klassischen Drucktheorie überwunden, die – zugespitzt formuliert – das Individuum als „Reaktionsdeppen" auf äußere, sozialstrukturell vorgegebene Einflüsse erscheinen lässt. Die unterschiedliche Dynamik in der Delinquenzentwicklung bleibt bei Agnew jedoch an überindividuelle, kulturell vorgegebene Statusübergänge gekoppelt. Veränderungen in der Delinquenzentwicklung, die zeitlich unabhängig von diesen Statusübergängen verlaufen, beispielsweise die Delinquenzverläufe „Desistance im späten Erwachsenenalter" oder der „Beginn einer kriminellen Karriere im späten Erwachsenenalter" können mit Agnews Theorie nicht erfasst werden. Wenngleich auch solche Verläufe prinzipiell mit Veränderungen des Ausmaßes der „objektiven" Belastungen in bestimmten Lebenssituationen, der Bewertung und der Bewältigungsstrategien erklärbar erscheinen, bleibt Agnew es bislang schuldig, die konkreten Prozesse zu benennen, die zu solchen Veränderungen führen.

3.2.5 Moffitts Tätertaxonomie

Die in der sogenannten „age-crime-debate" diskutierte Unterscheidung von sogenannten „chronic offenders" oder „career criminals" auf der einen Seite und der Masse der Straftäter, bei denen sich die Delinquenz nur auf die Jugendphase konzentriert, findet sich bei Moffitt (1993, Moffitt et al. 1998, 1994, 1993) am konsequentesten theoretisch verarbeitet. Moffitt gibt die Idee einer allgemeinen Kriminalitätstheorie auf und entwickelt stattdessen zwei unterschiedliche Erklärungsmodelle.

Den empirischen Hintergrund hierfür bildet die noch nicht abgeschlossene neuseeländische Dunedin-Kohortenstudie.[49] In dieser Langzeitstudie wurden 1037 Kinder eines Geburtsjahrganges aus dem Bezirk Dunedin in Neuseeland von der Geburt an bis zum derzeit (1998) 26. Lebensjahr in jeweils zweijährigem Abstand untersucht. Moffitt ermittelte in dieser Langzeitstudie deutliche Unterschiede zwischen den Probanden hinsichtlich des Beginns ihrer sozialen Auffälligkeiten. Während bei ca. 5% der untersuchten Probanden bereits im Vorschulalter deutliche Verhaltensauffälligkeiten festgestellt werden konnten, war dies bei einem weitaus größeren Teil erst zwischen dem 11. und 15. Lebensjahr der Fall. Der Anteil der sozial auffälligen Probanden stieg in diesem Zeitraum auf etwa ein Drittel der gesamten Kohorte an. Wenngleich sich beide Gruppen, „Frühauffällige“ und „Neueinsteiger“, hinsichtlich der Anzahl oder der Schwere der offiziell registrierten Delinquenz in der Jugendphase nicht unterschieden, gab es jedoch sehr deutliche Unterschiede zwischen beiden Gruppen in der Bandbreite und im Umfang der in den verschiedenen Lebensbereichen gezeigten sozialen Auffälligkeiten.

Diese unterschiedlichen Delinquenzentwicklungen greift Moffitt in ihrem theoretischen Ansatz einer „Developmental Taxonomy“[50] auf. Sie unterscheidet zwei Gruppen von Individuen, die sich in den Ursachen, der Ausprägung und dem Verlauf der sozialen Auffälligkeiten unterscheiden: zum einen Individuen, die „life-course persistent antisocial behavior“ zeigen, und zum anderen Individuen, deren soziale Auffälligkeit auf die Jugendphase beschränkt ist („adolescent-limited antisocial behavior“).

Ausgangspunkt für ein „life-course persistent antisocial behavior“ sind nach Moffitt neurologische Dysfunktionen in der frühen Kindheit[51], die sich in kognitiven, emotionalen und psychischen Defiziten und damit verbundenen Verhaltensauffälligkeiten (z. B. verbale Defizite, Unaufmerksamkeit Hyperaktivität, Impulsivität, Aggressivität etc.) zeigen. Wachsen Kinder mit solchen Defiziten in Familien oder ganz allgemein in einer sozialen Umgebung heran, die nicht in der Lage ist, damit ange-

---

49 Das Sample und die Geschichte der Studie wird im Detail von Silva/Stanton (1996) beschrieben. Bei der Dunedin-Studie handelt es sich um eine Untersuchung zur psychischen und physischen Entwicklung eines kompletten Geburtsjahrganges. Entsprechend wurde eine Vielzahl unterschiedlicher psychologischer, medizinischer und soziologischer Erhebungsverfahren angewandt. Die Erhebungen reichen bislang bis zum 26. Lebensjahr der Probanden, Veröffentlichungen zu den Auswertungen liegen allerdings nur bis zum 21. Lebensjahr vor.

50 Die Verwendung des Begriffs „Taxonomie“, der eigentlich die Klassifizierung von Lebewesen in der Biologie bezeichnet, ist nicht zufällig. Moffitt selbst räumt die biologische Basis ihrer Erklärung für ein „life-course persistent antisocial behavior“ ein: „The syndrom of life-course persistent antisocial behavior described here has a biological basis in subtle dysfunctions of the nervous system“ (Moffitt 1993, S. 685).

51 Als Ursachen für solche neuropsychologischen Dysfunktionen nennt Moffitt (1993, S. 680ff) u.a. Geburtskomplikationen, Drogenkonsum der Mutter, falsche prä- oder postnatale Ernährung und genetische Dispositionen.

messen umzugehen, werden diese verstärkt und verhindern die Entwicklung adäquater Handlungskompetenzen. Moffitt unterscheidet zwei Prozesse, die diese Probleme verstärken und perpetuieren: Zum einen bewirkt das sehr eingeschränkte Handlungsrepertoire, dass sich diese Individuen nicht an jeweils wechselnde soziale Kontexte anpassen können. Wird das Individuum einer für sie neuen und damit auch unsicheren sozialen Kommunikation ausgesetzt, interpretieren sie diese Situation meist als bedrohlich und reagieren dementsprechend aggressiv. Zum anderen findet ein Selbstselektionsprozess statt: Individuen sind nicht nur passiv ihrer sozialen Umgebung ausgesetzt, sondern suchen sich auch aktiv die soziale Umgebung aus, die ihrem Lebensstil entspricht (z. B. delinquente Peers, sozial auffällige Lebenspartner etc.). Mit der Zeit kommt es dadurch zur Kumulation von Defiziten im Bereich sozialer, moralischer, emotionaler und kognitiver Kompetenzen, die einen Anpassungsprozess der Individuen an die konventionelle Gesellschaft immer schwieriger und sozial auffälliges Verhalten einschließlich Kriminalität immer wahrscheinlicher machen.

Der Gruppe der „life course persister“ stellt Moffitt eine Gruppe gegenüber, deren Verhalten sie als „adolescence-limited antisocial behavior“ beschreibt. Das abweichende Verhalten, das diese Gruppe lebensgeschichtlich betrachtet nur in ihrer Jugendphase zeigt, ist aber auch selbst in dieser Phase nur eines von mehreren möglichen Verhaltensmustern: Jugendliche, die dieser Gruppe zugeordnet werden, können sich bei wechselnden sozialen Kontexten durchaus unterschiedlich verhalten. Moffitt verweist darauf, dass diese Individuen durchaus in der Lage sind, einen Ladendiebstahl zu begehen oder mit Freunden Drogen zu konsumieren und gleichzeitig sich den Regeln der Schule zu unterwerfen (vgl. hierzu auch Matt (1995), der ein solches Verhalten mit dem Begriff „Doppelleben“ bezeichnet). Das abweichende Verhalten dieser Gruppe ist also dadurch gekennzeichnet, dass es sich nur über eine bestimmte Lebensphase erstreckt und auch in dieser Phase kontextabhängig ist.

Für die Erklärung des Beginns des „adolescence-limited antisocial behavior“ greift Moffitt – ähnlich wie schon Greenberg – auf drucktheoretische Überlegungen zurück. Besonders Jugendliche sind durch die Differenz zwischen gesellschaftlich vorgegebenen materiellen und immateriellen Zielen und Bedürfnissen einerseits und den zur Verfügung stehenden begrenzten legalen Mitteln andererseits einem besonderen sozialen Druck ausgesetzt. Dieser soziale Druck führt sie zur Suche nach alternativen, abweichenden Verhaltensweisen, um die mit legalen Mitteln nicht zu erreichenden Zielen zu realisieren. In diesem Zusammenhang betont Moffitt die Verstärkerfunktion der Schule, in der ältere Schüler, die mit delinquentem Verhalten „erfolgreich“ die Diskrepanz zwischen Jugend- und Erwachsenenrolle überbrücken, als Attraktoren ein Vorbild für „Neulinge“ darstellen können. Dabei muss es nicht notwendigerweise zu einer konkreten Vermischung beider Gruppen – im Sinne einer gemeinsamen Jugendgang oder dergleichen – kommen. Allein die räumliche Nähe ist eine notwendige Bedingung, nicht unbedingt eine enge persönliche Beziehung.

Das Ende krimineller Aktivitäten dieser Gruppe von Jugendlichen erklärt Moffitt mit der Statuspassage vom Jugendlichen zum Erwachsenen und dem damit verbunden Rollenwechsel: „With the inevitable progression of chronological age, more legitime and tangible adult roles become available to teens. Adolescent-limited delinquents gradually experience a loss of motivation for delinquency as they exit the maturity gap" (1993, S. 690). Voraussetzung für eine solche Veränderung ist jedoch, dass die Jugendlichen in ihrer Kindheit eine prosoziale Erziehung genossen haben und somit grundlegende kognitive, soziale, emotionale und moralische Handlungskompetenzen vorhanden sind, die leicht wieder reaktiviert werden können. Dies ist nach Moffitt bei den meisten Jugendlichen der Fall, nicht jedoch bei den sogenannten „life-course-persistent delinquents", bei denen diese Grundlagen fehlen.[52]

Aufgrund der unterschiedlichen Vorgeschichte führen nach Moffitt verschiedene lebensgeschichtlich relevante Ereignisse, wie beispielsweise die Gründung eines eigenen Hausstandes, eine Heirat oder der Erhalt einer Arbeitsstelle, bei beiden Gruppen zu unterschiedlichen Entwicklungen: Bei den „adolescence-limited delinquents" sind sie der Auslöser für drastische Veränderung, bei der anderen Gruppe, den „life-course-persistent delinquents" führen sie im Zuge eines Selbstselektionsprozesses zur Verstärkung beziehungsweise zur Perpetuierung des einmal eingeschlagenen Lebenswegs. „Adolescence-limited delinquents can profit from opportunities for desistance, because they retain the option of successfully resuming a conventional life-style. Life-course-persistent delinquents may make transitions into marriage or work, but their injurious childhoods make it less likely that they can leave their past selves behind: they should select jobs and spouses that support their antisocial style, and they should express antisocial behavior at home and at work" (1993, S. 695).

Der Abbruch delinquenter Karrieren ist nach dem Konzept von Moffitt somit nur für diejenigen Jugendlichen möglich, die den Statusübergang erfolgreich bewältigen können und die dafür nötigen Handlungskompetenzen besitzen. Ob dies der Fall ist, kann jedoch nicht auf der Ebene der offiziell registrierten Delinquenz im Jugendalter geklärt werden. Unterschiede zwischen beiden Gruppen zeigen sich jedoch jenseits offiziell registrierter Delinquenz im Zeitpunkt des Beginns der sozialen Auffälligkeiten einerseits und der lebensweltlichen Durchdringung andererseits: Während sich bei „adolescence-limited delinquents" die sozialen Auffälligkeiten nur auf einen oder wenige Lebensbereiche erstrecken, zeigen „life course persistent delinquents" diese Auffälligkeiten in verschiedenen Manifestationen in nahezu allen sozialen Kontex-

[52] Wie Moffitt geht auch Patterson (Patterson et al. 1993, 1992) von einer dualen Struktur zur Erklärung von Delinquenz aus. Er unterscheidet zwei Delinquenzverlaufsgruppen: Eine zahlenmäßig relativ kleine Gruppe von „early starters", die ihre soziale Auffälligkeit schon sehr früh im Leben beginnt, dieses Verhalten im weiteren Lebensverlauf nicht mehr verändert und dadurch zu „career antisocial adults" werden. Auf der anderen Seite steht eine zahlenmäßig große Gruppe von Individuen, die nur in einem relativ kurzen Zeitabschnitt in der Jugendphase eine Delinquenzgeschichte aufweist: Patterson et al. nennen diese Gruppe „late starters". Die unterschiedliche Delinquenzgeschichte ist nach Patterson et al. Ausdruck der unterschiedlichen sozialen Handlungskompetenzen beider Gruppen, deren Grundlagen in der frühen Kindheit gelegt werden. Im Unterschied zu Moffitt sehen Patterson et al. die Hauptursache für die zeitlich stabile Handlungsdisposition („antisocial trait") der „early starters" vor allem in einer ineffektiven familialen Sozialisation, hervorgerufen durch einen falschen Erziehungsstil der Eltern.

ten: „Across the life course, these individuals exhibit changing manifestations of antisocial behavior: bitting and hitting at age 4, shoplifting and truancy at age 10, selling drugs and stealing cars at age 16, robbery and rape at age 22, and fraud and child abuse at age 30; the unterlying disposition remains the same, but its expression changes form as new social opportunities arise at different points in development. This pattern of continuity across age is matched also by cross-situational consistency: Life-course-persistent antisocial persons lie at home, steal from shops, cheat at school, fight in bars, and embezzle at work" (Moffitt 1993, S. 679).

Obwohl Moffitt selbst einräumt, dass nicht die neuropsychologischen Defizite per se zu lebenslangen Verhaltensauffälligkeiten führen, sondern diese nur in der Interaktion mit einer ungünstigen sozialen Umwelt sich zu einem „antisocial syndrom" verfestigen, betrachtet sie die neuropsychologischen Defizite als einen wichtigen Faktor, mit dem die Kontinuität von Kriminalität prognostiziert werden kann. Sie geht sogar soweit, den Einsatz des Gesundheitssystems zur Kriminalprävention zu empfehlen.[53] Den empirischen Beleg dafür, ob mit neuropsychologischen Test auch der Abbruch beziehungsweise die Kontinuität von Kriminalität über die Jugendphase hinaus prognostiziert werden kann, konnte Moffitt bislang allerdings nicht erbringen. Ihre Auswertungen der Dunedin-Studie gehen bislang nicht über die Heranwachsendenphase (21. Lebensjahr) hinaus, und erst für den Zeitraum danach kann die Unterscheidung empirisch getroffen werden, ob es sich um „life-course-persistent antisocial persons" oder um „adolescence-limited delinquents" handelt. Doch auch ihre bisherigen Ergebnisse zur Prognose von Kriminalität mit neuropsychologische Defiziten überzeugen wenig: Moffitt/Lynam/Silva (1994) untersuchten, ob mit neuropsychologischen Defiziten wie verbalen Defiziten oder geistiger Flexibilität etc. gemessen im 13. Lebensjahr offiziell registrierte und selbstberichtete Delinquenz um das 18. Lebensjahr erklärt werden können. Bereits auf bivariater Ebene fiel der Einfluss der neuropsychologischen Defizite sehr bescheiden aus.[54] Wurde in den Analysen zudem auf soziale Schicht kontrolliert, so wurde nur noch für die verbalen Defizite ein sehr moderater Zusammenhang gemessen. Dieser geringe Effekt zeigt sich auch in den von Moffitt et al. durchgeführten Regressionsrechnungen. Nur dann, wenn die neuropsychologischen Defizite in einen Index zusammengefasst und mit vorausgegangener selbstberichteter Delinquenz kombiniert wurden, konnte ein schwacher Effekt auf nachfolgende Delinquenz festgestellt werden.

[53] „This study has suggested that a few youth who suffer neuropsychological deficits account for more than their share of crimes. If this is so, then public health interventions that improve the home and community environments in which children develop may ultimative trickle down to help alleviate the problem of persistent crime" (Moffitt et al. 1994, S. 296).

[54] Signifikante Zusammenhänge konnten zudem nur für einzelne der berücksichtigen neuropsychologischen Defizite ermittelt werden, wobei der stärkste Zusammenhang mit .22 zwischen verbalen Defiziten und Polizeikontakten bis zum Alter von 17 ermittelt wurde (Moffitt et al. 1994, S. 290).

3.2.6 *Thornberrys Interaktionsmodell*

Ausgangspunkt der Überlegungen von Thornberry (1987, 1991) ist eine Kritik der klassischen kontroll- und lerntheoretischen Erklärungsansätze. Er benennt drei Defizite dieser Ansätze: Erstens wird in ihnen delinquentes Verhalten lediglich als abhängiger Faktor betrachtet und nicht in einen wechselseitigen Zusammenhang eingebettet, bei dem delinquentes Verhalten von sozialen Faktoren beeinflusst wird, es seinerseits aber auch diese sozialen Faktoren beeinflusst. Zweitens können mit diesen Theorieansätzen unterschiedliche Entwicklungsdynamiken von Delinquenz nicht erfasst werden, da die darin spezifizierten Kausalmodelle statisch angelegt sind und sich nur auf delinquentes Verhalten in einer bestimmten Lebensphase, dem Jugendalter, beziehen. Nach Thornberry ist jedoch davon auszugehen, dass sich die kausalen Einflüsse im Lebensverlauf ändern und die Einflüsse an verschiedenen Punkten einer „kriminellen Karriere" unterschiedlich wirksam sind. Diesen beiden Kritikpunkte an den klassischen Theorieansätzen, die von uns schon an anderen Stelle thematisiert wurden, fügt Thornberry noch einen dritten Kritikpunkt hinzu: Sowohl die soziale Kontrolltheorie wie auch die Lerntheorie unterstellen eine einheitliche Wirkung sozialstruktureller Faktoren wie Schicht oder Wohnsituation. Die Unterschiede hinsichtlich der sozialstrukturellen Position der Individuen beeinflussen nach Thornberry jedoch die Ausgestaltung der sozialen Kontrolle und des delinquenten Lernumfeldes und damit auch die darauf aufbauende unterschiedliche Entwicklungsdynamik von Kriminalität.

Diesen Defiziten der klassischen Kontroll- und Lerntheorie stellt Thornberry seine „interactional theory" gegenüber. Wie der Name schon nahe legt, geht Thornberry davon aus, dass menschliches Verhalten nur dann angemessen analysiert werden kann, wenn es als Produkt von über den Zeitverlauf stattfindenden Interaktionen zwischen Individuum und sozialer Umwelt gefasst wird. Zentral für einen solchen interaktionalen Theorieansatz ist, dass alle Aspekte – Verhalten und Einstellung des Individuums einerseits und die Faktoren der soziale Umwelt andererseits – in ihren gegenseitigen Wechselwirkungen über den Zeitverlauf betrachtet werden.

Thornberry spezifiziert diese Überlegungen in einem Erklärungsmodell, das auf der Grundannahme der klassischen sozialen Kontrolltheorie aufbaut, nach der die Ursache für Kriminalität in der Schwächung der sozialen Kontrolle über individuelles Verhalten liegt. Doch anders als in der klassischen Kontrolltheorie formuliert, führt diese Schwächung der sozialen Einbindung nach Thornberry nicht direkt zu Kriminalität. Die fehlende soziale Kontrolle erlaubt dem Individuum lediglich ein breiteres Handlungsrepertoire, das konventionelles, aber auch sozial auffälliges Verhalten beinhalten kann. Ob es jedoch zu kriminellem Verhalten kommt, ist abhängig von Interaktionsprozessen, in denen delinquente Verhaltensmuster erlernt und verstärkt werden. Die kontrolltheoretischen Annahmen werden demnach von Thornberry durch lerntheoretische Annahmen ergänzt: Die fehlende soziale Einbindung eines Individuums ist eine notwendige, aber nicht hinreichende Bedingung für Kriminalität. Hinreichende Bedingungen sind erst durch das Vorhandensein delinquenter Lern- und Verstärkungsprozesse gegeben. Die Ausprägung beider Einflussdimensionen, soziale Kontrolle einerseits und delinquente Verhaltensmuster andererseits, sind jedoch nicht als einfach gegeben zu betrachten, sondern stehen in einem Zusammenhang mit der Position eines Individuums in der Sozialstruktur. Je schlechter diese Position ist, desto wahrscheinlicher ist es, dass es zu Kontrolldefiziten und dem Kontakt mit delinquenten Verhaltensmustern kommt.

Gemäß seiner entwicklungsdynamischen Konzeption von Kriminalität geht Thornberry davon aus, dass sich die kausalen Einflussfaktoren und ihre jeweilige Bedeutung im Zeitverlauf ändern. Dieser Überlegung folgend entwickelt Thornberry drei unterschiedliche Erklärungsmodelle. In Abbildung 2 sind diese Modelle für die frühe Jugendphase (ca. 11.-13. Lebensjahr), die mittlere Jugendphase (ca.15.- 16. Lebensjahr) und die späte Jugendphase (ca. 18.-20. Lebensjahr) dargestellt.
In der frühen Jugendphase verortet Thornberry den Beginn delinquenten Verhaltens. Delinquentes Verhalten kann dann entstehen, wenn das Individuum frei ist von moralischen Zwängen der konventionellen Welt. Diese moralischen Zwänge resultieren in der frühen Jugend aus der emotionale Bindung an die Eltern (attachment to parents), der schulischen Einbindung (commitment to school) und dem Glauben an konventionelle Werte (belief in conventional values). Besonders die enge Bindung an die Eltern und die daraus entstehende Empfindsamkeit gegenüber den elterlichen Wünschen, bildet in dieser Lebensphase die zentrale Kontrolle über das Verhalten. Eine solche Bindung erhöht nicht nur die Wahrscheinlichkeit einer Anbindung an die Schule, sondern auch die Übernahme konventioneller Werte.

Delinquente Verhaltensmuster resultieren aber nur dann aus einer schwachen Bindung an die konventionelle Welt, wenn solche delinquenten Verhaltensmuster gelernt und verstärkt werden. Diese Lern- und Verstärkungsprozesse werden in Thornberrys Modell durch zwei Faktoren repräsentiert: delinquente Peers (association with delinquent peers) und delinquente Werte (delinquent values). Thornberry erweitert dabei jedoch die von der traditionellen Sozialen Lerntheorie angenommene Wirkungsrichtung, derzufolge delinquente Verbindungen delinquente Werte hervorbringen, welche wiederum delinquentes Verhalten nach sich ziehen. Nach Thornberry sprechen zahlreiche empirische Studien für eine viel komplexere wechselseitige Abhängigkeit dieser Faktoren. Beispielsweise verweisen die Subkulturtheorien (z. B. Miller 1958) darauf, dass delinquente Werte zeitlich vor delinquenten Peers vorhanden sein können. Die Studien der Gluecks zeigten, dass sich delinquente Jugendliche ihre delinquenten Peers suchen („birds of one feather flock together", Glueck/Glueck 1950, S. 164). Die Sozialpsychologie schließlich habe, so Thornberry, gezeigt, dass zur Auflösung kognitiver Dissonanzen die Werte vielfach dem Verhalten angepasst werden und nicht nur umgekehrt. Eine Auflösung der unterschiedlichen Kausalwirkungen könnte nach Thornberry darin bestehen, dass in der frühen Jugend die Werte eines Individuums noch nicht voll ausgebildet sind, so dass sie in dieser Zeit eher die Folge von delinquentem Verhalten und delinquenten Peers sind als deren Ursache. Werden die Werte aber mit fortschreitendem Alter stärker ausgebildet, so gibt es eine Rückkopplung zum Verhalten. Die positiv bewertete Delinquenz erhöht dann die Wahrscheinlichkeit delinquenten Verhaltens und bestärkt den Kontakt zu gleichgesinnten Peers.

Abbildung 2: Das Interaktionsmodell von Thornberry

A Reciprocal Model of Delinquent Involvement at Middle Adolescence[a]

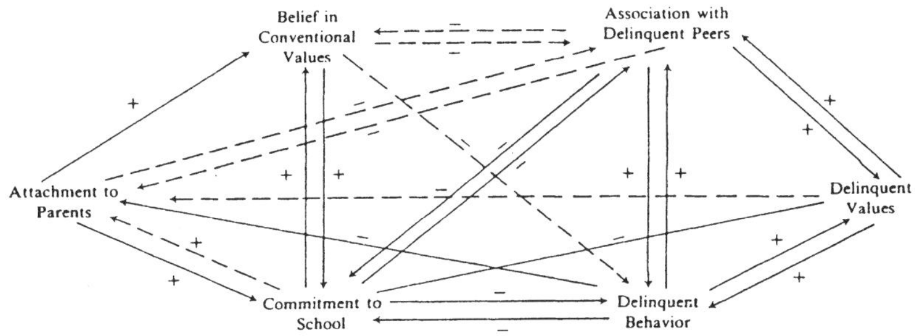

[a] Solid lines represent stronger effects; dashed lines represent weaker effects.

A Reciprocal Model of Delinquent Involvement at Early Adolescence[a]

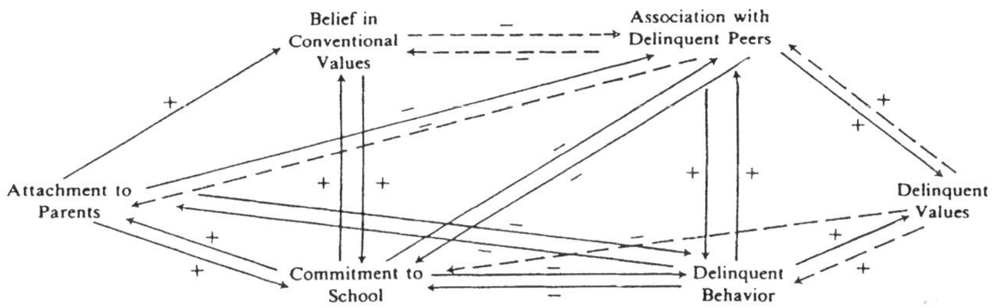

[a] Solid lines represent stronger effects; dashed lines represent weaker effects.

A Reciprocal Model of Delinquent Involvement at Later Adolescence[a]

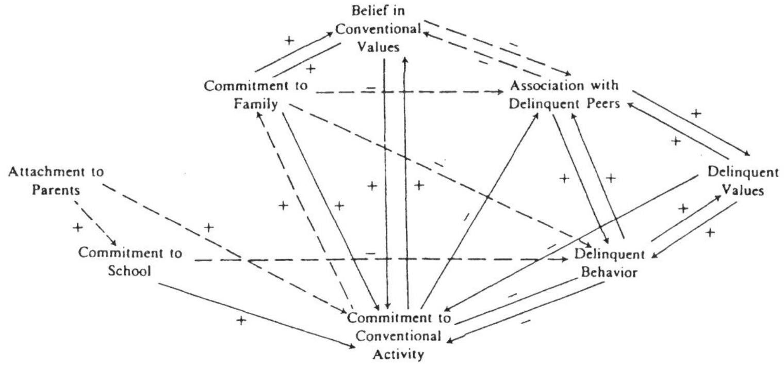

[a] Solid lines represent stronger effects; dashed lines represent weaker effects.

Quelle: Thornberry (1987), S. 871ff.

Solche Rückkopplungsschleifen zeigt Thornberry in einer Mischung aus Plausibilitätsüberlegungen und dem Heranziehen von empirischen Studien, die seine Argumentation unterstützen, auch für die anderen Faktoren seines Modells. So wird beispielsweise die Bindung an die Eltern durch einen Kontakt mit delinquenten Peers, durch eine fehlende Einbindung in die Schule und durch eine Involvierung in Kriminalität abgeschwächt, da hierbei die elterlichen Erwartungen an den Jugendlichen nicht erfüllt werden. Der Schulerfolg wiederum bestärkt einerseits die Bindung zu den Eltern und die Orientierung an konventionellen Werte und reduziert andererseits die Wahrscheinlichkeit, dass sich der Jugendliche mit delinquenten Peers assoziiert und delinquentes Verhalten zeigt. Umgekehrt ist es nach Thornberry unwahrscheinlich, dass Jugendliche, die delinquentes Verhalten zeigen und sich mit delinquenten Peers assoziieren, sich stark in der Schule engagieren.

Mit fortschreitendem Alter verringert sich die Bedeutung des Elternhauses als zentraler Ort der Interaktion und sozialen Kontrolle, und die außerhäusigen Bereiche Schule und der Peers gewinnen an Bedeutung. Zudem spielen in der mittleren Jugendphase die delinquenten Werte als Kausalfaktor eine größere Rolle, da in dieser Lebensphase, so Thornberry, die Wertestruktur eines Individuums stärker ausgearbeitet ist als in der Kindheit und frühen Jugend. Die delinquenten Werte verstärken dabei einerseits die delinquenten Kontakte und das delinquente Verhalten, und schwächen andererseits die Bindung an die konventionelle Lebensbereiche Familie und Schule. Hierbei ist die Rückkopplung zur Schule entsprechend der in dieser Lebensphase geringeren Bedeutung der Familie stärker ausgeprägt.

Beim Übergang von der mittleren in die späte Jugendphase erweitert Thornberry sein Modell um zwei Einflussfaktoren: erstens die Einbindung in konventionelle Aktivitäten wie Beruf, Studium oder Militärdienst (commitment to conventional activities), zweitens die Einbindung in und die Verpflichtung gegenüber der eigenen Familie beziehungsweise Partnerschaft (commitment to family). Diese neuen Einflussfaktoren ersetzen weitgehend die Bindung zu den Eltern und die Einbindung in die Schule. Beide Dimensionen verbleiben jedoch im Modell, da sie die Stärke der Einbindung in konventionelle Aktivitäten beeinflussen. Die Rückkopplungsschleifen zwischen den anderen Faktoren des Modells (konventionelle Werte, delinquente Werte, Assoziation mit delinquenten Peers und delinquentes Verhalten) bleiben auch in dieser Lebensphase bestehen.

Das Fortbestehen der Rückkopplungsschleifen würde aber bedeuten, dass ein einmal delinquent gewordenes Individuum mit zunehmenden Alter immer stärker in Kriminalität involviert wird. Ein solches Ergebnis stünde im Gegensatz zu der in der empirischen Kriminologie beobachteten Abnahme der Kriminalität am Ende des Jugendalters beziehungsweise beim Übergang ins Erwachsenenalter. Thornberry bietet hierfür eine Lösung an: Für den Abbruch delinquenter Karrieren sind die Veränderungen der Lebensumstände beim Erwachsenwerden verantwortlich. Durch den Eintritt in die Arbeitswelt und das Eingehen fester Partnerschaften und damit verbundene Pläne der Familiengründung entstehen neue soziale Rollen und Einbindungen, die wiederum neue moralische Zwänge erzeugen und das Individuum von Delinquenz abhalten. Besonders der beim Übergang ins Erwachsenenleben erfolgende Eintritt in die Arbeitswelt vermindert die Wahrscheinlichkeit delinquenten Verhaltens und des Kontakts mit delinquenten Peers. Da diese Einflussfaktoren wiederum in wechselseitigen Abhängigkeiten mit den anderen Faktoren stehen, wird eine das ganze Netzwerk sozialer Einbindungen umfassende Rückkopplungsschleife in Gang gesetzt, die zu einer Verminderung der Involvierung in Kriminalität führt. Die Einbindung in die Familie beziehungsweise Partnerschaft hat einen ähnlichen, wenngleich schwächeren Effekt, da sich in dieser Lebensphase eine feste Partnerschaft und eine eigene Familie etc. erst im Aufbau befinden.

Zu einer delinquenzreduzierenden Rückkopplungsschleife im späten Jugendalter kommt es jedoch nicht bei allen Individuen. Die Wahrscheinlichkeit, dass ein Individuum auch über die Jugendphase hinaus delinquentes Verhalten zeigt, ist nach Thornberry dann sehr groß, wenn es in der frühen und mittleren Jugend nur sehr schwache Bindungen hatte. Denn diese frühen schwachen Bindungen und die damit einhergehende Kriminalität machen es sehr unwahrscheinlich, dass sich in einer späteren Lebensphase starke Einbindungen in konventionelle Aktivitäten oder die Familie/Partnerschaft entwickeln. Dementsprechend bleibt die delinquente Rückkopplungsschleife ungebrochen und fortgesetzte Delinquenz ist die Folge.

Aus dem Wechselspiel der verschiedenen Einflussfaktoren entstehen nach Thornberry unterschiedliche Dynamiken, die sich über die einzelnen Lebensabschnitte hinweg in unterschiedlichen Entwicklungspfaden oder Verlaufsmustern niederschlagen.[55] Das eine Extrem dieser Verlaufsmuster zeichnet sich durch die zunehmende Schwächung sozialer Bindungen und damit verbunden der zunehmenden Involvierung in Kriminalität aus. Schwache Bindungen in der Kindheit verbunden mit einem delinquenten Lern- und Verstärkungsumfeld führen zu einer starken Involvierung in Delinquenz, welche wiederum die konventionellen Bindungen schwächt. Kriminalität und schwache konventionelle Bindungen wiederum erschweren es dem Individuum, in späteren Lebensphasen Bindungen zur konventionellen Gesellschaft aufzubauen, was wiederum die Wahrscheinlichkeit einer fortgesetzten Straffälligkeit erhöht. Das andere Extrem bildet ein nicht-delinquentes Verlaufsmuster, das sich durch eine zunehmende Stärkung der sozialen Bindungen im Lebensverlauf auszeichnet. Eine starke Bindung zu Eltern, Schule und konventionellen Werten in einer frühen Lebensphase hält das Individuum von Kriminalität ab und erhöht damit auch die Wahrscheinlichkeit, dass das Individuum in späteren Lebensphasen starke konventionelle Bindungen aufbaut. Zwischen diesen extremen Verläufen gibt es zahlreiche Verläufe, bei denen die Wechselwirkungen gegeneinander laufen können. Als Beispiel führt Thornberry ein Individuum an, das starke Bindungen an die Eltern hat, dessen Verpflichtung gegenüber der Schule aber gering ist. Ein solches Individuum hat zwar eine höhere Wahrscheinlichkeit, delinquent zu werden, als ein Individuum,

---

[55] Thornberry bezeichnet diese langfristigen Entwicklungslinien als „behavioral trajectories". Er verwendet dabei ein Analysekonzept der Lebensverlaufsanalyse („studies of life-course dynamics"), das auf Elder (1985) zurückgeht. Vgl. hierzu Kapitel 3.3.

dessen Bindung zu den Eltern und an die Schule hoch ist. Doch auch bei einem solchen Individuum kann die starke Bindung an die Eltern Rückkopplungsschleifen zur Delinquenz verhindern. Gerade bei solchen gegenläufigen Konstellationen der Einflussfaktoren sieht Thornberry den größten Bedarf an weiterer empirischer Erforschung der Wechselwirkungen.

Großen Einfluss auf die Entstehung der jeweiligen Verlaufsmuster haben die unterschiedlichen Ausgangspositionen eines Individuums, denn in Erweiterung der klassischen kontrolltheoretischen Ansätze geht Thornberry davon aus, dass die Ausprägung der sozialen Kontrolle systematisch mit der Position eines Individuums in der Sozialstruktur zusammenhängt. Thornberry erläutert dies am Beispiel der sozialen Schicht und führt zahlreiche Studien auf, denen zufolge Individuen aus unteren Schichten einerseits weniger stark an die konventionelle Gesellschaft gebunden sind und andererseits auch stärker mit delinquenten Verhaltensmustern und Werthaltungen konfrontiert werden als Individuen aus mittleren oder oberen gesellschaftlichen Schichten. Entsprechend der unterschiedlichen Position eines Individuums in der Sozialstruktur ist somit ein bestimmtes Verlaufsmuster (un-)wahrscheinlicher.

Thornberry und seine Forschungsgruppe konnten einzelne der von ihnen postulierten Wechselwirkungen an der Rochester-Langzeitstudie auch empirisch zeigen.[56] Dazu gehören die kontrolltheoretischen Zusammenhänge von Familie, Schule und Delinquenz sowie die aus der Lerntheorie abgeleiteten Zusammenhänge von delinquenten Peers, Werten und Delinquenz. Eine empirische Überprüfung des Gesamtmodells von Thornberry, in der auch die Wechselwirkungen der kontroll- und lerntheoretischen Variablen einbezogen werden, steht bislang jedoch noch aus. Das mag an der Komplexität des Modells von Thornberry liegen, das nicht nur hinsichtlich der Variablenbereiche, sondern auch hinsichtlich der zeitlichen Abfolge der Erfassung dieser Variablen hohe Ansprüche an das für eine Überprüfung in Frage kommende Datenmaterial stellt. Eine empirische Überprüfung des Gesamtmodells stößt aber auch hinsichtlich der zur Verfügung stehenden Methodik an die Grenzen der Machbarkeit. Fraglich bleibt, ob die von Thornberry postulierten „interaktionalen" Zusammenhänge, bei denen Ursache und Wirkung zeitlich variieren, überhaupt einer empirischen Überprüfung zugänglich sind. Denn was die Stärke des Modells ausmacht (die klare Trennung zwischen Ursache und Wirkung von Delinquenz und sozialen Faktoren sowie der Hinweis auf die Dynamik einzelner Faktoren im Lebenslauf) ist gleichzeitig seine große Schwäche: Es bleibt sehr unscharf hinsichtlich der relativen Bedeutung der einzelnen Faktoren für die Entstehung delinquenter Verlaufsmuster. Diese Unschärfe des Modells zeigt sich beispielsweise auch an der Wirkung der sozialstrukturellen Faktoren auf die Kontroll- und Lernvariablen, die er nur für den Faktor „soziale Schicht" näher spezifiziert.

[56] Thornberry et al. (1991), Thornberry et al. (1994).

3.2.7 *Zusammenfassung*

Eine zusammenfassende Bewertung der bislang vorgestellten neueren entwicklungsdynamischen Theorieansätze der Kriminologie kann hier nur ansatzweise geleistet werden, da sie sich nicht nur hinsichtlich ihrer Grundannahmen zur Entstehung von Kriminalität, sondern auch hinsichtlich ihres Erklärungszieles beziehungsweise ihrer Reichweite deutlich unterscheiden. Bei den Arbeiten von Agnew, Braithwaite und Thornberry handelt es sich um allgemeine Kriminalitätstheorien, mit denen (unter anderem) auch unterschiedliche Delinquenzentwicklungen von Individuen erklärt werden sollen. Moffitts Anspruch geht noch weiter: Indem sie die theoretische Verbindung zwischen lebenslanger Kriminalität und „mental disorders" wie Schizophrenie, Alkoholsucht und Depressionen herstellt, weitet sie den Erklärungsanspruch ihres Theoriemodells auf einen Bereich aus, der gemeinhin eher medizinisch indizierten Krankheiten denn sozialen Auffälligkeiten zugeordnet wird. Shover und Thompson hingegen beschränken sich auf die Erklärung des Endes sozialer Auffälligkeiten, wohingegen Greenberg vor allem auf die Erklärung des typischen Verlaufs der Alters-Kriminalitäts-Kurve abzielt.

Gemeinsam ist den verschiedenen Theoriemodellen, dass ihre systematische empirische Überprüfung noch aussteht. Bislang durchgeführte empirische Überprüfungen beschränkten sich nur auf Teilaussagen der Modelle (z. B. bei Thornberry oder Moffitt) oder unterlagen erheblichen methodischen Beschränkungen (z. B. bei Shover/Thomson oder bei Glugottas Überprüfung von Braithwaites Ansatz). Die vorliegenden empirischen Arbeiten sprechen u. E. zwar eher gegen die Modelle von Moffitt, Braithwaite oder Shover/Thompson, doch sind weitere und vor allem systematischere Arbeiten nötig, um diese Erklärungsmodelle als falsifiziert beziehungsweise als „empirisch nicht haltbar" bewerten zu können.

Weiterhin gemeinsam ist den vorgestellten Theorieansätzen, dass sie Kriminalität im Kontext der lebensgeschichtlichen Entwicklung der Individuen interpretieren. Soweit sie überhaupt verschiedene Delinquenzverläufe explizieren, handelt es sich zum einen um einen Kontinuitätsverlauf, bei dem sich die soziale Auffälligkeit von der Kindheit bis ins Erwachsenenalter erstreckt, zum anderen um einen Diskontinuitätsverlauf, bei dem sich die Kriminalität auf die Jugendphase beschränkt und mit dem Erwachsenwerden verschwindet.

Die Fixierung auf diese beiden Verläufe ist eine der größten Schwächen vieler moderner Theorien. Unsere Kritik richtet sich dabei besonders an die Ansätze, die mit dem Anspruch „allgemeine Kriminalitätstheorie" antreten. In Braithwaites Ansatz wird nur eine Unterscheidung zwischen Kontinuität und dem Ende sozialer Auffälligkeiten getroffen. Bei Moffitt findet sich lediglich eine Zweiteilung zwischen „life-course persistent antisocial behavior" und „adolescence-limited antisocial behavior". Kriminalitätsverläufe wie „Abbruch im späten Erwachsenenalter" oder „Beginn einer delinquenten Karriere im Erwachsenenalter" sind jedoch bei beiden theoretisch nicht erfasst. Diese Kritik trifft – wenngleich in abgeschwächter Form – auch auf die Kriminalitätstheorien von Agnew und Thornberry zu. In beiden Theorien ist beispielsweise der Abbruch einer delinquenten Karriere an die Statuspassage vom Jugendlichen zum Erwachsenen gekoppelt. Darüber hinausgehende Kriminalitätsverläufe sind zwar prinzipiell in diese Modelle integrierbar, doch werden bei beiden Autoren die hinter solchen Kriminalitätsverläufen stehenden unterschiedlichen Entwicklungslogiken nicht ausgeführt.

Diese generelle Kritik lässt sich noch um Kritikpunkte an den einzelnen Erklärungsansätzen ergänzen. Jeder hat zugleich spezifische Schwachpunkte, jedoch auch spezifische Stärken. Letztere liegen darin begründet, dass alle vorgestellten Theorieansätze in der Auseinandersetzung mit empirischen Ergebnissen entwickelt wurden. Und gerade diese empirische Fundierung spricht dafür, dass in jedem Ansatz ein Aspekt betont wird, der zum besseren Verständnis der Entstehung und Entwicklung von Kriminalität beitragen kann.

Braithwaites Beschämungstheorie hat mit den klassischen labeling-theoretischen Ansätzen die Schwäche gemeinsam, dass nicht erklärt wird, wie es zur Entstehung der sogenannten primären Devianz kommt. Bedeutung für die Frage nach den Ursachen von Kontinuität und Diskontinuität von Kriminalität im Lebenslauf erhält sein theoretischer Ansatz jedoch dadurch, dass er den Blickwinkel auf den Zusammenhang von Identitätsbildung und gesellschaftlichen Reaktionen auf Delinquenz erweitert. Nach Braithwaite sind für die Identitätsbildung und das aus einer solchen Identität resultierende Verhalten weniger die Reaktionen des Strafjustizsystems im Sinne des offiziellen Labeling als vielmehr die Reaktionen des sozialen Nahfeldes von Bedeutung. Entsprechend dieser größeren Bedeutung der sozialen Interaktionen mit dem sozialen Nahfeld sollten bei einer Analyse der Folgen sozialer Auffälligkeit nicht nur die „negativen Reaktionen" auf Kriminalität im Sinne von Strafe, sondern auch die „positiven Reaktionen" sozialer Netzwerke und Einbindungen berücksichtigt werden.

Shover und Thompson ist es – wie sie selbst in der Diskussion ihrer empirischen Ergebnisse einräumen – nicht gelungen, das Problem der Situationsabhängigkeit der Kosten-Nutzen-Überlegungen (ein grundsätzliches Problem aller „rational choice"-fundierten Erklärungsansätze, vgl. Kapitel 3.1) zu lösen. Mit ihrer Idee, den Abwägungsprozess für oder wider Kriminalität in Bezug auf die gemachten Lernerfahrungen zu interpretieren, bringen sie jedoch ein wenig Licht in die „black box" der individuellen Entscheidung. Sie liefern damit einen Beitrag zur Lösung des Problems der „Objektivierbarkeit" der individuell unterschiedlichen subjektiven Rationalitäten, einem weiteren Kritikpunkt an den „rational choice"-Ansätzen. Ein Lösungsansatz für dieses Problem könnte auch in der Weiterverfolgung kontrolltheoretischer Überlegungen wie der von Greenberg liegen, der den Prozess der individuellen Kosten-Nutzen-Abwägung in Beziehung setzt mit den aktuellen sozialen Einbindungen eines Individuums. Auch wenn die vorliegenden Versuche einer solchen „bounded rationality" (Simon 1982) sicherlich noch nicht befriedigend sind, sollten die in ihnen thematisierten subjektiven Entscheidungsprozesse für oder wider Kriminalität in einer allgemeinen Kriminalitätstheorie Berücksichtigung finden. Menschliches Verhalten im Allgemeinen und Kriminalität im Besonderen ist letztlich nicht nur durch die Umwelt determiniert, sondern immer auch durch einen subjektiven Sinn motiviertes Verhalten.

In der theoretischen Einbeziehung der subjektiven Verarbeitungsprozesse von äußerer Realität liegt auch eine der Stärken von Agnews Ansatz. Wenngleich seine allgemeine Drucktheorie vor allem hinsichtlich der fehlenden Präzisierung der postulierten Zusammenhänge zu kritisieren ist, so stellt sie doch ein wichtiges Verbindungsglied zwischen den Ergebnissen der eher psychologisch orientierten Coping-Forschung und den eher soziologisch orientierten strukturellen Erklärungsansätzen von Kriminalität dar. Agnews Ansatz wie auch die drucktheoretischen Komponenten in den Erklärungsansätzen von Greenberg und Moffitt betonen die Bedeutung der Statuspassage vom Jugendlichen zum Erwachsenen für die Delinquenzentwicklung. In diesem relativ kurzen Zeitraum konzentrieren sich zahlreiche Veränderungen in verschiedenen Lebensbereichen. Diese Veränderungen beinhalten für das Individuum nicht nur einen größeren Handlungsspielraum (z. B. durch die gesetzliche Volljährigkeit), sondern auch andere gesellschaftliche Rollenerwartungen. Durch die Erweiterung der Druckkomponente im Sinne von Statusinkonsistenzen rücken diese veränderten Rollenerwartungen auch ins Zentrum kriminologischer Analysen. In einem kontrolltheoretischen Erklärungszusammenhang (z. B. Thornberry) werden diese veränderten Rollenerwartungen als Veränderungen in der sozialen Einbindung und der damit verbundenen Veränderung in der sozialen Kontrolle erfasst.

Problematisch am Ansatz von Moffitt ist vor allem ihre theoretische Begründung der „life-course-persistent offenders". Durch die Pathologisierung dieser Tätergruppe verschwinden die Unterschiede zwischen Kriminalität und anderen Verhaltensauffälligkeiten bei ihr fast völlig. Damit fehlt ihrem Ansatz auch die von jeder Theorie geforderte Präzision, mit der einem bestimmten Verhalten auch bestimmte Ursachen zuzuordnen sind. Die Ermittlung eines prognosetauglichen stabilen „antisozialen Syndroms", das auf frühe neuropsychologische Defizite zurückzuführen ist, erkauft sie sich mit dem Verzicht auf eine Präzisierung der Faktoren, die im weiteren Lebenslauf die Delinquenzentwicklung verändern können. Lediglich ansatzweise hat sie diese Faktoren z. B. in Form der familialen Sozialisation bei ihren „life-course-persistent offenders" oder der Rolle delinquenter Peers bei ihren „adolescence-limited delinquents" benannt. Unsere Kritik an Moffitt richtet sich weniger auf ihre Identifikation einer Tätergruppe, deren Kriminalität sie letztlich mit neuropsychologischen Dysfunktionen begründet; unsere Kritik bezieht sich vor allem darauf, dass sie diese Gruppe hinsichtlich ihres quantitativen Umfangs bei weitem überschätzt. Ihre Erklärung eines „life-course-persistent antisocial behavior" kann durchaus für bestimmte (kleine) Tätergruppen Bedeutung haben: zum einen für psychopathische „Triebtäter", zum anderen für Täter, bei denen die sozialen Handlungskompetenzen in der Kindheit und Jugend so wenig entwickelt wurden, dass keine Anschlussfähigkeit für eine nicht-delinquente Lebensführung in späteren Lebensabschnitten besteht. Diese Tätergruppe dürfte aber nur einen Bruchteil der von Moffitt identifizierten 5% einer Geburtskohorte umfassen.

Die Stärke von Thornberrys „interactional theory" liegt darin, dass er Kriminalität nicht nur als abhängige Variable fasst, sondern als einen Faktor betrachtet, der im Wechselspiel mit sozialer Kontrolle, Lernmustern und Verstärkungsprozessen den weiteren Lebensweg beeinflusst. Diese Stärke – die theoretische Erfassung der verschiedenen Einflussfaktoren in ihren wechselseitigen Abhängigkeiten –, macht jedoch zugleich auch die Schwäche von Thornberrys Modell: Seinem Ansatz fehlt oftmals die Präzision der postulierten Zusammenhänge hinsichtlich der Unterscheidung in Ursache und Wirkung. Fraglich ist zudem, inwieweit Thornberrys Unterscheidung in kontrolltheoretisch und lerntheoretisch begründete Einflussfaktoren haltbar ist. Die Gefahr bei Thornberrys Ansatz liegt darin, dass die kontrolltheoretische Argumentation zu sehr auf den formalen, äußeren Aspekt von sozialer Kontrolle verkürzt wird. Nach der klassischen sozialen Kontrolltheorie von Hirschi entsteht soziale Kontrolle nicht durch Bindungen per se, sondern durch Bindungen an die *konventionelle* Gesellschaft und ihre Wertigkeit. Die äußere Einbindung geht demnach immer einher mit der Übernahme konventioneller Werte, die als interne Kontrollmechanismen fungieren. Die Schwächung der sozialen Bindungen erweitert somit nicht nur den Handlungsspielraum des Individuum, sondern sie ist immer mit sozial abweichendem Verhalten verbunden. Eine lerntheoretische Ergänzung der sozialen Kontrolltheorie macht allenfalls insoweit Sinn, als dass erklärt werden kann, warum es zu kriminellem Verhalten, und nicht zu anderen Abweichungen kommt.

Obwohl der Ansatz von Thornberry von allen vorgestellten neueren Theorieansätzen hinsichtlich seiner Grundargumentation am besten geeignet ist, die Vielzahl der unterschiedlichen Delinquenzverläufe zu erklären, greift auch seine Erklärung für Diskontinuität zu kurz. Auch bei Thornberry wird der Aspekt der Diskontinuität nur im Zusammenhang mit der Statuspassage von Jugendlichen zum Erwachsenen theoretisch erfasst. Damit ist aber – wie die Analysen verschiedener Langzeitstudien in Kapitel 2 zeigten – nur ein Teil der Brüche und Veränderungen der Delinquenzentwicklung im Lebenslauf erklärt. Diese theoretische Lücke versuchen Sampson/Laub (1993, 1997, Laub/Sampson 1993) mit ihrer „altersabhängigen sozialen Kontrolltheorie" zu schließen. Sie vertreten in puncto Diskontinuität von allen neueren Theorieansätzen die „radikalste" Position. Ihrer Argumentation zufolge kommt es ungeachtet der immer wieder festgestellten Kontinuität sozialer Auffälligkeiten bei den meisten Individuen zu Veränderungen und Brüchen in der Delinquenzentwicklung. Diese Veränderungen, so ihr Hauptargument, sind auf Veränderungen der sozialen Einbindungen eines Individuums im Lebensverlauf zurückzuführen.

Ihr Erklärungsansatz baut in weiten Teilen – wie Sampson/Laub selbst betonen (Sampson/Laub 1993, S. 244f) – auf den Überlegungen von Thornberry auf. Der Umstand, dass sie ihre „altersabhängige soziale Kontrolltheorie" in der empirischen Aufarbeitung der Glueck/Glueck-Studie „Unraveling Delinquency" entwickelten, mag erklären, warum sie dabei in einigen Bereichen hinter Thornberry zurückfallen. Dies trifft weniger auf ihre theoretische Grundargumentation als vielmehr auf deren Konkretisierung in ein empirisch überprüfbares Modell zu. Das Modell von Sampson/Laub ist stärker auf Kriminalität als zu erklärendes Phänomen zugeschnitten. Demgegenüber werden die Interaktionen und die sich daraus ergebenden Entwicklungsdynamiken der einzelnen Einflussfaktoren (z. B. Familie, Schule, Peers) weniger thematisiert. In anderen Bereichen gehen Sampson/Laub aber auch über Thornberry hinaus und präzisieren die theoretischen Zusammenhänge, die in seinem

Erklärungsmodell nur in Grundzügen angelegt sind. So z. B. die Idee einer Kontinuität sozialer Auffälligkeiten als Folge einer Kontinuität fehlender sozialer Einbindung. Ausschlaggebend dafür, dass wir uns für den Erklärungsansatz von Sampson/Laub als theoretische Grundlage unserer eigenen empirischen Analysen zur Kontinuität und Diskontinuität sozialer Auffälligkeiten im Lebenslauf entschieden, war jedoch ein anderer Vorteil: Sampson/Laub bieten einen Theorieansatz, mit dem explizit auch Delinquenzentwicklungen gefasst werden, die über die späte Jugend- beziehungsweise frühe Erwachsenenphase hinausgehen.

3.3 Die altersabhängige soziale Kontrolltheorie von Sampson/Laub

Nur wenige Studien der letzten Jahre gaben der Diskussion innerhalb der Kriminologie über das Verhältnis von Stabilität und Veränderung von delinquentem Verhalten im Lebenslauf so wichtige Impulse wie die 1993 von Sampson/Laub veröffentlichte Studie „Crime in the making". In ihr formulierten Sampson/Laub ihre „age-graded theory of social control", mit der sie nicht nur eine Erklärung für die Kontinuität delinquenten Verhaltens, sondern auch oder gerade eine Erklärung für die unterschiedlichen Kriminalitätsverläufen bieten. Zwar gehen auch Sampson/Laub davon aus, dass es einen starken Zusammenhang zwischen Kriminalität im Kindes- und Jugendalter und Kriminalität im Erwachsenenalter gibt, doch ihrer Theorie zufolge kann es in jedem Lebensabschnitt zu „Wendepunkten" im Legalverhalten kommen. Ihr Erklärungsmodell erfasst dadurch auch Delinquenzverläufe wie beispielsweise den Beginn der Auffälligkeiten im Erwachsenenalter oder das Ende der Auffälligkeiten im späten Erwachsenenalter, die mit den anderen vorgestellten Theorieansätzen nicht erklärt werden können.

3.3.1 Theoretische Grundannahmen

Ausgangspunkt ihrer Überlegungen ist der Grundgedanke der sozialen Kontrolltheorie (Hirschi 1969), demzufolge es dann zu delinquentem Verhalten kommt, wenn die Bindungen des Individuums zur Gesellschaft schwach oder zerbrochen sind. Sampson/Laub erweitern beziehungsweise dynamisieren diesen Erklärungsansatz dahingehend, dass sie Veränderungen in der individuellen Delinquenzentwicklung mit Veränderungen der sozialen Kontrolle im Lebenslauf begründen. Ihre Betonung liegt auf der *informellen* sozialen Kontrolle, die aus der Anbindung eines Individuums an gesellschaftliche Institutionen und den damit verbundenen Rollenerwartungen hervorgeht. Im Unterschied zu der formalen Kontrolle, die vor allem durch den Einsatz oder die Androhung von Sanktionen unmittelbar auf die Verhinderung von Kriminalität abzielt, entsteht diese informelle Verhaltenskontrolle unmittelbar aus dem verpflichtenden Charakter sozialer Beziehungen. Die zentralen Institutionen der informellen sozialen Kontrolle unterscheiden sich dabei je nach Altersstufe: In der Kindheit sind es z. B. die Familie und die Schule, in der Jugend die Peer-Gruppe und im Erwachsenenalter der Beruf und die Partnerschaft (Sampson/Laub 1993, S. 17). Entscheidend dafür, ob sich ein Individuum in einem Lebensabschnitt delinquent verhält oder nicht, ist die Stärke der Bindungen zu den in diesem Lebensabschnitt zentralen Institutionen der informellen sozialen Kontrolle. Sind diese Bindungen schwach, so ist delinquentes Verhalten wahrscheinlich. Sind sie stark, so ist eher konformes Verhalten zu erwarten.

In ihrer „life-course perspective on crime" greifen Sampson/Laub auf ein Analysekonzept von Elder (1975, 1985) zurück, der mit der Unterscheidung in „trajectories" und „transitions" sowohl langfristige Entwicklungen als auch Veränderungen und Brüche im individuellen Lebenslauf zu fassen versucht. „Trajectory" bezeichnet dabei eine Entwicklungslinie über eine größere Zeitspanne und verschiedene Altersstufen in verschiedenen Lebensbereichen wie z. B. Erwerbstätigkeit, Partnerschaft oder Legalverhalten. Diese Entwicklungslinien bestehen aus einer Abfolge einzelner Lebensereignisse („life events"), mit denen „transitions" im Sinne von Rollenwechseln oder Statuspassagen verbunden sind (Elder 1985, S. 31f). Einige dieser „transitions" können zu Wendepunkten („turning points") im Leben führen, die die Richtung vormals eingeschlagener Entwicklungspfade umlenken. Bezogen auf den Bereich der Kriminalität bedeuten diese „turning points" beispielsweise das Ende einer „kriminellen Karriere" oder den Beginn der Auffälligkeiten im Erwachsenenalter.[57]

Die Wendepunkte („turning points") in einem „kriminellen Entwicklungspfad" werden nach Sampson/Laub durch besondere positive oder negative Lebensereignisse wie beispielsweise eine Inhaftierung, der Erhalt beziehungsweise Verlust einer Arbeitsstelle, der Antritt des Militärdienstes oder eine Heirat ausgelöst. Für die Veränderungen im delinquenten Verhalten sind dabei aber weniger die Ereignisse an sich bedeutsam als vielmehr die durch sie veränderten sozialen Bindungen. Diese Veränderungen in der sozialen Einbindung vollziehen sich nach Sampson/Laub bei den meisten Individuen jedoch nicht im Sinne einer radikalen Kehrtwende – auch

[57] Ein klassisches Beispiel für das Konzept der „trajectories" innerhalb der Kriminologie ist die Entwicklungssequenz einer Drogenkarriere, die Kandel und Faust (1975) entwickelten: Alkoholkonsum führt zu Konsum von „weichen" Drogen, wie Haschisch und Marijhuana, dieser Konsum wiederum führt zu chemischen Drogen und schließlich zu hartem Drogenkonsum. Das bedeutet nun nicht, dass alle Personen, die weiche Drogen konsumieren, diesen Entwicklungspfad durchlaufen. Er stellt vielmehr eine idealtypische Sequenz dar, die Wendepunkte und Veränderungen, die eine Abweichung von der idealtypischen Entwicklungssequenz zur Folge haben, als solche erst sichtbar und interpretierbar macht. Ein anderes Beispiel für ein „trajectory" stammt von LeBlanc und Fréchette (1989). Der Entwicklungspfad, den sie beschreiben, bezieht sich auf die Entwicklung von Kriminalität bei männlichen Jugendlichen. Die Sequenz beginnt im Alter von acht bis zehn Jahren. Die kriminelle Aktivität in diesem Altersabschnitt beschränkt sich auf Diebstähle in minderschweren Fällen. LeBlanc/Fréchette bezeichnen dieses Stadium als „stage of emergence", das darauf folgende als „stage of exploration", d. h. als Testphase. Das Charakteristische an dieser Sequenz, die üblicherweise im Alter zwischen zehn und zwölf Jahren zum Ausdruck kommt, ist eine Diversifikation und Verschärfung der begangenen Straftaten. Im Alter von dreizehn Jahren kommt es zu einer weiteren Verschärfung hinsichtlich Deliktsschwere und Deliktsvielfalt. Da in diesem Stadium vier neue Straftatbestände dazu kommen (gemeinschaftlicher Diebstahl, Verstöße gegen die öffentliche Ordnung, Einbruch und Raub), bezeichnen sie es als „explosion stage". Schließlich, im Alter von ungefähr fünfzehn Jahren kommt es zu einer weiteren Eskalation hinsichtlich Deliktsvielfalt und -schwere sowie der Häufigkeit der Deliktsbegehung. Vier neue Straftatsbestände kommen bei dieser Entwicklungssequenz, die LeBlanc/Fréchette als „stage of conflagration" bezeichnen, hinzu: Drogenhandel, Autodiebstahl, bewaffneter Raubüberfall und Gewalttaten gegenüber anderen Personen.

wenn dies die Semantik „*turning point*" nahe legt. Es handelt sich dabei vielmehr um Veränderungen, die sich über einen bestimmten Zeitraum hinziehen können.[58] Entsprechend dem prozesshaften Charakter dieser „turning points" steht bei Sampson/Laub im Unterschied zu vielen anderen „life event"-Ansätzen (vgl. die Übersicht bei Loeber/LeBlanc 1990, 430-432) nicht das Auftreten und der Zeitpunkt bestimmter Lebensereignisse im Zentrum der Analyse als vielmehr die durch sie ausgelösten längerfristigen Veränderungen der sozialen Bindungen.

Sampson/Laub interpretieren soziale Bindungen im Sinne eines „sozialen Kapitals" und beziehen sich dabei auf das Konzept von Coleman (1991, 1988). Coleman fasst „soziales Kapital" als soziale Ressourcen, die sich durch Beziehungen zwischen Personen entwickeln. „Wie andere Kapitalformen ist soziales Kapital produktiv, denn es ermöglicht die Verwirklichung bestimmter Ziele, die ohne es nicht zu verwirklichen wären" (1991, S. 392). Nach Coleman ist soziales Kapital im Unterschied zu anderen Kapitalformen weder „Individuen noch materiellen Produktionsgeräten eigen", sondern entspringt den Beziehungen zwischen Personen oder den sozialstrukturierten Beziehungen, die das Individuum an die Familie oder an Gruppen in Nachbarschaft, Schule, Arbeit usw. binden.[59] Coleman nennt mehrere Eigenschaften von sozialen Beziehungen, die dazu führen, dass sie für das Individuum Kapitalressourcen darstellen: Sie beinhalten erstens gegenseitige Verpflichtungen, Erwartungshaltungen und das Vertrauen, dass diese Verpflichtungen auch eingelöst werden.[60] Zweitens bergen soziale Beziehungen ein Informationspotential, das für bestimmte Handlungen genutzt werden kann.[61] Drittens sind soziale Beziehungen in Normen eingebunden, die bestimmtes Verhalten belohnen oder sanktionieren. Durch diese

---

58 Sampson/Laub verweisen in diesem Zusammenhang auf Pickles und Rutter (1991, S. 134), die solche turning points als „part of a process over time and not as a dramatic lasting change that takes places an any one time" konzeptionalisieren. Vgl. auch Rutter (1989a, 1989b), Clausen (1993).

59 Neben dem sozialen Kapital unterscheidet Coleman noch zwei weitere Kapitalformen, physisches Kapital und Humankapital: „Physisches Kapital ist völlig konkret, da es eine sichtbare materielle Form besitzt. Humankapital ist weniger konkret, da es durch die Fertigkeit und das Wissen verkörpert wird, die ein Individuum erwirbt. Soziales Kapital ist noch weniger konkret, denn es wird durch die Beziehungen zwischen Personen verkörpert" (1991, S. 394).

60 „Wenn [....] A etwas für B tut und in B das Vertrauen setzt, dass er in der Zukunft eine Gegenleistung erbringt, wird damit in A eine Erwartung hervorgerufen und für B eine Verpflichtung geschaffen, das Vertrauen zu rechtfertigen. Diese Verpflichtung kann man als eine „Gutschrift" betrachten, die A besitzt und die von B mit irgendeiner Leistung eingelöst werden muss" (1991, S. 396f). Die Antwort auf die Frage, warum sich „rationale" Akteure solche Verpflichtungen schaffen gibt Coleman auf S. 402: „Auf diese Weise kann das Schaffen von Verpflichtungen, indem man anderen Personen Gefallen erweist, eine Art Versicherungspolice gleichkommen, deren Prämien in einer schwachen Währung bezahlt werden und der Gewinn in einer starken Währung ausbezahlt wird. Somit lässt sich leicht ein positiver Gewinn erwarten" (S. 402).

61 Coleman gibt hierzu folgendes Beispiel: „Ein Sozialwissenschaftler, der über laufende Forschungen in benachbarten Bereichen informiert sein möchte, kann dies bei seinen täglichen Kontakten mit Kollegen tun, solange er davon ausgehen kann, dass sie in ihren Fachgebieten auf dem laufenden sind" (1991, S. 402).

Normgebundenheit sozialer Beziehungen entstehen Verhaltens- und Erwartungssicherheiten, die wiederum der eigenen Interessensrealisierung zugute kommen können.

Soziales Kapital ist demnach eingebunden in die Beziehungen zwischen Menschen und beinhaltet das Wissen und die Wahrnehmung von Verpflichtungen, Erwartungen, Informationen, Normen und Sanktionen, die diesen Beziehungen entspringen. Ist das soziales Kapital gut ausgebildet, erleichtert es dem Individuum zielgerichtetes Handeln. Zugleich schränkt es aber auch bestimmte Handlungsoptionen ein, da mit ihm gegenseitige Verpflichtungen und Verhaltenserwartungen verbunden sind, deren Nichterfüllung für das Individuum Kosten bedeuten würden (Coleman 1991, S. 402). Ob aus sozialen Beziehungen soziales Kapital resultiert, ist nach Coleman von der „closureness" (Geschlossenheit im Sinne von Zusammenhalt) der jeweiligen sozialen Netzwerke abhängig. Ein wichtiger Indikator für diese „closureness" ist die Stärke der Bindungen der Personen zueinander. Coleman selbst verdeutlicht dies am Beispiel des sozialen Kapitals einer Familie: „Social capital within the family [...] depends both on the physical presence of adults in the family and on the attention given by the adults of the child. [...] Even if adults are physically present, there is a lack of social capital in the family if there are not strong relations between children and parents" (1988, S. 111).

Sampson/Laub verbinden dieses Konzept des „sozialen Kapitals" von Coleman mit der sozialen Kontrolltheorie, indem sie schwache soziale Bindungen als Ausdruck eines geringen sozialen Kapitals und starke soziale Bindungen als Ausdruck eines hohen sozialen Kapitals interpretieren. Sie gehen damit über die Analyse einfacher Strukturmerkmale sozialer Beziehungen hinaus und stellen die Qualität der Beziehungen in den Mittelpunkt ihres Erklärungsansatzes für Kriminalität. So ist es beispielsweise nicht das Ereignis an sich, dass jemand eine Beschäftigung findet, das die soziale Kontrolle vergrößert. Einen Effekt auf die soziale Kontrolle hat das Beschäftigungsverhältnis erst dann, wenn es sich um eine feste Arbeit handelt, der sich das Individuum verpflichtet fühlt, und die mit gegenseitigen Abhängigkeiten zwischen Arbeitgeber und Arbeitnehmer verbunden ist (Sampson/Laub 1993, S. 140). Ob soziale Bindungen für ein Individuum Bedeutung haben, ist davon abhängig, ob das Individuum aus ihnen soziales Kapital ableiten kann.

Sind mit den sozialen Bindungen im Kindes- und Jugendalter (z. B. zu Familie und Schule) noch stärker direkte Formen der sozialen Kontrolle im Sinne von Überwachung verbunden, resultiert die soziale Kontrolle im Erwachsenenalter nach Sampson/Laub vor allem aus den gegenseitigen Verpflichtungen.[62] Würde ein Individuum kriminell, so wäre dies eine Verletzung der gegenseitigen Verpflichtungen und könnte zu einem Verlust des sozialen Kapitals führen. Für ein Individuum, das über viel soziales Kapital verfügt, wären dadurch mit einer Straftat auch große Kos-

[62] Diese direkten Formen sozialer Kontrolle resultieren in geringerem Umfang auch aus sozialen Bindungen im Erwachsenenalter (vgl. Sampson/Laub 1993, S. 143). Ein Individuum, das einen festen Arbeitsplatz hat oder in einer festen Partnerschaft lebt, ist in seinem Alltagshandeln stärker überwacht und hat dadurch weniger Gelegenheiten zur Straftat.

ten (Sampson/Laub 1993, S. 141f.) verbunden, die dem erwarteten Nutzen aus der Begehung der Straftat entgegenstehen. Aus engen sozialen Beziehungen resultiert aber auch dadurch eine Verhaltenskontrolle, dass das Individuum die sozialen Normen von sozialen Systeme, die ihm bestimmte Handlungsmöglichkeiten eröffnen beziehungsweise die Erreichung bestimmter Ziele erleichtern, (zumindest langfristig) internalisiert. Enge soziale Bindungen stellen für das Individuum darüber hinaus soziale Ressourcen dar, die eingesetzt werden können, um kritische Lebenssituationen oder Rollenübergänge zu bewältigen (1993, S. 18). So kann z. B. Arbeitslosigkeit durch materielle Unterstützung des Lebenspartners an Schärfe verlieren. Oder das Individuum erhält durch das Engagement einer engen Bezugsperson eine neue Arbeitsstelle, die es ohne die Information und die Empfehlung dieser Person nicht bekommen hätte. Dieser letztgenannte Aspekt sozialer Beziehungen geht über „soziale Kontrolle" im engeren Sinne hinaus und ist treffender als soziale Unterstützung zu fassen. Wenngleich Sampson/Laub die Rolle solcher Bewältigungsressourcen nicht weiter ausführen, integrieren sie damit einen Aspekt in ihren Erklärungsansatz, der in der „social support"-Forschung[63] diskutiert wird.

Gleich, welcher dieser Prozesse ausschlaggebend ist, die grundsätzliche Logik ist dieselbe: Je mehr soziales Kapital ein Individuum „akkumuliert", desto unwahrscheinlicher wird deviantes oder delinquentes Verhalten (1993, S. 311). Veränderungen im delinquenten Verhalten treten dann auf, wenn veränderte Rollen oder eine veränderte soziale Umwelt zu einer Zu- oder Abnahme des sozialen Kapitals führen. Die Veränderung von sozialem Kapital geschieht dabei in wechselseitiger Abhängigkeit zwischen Individuum und sozialer Umwelt (1993, S. 141): Investiert z. B. ein Arbeitgeber in ein Arbeitsverhältnis oder eine Partnerin in eine Ehe soziales Kapital, kann dies der Auslöser dafür sein, dass auch der Arbeitnehmer oder Ehemann soziales Kapital in diese Beziehungen investiert. Eine solche wechselseitige Abhängigkeit beziehungsweise Unterstützung erklärt, warum Ereignisse wie der Erhalt einer Arbeitsstelle oder eine Eheschließung Veränderungen in der Delinquenzentwicklungen eines Individuums auslösen können.

3.3.2 Die Kontinuität delinquenten Verhaltens

In ihrer altersabhängigen sozialen Kontrolltheorie gibt es jedoch nicht nur Anknüpfungspunkte mit der Colemanschen Idee des sozialen Kapitals, sondern auch mit dem interaktionistischen Theorieansatz von Thornberry (siehe Kapitel 3.2.6). Nach Thornberry ist Kriminalität nicht nur die Folge von bestimmten sozialen Umständen, denen sich das Individuum ausgesetzt sieht, sondern resultiert aus dem Wechselspiel von individuellem Verhalten und sozialer Umwelt. Das Verhalten eines Individuums setzt einen dynamischen Prozess in Gang, der zu Selektionsprozessen führt, bestimmte Verhaltensoptionen nahe legt oder abschneidet und dadurch die zukünftige Delinquenzentwicklung beeinflusst.

---

[63] Vgl. Timmer/Veroff/Colten (1985), Schröder/Schmitt (1988), Wills/Shiffman (1985).

Auf diesem interaktionistischen Verständnis von individueller Entwicklung beruht auch Sampsons und Laubs Erklärung für die Kontinuität delinquenten Verhaltens im Lebenslauf. Sie beziehen dabei explizit Gegenposition zu Erklärungsansätzen, die diese Kontinuität in der Delinquenzentwicklung mit stabilen kriminellen Neigungen oder Charaktereigenschaften des Individuums erklären. Solche Erklärungen finden sich beispielsweise bei Gottfredson/Hirschi oder Wilson/Herrnstein. Für Gottfredson/Hirschi (1990, vgl. Kapitel 3.4) ist fortgesetzte Kriminalität Ausdruck einer über den Zeitverlauf stabilen „low self-control" und für Wilson/Herrnstein (1985, S. 41-66) Ausdruck einer „criminal disposition". In beiden Theorien werden diese unterschiedlichen Neigungen zur Kriminalität mit Defiziten in der familialen Sozialisation begründet. Nach Sampson/Laub können solche in der frühen Lebensgeschichte entstandenen individuellen Differenzen zwar die Ursache früher Auffälligkeiten sein. Soziale Auffälligkeiten und Delinquenz in späteren Lebensphase sind jedoch nicht mehr in ihnen begründet. Soziale Auffälligkeiten und Delinquenz setzen vielmehr einen Prozess in Gang, den sie als „kumulative Kontinuität von Benachteiligungen" („cumulative continuity of disadvantages", 1997, S. 145) bezeichnen.

Dieser Prozess beinhaltet zum einen eine „interactional continuity" (Caspi et al. 1987), bei der die soziale Auffälligkeit in der sozialen Interaktion mit anderen verfestigt und fortgeschrieben wird. Zentral für diese „interactional continuity" sind Institutionen der informellen sozialen Kontrolle wie Familie, Schule und Peers. In der Familie oder Schule beispielsweise erzeugt ein aggressives Kind ablehnende und feindliche Reaktionen der Eltern und Lehrer. Diese ablehnende Reaktionen verfestigen wiederum die sozialen Auffälligkeiten des Kindes. Hier sehen Sampson/Laub (1993, S. 122) auch eine Verbindung zu Braithwaites Erklärungsansatz, der diese delinquenzverfestigende Zurückweisung des Kindes durch Familie, Schule oder Freunde als „stigmatizing shaming" bezeichnet. Zum anderen ist die Kontinuität sozialer Auffälligkeiten die Folge einer „cumulative continuity". Hierunter fassen Sampson/Laub die strukturellen Benachteiligungen, denen Straftäter ausgesetzt sind. Die gesellschaftlichen Reaktionen auf Kriminalität (besonders in Form von Inhaftierungen) und die damit verbundenen Stigmatisierungsprozesse schneiden das Individuum zunehmend von den Möglichkeiten einer konventionellen Lebensführung ab. Am deutlichsten zeigt sich dieses „Abschneiden" von Handlungsmöglichkeiten nach Sampson/Laub an den Problemen, die Haftentlassene haben, eine dauerhafte und gut bezahlte Arbeit zu finden.

Entscheidend an der Kontinuitätsargumentation von Sampson/Laub ist, dass sie von einem kausalen Zusammenhang zwischen vergangener und zukünftiger Kriminalität ausgehen. Sie folgen damit Nagin/Paternoster (1991), die diesen Zusammenhang als „state dependence" bezeichnen: „This implies that the act of committing a crime has a genuine behavioral influence in the sense that the experience of crime commission increases the likelihood of future offending by changing something about the offender´s personal characteristics of life chances" (S. 166). Während Nagin/Paternoster weitgehend offen lassen, durch welche Mechanismen diese Verbindung hergestellt wird, sehen Sampson/Laub das zentrale Bindeglied zwischen Kriminalität in einer Lebensphase und Kriminalität in der darauffolgenden Lebensphase in den sozialen Bindungen. Soziale Auffälligkeiten in Kindheit und Jugend führen zu ablehnenden Reaktionen des sozialen Umfeldes und zu strukturellen Benachteiligungen, die wiederum den Aufbau starker sozialer Bindungen als Erwachsener unwahrscheinlich machen. Infolge der schwachen sozialen Bindungen im Erwachsenenalter (z. B. in der Partnerschaft oder zur Arbeit) sind dann wiederum soziale Auffälligkeiten in der Erwachsenenzeit wahrscheinlicher.[64] Sampson/Laub fassen ihre Erklärung für die Kontinuität sozialer Auffälligkeiten wie folgt zusammen: „The cumulative continuity of disadvantage is thus not only a result of stable individual differences in criminal propensity, but a dynamic process whereby childhood antisocial behavior and adolescent delinquency foster adult crime through the severance of adult social bonds. From this view, similar to what Thornberry has termed interactional theory, weak social bonding serves as a mediating and hence causal sequential link in a chain of a adversity between childhood delinquency and adult criminal behavior" (1997, S. 145).

3.3.3 *Veränderungen und Brüche im delinquenten Verhalten*

Trotz dieser Kontinuität sozialer Auffälligkeiten, so die wichtigste These von Sampson/Laub, können einzelne Lebensereignisse und Erfahrungen im Erwachsenenalter den Lebensverlauf verändern und zu Wendepunkten in der Delinquenzentwicklung führen. Zu solchen Veränderungen kommt es dann, wenn sich die Qualität der sozialen Bindungen eines Individuums und damit sein soziales Kapital verändert. Ist in der Kindheit und Jugend die Qualität der Bindung zu Familie, Schule und Peers ausschlaggebend dafür, ob sich das Individuum konform verhält oder nicht, so ist es in der Erwachsenenzeit vor allem die Qualität der Bindungen an die Arbeit, den Lebenspartner oder die eigenen Kinder (1993, S. 17). Wenngleich der bisherige Lebensweg die Ausprägung dieser Bindungen beeinflusst, kann es doch unabhängig von der Vergangenheit durch einzelne Lebensereignisse zu Veränderungen dieser Bindungen und damit zu Veränderungen in der Delinquenzentwicklung kommen. So kann die Schwächung sozialer Bindungen in der Erwachsenenzeit zum Beginn der sozialen Auffälligkeiten trotz bisheriger Unauffälligkeit führen und die Entstehung oder Stärkung von Bindungen in der Erwachsenenzeit das Ende der Auffälligkeiten ungeachtet starker Auffälligkeiten in der Kindheit und Jugend bedeuten: „We also believe that salient life events and socialization experiences in adulthood can counteract, at least to some extent, the influence of early life experiences. For instance, late onset of criminal behavior can be accounted for by weak social bonds in adulthood, despite a background of nondelinquent behavior. Conversely, desistance form crimi-

---

[64] Auf der anderen Seite ist es für Jugendliche, die in Folge starker sozialer Bindungen in der Kindheit und Jugend nicht straffällig wurden, auf Grund ihrer besseren strukturellen Voraussetzung (z. B. in Form guter Bildungsabschlüsse) und Erfahrungen mit festen sozialen Beziehungen, leichter möglich auch in der Erwachsenenzeit starke Bindungen zur konventionellen Gesellschaft und Partnern aufzubauen.

nal behavior in adulthood can be explained by strong social bonds in adulthood, despite a background of delinquent behavior" (1993, S. 246, vgl. auch S. 141).

Sampson/Laub zufolge kommt dem Übergang vom Jugendlichen zum Erwachsenen besondere Bedeutung für die Veränderungen in der Delinquenzentwicklung zu, da in dieser Zeit z. B. durch den Übergang in Vollzeitbeschäftigung, das Eingehen fester Partnerschaften oder den Militärdienst das Individuum einer Vielzahl neuer Rollenanforderungen ausgesetzt ist. Doch auch unabhängig von solchen „major transitions" sind Veränderungen in der sozialen Kontrolle und dem sozialen Kapital eines Individuums zu jedem Zeitpunkt im Lebenslauf möglich. Sampson/Laub benennen zwar einige der „turning points"[65], die zu derartigen Veränderungen führen, doch räumen sie selbst ein, dass die Frage, warum es bei einem Teil der Individuen zu diesen Wendepunkten kommt und bei anderen nicht, noch weitgehend ungeklärt ist. Sie nennen mehrere Faktoren, die hierbei eine Rolle spielen können (Laub/Sampson 1993, S. 317f): erstens Unterschiede in der subjektiven Verarbeitung von Lebensereignissen und Rollenübergängen, zweitens Ereignisse im gesellschaftlichen Makrobereich (wie z. B. Naturkatastrophen, Krieg, industrielle Umstrukturierungen), die u. a. die Arbeitsmarkt- oder Heiratsmarktchancen beeinflussen, und drittens schlichtes Glück oder Zufall.

3.3.4 Die Mediatisierungsthese von Sampson/Laub

Weniger in ihrer grundlegenden Theoriekonzeption als vielmehr in der empirischen Modellierung ihrer „altersabhängigen sozialen Kontrolltheorie" greifen Sampson/Laub den Kritikpunkt Thornberrys auf, die soziale Kontrolltheorie ignoriere die unterschiedliche sozial-strukturelle Positionierung der Individuen. Nach Sampson/Laub ist die soziale Kontrolle in der Kindheit und Jugend, die den Ausgangspunkt der unterschiedlichen Entwicklungsdynamiken bildet, nicht einfach vorhanden oder nicht vorhanden. Sie ist vielmehr abhängig von den strukturellen Kontextbedingungen, in denen ein Individuum aufwächst. Zu diesen strukturellen Kontextbedingungen zählen Sampson/Laub nicht nur sozio-ökonomische Benachteiligungen wie z. B. eine niedrige Herkunftsschicht oder schlechte Wohnverhältnisse, sondern auch belastende Familienkonstellationen wie das Fehlen einer Erziehungsperson die Berufstätigkeit beider Elternteile und sonstige soziale Belastungen der Familie (z. B. häufiger Wohnungswechsel, Kriminalität und soziale Auffälligkeiten der Eltern). Wie schon bei ihrer Erklärung für die Kontinuität von Kriminalität im Lebenslauf, sehen sie auch hierbei die sozialen Bindungen als das entscheidende Verbindungsglied: soziale Benachteiligungen sind nicht per se kriminalitätsfördernd; sie entfalten ihre Wirkung vielmehr vermittelt über ihren Effekt auf die Ausgestaltung der sozialen Kontrolle in der Familie und Schule. Bei problematischen struktu-

---

[65] „Some positive turning points in the course of their lives were cohesive marriage, meaningful work, and serving in the military. Clear negative turning points were prolonged incarceration, heavy drinking, and subsequent job instability during the transition to young adulthood" (Laub/Sampson 1993, S. 317).

rellen Rahmenbedingungen der Herkunftsfamilie ist eine schwache Anbindung an die Familie und Schule wahrscheinlicher als bei weniger problematischen Rahmenbedingungen, so die These von Sampson/Laub. Sie stützen sich dabei auf verschiedene empirische Studien, die den Zusammenhang von sozialen Benachteiligungen und Auffälligkeiten im Erziehungsverhalten der Eltern oder Schulschwierigkeiten aufzeigen. Diese Verknüpfung ist unter theoretischen Gesichtspunkten zwar wenig befriedigend, da die eigentlichen Wirkungszusammenhänge nicht expliziert werden. Es ist ihnen damit jedoch möglich, eine Erklärung für die – nicht immer unumstrittene – höhere Kriminalitätsbelastung von Individuen aus sozial benachteiligten Bevölkerungsgruppen in ihr Theoriemodell zu integrieren.

3.3.5 Die empirische Ergebnisse von Sampson/Laub

Die empirischen Belege für ihr theoretisches Modell erbrachten Sampson/Laub mit der von ihnen methodisch sehr aufwendig durchgeführten Reanalyse der Glueck/Glueck-Studie „Unraveling Juvenile Delinquency" (Glueck/Glueck 1950, 1968, 1974, vgl. Sampson/Laub 1993, S. 25f). Das Ehepaar Glueck untersuchte von 1939 bis 1963 in drei Erhebungswellen die Lebensgeschichten von insgesamt 1000 weißen Männer aus der Bostoner Unterschicht. Bei der Erstuntersuchung, die auch eine retrospektive Erfassung der Lebensgeschichte bis in die frühe Kindheit beinhaltete, waren die Probanden zwischen 10 und 17 Jahre alt. 500 von ihnen waren durch wiederholte Delinquenz aufgefallen und befanden sich in einer sogenannten „correctional school" (vergleichbar mit einem geschlossenen Erziehungsheim). Bei den übrigen 500 Probanden handelte es sich um Schüler einer öffentlichen Schule, die bislang weder offiziell, noch nach Selbst- und Fremdberichten delinquent waren. Neben einer Vielzahl sozialstruktureller Hintergrundsfaktoren und Dimensionen, die Frühauffälligkeiten und den Bereich der sozialen Kontrolle durch Familie, Schule und Peers beschreiben, erfassten die Gluecks in ihren Nachfolgeuntersuchungen auch Dimensionen der sozialen Bindungen und verschiedener sozialer Auffälligkeiten im Erwachsenenalter, unterschieden für die Zeiträume 17.-25. und 25.-32. Lebensjahr.

Sampson/Laub konnten bei ihrer Reanalyse der Glueck/Glueck-Studie nicht nur auf die quantifizierten Daten in Form der Original-Computerlochkarten, sondern für 880 Probanden auch auf die narrativen Interviews mit den Probanden, Eltern, Lehrern usw. zurückgreifen. Diese Originaldaten der Gluecks, die sehr detailliert die Lebensgeschichte der Probanden bis zum 32. Lebensjahr umfassen, ergänzten Sampson/Laub durch das Kriminalitätsregister und die Gerichtsakten des Staates Massachusetts. Sie konnten dadurch für einen Teil der Probanden der Glueck/Glueck-Studie auch die offizielle Delinquenzentwicklung bis zum 45. Lebensjahr verfolgen (vgl. Sampson/Laub 1993, S. 58f).

Die wichtigsten Ergebnisse von Sampson/Laub, auf die wir bei der Diskussion unserer eigenen empirischen Analysen noch näher eingehen werden, können in sieben Punkten zusammengefasst werden:

1. Ausschlaggebend dafür, ob sich ein Individuum in der Kindheit und Jugend sozial angepasst verhält oder nicht, ist die Qualität der Bindungen zu Familie, Schule und Peers. Sind diese Bindungen stark, ist konformes Verhalten wahrscheinlich; sind sie schwach, so ist sozial auffälliges Verhalten zu erwarten.
2. Strukturelle Hintergrundfaktoren, wie z. B. Familiengröße, Wohnverhältnisse und sozio-ökonomischer Status, haben keine oder nur geringe direkte Erklärungskraft für Delinquenz in Jugend und Kindheit. Sie wirken aber indirekt, indem sie die Bedingungen, unter denen die informelle soziale Kontrolle in der Familie und Schule stattfindet, strukturieren.
3. Frühkindliche Verhaltensauffälligkeiten wie z. B. Aggressivität oder Hyperaktivität beeinflussen die Delinquenzentwicklung in der Kindheit und Jugend unabhängig von anderen Faktoren, ihr Einfluss ist aber im Vergleich zu den Kontrollprozessen in der Familie und Schule sehr gering.
4. Es gibt eine Kontinuität sozialer Auffälligkeiten von der Kindheit über die Jugend bis ins Erwachsenenalter. Diese Kontinuität zeigt sich jenseits von strafrechtlichen Auffälligkeiten auch in anderen Lebensbereichen, z. B. in starkem Alkoholkonsum, Eheproblemen und finanziellen Schwierigkeiten.
5. Die Kontinuität sozialer Auffälligkeiten ist die Folge einer Kontinuität schwacher sozialer Bindungen über die verschiedenen Lebensabschnitte hinweg. Schwache soziale Bindungen und Delinquenz in der Kindheit und Jugend erhöhen die Wahrscheinlichkeit schwacher sozialer Bindungen in der Erwachsenenzeit, welche wiederum sozial auffälliges Verhalten in diesem Lebensabschnitt wahrscheinlicher machen. Die Bindung zur Arbeit wird dabei besonders durch vorausgegangene staatliche Sanktionierungen negativ beeinflusst: Inhaftierungen in der Jugend erschweren den Zugang zu stabilen Beschäftigungsverhältnissen in der Erwachsenenzeit und verhindern damit den Aufbau enger Bindungen zur Arbeit.
6. Die Delinquenzentwicklung in der Erwachsenenzeit ist abhängig von der Qualität der sozialen Bindungen in dieser Lebensphase: je schwächer die Bindungen zur Arbeit oder Ehe, desto wahrscheinlicher ist sozial auffälliges Verhalten
7. Bestimmte Lebensereignisse im Erwachsenenalter können – ungeachtet der bisherigen Lebensgeschichte und individueller Unterschiede in frühkindlichen Verhaltensauffälligkeiten – zu Veränderungen in der Delinquenzentwicklung führen. So kann einerseits der Aufbau starker sozialer Bindungen im Erwachsenenalter zum Abbruch einer kriminellen Karriere führen. Andererseits kann die Schwächung oder der Wegfall dieser Bindungen den Beginn einer sozial abweichenden Karriere gerade erst im Erwachsenenalter bedeuten.

Die beiden letztgenannten Punkte standen auch im Zentrum der qualitativen Analysen von Sampson/Laub. Besonders der Vergleich der individuellen Fallgeschichten von sogenannten „Persistern" (Probanden, die ihre kriminelle Karriere auch im Erwachsenenalter fortsetzten) und „Desistern“ (Probanden, die ihre kriminelle Karriere im Erwachsenenalter abbrachen) untermauerte ihre zentrale These zum Zusammenhang von sozialer Einbindung und Delinquenzentwicklung in der Erwachsenenzeit: „Specifically, through an analysis of the qualitative data found in the Glueck case files, we found that poor job stability and weak attachment to one´s spouse increase the likelihood of criminal activity and deviant behavior. Conversely, these case records affirmed that strong job stability and marital attachment reduce the likelihood of involvement in criminal and deviant behavior“ (1993, S. 240).

3.3.6 Kritische Anmerkungen zur „altersabhängigen sozialen Kontrolltheorie“

Wie die Autoren selbst einräumen, orientierten sie sich bei ihrer Modellbildung nicht nur an theoretischen Überlegungen, sondern auch an ihren empirischen Analysen. Entsprechend finden nur Einflussfaktoren Berücksichtigung, die in der Glueck/Glueck-Studie erhoben wurden. Die Orientierung der Modellbildung an der Verfügbarkeit beziehungsweise Nichtverfügbarkeit von Variablen zeigt sich beispielsweise daran, dass die Dimension „Werthaltungen“ („beliefs“) der Individuen, deren Relevanz sowohl aus der Kontrolltheorie wie auch aus der Lerntheorie abgeleitet werden kann, im Erklärungsmodell von Sampson/Laub nicht erscheint. Der Faktor „delinquent influence“ ist zwar Bestandteil ihres Erklärungsmodells für Kriminalität im Kindes- und Jugendalter, doch bleibt unklar, welche Bedeutung ihm zukommt. Es bleibt offen, ob dieser lerntheoretisch begründete Einflussfaktor im Sinne eines zusätzlichen Risikofaktors, eines Verstärkers oder gar im Sinne Thornberrys als notwendige Bedingung für Kriminalität zu interpretieren ist. Wenngleich Sampson/Laub die Integration lerntheoretischer Überlegungen in ihren Erklärungsansatz für möglich halten (vgl. Sampson/Laub 1993, 284, Fußnote 1), leisten sie diese Integration auf theoretischer Ebene nicht.

Ein weiterer Kritikpunkt betrifft das Verhältnis von Kontinuität und Veränderung in der individuellen Delinquenzentwicklung. Die Frage, warum es bei einigen Individuen durch bestimmte Lebensereignisse und Rollenübergänge zu Veränderungen der sozialen Bindungen kommt und bei anderen nicht, diskutieren Sampson/Laub nur ansatzweise hinsichtlich der Rolle äußerer Einflussfaktoren. So reduzieren beispielsweise Inhaftierungen die zukünftigen Chancen eines Individuums, eine stabile, qualifizierte Beschäftigung zu finden und eine enge soziale Bindung zur Arbeit aufzubauen. Je zahlreicher die Inhaftierungen sind, desto unwahrscheinlicher wird es, dass es zum Aufbau eines stabilen Beschäftigungsverhältnis kommt. Auf der anderen Seite ist es sehr unwahrscheinlich, dass ein Individuum, das über einen langen Zeitraum über viel soziales Kapital verfügt, durch ein einzelnes kritisches Lebensereignis aus der Bahn geworfen wird. Die Bedeutung von subjektiven Faktoren in diesen Prozessen wird von Sampson/Laub lediglich unter Verweis auf Elder („adaption to life events is crucial because the same event or transition followed by different adaptions can lead to different trajectories“, 1985, S. 32) angesprochen, jedoch nicht weiter präzisiert.

Eine solche Präzisierung könnte aus der Coping-Forschung übernommen werden, welche die Relevanz dieser subjektiven Faktoren beim Umgang mit bestimmten

Lebenssituationen untersucht. Die Coping-Forschung geht dabei der Frage nach, wie individuell unterschiedliche Problemverarbeitungsstile die Entstehung sozial auffälligen Verhaltens begünstigen oder hemmen. Ungeachtet der verschiedenen Konzepte der Coping-Forschung und der darin getroffenen Unterscheidungen verschiedener Bewältigungsformen „legen verschiedene Untersuchungen die Vermutung nahe, dass eine aktivere, lösungsorientierte Form der Auseinandersetzung mit Problemen einen Menschen eher davor bewahren kann, sich abweichend zu verhalten, als mehr passives, verleugnendes Verhalten" (Krämer 1992, S. 64; vgl. hierzu auch Hurrelmann u.a. 1987, Wills 1985, Timmer u.a. 1985, Seiffke-Krenke 1984). Das Vorhandensein „protektiver Faktoren", die dazu führen, dass manche Individuen trotz Belastungen und Stressoren eine erstaunliche „Immunität" gegenüber delinquentem Verhalten aufweisen, die sich durch das ganze Leben hindurch hält, wird in der Kriminologie auch unter dem Konzept „resilience" diskutiert (Lösel/Bliesener 1990, Werner 1989, 1990). Die Berücksichtigung solcher Erklärungsansätze könnte auch für größere Klarheit hinsichtlich der Rolle der „individuellen Differenzen" im Erklärungsmodell von Sampson/Laub sorgen. Formulierungen wie „the cumulative continuity of disadvantage is thus not only a result of stable individual differences in criminal propensity, but a dynamic process whereby childhood antisocial behavior and adolescent delinquency foster adult crime through the severance of adult social" (1993, S. 145)[66] verweisen darauf, dass Sampson/Laub eine Wirkung zeitlich stabiler Differenzen nicht gänzlich negieren. Sie sprechen ihnen eine gewisse Bedeutung zu, da sie die Entscheidungen, die ein Individuum im Leben trifft, beeinflussen. Zugleich halten sie diese individuellen Differenzen jedoch für irrelevant, da die aus den jeweiligen Entscheidungen resultierenden sozialen Prozesse eine eigene Dynamik entfalten, die nicht mehr auf individuelle Charakteristika zurückgeführt werden können (Sampson/Laub 1997, S. 155).

Diesen Defiziten stehen die Stärken des Ansatzes von Sampson/Laub gegenüber. Ihnen gelingt es verschiedene Forschungs- und Theorieansätze aufzugreifen und mit ihrer kontrolltheoretischen Argumentation zu verbinden. Dies trifft – wie bereits erwähnt – zum einen auf die Forschungsarbeiten zu, die nach der Bedeutung der Unterstützung durch das soziale Umfeld bei der Bewältigung schwieriger Lebenssituationen fragen („social support"- oder „social network"-Forschung, vgl. Fußnote 63). Zum anderen auf Ansätze, welche die individuelle Motivation ins Zentrum ihrer Analyse stellen: Sampson/Laub erweitern und präzisieren die bereits in der klassischen Kontrolltheorie angelegte „rational choice"-Komponente von Verhalten, indem sie die Abschreckungswirkung im drohenden Verlust der sozialen Unterstützung begründen. Bezüge zu neueren labeling-theoretischen Ansätzen wie Braithwaites „shaming theory" sind dadurch gegeben, dass „stigmatizing shaming" als Bestandteil eines nicht-adäquaten familialen und schulischen Kontrollprozesses

[66] Dies belegt auch folgendes Zitat: „By distinguishing self-selection from cumulative continuity we incorporate the independent effects of both early delinquency (or individual propensity) and the dimension of adult social bonding on adult crime" (Sampson/Laub 1997, S. 155).

gefasst werden kann. Sampsons und Laubs Ergebnisse eröffnen zudem einen neuen Blick auf die klassischen Labeling-Theorie und die darin postulierte Langzeitwirkung von frühen Interventionen und Stigmatisierungen. In ihrer Studie kommt sehr deutlich zum Ausdruck, dass der Prozess der Abweichungsverstärkung nicht deterministisch verstanden werden darf in dem Sinne, dass Individuen unausweichlich immer tiefer in den Teufelskreis von Verbrechen und Sanktionen gezogen werden; zu dieser Dynamik kann es in vielen Fällen kommen, doch andere Lebensverläufe zeigen, dass auch „Wendepunkte" und Ausbruchsmöglichkeiten existieren.

Im Modell von Sampson/Laub kommt den Erfahrungen in der Kindheit und Jugend zwar insofern eine besondere Bedeutung, als dass auf ihnen eine Entwicklungsdynamik aufbaut, die auch zu einer lebenslangen Involvierung in Kriminalität führen kann. Ihr Konzept lässt jedoch Raum für Veränderungen und Sozialisationserfahrungen im Erwachsenenalter, d. h. sie betrachten menschliches Verhalten nicht durch die in der Kindheit und Jugend vollzogene Sozialisation determiniert, sondern als veränderbar und durch soziale Interaktion stets neu organisiert. Die Gegenposition hierzu wird in der aktuellen Theoriediskussion über die Kontinuität und Diskontinuität von sozialen Auffälligkeiten im Lebenslauf von Gottfredson/Hirschi vertreten. Sie erklären kriminelles Verhalten mit einem bestimmten Persönlichkeitsmerkmal, das in der frühen Sozialisation ausgebildet wird und über den gesamten Lebenslauf stabil bleiben.

3.4 Die allgemeine Kriminalitätstheorie von Gottfredson/Hirschi

Nach der „allgemeinen Kriminalitätstheorie" von Gottfredson/Hirschi (1990, Hirschi/Gottfredson 1995) zeichnen sich die meisten kriminellen Handlungen dadurch aus, dass sie ungeplant und spontan durchgeführt werden. Sie sind durch eine kurzfristige Bedürfnisbefriedigung motiviert und oftmals für den Täter mit Aufregung und Risiko und für das Opfer mit Verlust und Schmerzen verbunden (1990, S. 16ff.). Hinter solchen Handlungen stehen nach Gottfredson/Hirschi Personen mit bestimmten gemeinsamen Eigenschaften, die sich aus den Handlungen ableiten lassen: Sie sind impulsiv, unsensibel, sehr körperbetont, risikofreudig und nicht vorausschauend. Diese Eigenschaften sind für Gottfredson/Hirschi Ausdruck eines Persönlichkeitsmerkmals, das sie als „geringe Selbstkontrolle" („low self-control") bezeichnen.[67]

Die Hauptursache für diese geringe Selbstkontrolle liegt in einer „ineffektiven" Erziehungspraxis der Eltern, bei der das Verhalten des Kindes nicht überwacht oder auf Auffälligkeiten des Kindes nicht reagiert wird.[68] Wenn die primäre familiale

[67] „People who lack self-control will tend to be impulsive, insensitive, physical (as opposed to mental), risk-taking, shortsighted, and nonverbal, and they will tend therefore to engage in criminal and analogous acts" (Gottfredson/Hirschi 1990, S. 89).

[68] "The major cause of low self-control thus appears to be ineffective child-rearing. Put in positive terms, several conditions appear necessary to produce a socialized child....The minimum conditions seem to be these: in order to teach the child self-control, someone must (1) monitor the child's be-

Sozialisation missglückt, ist ein späterer Sozialisationserfolg (beispielsweise durch die Schule) sehr unwahrscheinlich, und das in der frühen Kindheit ausgebildete Maß an Selbstkontrolle bleibt über das ganze Leben hin stabil („the traits tend to persist through life" 1990, S. 91). Die Unterschiede im Ausmaß der Selbstkontrolle unterscheiden nicht nur „Kriminelle" von „Nicht-Kriminellen", sondern sie sind auch verantwortlich für die individuellen Unterschiede in sozialen Auffälligkeiten, die sich in verschiedenen Lebensbereichen im Zeitverlauf unterschiedlich äußern können: Je weniger Selbstkontrolle entwickelt wurde, desto wahrscheinlicher sind beispielsweise auch Auffälligkeiten wie Alkohol- oder Drogenkonsum, Schulschwänzen, unstetes Arbeitsverhalten oder Eheprobleme. Da Individuen, bei denen es in der Kindheit nicht zur Ausbildung interner Verhaltenskontrollen kam, ihr Leben entsprechend der damit verbundenen „Neigung zur Abweichung" gestalten, kommt es im weiteren Lebensverlauf auch nicht zum Aufbau enger sozialer Bindungen. So wird zum Beispiel die von Sampson/Laub postulierte zentrale Bedeutung einer Partnerschaft für die Veränderung des Verhaltens von Gottfredson/Hirschi mit dem Argument zurückgewiesen, dass Individuen mit einer geringen Selbstkontrolle dazu neigen, sich Partnerinnen zu suchen, die selbst verhaltensauffällig sind. Schwache soziale Bindungen an die Gesellschaft und ihre Werte in späteren Lebensphasen sind demnach nur der *Ausdruck* eines bestimmten individuellen Charakterzuges, jedoch *nicht die Ursache* fortgesetzter Auffälligkeiten.

Das Ausmaß an Selbstkontrolle eines Individuums wird durch aktuelle Lebensumstände und spätere Sozialisationserfahrungen nicht wesentlich geändert. Dadurch stellt sie nach Ansicht von Gottfredson/Hirschi (1990, S. 120) ein stabiles Erklärungskonzept für Kriminalität dar, das zu jedem Zeitpunkt im Leben, z. B. auch vor der Strafmündigkeit im Kindesalter messbar ist („at least by ages 8-10", Gottfredson/Hirschi 1988, S. 17). Um eine Immunisierung der Theorie beziehungsweise tautologische Schlüsse zu vermeiden, ist es nach Gottfredson/Hirschi erforderlich, geringe Selbstkontrolle unabhängig von delinquentem Verhalten zu erfassen. Als Indikatoren für eine niedrige Selbstkontrolle kommen daher soziale Auffälligkeiten in Frage, die ähnliche Merkmale wie Kriminalität aufweisen. Unterschieden nach dem Lebensalter der Individuen sind dies beispielsweise Schulprobleme, Drogen- und Alkoholmissbrauch, instabile Beschäftigungsverhältnisse oder zerrüttete Ehen (Hirschi/Gottfredson 1994, S. 9).

Wie ist diese Erklärung von Kriminalität als Folge einer über den Lebenslauf stabilen „kriminellen Neigung" mit der spezifischen Alters-Kriminalitäts-Verteilung in Einklang zu bringen? Den scheinbaren Widerspruch zwischen der Stabilität von „low self-control" auf der einen Seite und der Veränderung der Kriminalitätsraten je nach Lebensalter auf der anderen Seite lösen Gottfredson/Hirschi durch ihre Unterscheidung von „crime" und „criminality" auf. Die kriminelle Handlung („crime") ist gekennzeichnet durch kontingente Konstellationen („opportunity factors") wie z. B.

havior; (2) recognize deviant behavior when it occurs; and (3) punish such behavior" (Gottfredson/Hirschi 1990, S. 97).

die Motivation zur kriminellen Handlung oder Gelegenheit zu einer Straftat. „Criminality“ als Ausdruck einer geringen Selbstkontrolle ist im Gegensatz dazu nicht von diesen situativen Faktoren abhängig und bildet eine stabile Differenz zwischen Individuen. Eine geringe Selbstkontrolle ist ihrerseits eine notwendige, aber nicht hinreichende Bedingung für kriminelle Handlungen. Anders ausgedrückt: Kriminelle Akte sind nur eine von mehreren möglichen Manifestationen einer geringen Selbstkontrolle. Hinreichende Bedingungen für eine kriminelle Handlung ergeben sich erst aus dem Zusammenspiel von krimineller Neigung und entsprechenden Opportunitäten beziehungsweise Situationen. Aus dieser Annahme folgt, dass die Häufigkeit, mit der Individuen kriminelle Handlungen begehen, im Zeitverlauf stark variieren kann und gleichzeitig die dahinterliegende Disposition geringer Selbstkontrolle stabil bleibt.

Diese dualistische Struktur ermöglicht es Gottfredson/Hirschi, trotz der unterstellten Konstanz von „low self-control" den Anstieg der Kriminalitätskurve im Jugendalter zu erklären[69]: Beim Übergang vom Kind zur frühen Jugendphase nimmt die externe Kontrolle durch die Familie zunehmend ab, die räumliche Mobilität der Individuen erhöht sich und die Körperkräfte nehmen zu. Durch diese Prozesse entsteht bei allen Jugendlichen eine größere Opportunität zur Kriminalität, die sich auch in der starken Kriminalitätsbelastung dieser Gruppe niederschlägt. Weniger deutlich ist ihre Argumentation hinsichtlich des Rückgangs der Kriminalität beim Übergang zum Erwachsenenalter. Obwohl auch der Rückgang der Kriminalität in einem Rückgang der „opportunity factors“ begründet liegt, lässt sich nach Gottfredson/Hirschi (1988, S. 17) über die Modalitäten des Zusammenspiels der beiden Momente („Neigung“ und „Situation“ beziehungsweise „Opportunität“) im Erwachsenenalter mangels hinreichender Forschungsergebnisse wenig Konkretes sagen. Klarheit besteht aber darin, dass sich die hinter der Kriminalität stehende Disposition auch mit zunehmendem Alter nicht grundsätzlich verändert. Die geringe Selbstkontrolle äußert sich vielmehr in sozial auffälligem Verhalten jenseits von öffentlich registrierter und sanktionierter Delinquenz. Die soziale Auffälligkeit verschwindet nicht, sondern verlagert sich von der „Straße“ in den unmittelbaren sozialen Nahbereich.

Warum es mit zunehmendem Alter zu dieser Veränderung der Ausdrucksform niedriger Selbstkontrolle der Individuen kommt, bleibt weitgehend im Dunkeln. Deutlich äußern sich Gottfredson/Hirschi nur dahingehend, dass für sie der Rückgang der Kriminalität im Erwachsenenalter ein Phänomen ist, das unabhängig von spezifischen sozialen Umweltbeziehungen eintritt: „There is, however, a decline in crime with age. Since this decline cannot be explained by change in the person or by his exporsure to anticriminal institutions, we are left with the conclusion that it is due to the exorable aging of the organism“ (S. 141). Der Rückgang der Kriminalität ist Teil der Alters-Kriminalitäts-Kurve, die für Gottfredson/Hirschi eine Art Naturkonstante („law of nature“, 1990, 124) darstellt und durch keine bekannten Einflussfak-

[69] „The distinction between crime and self-control thus provides a device for solving one of the major empirical dilemmas of criminology: the fact that crime declines with age while differences in 'crime' tendency across individuals remain stable over the life-course“ (Gottfredson/Hirschi 1990, S.144).

toren erklärt werden kann: „The age effect is invariant across social and cultural conditions" (1990, S. 128)[70]. Infolge dieser „sozialen und kulturellen Invarianz" der Alterskurve lehnen sie auch die Idee individueller Veränderungen des kriminellen Verhaltens hervorgerufen durch spezifische aktuelle soziale Interaktionen, wie sie beispielsweise Sampson/Laub postulieren, ab. In ihrer Auseinandersetzung mit den entwicklungsdynamischen Theorienansätzen verweisen sie darauf, dass der Rückgang der Kriminalität nicht im Zusammenhang mit spezifischen Ereignissen oder Veränderungen der sozialen Kontrolle in der Erwachsenenzeit besteht, sondern: „... we know the decline will occur in any event" (Hirschi/Gottfredson 1995, S. 136). Entsprechend ihrer Invarianzthese halten sie weder eine dynamische Kriminalitätstheorie noch einzelne Theorien für bestimmte Tätertypen für erforderlich.

Die als „age-crime-debate" bezeichnete Auseinandersetzung von Gottfredson/Hirschi mit Vertretern verschiedener kriminologischer Richtungen, vor allem den Befürwortern des Karriereparadigmas, geht weit über die spezielle Fragestellung nach dem Zusammenhang von Alter und Kriminalität hinaus. Sie impliziert auch Konsequenzen für die Kriminalpolitik und die innerhalb der kriminologischen Forschung angewandten Methoden. Die Konsequenzen in kriminalpolitischer Hinsicht sind besonders weitreichend für die Frage, ob es tatsächlich nur um eine Ätiologie geht, wie Gottfredson/Hirschi behaupten, oder ob verschiedene Ätiologien für das Zustandekommen von Kriminalität in Erwägung gezogen werden müssen, wie dies die Befürworter des Karriereansatzes vertreten. Ist es möglich, verschiedene Tat- und Tätertypen zu unterscheiden, so macht es für die offiziellen Sanktionsinstanzen Sinn, verschiedene Reaktionsformen zu praktizieren (Blumstein/Cohen/Farrington 1988a, S. 5). Die Vertreter des Karriereparadigmas liefern gerade mit ihrer Entdeckung des „Karrieretäters" (vgl. Farrington 1983, Blumstein et al. 1985) die kriminologische Legitimation für eine Doppelstrategie der Kriminalpolitik: für die im Grunde „gutartigen", aber zeitweise doch strafrechtlich auffälligen Personen eine Strategie des nicht-interventionistischen Abwartens beziehungsweise der informellen Sanktionierung, für die „Karrieretäter" hingegen die Strategie der „selective incapacitation", die im Kern auf eine prognoseorientierte Strafzumessung abzielt. Dass mit dieser Strategie, welche die Strafhöhe von der Legalprognose des zu Verurteilenden abhängig macht, schwerwiegende ethische Probleme verbunden sind, liegt auf der Hand. Diese ethischen Bedenken, aber auch die nach ihrer Meinung fehlende empirische Basis greifen Gottfredson/Hirschi in ihrem Vorwurf auf, den Vertretern des Karriereparadigmas gehe es weniger um wissenschaftliche als vielmehr um kriminalpolitische Interessen und den damit verbundenen Zugang zu Forschungsmitteln (Gottfredson/Hirschi 1988, S. 51). Ihrer Meinung nach kommt es bei allen Menschen, ob sie nun einen hohen oder niedrigen Grad an „criminality" aufweisen, zu einem auf dem Alterseffekt basierenden Rückgang der individuellen Verbrechensrate.

[70] „The shape or form of the distribution has remained virtually unchanged for about 150 years" (Gottfredson/Hirschi 1990, S.124).

Gottfredson/Hirschi liefern mit ihrer allgemeinen Kriminalitätstheorie jedoch nicht nur Argumente gegen eine strafrechtliche Sonderbehandlung bestimmter Tätergruppen. Ob gewollt oder ungewollt, legitimieren sie mit ihrem Erklärungsansatz eine Kriminalpolitik, die primär auf Sühne oder Vergeltung abzielt. Die Resozialisierung von Tätern (eine ausdrückliche Zielsetzung des deutschen Jugendstrafrechtes) ist ihrer Theorie zufolge zum Scheitern verurteilt, da die These einer über den Lebenslauf stabilen „kriminellen Neigung" auch die Möglichkeit einer erfolgreichen, gegenläufigen Sozialisation im späten Jugend- oder frühen Erwachsenenalter ausschließt.

Bezogen auf die Methodendiskussion schlug sich die „age-crime-debate" in der Diskussion über Sinn und Unsinn von Langzeitstudien nieder. Entscheidende Impulse für diese Diskussion gingen hierbei von Gottfredsons und Hirschis (Hirschi/Gottfredson 1983, S. 554) These aus, dass der Ertrag von Langzeitstudien in keinem vernünftigem Verhältnis zu dem damit verbundenen Aufwand und den Kosten stünde, da dabei keinerlei Korrelate von Delinquenz ermittelt werden könnten, die nicht auch durch Querschnittsstudien gefunden werden. Loeber/LeBlanc (1990, S. 423) verweisen darauf, dass dieser These ihre Gültigkeit dann nicht abzusprechen ist, wenn sich Langzeitstudien auf die Untersuchung von mit Delinquenz korrelierenden Faktoren beschränken. Werden die Daten jedoch auf der Basis von Kausalmodellen erhoben und interpretiert, die eine zeitliche Abfolge und Veränderungen der korrelierenden Faktoren und ihrer Wirkungen im Lebensverlauf mit einschließen, wird durch Langzeitstudien eine klare Differenzierung zwischen Ursachen und Korrelaten überhaupt erst möglich.

Zentral für die Argumentation von Gottfredson/Hirschi ist ihre These, dass die Altersverteilung von kriminellem Verhalten unter verschiedenen sozialen und kulturellen Bedingungen invariant ist und es direkte kausale Effekte des Alters auf Kriminalität als quasi anthropologische Konstante gibt. Diese These wurde besonders von den Verfechtern des Karriereparadigmas scharf zurückgewiesen. Denn nach ihrer Ansicht zeigen zahlreiche empirische Studien, dass die Altersverteilung der Kriminalität sehr wohl im Laufe der Zeit und je nach Art der Straftat variiert (vgl. Blumstein/Cohen/Farrington 1988a, 1988b Farrington 1986a, Greenberg 1985, Steffensmeier/Allan/Harer/Streifel 1989). Eine solche Widerlegung der Invarianzhypothese durch den Hinweis auf die Differenzen der deliktspezifischen Maximumalter und die unterschiedlichen Steigungen der Kurven scheidet für Gottfredson/Hirschi aus, da es sich bei diesen Differenzen lediglich um Erhebungsartefakte handle, die grundsätzlich den Verlauf der Alterskurve nicht widerlegen: „Although some variability is found for some offenses and in some data sets, this variability is quite small compared with the robust nature of the general age effect, and is perhaps best thought of as reflecting misconceptualization of the dependent variable" (Hirschi/Gottfredon 1995, S. 135).

Selbst wenn man diese empirischen Einwände ignoriert und mit Gottfredson/Hirschi die Alters-Kriminalitäts-Kurve als über verschiedene Kulturen, Delikte und Zeiträume konstant bleibend betrachtet, ist es nicht zwingend, diesen Verlauf als eine Art Naturkonstante zu interpretieren. Aus dem Umstand, dass bislang keine sozialwissenschaftliche Erklärung für diesen universellen Rückgang der Kriminalität gefunden wurde, zu schließen, dass es eine solche Erklärung auch nicht gibt, ist logisch unzulässig. In der Theorie von Gottfredson/Hirschi ist eine solche sozialwissenschaftliche Erklärung selbst angelegt. Sie erklären Kriminalität aus dem Zusammenspiel von individueller Neigung und spezifischen Gelegenheitsstrukturen. Für den Anstieg der Kriminalität im Jugendalter machen sie die veränderte Opportunitätsstruktur in Zusammenhang mit überindividuellen, gesellschaftlich vorgegebenen Rollen- oder Statusübergängen vom Kind zum Jugendlichen verantwortlich. Denkbar wäre nun, dass auch der Rückgang von Kriminalität einem solchen Rückgang der Opportunitäten geschuldet ist. Dieser wiederum könnte mit altersabhängigen überkulturellen und über längere historische Perioden gleichbleibenden Rollenveränderungen zusammenhängen. Dies hieße aber auch „externe" Kontrolle" z. B. in Form von sozialen Rollen oder sozialen Bindungen ins Zentrum der Erklärung von Kriminalität zu rücken, wie dies beispielsweise Sampson/Laub tun. Genau dies machen Gottfredson/Hirschi jedoch nicht, da damit zeitlich variable Faktoren zur Erklärung des Phänomens herangezogen werden müssten und „low self-control" als stabiles Erklärungskonzept für Kriminalität nicht mehr ausreichen würde. Dies zwänge sie auch zu einer Modifikation ihrer Position in der Methodendiskussion, da solche zeitlich variablen situativen Faktoren nur in Langzeitstudien erfassbar wären.

Entgegen dem Namen „A General Theory of Crime" zielt der Ansatz von Gottfredson/Hirschi nicht so sehr auf die Erklärung von Kriminalität ab, sondern allgemeiner auf die Erklärung sozialer Auffälligkeiten. Auch wenn deren unterschiedliche Formen von situativen Faktoren abhängig sind, sind sie Ausdruck einer gemeinsamen Ursache: einer geringen Selbstkontrolle. Damit ist jedoch ein gravierendes Abgrenzungsproblem verbunden. Welche Auffälligkeiten sind Ausdruck einer geringen Selbstkontrolle und welche nicht? Gottfredson/Hirschi beantworten diese Frage nur mit der Aufzählung verschiedener Auffälligkeiten. Damit wird nicht nur der Zusammenhang von Ursache und Wirkung sehr unscharf, sondern der Erklärungsansatz erhält gewisse tautologische Züge: Soziale Auffälligkeiten werden mit einer niedriger Selbstkontrolle erklärt, die in diesen sozialen Auffälligkeiten überhaupt erst erfassbar sind.

3.5 Folgerungen für die eigene Untersuchung

Die Theorie der altersabhängigen sozialen Kontrolle von Sampson/Laub ist von allen vorgestellten Ansätzen am besten geeignet, die unterschiedlichen Delinquenzverläufe, wie wir sie in Kapitel 2 aufgezeigt haben, zu erklären. Die Reichweite dieses Erklärungsansatzes erstreckt sich auch auf Delinquenzentwicklungen im mittleren und späten Erwachsenenalter, die weder von den klassischen Theorien noch von den anderen entwicklungsdynamischen Ansätzen adäquat erfasst werden. Eine weitere Stärke ihres Ansatzes besteht darin, dass er zahlreiche Anknüpfungspunkte bietet für andere theoretische Ansätze, so z. B. zur Lerntheorie, zu „rational choice"-Ansätzen oder zu Labelingtheorien. Zudem lieferten Sampson/Laub mit ihrer Reanalyse der Langzeituntersuchung „Unraveling Juvenile Delinquency" des Ehepaars Glueck eine beeindruckende empirische Untermauerung ihrer Theorie.

In den nachfolgenden Analysen zur Kriminalitätsentwicklung im Lebenslauf der Probanden der Tübinger Jungtäter-Vergleichsuntersuchung orientieren wir uns deshalb weitgehend an der „altersabhängigen sozialen Kontrolltheorie“ von Sampson/Laub. Von ihr leiten wir unsere wichtigsten Arbeitshypothesen ab. Soweit es sich anbietet, werden wir aber auch andere der aufgeführten Theorieansätze in unsere Analysen einbeziehen. Dies gilt insbesondere für den Ansatz von Gottfredson/Hirschi. Denn obwohl Gottfredson/Hirschi auf die Ausarbeitung einer Erklärung im engeren Sinne für unterschiedliche Delinquenzentwicklungen verzichteten – eine solche Erklärung ist ihrer Ansicht nach infolge der Invarianz der Alterskurve und der Stabilität von „low self-control“ auch nicht sinnvoll – formulieren sie in vielen Punkten die Antithesen zu Sampsons und Laubs entwicklungsdynamischem Theorieansatz.

Beide Erklärungsansätze, die „altersabhängige soziale Kontrolltheorie“ von Sampson/Laub und die „allgemeine Kriminalitätstheorie“ von Gottfredson/Hirschi, gehen von einer kontrolltheoretischen Grundposition aus, die delinquentes Verhalten in fehlenden Verhaltenskontrollen begründet sieht. Während Sampson/Laub die sich im Lebenslauf verändernden äußeren Einbindungen in den Mittelpunkt ihres Erklärungsansatzes stellen, ist das zentrale Erklärungskonzept von Gottfredson/Hirschi die über den Lebenslauf stabile interne (Selbst-)Kontrolle eines Individuums. In beiden Ansätzen spielt die familiale Sozialisation eine zentrale Rolle für die Entstehung sozialer Auffälligkeiten im Kindes- und frühen Jugendalter. Der entscheidende Unterschiede zwischen den Erklärungsansätzen liegt in der Bedeutung, die diesen frühen Sozialisationserfahrungen für den weiteren Lebensweg zugesprochen wird. Nach Gottfredson/Hirschi bleibt die in der Kindheit entstandene Selbstkontrolle über das ganze Leben stabil und prägt das Verhalten auch in späteren Lebensabschnitten. Demgegenüber ist es das zentrale Argument von Sampson/Laub, dass eine solche strikte Determination durch frühe Sozialisationserfahrungen nicht existiert. Entscheidend für das Verhalten eines Individuums sind die sozialen Bindungen zu den in den jeweiligen Lebensabschnitten relevanten gesellschaftlichen Institutionen informeller sozialer Kontrolle. In der Jugend sind dies neben der Familie auch die Schule und die Gruppe der Gleichaltrigen. Die Protagonisten beider Erklärungsansätze stimmen zwar darin überein, dass bei delinquenten Jugendlichen, häufiger Schulprobleme und delinquente Peers zu beobachten sind als bei nicht delinquenten Jugendlichen. Sie interpretieren diesen Zusammenhang jedoch unterschiedlich: Nach Sampson/Laub sind ein geringes Engagement und Interesse in der Schule und der Kontakt zu delinquente Peers Ausdruck einer geringen informellen sozialen Kontrolle in diesen Lebensbereichen, von der eine von der familialen Einbindung unabhängige Wirkung auf das Legalverhalten ausgeht. Nach Gottfredson/Hirschi spiegelt sich darin lediglich die stabile Disposition zur Abweichung wieder: Schulprobleme und delinquente Peers sind wie auch die Kriminalität Folge, aber nicht Ursache fehlender Selbstkontrolle.

Für unsere Arbeit interessant sind die beiden Ansätzen besonders dadurch, dass sie nicht nur Erklärungen für die Entstehung von Kriminalität im Kindes- und Jugendalter anbieten, sondern auch explizit die Entwicklung von Kriminalität in späteren Lebensphasen thematisieren. Sampson/Laub erklären die bei einigen Individuen beobachtbare Kontinuität von Kriminalität über mehrere Lebensabschnitte hinweg als die Folge einer Kontinuität schwacher Bindungen an die Gesellschaft. Dabei reduzieren schwache Einbindungen in der Kindheit und Jugend und besonders die mit Kriminalität verbundenen Zuschreibungs- und Selektionsprozesse die Chancen von Straftätern, in späteren Lebensphasen starke Bindungen aufzubauen Die sozialen Einbindungen eines Individuums in späteren Lebensabschnitten werden zwar von der Vorgeschichte beeinflusst, doch können sie sich durch Statusübergänge oder bestimmte Lebensereignisse verändern. Die damit verbundenen Veränderungen in der informellen sozialen Kontrolle führen nicht nur zu Veränderungen im Legalverhalten, sondern auch zu Veränderungen in der gesamten Lebensführung. Ein Ende der strafrechtlichen Auffälligkeiten bedeutet demnach auch ein Ende anderer sozialer Auffälligkeiten. Nach dem Erklärungsansatz von Hirschi/Gottfredson kommt es bei allen Straftätern unabhängig von spezifischen sozialen Interaktionen mit fortschreitendem Alter zu einem Rückgang der Kriminalität. Dieser Rückgang ist jedoch lediglich eine Veränderung in der Ausdrucksform der über den Lebenslauf stabilen geringen Selbstkontrolle. Auch wenn die Kriminalität mit dem Alter zurückgeht, zeigt sich die geringe Selbstkontrolle der Straftäter immer noch in anderen sozialen Auffälligkeiten. Darüber hinausgehende Variationen in der Kriminalitätsbelastung von Straftätern im Lebenslauf sind lediglich situativen Faktoren geschuldet. Hinter ihnen steht jedoch keine grundsätzliche Verhaltensänderung der Individuen.

In Abbildung 3 sind die Argumentationen der beiden Erklärungsansätze zur Kontinuität und Diskontinuität sozialer Auffälligkeiten im Lebenslauf kontrastiv zusammengefasst. Die Fragestellungen, denen wir vor dem Hintergrund dieser Erklärungsansätze in den nachfolgenden Analysen nachgehen wollen, lassen sich in zwei große Themenkomplexe gliedern:

1. Soziale Einbindung und Kriminalität in der Kindheits- und Jugendphase

- Welchen Zusammenhang gibt es zwischen Kriminalität und informeller sozialer Kontrolle in der Kindheit und Jugend?
- Welche Rolle spielen strukturelle Belastungen für den familialen Kontrollprozess und für die Delinquenzentwicklung in diesem Lebensabschnitt? Sind die sozio-ökonomische Situation oder Strukturmerkmale der Familie unabhängige Einflussfaktoren auf Kriminalität oder werden sie wie dies Sampson und Laub vertreten, durch den familialen und schulischen Kontrollprozess mediatisiert?
- Welche Bedeutung haben frühe Verhaltensauffälligkeiten für die Genese von Kriminalität? Liegt in ihnen die gemeinsame Ursache für Kriminalität und gestörten Interaktionen in Familie und Schule?
- Handelt es sich bei der Schule und der Gleichaltrigen Gruppe („Peers") um von der familialen Sozialisation unabhängige Einflussfaktoren oder spiegelt sich in Schulproblemen und delinquenten Peers nur der Selbstselektionsprozess sozial auffälliger Probanden wieder?

- Sind mit der sozialen Kontrolltheorie von Sampson/Laub alle Formen sozialer Auffälligkeiten im Jugendalter zu erklären, d. h. eine häufige und schwere genauso wie eine leichte und episodenhafte Involvierung in Kriminalität?

2. *Soziale Einbindung und Kriminalität im Erwachsenenalter*

- Wie ist der Zusammenhang von Kriminalität in der Jugend und Kriminalität in späteren Lebensphasen?
- Welche Bedeutung hat die soziale Kontrolle in der Jugend für die Delinquenzentwicklung in späteren Lebensabschnitten?
- Gibt es eine Kontinuität von Kriminalität in dem Sinne, dass eine starke Kriminalitätsinvolvierung in einer Lebensphase eine starke Kriminalitätsinvolvierung in den nachfolgenden Lebensabschnitten wahrscheinlicher macht?
- Ist das Gesamtbild der Kriminalität in der Tübinger-Jungtäter-Vergleichsuntersuchung eher von Kontinuität oder von Brüchen und Veränderungen geprägt? Welche Verlaufsmuster von Kriminalität gibt es bis zum mittleren/späten Erwachsenenalter?
- Sind die verschiedenen Verlaufsmuster nur Ausdruck stabiler individueller Differenzen oder gehen Veränderungen im Legalverhalten im Erwachsenenalter einher mit Veränderungen in der sozialen Einbindung in diesem Lebensabschnitt?
- Ist mit einem Ende der offiziellen Straffälligkeit auch ein Ende sozial auffälligen Verhaltens in anderen Lebensbereichen verbunden oder kommt es nur zu einer Verlagerung der Auffälligkeiten?

Abbildung 3: Gegenüberstellung der „altersabhängigen sozialen Kontrolltheorie" von Sampson/Laub und der „allgemeinen Kriminalitätstheorie" von Gottfredson/Hirschi

	Sampson/ Laub	*Gottfredson/ Hirschi*
Gemeinsamer Ausgangspunkt	Grundgedanke der Kontrolltheorie: Abweichendes Verhalten ist dann wahrscheinlich, wenn die Bindungen des Individuums zur Gesellschaft schwach oder zerbrochen sind.	
Erklärung sozialer Auffälligkeiten	Sozial auffälliges Verhalten als Folge schwacher oder fehlender aktueller Anbindungen an Institutionen informeller sozialer Kontrolle.	Sozial auffälliges Verhalten als Folge geringer Selbstkontrolle („low self-control"), die in der frühen Sozialisation begründet liegt und sich im Lebenslauf kaum verändert.
Kontinuität	Schwache soziale Bindungen und soziale Auffälligkeiten in der Kindheit und Jugend führen über Selektions- und Zuschreibungsprozesse zu schwachen sozialen Bindungen im Erwachsenenalter. Diese wiederum machen in dieser Lebensphase soziale Auffälligkeiten wahrscheinlicher.	Die Kontinuität von sozialer Auffälligkeit ist Folge einer lebenslangen Kontinuität von geringer Selbstkontrolle, die infolge von Selbstselektionsprozessen feste soziale Bindungen unwahrscheinlich macht.
Veränderung	Die Veränderung der sozialen Auffälligkeiten im Lebenslauf ist Ausdruck einer Veränderung der sozialen Einbindungen des Individuums. Die Veränderung der sozialen Einbindung wiederum ist Folge einzelner Lebensereignisse und Rollenübergänge. Hinter Veränderungen bei der offiziellen registrierten Kriminalität stehen auch Veränderungen hinsichtlich der allgemeinen Lebensführung, d. h. auch Veränderungen hinsichtlich anderer sozialer Auffälligkeiten.	Kriminalität ist nur eine situations- und altersabhängige Ausdrucksform von niedriger Selbstkontrolle. Es gibt nur eine Veränderung in der Erscheinungsform, d. h. die niedrige Selbstkontrolle zeigt sich in anderen Lebensbereichen und anderen sozialen Auffälligkeiten. Hinter Veränderungen der offiziell registrierten Kriminalität steht eine Kontinuität von niedriger Selbstkontrolle und somit eine Kontinuität von sozialen Auffälligkeiten jenseits von Kriminalität.

4 Die Tübinger Jungtäter-Vergleichsuntersuchung

4.1 Zur Anlage der Studie

Die von Hans Göppinger initiierte Tübinger Jungtäter-Vergleichsuntersuchung war eine der ersten in der Bundesrepublik Deutschland durchgeführten kriminologischen Längsschnittuntersuchungen. Ihr zentrales Anliegen war es, so genau wie möglich die Lebenssituationen, aber auch die lebensgeschichtliche Entwicklung von Straftätern nachzuzeichnen. Göppinger entschied sich, nicht einzelnen kriminologischen Hypothesen nachzugehen, sondern über eine Vielzahl von Faktoren ihre Lebensgeschichte zu rekonstruieren. Dieser sogenannte „multifaktorielle" Forschungsansatz hatte zur Folge, dass Mitarbeiterinnen und Mitarbeiter der verschiedenster wissenschaftlicher Disziplinen – Soziologie, Psychologie, Sozialarbeit, Medizin und Jura – bei diesem Projekt zusammenarbeiteten und ihre jeweiligen Fachkenntnisse einbrachten. Für unsere Arbeit erweist sich dieser multifaktorielle Ansatz als ein Glücksfall, da es aufgrund der Vielfalt der erhobenen Dimensionen möglich ist, theoretische Überlegungen der aktuellen kriminologischen Diskurse auf ihre Tragfähigkeit zu prüfen.

Der Vorwurf der Theorielosigkeit beziehungsweise der Beliebigkeit, denen multifaktorielle Ansätze oft ausgesetzt waren und sind, erweist sich angesichts der „Konjunkturschwankungen" kriminologischer Theorien als kurzsichtig. Viele der modernen kriminologischen Theorien verweisen bei ihren Erklärungen von Kriminalität auf komplexe Interaktionen zwischen Person, sozialem Nahfeld und sozialstrukturellen Einflussfaktoren. Sie beziehen sich oftmals auf Überlegungen aus den verschiedensten kriminologischen Theorien. Gerade die kriminologischen Langzeitstudien, die sich eines multifaktoriellen Ansatzes bedienten, erweisen sich deshalb als fruchtbares Forschungsfeld für moderne Theorien. Ein Beispiel dafür ist die Überprüfung der altersabhängigen sozialen Kontrolltheorie durch Sampson/Laub anhand der ursprünglich von dem Forscherehepaar Glueck in den 40er Jahren initiierten Längsschnittuntersuchung „Unraveling Juvenile Delinquency". Diese Reanalyse hat in den 90er Jahren eine bis heute andauernde Debatte vor allem in der amerikanischen Verlaufsforschung ausgelöst.

Die aus rein wissenschaftlicher Sicht sicher sinnvolle Forderung, dass für eine genaue Überprüfung neuerer Theorieansätze eine eigenständige Langzeitstudie begonnen werden müsste, ist angesichts der Schwierigkeiten in der Forschungspraxis – dem sehr hohen Kostenaufwand, der langjährigen Forschungsförderung, der personellen wissenschaftlichen Kontinuität, dem Datenschutz und der Bereitschaft der Untersuchungsprobanden zur langjährigen Mitarbeit – unrealistisch. Der entscheidende Punkt jedoch ist, dass bei einer Verlaufsuntersuchung, die mehrere Lebensphasen umfassen würde, erste Ergebnisse erst in Jahrzehnten vorliegen würden. So gesehen erweist sich die Tübinger Jungtäter-Vergleichsuntersuchung als eine sehr aktuelle Untersuchung. Nicht nur die Reichhaltigkeit von Einflussfaktoren, sondern auch die Nähe zur Gegenwart – die letzte Interviewwelle mit den Probanden wurde im Zeitraum 1987 bis 1995 durchgeführt – ermöglichen eine Analyse von Kriminalität im Lebensverlauf, die weit über die Jugendphase hinaus geht. Die immer wieder beklagten Forschungsdefizite im Bereich der Erwachsenenkriminalität und speziell über den Zusammenhang von Jugend- und Erwachsenenkriminalität, können mit der Tübinger Jungtäter-Vergleichsuntersuchung zum Teil kompensiert werden.

Die Tübinger Jungtäter-Vergleichsuntersuchung (TJVU) besteht aus zwei Stichproben, die 1965 nach dem Zufallsprinzip gezogenen wurden: die erste Stichprobe, die sogenannte Häftlingsgruppe oder auch H-Probanden, umfasst 200 männliche Häftlinge der Landesstrafanstalt Rottenburg (Landgerichtsbezirk Tübingen), die (noch) eine Freiheitsstrafe von mindestens sechs Monaten zu verbüßen hatten und zwischen 20 und 30 Jahren alt waren (das durchschnittliche Alter betrug 24,9 Jahre). Die obere Grenze für die in der Landesstrafanstalt Rottenburg vollzogene Gefängnisstrafe betrug damals gemäß § 13 StGB (alte Fassung) 5 Jahre[71]. Das Auswahlkriterium bezog sich also auf Straftäter, deren Gefängnisstrafen zwischen 6 Monaten und 5 Jahren betrug.

Die zweite Stichprobe, die Vergleichsgruppe oder auch V-Probanden, besteht aus 200 jungen Männern, die aus den Einwohnermelderegistern des damaligen Haupteinzugsgebiets der Strafanstalt Rottenburg, den Landgerichtsbezirken Rottweil, Hechingen, Tübingen und Stuttgart in einem zweistufigen zufallsgesteuerten Auswahlverfahren gezogen wurden. Die 200 V-Probanden sind eine repräsentative Stichprobe aller in den 869 Gemeinden des Einzugsbereichs lebenden 240 924 Männer zwischen 20 und 30 Jahren (das durchschnittliche Alter der V-Probanden betrug 26 Jahre). Die Auswahlkriterien bezogen sich auf die Kategorien Geschlecht, Alter und Wohnsitz – die gemeinsamen Auswahlkriterien für beide Samples – nicht jedoch auf die Delinquenzentwicklung.

Die Erstuntersuchung dieser beiden Gruppen wurde im Tübinger Institut für Kriminologie unter der Leitung von Hans Göppinger zwischen 1965 und 1970 durchgeführt. Dabei ging es u. a. darum, den Lebensverlauf der 400 Probanden von der Geburt bis zum Untersuchungszeitpunkt nachzuzeichnen. Die Basis hierfür bildeten umfangreiche Analysen von Gerichts-, Polizei-, Jugendamt- oder Schulakten, Berichte von und Gespräche mit Lehrern, lokalen Polizeibehörden, Nachbarn, Arbeitgebern, Verwandten und sonstigen Bezugspersonen und schließlich umfangreiche Explorationen, Interviews und psychologische Testreihen mit den Probanden selbst. Der konkrete Forschungsprozess wird von Maschke (1987) wie folgt charakterisiert: „Besonderes Gewicht wurde dabei auf möglichst umfassende und zuverlässige Informationen und Erkenntnisse gelegt. Dies konnte zum einen vor allem durch das Ausschöpfen der verschiedensten Quellen, zum anderen aber dadurch erreicht werden, dass die Erkenntnisse, die die einzelnen Untersucher aus ihrer (Fach-) Perspektive über den jeweiligen Probanden gewonnen hatten, in mehreren unterschied-

71 Bei längeren Gefängnisstrafen kam nur eine Zuchthausstrafe in Betracht.

lich zusammengesetzten Kommissionen auf ihre Übereinstimmung geprüft und gegebenenfalls durch weitere Nachforschungen Widersprüche aufgeklärt und Erkenntnislücken geschlossen wurden" (S. 29). Maschke verweist darauf, dass angesichts der unterschiedlichen Informationsquellen und dem Umstand, dass sich immer mehrere Forscher mit dem gleichen Probanden beschäftigten, der Wahrheitsgehalt der Aussagen in Bezug auf die Persönlichkeit und das soziale Umfeld als sehr hoch einzuschätzen sei. Eine umfassende Zusammenstellung und Bewertung der TJVU-Erstuntersuchung findet sich in monographischen Bänden von Göppinger (1983, 1985) und darüber hinaus im Lehrbuch der Kriminologie von Göppinger (1997).

Um den Lebensweg der Probanden auch über den Erstuntersuchungs-Zeitraum hinaus zu verfolgen, wurden zunächst für alle 400 Probanden – später nur noch für das H-Sample – in regelmäßigen Abständen die Bundeszentralregister-Auszüge ausgewertet. Die letzten Anfragen beim Bundeszentralregister erfolgten in den Jahren 1990 bis 1992. Zudem wurde unter der Leitung des neuen Institutsdirektors, Hans-Jürgen Kerner, zwischen 1987 und 1995 eine Nachfolgeuntersuchung durchgeführt, in deren Verlauf mehr als die Hälfte der Probanden interviewt werden konnte. Ziel der Nachuntersuchung war eine möglichst weitgehende Erfassung des Werdegangs der Probanden seit der Erstuntersuchung.

Über die Daten der Erstuntersuchung hinaus liegen uns die offiziellen Delinquenzdaten nach den Bundeszentralregister-Auszügen vollständig für alle 200 H-Probanden bis zu deren 32. Lebensjahr vor. Danach kommt es durch den Tod[72] von Probanden, durch ihr unterschiedliches Alter zum Erhebungszeitpunkt, durch Flucht oder Umzug ins Ausland zunehmend zu Ausfällen: Für das 39. Lebensjahr haben wir noch für 176 H-Probanden gültige Delinquenzdaten und für das 46. Lebensjahr noch für 61 H-Probanden.

Für die 200 V-Probanden liegen lückenlose Delinquenzdaten ebenfalls bis zum 32. Lebensjahr vor. Zwar konnten für 149 der 200 V-Probanden Anfang der 90er Jahre erneut Bundeszentralregister-Auszüge gezogen werden, jedoch weisen alle V-Probanden für die Zeit ab Mitte der 70er bis Anfang/Mitte der 80er Jahre Lücken in ihrer Delinquenzgeschichte auf, da in diesem Zeitraum für die V-Probanden keine Bundeszentralregister-Auszüge erhoben wurden. Die vorhandenen Datenlücken lassen gerade Kontinuitätsanalysen für diese Gruppe als wenig valide erscheinen.

Wir werden uns deshalb in den folgenden Analysen, soweit sie sich auf die Delinquenzentwicklung über das 32. Lebensjahr hinaus beziehen, weitgehend auf die H-Probanden beschränken. Für insgesamt 240 Probanden, davon 122 H- und 118 V-Probanden, liegen Daten der Nachuntersuchung vor, d. h. für diese Probanden kann der Lebensweg jenseits der offiziellen Delinquenzentwicklung bis zum Ende der vierten Lebensdekade verfolgt werden. Abbildung 4 gibt einen Überblick über die einzelnen Erhebungsstufen und Samplegrößen der Tübinger-Jungtäter-Vergleichsuntersuchung.

[72] Bis zum Jahre 1995, dem vorläufigen Abschluss der Nachuntersuchung, sind insgesamt 40 Probanden verstorben. Davon gehörten 22 dem ursprünglichen H-Sample und 18 dem V-Sample an.

Abbildung 4: Übersicht über die Tübinger Jungtäter-Vergleichsuntersuchung (TJVU)

Erstuntersuchung 1965-1970

Vergleich einer Häftlingspopulation (H-Probanden, N=200) mit einer Durchschnittspopulation (V-Probanden, N=200).

Einschlusskriterien für das Sample der H-Probanden:

- Alter zwischen 20 und 30 (Durchschnittsalter 24,9 Jahre)
- männlich
- deutsch
- eine mindestens sechsmonatige Haftstrafe in der JVA Rottenburg

Für die Auswahl der V-Probanden wurden ein zweistufiges Auswahlverfahren gewählt. In einem ersten Selektionsverfahren wurden alle männlichen deutschen Probanden im Alter zwischen 20 und 30 Jahren aus dem Einzugsgebiet der JVA Rottenburg ausgewählt. In einer zweiten Selektion wurden dann durch eine Zufallsauswahl 200 V-Probanden herausgefiltert.

Erhebungsmethoden:

Retrospektive Datenerfassung durch Befragungen (Biographie, soziales Umfeld, Devianz beziehungsweise Delinquenz) der Probanden, Aktenanalysen, Drittbefragungen (Eltern, Lehrer, Nachbarn etc.), psychiatrische Explorationen, psychologische und medizinische Tests.

Nachuntersuchung 1987-1995

Nachuntersucht wurden insgesamt 240 Probanden, davon 122 H-Probanden und 118 V-Probanden.

Erhebungsmethoden:

Befragung der Probanden und Aktenanalyse (Strafregisterauszüge und Strafakten)

Delinquenzdatenerhebung nach Bundeszentralregister-Auszügen

Valide Delinquenzdaten liegen vor

- für je 200 H- und V-Probanden bis zum 32. Lebensjahr
- für 176 H-Probanden bis zum 39. Lebensjahr
- für 61 H-Probanden bis zum 46. Lebensjahr

Wir wollen uns in der folgenden Beschreibung der Tübinger Jungtäter-Vergleichsuntersuchung zuerst mit der Frage der Repräsentativität der Studie beschäftigen und einen Überblick über die Art und Schwere der in der TJVU erfassten Kriminalität geben. Da die meisten unserer Forschungshypothesen auf die „altersabhängige soziale Kontrolltheorie“ von Sampson/Laub Bezug nehmen, deren empirische Überprüfung an der Glueck/Glueck-Studie „Unraveling Delinquency“ durchgeführt wurde, werden wir daran anschließend die Gemeinsamkeiten und Unterschiede der Tübinger Jungtäter-Vergleichsuntersuchung mit dieser Studie diskutieren. Dieser Vergleich zeigt auch, wo die Schwächen, aber auch die besonderen Stärken der TJVU liegen, und erleichtert dadurch die Nachvollziehbarkeit der nachfolgenden Analysen mit diesem nicht ganz einfachen Datensatz.

4.2 Zur Repräsentativität der TJVU

Vor allem Keske (1979, 1983) hat sich ausführlich mit der Frage der Repräsentativität der im H-Sample vertretenen Delinquenz beschäftigt. Sie verglich die wenigen Merkmale, die in der Strafverfolgungs- und Strafvollzugsstatistik über die Strafgefangenen der Bundesrepublik Deutschland der Jahre 1965 bis 1969 erfasst wurden, mit den entsprechenden Merkmalen der H-Probanden. Verglichen wurde die Altersverteilung, die Strafhöhe, die Anzahl der Vorstrafen, die schwerste Vorstrafe, sowie die Wiedereinlieferungsabstände. Aufgrund der spezifischen Erfassungsart dieser Statistiken war ein exakter Vergleich nicht möglich. Auf Grundlage der gegebenen Vergleichsmöglichkeiten kommt Keske jedoch zu dem vorsichtigen Schluss, dass die H-Probanden durchaus als repräsentativ für die Gesamtpopulation der Häftlinge in dieser Altersspanne zu dieser Zeit anzusehen sind.[73] Für weitergehende Repräsentativitätsanalysen können wir zudem auf die Arbeiten von Göppinger (1983) und Mischkowitz (1993) verwiesen. Der Grundtenor dieser Analysen ist, dass die ausgewählte Häftlingspopulation als durchaus repräsentativ für die gesamte Häftlingspopulation der Bundesrepublik Deutschland zum Zeitpunkt der Ersterhebungsphase angesehen werden kann.

Auch in Bezug auf die V-Probanden wurden einige Repräsentativitätsanalysen unternommen. Verglichen wurden die Dimensionen Schichtzugehörigkeit, Intelligenzquotient und Vorstrafenquote. Es stellte sich heraus, dass die Gruppe der V-Probanden insgesamt etwas „günstiger“ liegt als der bundesdeutsche Durchschnitt. Göppinger (1983, S. 12) schreibt bezüglich der Schichtzugehörigkeit: „Während die V-Probanden nach ihrer *Herkunftsschicht* der Stichprobe von Kleining/Moore gleicht, ergibt sich bezüglich der *Eigenschicht* innerhalb der Unterschicht eine Verschiebung zugunsten der oberen Unterschicht, d. h. von den Gelegenheits- und Hilfsarbeiter zu den Facharbeitern.“ Die Gründe hierfür sah Göppinger zum einen in der Art der Erhebung selbst: Die Einwohnermeldekarteien, auf denen die Auswahl basierte, haben häufig Datenerfassungsdefizite im Bereich von Nichtsesshaften und Personen, die ohne Ummeldung den Wohnsitz wechseln, also Personen, die eher dem unteren Ende der Schichtskala zuzuordnen sind. Zum anderen liegen die Gründe in einer „Überrepräsentation von Studenten infolge der regionalen Häufung von

[73] Zudem hat Dolde (1978) darauf hingewiesen, dass zur Zeit der Untersuchung 60% der männlichen Insassen von Vollzugsanstalten (ohne Jugendstrafvollzug und damalige Zuchthäuser), die eine Strafe von mehr als 6 Monaten zu verbüßen hatten, zwischen 20 und 30 Jahren alt waren. Das ist exakt die Alterspanne der Probanden zur Zeit der Erstuntersuchung.

Hochschulen im Raum Tübingen, Reutlingen und Stuttgart" (Göppinger 1983, S. 12). Beide Bedingungen führen zu einer leichten Verzerrung in Bezug auf die Repräsentativität, die jedoch für unsere weiteren Analysen keine Rolle spielt. Zum Zeitpunkt der Erstuntersuchung betrug die Vorstrafenquote des V-Samples 23%, wobei knapp zwei Drittel dieser Probanden wegen Verkehrsdelikten verurteilt wurden. Nur ein Drittel der vorbestraften V-Probanden wurden auch wegen klassischer Delikte (Dolde 1978, S. 77) verurteilt. Der bundesrepublikanische Durchschnittswert bezüglich der Vorstrafenquote betrug in diesem Zeitabschnitt zwischen 25% und 30% (Keske 1979).

Ein weiterer aufschlussreicher Vergleich hinsichtlich der Repräsentativität sind die in den Abbildung 5 und Abbildung 6 dargestellten Alters-Kriminalitäts-Kurven für die H- und V-Probanden, sowie die Alters-Kriminalitäts-Kurve für die H-Probanden, für die valide Delinquenzdaten bis zum 46. Lebensjahr vorliegen (Abbildung 7).

Abbildung 5: Anzahl der Verurteilungen der H-Probanden zwischen dem 15. und dem 32. Lebensjahr (N=200)

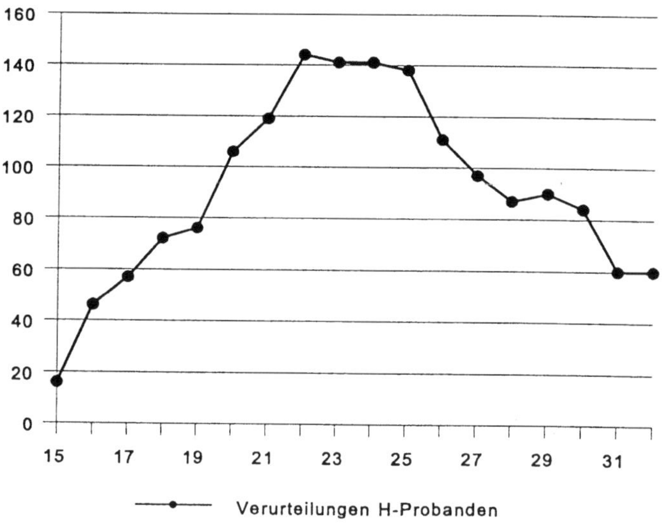

Abbildung 6: Anzahl der Verurteilungen bei den V-Probanden zwischen dem 15. und dem 32. Lebensjahr

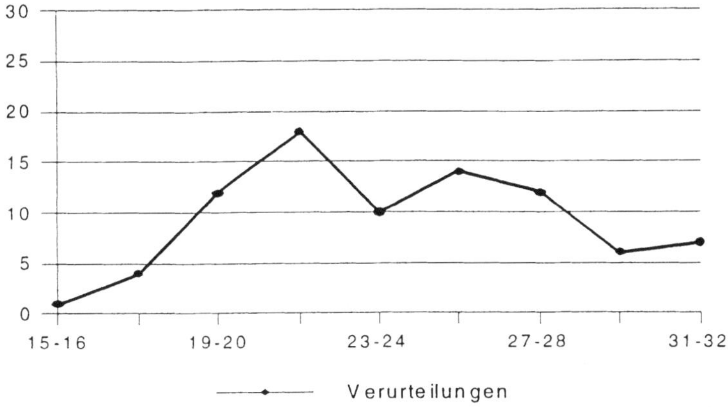

Abbildung 7: Anzahl der Verurteilungen der H-Probanden, für die Verurteilungsdaten vom 15. bis zum 46. Lebensjahr erhoben wurden (N=61)

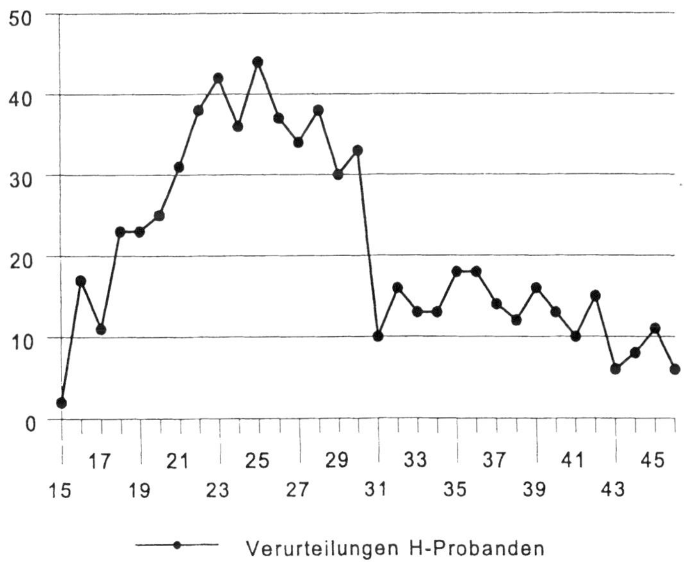

Bei den Untersuchungspopulationen der Tübinger Jungtäter-Vergleichsuntersuchung kommt es zu einem steilen Anstieg der Verurteilungen bis zur Mitte der dritten Lebensdekade, um dann erst allmählich und ab Anfang der vierten Lebensdekade stärker abzufallen. Die spezifische Struktur der Alters-Kriminalitäts-Verteilung findet sich also auch bei der Delinquenzentwicklung einer Häftlingspopulation wieder. Nun könnte man vermuten, dass der allgemeine Rückgang der Kriminalität vor allem den Probanden geschuldet ist, die in ihrer Jugend und frühen Heranwachsenden-Phase nicht so tief in Kriminalität verstrickt sind. Die Delinquenz-Verteilungen der verschiedenen Sanktionsgruppen über die Zeitabschnitte hinweg zeigt jedoch ein anderes Bild (siehe Tabelle 15): Immer weniger Täter begehen immer weniger Straftaten. Hatten beim Höhepunkt der kriminellen Aktivität zwischen dem 19. und 25. Lebensjahr noch 41% der H-Probanden fünf oder mehr Verurteilungen, so umfasst ihr Anteil im Altersabschnitt 33.-39. Lebensjahr nur noch 8,5%.

Tabelle 15: Anzahl der Verurteilungen, H-Probanden

	15-18. Lj.	*19-25. Lj.*	*26-32. Lj.*	*33-39. Lj.*	*40-46. Lj.*
0	105(52,5%)	7 (3,5%)	26 (13%)	73(41,8%)	35(57,3%)
1-2	66 (33%)	48 (24%)	74 (37%)	54(30,9%)	18(29,5%)
3-4	25(12,5%)	63(31,5%)	56 (28%)	34(19,3%)	8(13,1%)
5 und mehr	42 (2%)	82 (41%)	44 (22%)	15 (8,5)	0
	N=200	N=200	N=200	N=176	N=61

Eine weitere wichtige Dimension zur Charakterisierung der Tübinger Jungtäter-Vergleichsuntersuchung ist die Art der Delikte, auf denen die Verurteilungen beruhten. Wie man aus Tabelle 16, in der die Anzahl der deliktsspezifischen Verurteilungen getrennt nach H- und V- Probanden abgebildet sind, erkennen kann, wird von den H-Probanden ein großer Teil der klassischen Strafrechtsdelikte abgedeckt. Obwohl der Schwerpunkt der Verurteilungen bei Vermögens-, Eigentums- und Verkehrsdelikten liegt, sind die Häufigkeiten der Verurteilungen von Straftaten, die gegen die körperliche Integrität gerichtet sind, nicht unbeträchtlich.

Tabelle 16: Deliktsspezifische Verurteilungen der H- und V-Probanden bis zum Alter von 32 Jahren

	H-Probanden	*V-Probanden*	*Gesamt*
Einfacher Diebstahl	433	3	436
Schwerer Diebstahl	290	0	290
Wohnungseinbruch	22	1	23
Unterschlagung	71	1	72

	H-Probanden	*V-Probanden*	*Gesamt*
unbefugter Fahrzeuggebrauch	71	0	71
Hehlerei	34	0	34
Betrug	247	0	247
Erschleichung von Leistungen	5	0	5
Untreue	5	0	5
sonstige Eigentums- und Vermögensdelikte	9	2	11
Raub und Erpressung	43	0	43
vorsätzliche Tötungsdelikte	4	0	4
gefährliche und schwere Körperverletzung (KV)	51	1	52
einfache Körperverletzung	74	2	76
Beleidigung	54	4	58
sonstige Delikte gegen Leib und/oder Leben	6	0	6
Vergewaltigung	12	0	12
sexuelle Nötigung	3	0	3
sexueller Missbrauch von Kindern	19	1	20
sonstige Sexualdelikte	32	1	33
Nötigung	20	0	20
sonstige Delikte gegen die persönliche Freiheit	18	1	19
fahrlässige Körperverletzung/Tötung	78	26	114
Unfallflucht	50	8	58
Trunkenheitsfahrt	108	17	125
Fahren ohne Fahrerlaubnis	416	11	427
Fahren mit nicht zugelassenem Fahrzeug	74	2	76
sonstige Verkehrsdelikte	32	11	43
Widerstand gegen Vollstreckungsbeamte	36	0	36
Gefangenenmeuterei	10	0	10
Hausfriedensbruch	72	1	73
Aussagedelikte	7	0	7
Unterhaltspflichtverletzung	7	0	7

	H-Probanden	*V-Probanden*	*Gesamt*
Urkundenfälschung	90	0	90
Sachbeschädigung	95	0	95
Vollrausch	24	0	24
sonstige Delikte nach StGB	39	3	42
BtM – Delikte	0	0	0
Delikte nach dem Wehrstrafgesetz	21	0	21
sonstige Delikte nach Bundesgesetzten	62	3	65
Gesamt	2.744	101	2.845

In einer weitergehenden Analyse, bei der wir die offiziell erfassten Delikte in die Kategorien „leichte“, „mittlere“ und „schwere“ Delikte einteilten[74], zeigte sich, dass nahezu die Hälfte der H-Probanden bis zum 32. Lebensjahr mindestens ein schweres Delikt beging (Abbildung 8). Nur 1,5 % der H-Probanden begingen bis zu ihrem 32. Lebensjahr lediglich „leichte“ Delikte. Eine Spezialisierung ist nur bei einem kleinen Teil der H-Probanden auszumachen. Wenn wir die gesamte Deliktspalette in der Analyse berücksichtigen, zeigt sich, dass trotz der Dominanz von Eigentumsdelikten (vgl. hierzu auch Dolde 1980, S. 72ff) bei den meisten unserer Häftlingsprobanden keine Spezialisierung festzustellen ist: Neun von zehn H-Probanden wurden bis zu ihrem 32. Lebensjahr wegen mindestens vier verschiedener Delikte sanktioniert (Abbildung 9).

Die „Kriminalität“ der V-Probanden fällt im Vergleich wesentlich geringer aus. Zudem liegt der Schwerpunkt der Verurteilungen bei den V-Probanden eindeutig bei Verkehrsdelikten. Bis zum 32. Lebensjahr kam es bei den 200 V-Probanden insgesamt nur zu 6 Verurteilungen von Straftaten, die gegen die körperliche Integrität gerichtet sind.

[74] Da die meisten Probanden mehr als ein Delikt begangen hatten, wurde für die Einordnung das jeweils schwerste Delikt herangezogen. Zu den „leichten“ Delikten zählten wir: einfachen Diebstahl, Unterschlagung, unbefugter Fahrzeuggebrauch, Beleidigung, Trunkenheitsfahrt, Fahren ohne Fahrerlaubnis, Fahren mit nicht versichertem Fahrzeug, Unterhaltspflichtverletzung, Sachbeschädigung, Vollrausch, Delikte nach Wehrstrafgesetz, Erschleichung von Leistungen, sonstige Verkehrsdelikte, Widerstand gegen Vollstreckungsbeamte, Hausfriedensbruch, Aussagedelikte, einfache Eigentums- und Vermögensdelikte, einfache Sittlichkeitsdelikte. Zu den „mittleren“ Delikten zählten wir: schweren Diebstahl, Hehlerei, Betrug, Untreue, einfache Körperverletzung, Gefangenenmeuterei, Urkundenfälschung, Nötigung, fahrlässige Tötung, Unfallflucht, Freiheitsentziehungsdelikt, Betäubungsmittel-Delikte. Als „schwere“ Delikte stuften wir ein Raub und Erpressung, Tötung, gefährliche und schwere Körperverletzung, Vergewaltigung, sexuellen Missbrauch von Kindern, sexuelle Nötigung und Wohnungseinbruch.

Abbildung 8: Grad der Deliktschwere der H-Probanden bis zum 32. Lebensjahr

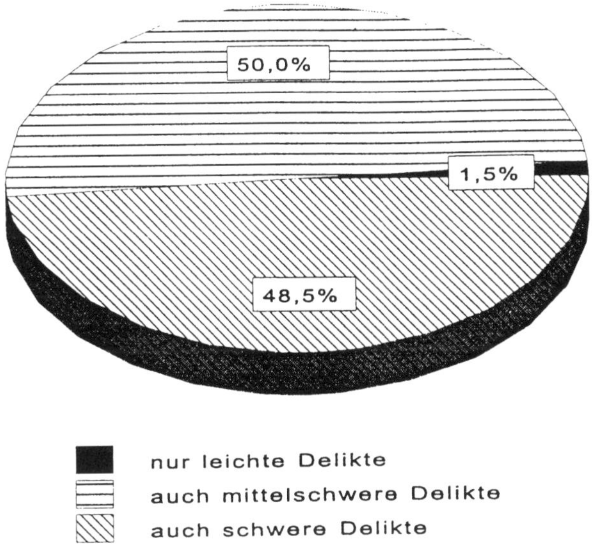

Abbildung 9: Spezialisierung der H-Probanden bis zum 32. Lebensjahr

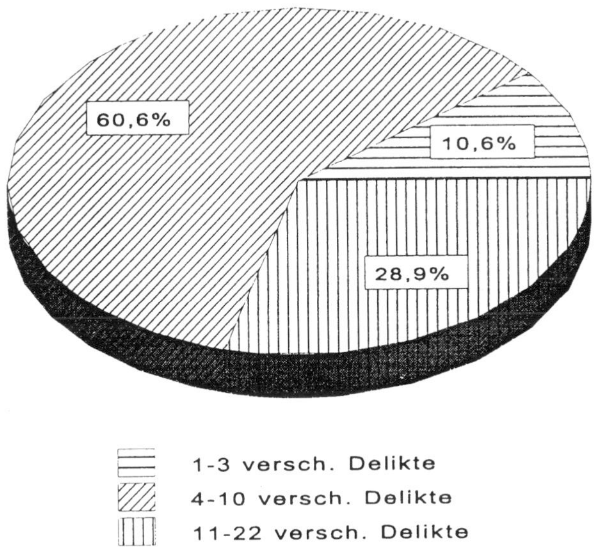

4.3 Die TJVU im Vergleich mit der Glueck-Studie „Unraveling Delinquency“

Beide Studien, die Tübinger Jungtäter-Vergleichsuntersuchung und die Glueck/Glueck-Studie „Unraveling Delinquency“ sind Langzeitstudien über die individuelle Entwicklung von Kriminalität und sozial abweichendem Verhalten auf der Grundlage eines Kontrastgruppen-Samples. In beiden Studien wurden nicht nur die Delinquenzentwicklung bis ins späte Erwachsenenalter erfasst, sondern auch die soziale Einbettung in verschiedenen Lebensphasen. Bei beiden Studien wurde Wert darauf gelegt, die Entwicklungen im Legalverhalten, im Leistungsbereich (Schule, Arbeit), im Kontaktbereich (Familie, Partnerschaft, Freunde, Bekannte) und im Freizeitbereich in detaillierten Einzelfallstudien zu erfassen. Eine Quantifizierung der Daten erfolgte erst nachträglich auf der Grundlage dieser Einzelfallstudien.

In vier Punkten unterscheiden sich jedoch die beiden Studien. Diese Unterschiede bringen es mit sich, dass wir uns in den folgenden Analysen nur teilweise an die Reanalyse des Glueck/Glueck-Datensatzes durch Sampson/Laub anlehnen können.

1. Die Anzahl der untersuchten Probanden:
Die Glueck/Glueck-Studie umfasst 500 Probanden einer Tätergruppe und 500 Probanden einer Vergleichsgruppe. Demgegenüber wurden in der Tübinger Studie nur 200 H-Probanden und 200 V-Probanden untersucht. Die für quantitative Analysen eher kleine Fallzahl der TJVU wird durch Ausfälle von Probanden (z. B. durch Tod, vgl. Fußnote 72) und Erhebungslücken vor allem in der Nachuntersuchung weiter reduziert. Besonders im späteren Erwachsenenalter mussten wir deshalb auf Validitätsüberprüfungen, wie sie Sampson/Laub durchführten (z. B. gesonderte Analysen der verheirateten Männern) verzichten. In der Vergleichsgruppe der TJVU (V-Sample) sind, wie bereits erwähnt, ab dem 32. Lebensjahr die offiziellen Delinquenzdaten nur lückenhaft erfasst, so dass sich unsere Analysen der mittleren und späteren Erwachsenenphase weitgehend auf die H-Probanden beschränken müssen.

2. Das Alter der Probanden bei der Sampleselektion und der Erstuntersuchung:
Die Gluecks wählten ihre Probanden in deren Jugendphase aus (Durchschnittsalter 14,5 Jahre), während die TJVU-Probanden erst im späten Heranwachsenden- beziehungsweise jungen Erwachsenenalter selektiert wurden (Durchschnittsalter ca. 25 Jahre). Mit dem späteren Selektionszeitpunkt der Kontrastgruppen in der TJVU sind Limitationen hinsichtlich der Analyse des Endes sozialer Auffälligkeiten („Desistance“) verbunden. Da der Weg aller H-Probanden in der Heranwachsenden- oder jungen Erwachsenenphase ins Gefängnis nach Rottenburg führte, sind Analysen zum Ende der Kriminalität erst für die mittlere und spätere Erwachsenenphase durchführbar (vgl. hierzu Kapitel 6).

3. Das Alter der Probanden bei den Nachuntersuchungen:
Die beiden Nachuntersuchungen der Gluecks erfolgten, als ihre Probanden etwa 25 beziehungsweise 32 Jahre alt waren. Das durchschnittliche Alter der Probanden bei der Tübinger Nachuntersuchung lag bei etwa 46 Jahren. Ausgehend vom Erstunter-

suchungszeitpunkt wurde dabei die gesamte Lebensgeschichte der Probanden bis zum Nachuntersuchungszeitpunkt retrospektiv erhoben. Besondere Aufmerksamkeit wurde dabei auf die Lebenssituation um das 35. Lebensjahr gelegt, so dass auch in der TJVU zwei Nachuntersuchzeiträume unterschieden werden können. Da sich die Nachuntersuchung und damit verbunden die Ziehung der Bundeszentralregister-Auszüge jedoch über mehrere Jahre hinzog, und viele der nachuntersuchten Probanden zum Zeitpunkt der Erhebungen jünger als 46 Jahre waren, liegen uns nur für einen kleinen Teil der nachuntersuchten Probanden (N=46) sowohl valide Delinquenzdaten wie auch demographische Daten bis zum 46. Lebensjahr vor. Infolge dieser geringen Fallzahl beschränken wir unsere Analysen, soweit es um den Zusammenhang von Delinquenzentwicklung und sozialer Einbindung geht, weitgehend auf den Zeitraum bis zum Ende der vierten Lebensdekade beziehungsweise auf den ersten Nachuntersuchungszeitraum bis zum 35. Lebensjahr der Probanden.

4. Die Zusammensetzung der Vergleichsgruppen:
Die Tätergruppe des Glueck/Glueck-Samples umfasst nur Probanden, die bereits in ihrer Jugend stark mit Delinquenz[75] belastet waren. Die Kontrastgruppe nur Probanden, die bis zum Erstuntersuchungszeitpunkt kein delinquentes Verhalten zeigten. Die Folge davon ist eine Polarisierung der Probanden des Glueck/Glueck-Samples in der Jugendphase in „schwere und wiederholte Delinquenz“ und „keine Delinquenz“. Diese extreme Polarisierung gibt es für das Tübinger Sample nicht, da einerseits die Häftlingsprobanden nicht zwangläufig in ihrer Jugend delinquent waren, andererseits die Vergleichsgruppe der Tübinger Jungtäter-Vergleichsuntersuchung einen eher repräsentativen Charakter hat und somit auch zu einem früheren Zeitpunkt delinquente und sanktionierte Probanden umfasst. In der Tübinger Jungtäter-Vergleichsuntersuchung ist deshalb das Spektrum von unterschiedlichen Verlaufsformen von Delinquenz in der Jugend breiter als im Glueck/Glueck-Sample. Es ist uns deshalb im Unterschied zu Sampson/Laub möglich, die Reichweite der altersabhängigen sozialen Kontrolltheorie für diese unterschiedlichen Delinquenzentwicklungen in der Jugend zu überprüfen.

Weniger durch ihr Design als vielmehr durch ihre praktische Durchführung und Dokumentation bedingt, hat die TJVU den Nachteil, dass nicht alle Informationen, die uns über die Probanden vorliegen, eindeutigen Herkunftsquellen zugeordnet werden können. So müssen wir beispielsweise auf eine Erfassung von selbstberichteter Delinquenz im Kindes- und Jugendalter im Unterschied zu Sampson/Laub verzichten. Grundsätzlich problematisch an der TJVU ist sicherlich die retrospektive Erfassung weiter Teile der Lebensgeschichte. Eine Kontrolle dadurch bedingter Verzerrungen (z. B. in Form nachträglicher negativer Verhaltenszuschreibungen durch befragte Dritte) war uns aufgrund der Datenlage nicht möglich. Hier bleibt uns letztlich nur das Vertrauen in die Wissenschaftlerinnen und Wissenschaftler, welche

[75] "... as a group the delinquents committed delinquency on a persistent and often serious basis, averaging 3.5 convictions per youth" (Sampson/Laub 1993, S.40).

die Erhebungen durchführten und die uns vorliegenden Datensätze und Dokumente (Gerichtsaktenauszüge, Interviews, Erhebungsprotokolle etc.) bearbeiteten. Angesichts des enormen Ressourcenaufwandes, mit dem die TJVU betrieben wurde, und der uns vorliegenden mündlichen und schriftlichen Berichte über den Ablauf der Forschungsarbeiten ist jedoch davon auszugehen, dass das Problem retrospektiver Verzerrungen wahrgenommen und, soweit möglich, durch Abgleich verschiedener Quellen minimiert wurde.

Auch wenn die TJVU hinsichtlich der Anlage der Studie und der Dokumentation nicht optimal ist, so ist sie in einem Punkt den meisten der uns bekannten Langzeitstudien überlegen: In ihr wurden sowohl die Delinquenzentwicklung als auch verschiedenste demographische Variablen bis ins fortgeschrittene Erwachsenenalter erhoben. Diese Besonderheit der TJVU – ein Untersuchungszeitraum, der über die frühe Erwachsenenphase hinausgeht und die parallele Erfassung von Kriminalität und demographischen Faktoren – erlaubt eine Untersuchung von Kontinuität und Veränderung der Kriminalität im Lebenslauf, wie sie von den neueren entwicklungsdynamischen Theorieansätzen eingefordert wird.

5 Kriminalität und soziale Einbindung im Kindes- und Jugendalter

Die zentrale These der altersabhängigen sozialen Kontrolltheorie von Sampson/Laub besagt, dass es die Qualität der jeweiligen aktuellen sozialen Bindungen ist, die sozial abweichendes Verhalten in einer Lebensphase fördert oder verhindert. Sampson/Laub schreiben damit der aktuellen Lebenssituation die entscheidende Rolle für das Verhalten zu und begründen Veränderungen im Verhalten eines Individuums durch Veränderungen seiner sozialen Einbindung. Die Ausgestaltung der jeweiligen sozialen Einbindung in einer Lebensphase ist nach diesem Erklärungsansatz nicht determiniert, aber auch nicht völlig unabhängig von der bisherigen Lebensgeschichte eines Individuums. Das wechselseitige Zusammenspiel von Verhalten und sozialer Einbindung führt über den Zeitverlauf zu unterschiedlichen Entwicklungspfaden, die bestimmte Lebenszuschnitte in einer Lebensphase wahrscheinlicher beziehungsweise unwahrscheinlicher machen. Frühe Lebenserfahrungen haben nicht nur Bedeutung für die Entstehung von delinquentem und sozial abweichendem Verhalten in der Kindheit und Jugend, sondern sie beeinflussen auch die Delinquenzentwicklung in späteren Lebensphasen: Kriminalität in der Kindheit und Jugend und die damit verbundenen Zuschreibungen der Umwelt erhöhen die Wahrscheinlichkeit schwacher sozialer Einbindungen im Erwachsenenalter. Diese schwachen Einbindungen wiederum machen es wahrscheinlicher, dass Individuen auch im Erwachsenenalter sozial auffälliges Verhalten zeigen.

Die zentralen Institutionen der informellen sozialen Kontrolle in der Kindheit und Jugend sind die Familie, die Schule und mit zunehmendem Alter auch die Gruppe der Gleichaltrigen („Peers"). Die wichtigste dieser drei Institutionen ist dabei die Familie, denn sie prägt als primäre Sozialisationsinstanz die grundlegenden Verhaltensweisen und sozialen Kompetenzen eines Individuums. In diesem Punkt – der besonderen Bedeutung der Familie für die Verhaltensentwicklung – sind sich nicht nur die meisten der diskutierten neueren kriminologischen Theorieansätze einig. Auch die soziologische Sozialisationsforschung teilt diese Einschätzung der besonderen Bedeutung der Familie. So spricht beispielsweise Günther Steinkamp (1991, S. 257) im Handbuch für Sozialisationsforschung unter Verweis auf Bronfenbrenner (1986, S. 723) von einem „Konsens (...) hinsichtlich der Bedeutung der Familie als einflussreichstem ‚Mikrosystem' für die Persönlichkeitsformung des gesellschaftlichen Nachwuchses."

Vor dem Hintergrund dieser breiten Übereinstimmung ist es naheliegend, dass auch Sampson/Laub ihre Analysen mit der Familie beginnen. Das besondere an ihrem „Familienmodell" ist, dass sie nicht nur verschiedene Erklärungsansätze zum Zusammenhang von Familie und Kriminalität miteinander verbinden, sondern auch einen Erklärungsansatz zum Zusammenhang von sozialstrukturellen Faktoren und Kriminalität liefern.

5.1 Familie und Jugendkriminalität

5.1.1 Das Familienmodell von Sampson und Laub

Das „Familienmodell" von Sampson/Laub basiert auf der Grundthese, dass die Qualität der sozialen Kontrolle in der Familie wesentlichen Einfluss darauf hat, ob sich ein Individuum in der Kindheit und frühen Jugend sozial abweichend verhält oder nicht. Sie unterscheiden dabei drei unterschiedliche Dimensionen der familialen Kontrolle, die von Bedeutung sind: erstens die Beaufsichtigung und Überwachung des Kindes, zweitens den Erziehungs- und Disziplinierungsstil, und drittens die emotionale Nähe und Bindung zwischen Eltern und Kind. Alle drei Dimensionen der familialen Kontrolle hängen zwar eng miteinander zusammen, doch jede Dimension erfasst einen Aspekt, der für sich genommen die Wahrscheinlichkeit delinquenten Verhaltens erhöht: Kinder, die von ihren Eltern unzureichend beaufsichtigt und in ihrem Verhalten überwacht werden, und/oder Kinder, die einem widersprüchlichen und durch übermäßige Gewalt gekennzeichneten Erziehungsstil ausgesetzt sind, und/oder Kinder, deren Verhältnis zu den Eltern von wenig Wärme und gegenseitigem Respekt gekennzeichnet sind, zeigen eher sozial abweichendes Verhalten, als Kinder, bei denen dies nicht der Fall ist.

Mit dieser Unterscheidung der familialen Kontrolle in drei verschiedene Dimensionen greifen Sampson/Laub nicht nur die Ergebnisse von Loeber und Stouthamer-Loeber auf, die in einer Meta-Analyse von ca. 100 empirischen Studien zum Zusammenhang von Familie und Kriminalität aufzeigen konnten, dass „socialization variables, such as lack of parental supervision, parental rejection, and parent-child involvement, are among the most powerful predictors of juvenile conduct problems and delinquency" (1986, S. 29). Sampson/Laub unternehmen damit auch den Versuch, verschiedene theoretische Erklärungsansätze in einem Modell zusammenzuführen: Sie beziehen sich zum einen auf Pattersons (1980, 1982) „coercion theory", in der vor allem die Rolle direkter elterlicher Überwachungs- und Disziplinierungspraktiken für die Entstehung und Verstärkung sozialer Auffälligkeiten betont wird. Patterson (1980, S. 81) benennt sieben Bedingungen einer erfolgreichen Erziehung: „a) notice what the child is doing; b) monitor it over long periods, c) model social skill behavior; d) clearly state house rules; e) consistently provide same punishments for transgressions; f) provide reinforcement for conformity; and g) negotiate disagreements so that conflicts and crises do not escalate." Dieser direkte Aspekt elterlicher Kontrolle in Form einer effektiven Beaufsichtigung und Bestrafung des Kindes steht auch im Mittelpunkt der Argumentation von Gottfredson/Hirschi (1990, S. 99) hinsichtlich der Entwicklung einer hohen Selbstkontrolle (vgl. Kapitel 3.4). Zum anderen greifen Sampson/Laub damit die Argumentation Hirschis auf, der in seiner ursprünglichen Kontrolltheorie (1969) besonders die Formen der indirekten Kontrolle als Folge einer emotionalen Nähe zwischen Eltern und Kind und der damit zusammenhängenden Internalisierung von Verpflichtungen und Erwartungshaltungen hervorhebt. Nach Hirschi wirken die indirekten Kontrollmechanismen gerade in den Situationen, in denen sich die Kinder und Jugendlichen außerhalb der direkten Beaufsichtigung und Überwachung durch die Eltern befinden. Und welches Kind begeht schon vor den Augen seiner Eltern eine Straftat! Sampson/Laub integrieren in ihre Konzeption der familialen Kontrolle zudem Braithwaites (1989) Idee der unterschiedlichen Arten von „shaming“: Die elterliche Bestrafung führt nur dann zu einem „reintegrativen“ shaming, wenn sie verbunden ist mit Zuneigung und Respekt vor dem Kind. Fehlt dieser Respekt der Eltern, z. B. bei gewalttätiger oder überzogener Bestrafung, ist stigmatisierendes „shaming“ die Folge und die Anschlussfähigkeit für weitere Erziehungsmaßnahmen, die auf Lernen und Verständigung beruhen, geht verloren.

Entsprechend der Mehrdimensionalität des familialen Kontrollprozesses, wie sie Sampson/Laub verstehen, ist – um die mit dem deutschen Begriff „Kontrolle“ verbundenen einseitigen Assoziationen wie „Überwachung“ und „Strafe“ zu vermeiden – dieser Prozess vielleicht allgemeiner als familialer Interaktions- oder Sozialisationsprozess zu bezeichnen. Diese Wortwahl bezieht auch stärker die Formen der indirekten Verhaltenskontrolle mit ein, z. B. in Form von gegenseitigen Verpflichtungen und Erwartungen, die aus der sozialen Einbindung in die Familie resultieren.

Zusätzlich zu den drei Faktoren der Eltern-Kind-Interaktion – Beaufsichtigung, Erziehungsstil und emotionale Nähe – integrieren Sampson/Laub in ihr Familienmodell insgesamt neun Faktoren, die den strukturellen Kontext der Familie beschreiben. Obwohl diese Faktoren in der kriminologischen Forschung immer wieder als Korrelate von Delinquenz ermittelt wurden, haben sie – so die These von Sampson/Laub – keinen oder nur einen geringen direkten Einfluss auf die Genese von Delinquenz in Kindheit und Jugend. Ihre Bedeutung für die Entstehung von Kriminalität erhalten sie vielmehr dadurch, dass sie die Bedingungen strukturieren, unter denen die soziale Kontrolle in der Familie stattfindet. Zu diesen sogenannten strukturellen Hintergrundfaktoren („structural background factors“) zählen Sampson/Laub verschiedene Strukturmerkmale der Familie (Vollständigkeit der Familie, Familiengröße), Merkmale der Eltern (Berufstätigkeit, soziale Auffälligkeiten und Alkoholismus), die sozio-ökonomische Positionierung der Familie (Wohnverhältnisse, sozialer Status) und sonstige soziale Belastungen (im Ausland geboren, häufiger Umgebungswechsel).

Sampson/Laub liefern keine vollständige und systematische Darstellung der Wirkungen der strukturellen Faktoren auf die familiale Interaktion, sie führen jedoch zahlreiche Beispiele dafür an, wie sich diese Faktoren negativ auf die Qualität der familialen Kontrolle auswirken: So äußern sich beispielsweise Kriminalität und Alkoholismus der Eltern oftmals in einem gewalttätigen oder inkonsistenten Erziehungsstil, einer Vernachlässigung der Beaufsichtigung und einer Schwächung der emotionalen Bindung zwischen Kind und Eltern. Eine große Familie, häufige Wohnortwechsel oder die Berufstätigkeit beider Elternteile erschweren die Beaufsichtigung des Kindes. Eine große Familie oder ein Wegfall eines Elternteiles z. B. bei Scheidung oder Tod eines Elternteils kann zu Lasten der emotionalen Bindung gehen. Der Wegfall eines Elternteils ist zudem oftmals mit Veränderungen des Erziehungsstiles verbunden. Schlechte sozio-ökonomische Lebensbedingungen wie beispielsweise schlechte Wohnungsqualität oder geringes Einkommen schließlich sorgen für Stress und Probleme der Eltern, so dass sie sich weniger der Erziehung der Kinder zuwenden können.

5.1.2 Operationalisierung der Modellfaktoren

Sampson/Laub konnten in ihren empirischen Analysen auf insgesamt fünf Variablen zurückgreifen, mit denen sie die drei Dimensionen der familialen Kontrolle abbildeten: Überwachung/Beaufsichtigung durch die Mutter („mother´s supervision"), gewalttätiger/inkonsistenter Erziehungsstil des Vaters („father´s erratic/harsh"), gewalttätiger/inkonsistenter Erziehungsstil der Mutter („mother´s erratic/harsh"), emotionale Nähe des Kindes zu den Eltern („attachment to parent") und Ablehnung des Kindes durch die Eltern („parental rejection"). Es war uns zwar möglich, alle drei Dimensionen der familialen Kontrolle ihrem inhaltlichen Gehalt nach im TJVU-Datensatz abzubilden, wir mussten jedoch auf Grund der Datenlage auf eine genaue Replikation der Variablen von Sampson/Laub verzichten. So nahmen wir, um unsere geringe Fallzahl durch fehlende Werte nicht zu reduzieren, keine Unterscheidung in Vater und Mutter vor. Das Bestreben, die Anzahl der „fehlenden Werte" möglichst gering zu halten, führte auch zu einer anderen Operationalisierung der Dimension „emotionale Nähe und Bindung zwischen Eltern und Kind". Da diese Dimension in der TJVU eher schlecht erfasst worden war, entschieden wir uns, beide Aspekte – Haltung der Eltern zum Kind und die Haltung des Kindes zu den Eltern – in einem Index zusammenzufassen.

Der Index *„emotionale Familienbindung"* wurde additiv aus folgenden Einzelausprägungen gebildet: ablehnende oder gleichgültige Grundhaltung mindestens eines Elternteils, fehlende Zuneigung des Probanden zu seinen Eltern und fehlende gemeinsame Freizeitgestaltung des Probanden mit den Eltern. Den *„Erziehungsstil der Eltern"* erfassten wir mit einem Index, in den folgende Ausprägungen des elterlichen Erziehungsverhaltens eingingen: sehr strenger Erziehungsstil mindestens eines Elternteiles, häufige oder brutale Gewalt bei der Erziehung und Erziehungswidersprüche zwischen den Eltern.[76] Die dritte Dimension der familialen Interaktion misst die Variable *„Beaufsichtigung"*. „Ausreichende Beaufsichtigung" (Ausprägung 0) wurde dann angenommen, wenn mindestens eine Erziehungsperson wusste, womit sich der Proband beschäftigte, seinen Umgang kannte und seine Schulaufgaben zumindest teilweise kontrollierte, um somit Einflussmöglichkeiten wahrnehmen zu können. Mit 1 wurde codiert, wenn die Beaufsichtigung der Eltern nicht ausreichend

[76] Ein Proband, der (bis zum 14. Lj) einem sehr strengen Erziehungsstil durch ein Elternteil ausgesetzt war, bei dem es häufiger zu Gewalt in der Erziehung kam, und dessen Eltern starke Widersprüche in der Erziehung zeigten, bekam drei Indexpunkte. Ein Proband, der den Kombinationen „strenge Erziehung und häufige/brutale Gewalt" oder „starke Erziehungswidersprüche und häufige/brutale Gewalt" oder „strenge Erziehung und Erziehungswidersprüche" ausgesetzt war, bekam zwei Indexpunkte. Ein Proband, der starken Erziehungswidersprüchen ausgesetzt war, aber weder sehr streng noch mit häufiger/brutaler Gewalt erzogen wurde, bekam ebenso einen Indexpunkt zugeordnet wie ein Proband, der zwar weder streng noch mit Erziehungswidersprüchen erzogen wurde, aber häufiger/brutaler Gewalt ausgesetzt war. Alle anderen Probanden bekamen den Indexwert 0.

war in dem Sinne, dass die Eltern zwar versuchten, den Probanden zu beaufsichtigen, der Proband sich aber der Beaufsichtigung entzog. Mit 2 wurde codiert, wenn keine Beaufsichtigung durch die Eltern stattfand.

Auch bei der Operationalisierung der strukturellen Einflussfaktoren wichen wir leicht von Sampson/Laub ab und erfassten den strukturellen Familienhintergrund unserer Probanden mit insgesamt sieben Variablen:[77] *„Familiengröße"* misst die (größte) Anzahl der mit dem Probanden im Haushalt aufwachsenden Geschwister (auch Stief- und Pflegegeschwister). *„Berufstätigkeit der Mutter"*[78] ist eine dichotome Variable, bei der ganztags und halbtags erwerbstätige Mütter mit 1 und nicht-erwerbstätige Mütter mit 0 codiert wurden. Die ebenfalls dichotome Variable *„unzureichende Wohnverhältnisse"* wurde dann mit 1 codiert, wenn der Proband über drei Monate in überbesetzten Wohneinheiten, Einfachstwohnungen oder Baracken lebte. Der *„sozio-ökonomische Status"* wurde in Anlehnung an den Kleining-Moore SES-Index auf der Grundlage der Berufsposition des Haupternährers beziehungsweise Haushaltsvorstandes erfasst. Die Variable „Umgebungswechsel" misst die Anzahl der Orts- und Umgebungswechsel (Aufenthalt mindestens ein halbes Jahr) des Probanden. *„Unvollständige Familie"* wurde dann codiert, wenn der Proband in einem Zuhause aufwuchs, bei dem ein Elternteil oder beide Eltern für mindestens ein Jahr aufgrund von Trennung oder Tod abwesend waren. Die *„Devianz der Eltern"* messen wir mit einer dichotomen Variable, wobei 1 codiert wurde, wenn mindestens ein Elternteil delinquentes Verhalten zeigte oder Alkoholiker war.

Die Variablen zur Erfassung der familialen Einflussfaktoren – des strukturellen Familienhintergrundes und der familialen Interaktion – beziehen sich auf den Zeitraum bis zum vollendeten 14. Lebensjahr der Probanden. Lediglich die Dimension „Zuneigung zu den Eltern", die zur Bildung des Index „emotionale Familienbindung" herangezogen wurde, umfasst auf Grund der Datenlage darüber hinaus den Zeitraum bis zum Verlassen des Elternhauses. Alle Variablen sind „missing value"-bereinigt. Eine Übersicht über die Variablen, ihre Ausprägungen und die Anzahl der jeweiligen „missing values" etc. befindet sich im Anhang (Tabelle A85).

---

77 So mussten wir beispielsweise auf die Variable „foreign born" verzichten, da im TJVU-Sample nur deutsche Männer berücksichtigt wurden. Eine Ersetzung dieser Variable durch die Variable „Eltern Flüchtlinge/Vertriebene" (was auf 146 Probanden zutraf), erschien uns angesichts des doch sehr unterschiedlichen kulturellen Hintergrundes in Amerika und Deutschland und der damit verbundenen sozialen Bedeutung dieser Variablen wenig sinnvoll. Zudem wird das Merkmal „Eltern Flüchtlinge/Vertriebe" auch von der Variablen „Umgebungswechsel" erfasst. Da beide Variablen miteinander hoch korrelieren (.52), bot sich ein Ausschluss der Variablen „Eltern Flüchtlinge/Vertriebene" auch an, um das Problem der Multikollinearität zu umgehen.

78 Eine „Berufstätigkeit der Mutter" ist sicherlich nicht per se als Belastungsfaktor für den familialen Kontrollprozess zu werten. Eine solche Belastung ist sie aber dann, wenn es sich um alleinerziehende Mütter handelt oder um verheiratete Mütter, deren Ehemänner, wie auch heute noch allgemein üblich, einer Vollzeiterwerbstätigkeit nachgehen. Die Variable „Berufstätigkeit der Mutter" ist bei strukturell vollständigen Familien (beide Elternteile leben zusammen) demnach weniger rollenzuweisend als Indikator für „Berufstätigkeit beider Elternteile" zu verstehen.

Zur Beschreibung des delinquenten Verhaltens und der sozialen Auffälligkeiten der 400 Probanden der TJVU in der Kindheit (bis zum 14. Lebensjahr) und Jugend (14.-18. Lebensjahr) können wir auf verschiedene Datenquellen beziehungsweise Indikatoren zurückgreifen:

Zum einen auf die Daten über die offizielle, von den staatlichen Kontrollinstanzen registrierte Kriminalität. Für die Zeit vor dem 15. Lebensjahr liegen uns für die offiziell registrierte Kriminalität lediglich Informationen darüber vor, ob und in welchem Alter es erstmalig infolge strafrechtlicher Auffälligkeiten zu einem Eingriff der Polizei oder des Jugendamtes kam. Angaben über die Art oder Häufigkeit der Auffälligkeiten sind in den Daten nicht enthalten. Bei insgesamt 66 Probanden kam es zu einem solchen Eingriff bis zum vollendeten 14. Lebensjahr, und 20 Probanden wurden infolge der strafrechtlichen Auffälligkeiten für mindestens drei Monate in ein Heim eingewiesen. Für die Zeit zwischen dem 15. und 18. Lebensjahr liegen uns die vollständigen Auszüge des Bundeszentral- und Erziehungsregisters vor. Diese Auszüge umfassen die Anzahl der Verurteilungen in diesem Zeitraum, die zugrunde liegenden Straftatbestände und die Art beziehungsweise Höhe der Sanktion. Etwa ein Viertel der Probanden der TJVU wurde zwischen dem 15. und 18. Lebensjahr mindestens einmal verurteilt. Etwa jeder achte Proband wurde sogar zwei- oder mehrmals verurteilt. 27 Probanden erhielten eine Jugendstrafe mit oder ohne Bewährung und 48 Probanden wurden infolge ihres delinquenten Verhaltens in ein Heim oder ein Jugendgefängnis eingewiesen. Fasst man beide Zeiträume (bis zum 14. Lebensjahr und 15.-18. Lebensjahr) zusammen, so sind es 68 Probanden, bei denen es bis zu ihren vollendeten 18. Lebensjahr zu einem Freiheitsentzug oder einer Heimeinweisung von über zwei Wochen kam.

Zum anderen auf die Fremdberichte über soziale Auffälligkeiten der Probanden im Kindes- und Jugendalter, die in den umfangreichen Gesprächen mit den Eltern, Erziehern, Lehrern und Pfarrern ermittelt wurden. Leider lässt das uns vorliegende Datenmaterial im Unterschied zu den von Sampson/Laub verwendeten Glueck/Glueck-Daten keine eindeutige Zuordnung zu den verschiedenen Quellen zu, so dass wir die verschiedenen Fremdberichte nicht getrennt behandeln können. Die Fremdberichte umfassen Angaben darüber, ob die Probanden strafrechtlich relevantes Verhalten in Form von Sachbeschädigungen, Diebstahl, Betrug, Verkehrsdelikten, Sittlichkeitsdelikten oder Körperverletzungen zeigten. Für die Zeiträume Kindheit (bis 14. Lebensjahr) und Jugend (15.-18. Lebensjahr) konnten wir jeweils eine Variable bilden, die angibt, ob ein Proband mindestens eine dieser strafrechtlich relevanten Auffälligkeiten zeigte. Eine genauere Aufschlüsselung nach Häufigkeit oder Schwere der Taten war uns nicht möglich. Nach den Fremdberichten zeigten bis zum 14. Lebensjahr 121 Probanden delinquentes Verhalten und zwischen dem 15. und 18. Lebensjahr 153 Probanden. Fasst man beide Zeiträume zusammen, so sind es 185 Probanden (46%), von denen mindestens eine strafrechtlich relevante Auffälligkeit berichtet wurde.

Beide Datenquellen, die Angaben der offiziellen Kontrollinstanzen und die Fremdberichte über delinquentes Verhalten in der Kindheit und Jugend, wurden von uns in einer Variable *„Jugendkriminalität“* zusammengefasst. Ausschlaggebend hierfür war zum einen das in Kapitel 2 angesprochene Problem der Untererfassung von delinquentem Verhalten mit Indikatoren, die lediglich auf offiziellen Kriminalitätsregistrierungen basieren. Zum anderen war es uns nicht möglich, allein auf Basis fremdberichteter Delinquenz eine Unterscheidung nach Häufigkeit beziehungsweise Schwere der Auffälligkeiten vorzunehmen. Als Bezugszeitraum wählten wir die gesamte Kindheits- und Jugendphase bis zum Ende des vollendeten 18. Lebensjahres. Hierfür sprach die Vergleichbarkeit mit der Studie von Sampson/Laub, die sich in ihren Analysen auf die Kriminalität ihrer Probanden zwischen dem 10. und 17. Lebensjahr bezogen und auf eine Modellspezifizierung nach den Lebensphasen Kindheit und Jugend verzichteten. Eine Unterscheidung des delinquenten Verhaltens nach Kindheit und Jugend wäre zudem zu Lasten der für quantitative Berechnungen ohnehin relativ geringen Fallzahl der einzelnen Delinquenzgruppen gegangen.

Nach der Häufigkeit der strafrechtlichen Auffälligkeiten und der Schwere der damit verbundenen Sanktionen können wir die 400 Probanden der TJVU in drei Gruppen aufteilen (Variable *„Jugendkriminalität")*: Die erste Gruppe „schwere Jugendkriminalität" umfasst 109 Probanden. Ihr wurden Probanden zugeordnet,

- bei denen es infolge ihrer strafrechtlichen Auffälligkeiten bis zum vollendeten 18. Lebensjahr zu mindestens zwei offiziellen Sanktionen beziehungsweise Behördeneingriffen kam oder
- die sowohl bis zum 14. Lebensjahr wie auch zwischen dem 14. und 18. Lebensjahr nach Fremdberichten delinquent wurden und bis zum 18. Lebensjahr mindestens einen Behördeneingriff aufwiesen oder die infolge der Schwere ihres delinquenten Verhalten bis zum 18. Lebensjahr zu einer Jugendstrafe mit oder ohne Bewährung verurteilt wurden.

Die zweite Gruppe „keine Jugendkriminalität" umfasst die 199 Probanden, die bis zum 18. Lebensjahr weder offiziell noch nach Fremdberichten delinquent wurden. Und die dritte Gruppe „leichte Jugendkriminalität" schließlich besteht aus 92 Probanden, die bis zum 18. Lebensjahr zwar delinquentes Verhalten zeigten (offiziell registriert oder nach Fremdberichten), das aber nach unseren Kriterien nicht als schwere Jugendkriminalität eingestuft werden kann.[79]

Darüber hinaus liegen uns aus den Gesprächen mit Eltern, Nachbarn, Lehrern etc. Fremdberichte darüber vor, ob die Probanden ein Verhalten zeigten, das sich zwar innerhalb oder im Grenzbereich der Legalität bewegt, das aber als sozial abweichendes Verhalten (Devianz) charakterisiert werden kann. Hierunter fassten wir folgende Verhaltensauffälligkeiten, welche die Probanden zu Hause oder im außerhäusigen Bereich zeigten: 1.) fortlaufendes Herumstreunen, Weglaufen, 2.) Stehlen und

[79] Von den 109 Probanden der Gruppe „schwere Jugendkriminalität" gehören 103 Probanden dem H-Sample und 6 Probanden dem V-Sample an. Von den 92 Probanden der Gruppe „leichte Jugendkriminalität" stammen 53 aus dem H-Sample und 39 aus dem V-Sample, und von den 199 Jugendlichen der Gruppe „keine Jugendkriminalität" kommen 44 aus dem H-Sample und 155 aus dem V-Sample.

Betrügen (zu Hause), 3.) Lügen, Unaufrichtigkeit, 4.) Klauerei (außerhäusig, z. B. Obst oder Blumen in kleinen Mengen) 5.) sexuelle Auffälligkeiten, 6.) Rauchen (bis zum 14. Lebensjahr) und Alkoholmissbrauch und 7.) grobe Handgreiflichkeiten, Schlägereien (ab dem 11. Lebensjahr). Da wir Angaben darüber hatten, ob ein Proband die jeweilige Auffälligkeit in einem von drei Zeitabschnitten (1.-10. Lebensjahr, 11.-14. Lebensjahr und 15.-18. Lebensjahr) zeigte, konnten wir einen Index *„Devianz bis zum 18. Lebensjahr“* bilden, in dem die verschiedenen Auffälligkeiten über die drei Zeitabschnitte aufaddiert wurden. Dieser Index, der eine Mischform von Häufigkeit und Breite der sozialen Auffälligkeiten darstellt, kann mit aller gebotenen Vorsicht als Indikator für die Stärke der in der Kindheit und Jugend gezeigten sozialen Auffälligkeiten interpretiert werden. Er hat einen möglichen Wertebereich zwischen 0 und 20, wobei als höchste Ausprägung von zwei Probanden der Wert 14 erreicht wurde.[80]

Stellt man diesen Index „Devianz bis zum 18. Lebensjahr“ der Variable „Jugendkriminalität“ gegenüber, so zeigt sich, dass bei 104 Probanden (95%) der Gruppe „schwere Jugendkriminalität“ auch Fremdberichte über deviantes Verhalten vorliegen. 88 Probanden (81%) dieser Gruppe kamen auf drei oder mehr Indexpunkte und etwa ein Drittel sogar auf 5 oder mehr Indexpunkte. Die meisten der Probanden der Gruppe „schwere Jugendkriminalität“ sind somit auch hinsichtlich sozialer Auffälligkeiten unterhalb der Delinquenzebene als stark auffällig einzustufen. Betrachtet man die Verteilung des Devianzindizes für die beiden anderen Jugendkriminalitätsgruppen, so ist eine deutliche Abstufung in der Stärke der Auffälligkeiten offensichtlich: Von 76 (83%) der 92 Probanden, die als „leichte Jugendkriminelle“ klassifiziert wurden, wurde mindestens eine soziale Auffälligkeit berichtet. Jedoch nur 32 Probanden, d. h. etwa ein Drittel dieser Gruppe erhielten drei oder mehr Devianz-Indexpunkte. Dieser Anteil der stark auffälligen Jugendlichen (drei oder mehr Indexpunkte) beträgt unter den 199 nicht-delinquenten Jugendlichen gerade einmal 2,5% (N=5). Lediglich von 85 Probanden (43%) dieser Gruppe wurde überhaupt eine soziale Auffälligkeit berichtet. Dies bedeutet, dass über die Hälfte unserer Probanden, die keine Jugendkriminalität begingen, nach Fremdberichten als „sozial unauffällig“ beschrieben werden kann. Dass es sich jedoch auch bei diesen Probanden nicht um „Heilige“ handelt, darauf verweist die in Kapitel 2 angesprochene Ubiquitätsthese. Wäre es uns möglich, in der TJVU auf systematisch erhobene selbstberichtete Auffälligkeiten oder Delinquenz zurückzugreifen, so würde der Anteil der „sozial unauffälligen“ Probanden sicherlich deutlich niedriger ausfallen.

5.1.3 Familie und schwere Jugendkriminalität

Sampson/Laub überprüften ihr „Familienmodell“ mit den Daten der Glueck/Glueck-Studie „Unraveling Delinquency“. Da, wie bereits ausgeführt, dieses Sample aus zwei Extremgruppen bestand, konnten sie somit nur überprüfen, ob sich Jugendliche,

[80] Die Häufigkeitsverteilung des Index „Devianz bis zum 18. Lebensjahr“ ist im Anhang, Tabelle A86 abgebildet.

die wiederholte und schwere strafrechtliche Auffälligkeiten zeigten, hinsichtlich ihres familialen Hintergrundes von unauffälligen Jugendlichen unterscheiden. Die Probanden der TJVU decken trotz der durch die Sampleselektion bedingten Überrepräsentation von Jugendlichen, die bereits in ihrer Jugend offiziell straffällig wurden, eine größere Bandbreite hinsichtlich des Umfangs und der Schwere der in der Jugendzeit gezeigten sozialen Auffälligkeiten ab. Diese Bandbreite ermöglicht es uns, über die Extremgruppengegenüberstellung von Sampson/Laub hinauszugehen und zu überprüfen, ob das Familienmodell gleichermaßen für schwere Jugendkriminalität wie für leichtere Formen sozialer Auffälligkeiten gute Erklärungswerte liefert. Beginnen wollen wir die Analysen jedoch ebenfalls mit einer Gegenüberstellung von Extremgruppen: Jugendliche, die schwere und/oder wiederholte strafrechtliche Auffälligkeiten zeigten, werden Jugendlichen gegenübergestellt, die weder offiziell noch nach Fremdberichten delinquent wurden. Dieser Extremgruppenvergleich erschien uns zweckmäßig, um nicht nur hinsichtlich der empirischen Grundlagen eine möglichst weitgehende Angleichung an die Studie von Sampson/Laub zu erzielen, sondern – so unsere Vermutung – weil sich die Zusammenhänge zwischen Delinquenz und familialen Faktoren bei einer solchen Gegenüberstellung von Extremen am deutlichsten zeigen.

Nach den Überlegungen von Sampson/Laub müssten sich Probanden, die in der Jugend ein Verhalten zeigen, das wir als schwere Jugendkriminalität einstuften, bei allen Faktoren des Familienmodells, den strukturellen Faktoren wie auch den Faktoren des familialen Kontrollprozesses, deutlich von den nicht-delinquenten Jugendlichen unterscheiden. Um dies zu überprüfen, sind in Tabelle 17 die bivariaten Zusammenhänge zwischen den einzelnen Faktoren des Familienmodells und der Gegenüberstellung der Extremgruppen „schwere" und „keine Jugendkriminalität" aufgeführt.[81] Als Maßzahl wurde der Korrelationskoeffizient nach Kendall herangezogen.

Wie die Übersicht zeigt, erhalten wir in unseren Sample jedoch nicht für alle berücksichtigen Faktoren einen signifikanten Zusammenhang mit schwerer Jugendkriminalität. So ist wider Erwarten kein Zusammenhang zwischen Familiengröße und Kriminalität im Jugendalter auffindbar. Dieses Ergebnis steht im Widerspruch zu einigen anderen Untersuchungen wie z. B. denen von Kolvin et al. (1990) oder West/Farrington (1977). In beiden Untersuchungen wurde ein solcher Zusammenhang festgestellt und mit der mangelnden oder fehlenden Fürsorge durch die Eltern in großen Familien erklärt. Demgegenüber fand Wadsworth (1979) nur für „socially disadvantaged sections of the population" einen starken Zusammenhang zwischen Familiengröße und Jugenddelinquenz. Rutter/Giller (1983) folgern daraus, dass es deshalb vielleicht nicht die Familiengröße an sich ist, die mit Delinquenz zusammenhängt, sondern dass die Benachteiligungen, denen große Familien in ärmeren

[81] Hierzu wurde eine dichotome Variable gebildet, wobei den Probanden der Gruppe „keine Jugendkriminalität" der Wert 0 und der Gruppe „schwere Jugendkriminalität" der Wert 1 zugeordnet wurde.

Bevölkerungsteilen ausgesetzt sind, dafür entscheidend sind. Doch auch für diese Vermutung finden wir in unserem Sample kaum Hinweise: Auch bei einer gesonderten Analyse der 87 Probanden, die in knappen wirtschaftlichen Verhältnissen aufwuchsen, erhalten wir keinen signifikanten Zusammenhang zwischen schwerer Jugenddelinquenz und Familiengröße. Eine mögliche Erklärung für die Nichtkorrelation von Familiengröße und Kriminalität könnte darin liegen, dass mit einer großen Anzahl von Familienmitgliedern zwei gegenläufige Wirkungen auf den familialen Kontrollprozess verbunden sein können: Zwar ist bei einer großen Familie mit einer geringeren Fürsorge oder Beaufsichtigung durch die Eltern zu rechnen, doch könnte dieses Kontrolldefizit durch die vielen Geschwister, und die von ihnen ausgehende Beaufsichtigung beziehungsweise Fürsorge kompensiert werden.

Tabelle 17: Familie und schwere Jugendkriminalität+, Korrelationskoeffizienten nach Kendall

Familiengröße	N=306	.05
Berufstätigkeit Mutter	N=308	.12 *
strukturell unvollständige Familie	N=307	.16 *
Umgebungswechsel	N=308	.21 **
sozio-ökonomischer Status	N=303	.26 **
unzureichende Wohnverhältnisse	N=306	.32 **
Devianz Eltern	N=307	.38 **
emotionale Familienbindung	N=246	.40 **
Erziehungsstil	N=267	.43 **
Beaufsichtigung	N=85	.63 **

\+ Abhängige Variable: „keine versus schwere Jugendkriminalität"
* p< .05
** p< .001

Auch der Zusammenhang zwischen *„Berufstätigkeit der Mutter"* und schwerer Jugenddelinquenz ist in unserem Sample nur schwach ausgeprägt: 72% der stark auffälligen Jugendlichen gegenüber 60% der nicht auffälligen Jugendlichen hatten eine teilzeit- oder ganztagserwerbstätige Mutter. Auch wenn die Erwerbstätigkeit der Mutter anders gefasst wird, und z. B. Teilzeitbeschäftigungen oder stundenweise Beschäftigung aus der Analyse ausgeschlossen oder nach der Zeitdauer der Beschäftigung der Mutter genauer differenziert wird, verändert sich das Ergebnis kaum: Nur ein schwacher Zusammenhang bleibt bestehen. Dieses Ergebnis stimmt mit zahlreichen anderen Studien überein, die ebenfalls nur leichte Zusammenhänge zwischen der Berufstätigkeit der Mutter und Delinquenz aufzeigen konnten (Glueck/Glueck 1950; Gottfredson/Hirschi 1990). Junger-Tas (1993, S.34) erklärt diesen schwachen Zusammenhang folgendermaßen: "(...) mother's employment had no effect on delinquency as long as the mother had arranged for adequate supervision for the children". Also nicht mit der Berufstätigkeit der Mutter als solcher, sondern mit einem möglichen Beaufsichtigungsdefizit, das aus der Berufstätigkeit resultieren kann, erhöht sich die Wahrscheinlichkeit des delinquenten Verhaltens der Kinder.

Ebenfalls gering fällt der Zusammenhang zwischen der *Unvollständigkeit der Familie*, in der ein Proband aufgewachsen ist, und schwerer beziehungsweise wiederholter sozialer Auffälligkeit in der Kindheit und Jugend aus: Von den stark auffälligen Jugendlichen wuchsen 51% in einer strukturell unvollständigen Familie auf, von den nicht auffälligen Jugendlichen 34%. Problematisch an der vorliegenden Konzeption „unvollständige Familie" ist sicherlich, dass verschiedene Ursachen für eine unvollständige Familie wie Tod, Scheidung oder Alleinerziehung in einer Kategorie zusammengefasst werden. Differenziert man die Unvollständigkeit der Familie nach verschiedenen Ursachen, was angesichts der geringen Fallzahlen nur für wenige Kategorien sinnvoll möglich ist, so erhalten wir kaum mehr Klarheit: Beispielsweise waren es von den nicht mit Delinquenz belasteten Jugendlichen nur 9% gegenüber immerhin 18% von den stark mit Delinquenz belasteten Jugendlichen, die in ihrer frühen Kindheit von ihrer Mutter längere Zeit getrennt waren (insgesamt waren von allen 308 Probanden der Extremgruppenanalyse nur 38 bis zu ihrem 6. Lebensjahr von ihrer biologischen Mutter länger als drei Monate getrennt). Demgegenüber zeigt sich ein solcher Zusammenhang bei der Differenzierung nach Alleinerziehung nicht mehr, die Korrelation läuft sogar gegen die unterstellte Wirkungsrichtung: Von den stark auffälligen Jugendlichen waren nur 7 Probanden (6%) betroffen, demgegenüber aber 23 Probanden (12%) der nicht auffälligen Jugendlichen. Auch in anderen Untersuchungen, z. B. bei Albrecht/Howe/Wolterhoff (1991) oder Wells/Rankin (1991), werden für „unvollständige Familie" und Jugenddelinquenz zwar signifikante, aber nur schwache Korrelationen festgestellt. Albrecht/Howe/Wolterhoff (1991), die mit unterschiedlichen theoretischen Erklärungsmodellen und damit verbundenen unterschiedlichen Operationalisierungen von unvollständiger Familie arbeiten, kommen zu dem Schluss, dass die strukturell unvollständige Familie unter sonst nicht zusätzlich belastenden individuellen und sozialen Bedingungen als kausale Variable mehr oder weniger irrelevant ist für die Erklärung von Jugenddelinquenz.

Zusammenhänge mittlerer Stärke erhalten wir für den Indikator *„Umgebungswechsel"* und die beide Indikatoren der sozio-ökonomischen Lage (*sozio-ökonomischer Status, unzureichende Wohnverhältnisse*). Der Einfluss eines häufigen Umgebungswechsels auf abweichendes Verhalten in der Kindheit und Jugend wird in der Literatur kaum diskutiert, wobei die wenigen empirischen Untersuchungen hierzu ebenfalls den von uns ermittelten statistischen Zusammenhang feststellten (vgl. West 1982, Rutter/Giller 1983). Ganz anders verhält es sich hinsichtlich des Zusammenhangs von sozio-ökonomischer Lage und Kriminalität. Dieser Zusammenhang ist nicht nur einer der in der Literatur am meisten diskutierten, sondern auch einer der umstrittensten (vgl. hierzu die Überblicksarbeiten von Geißler 1994 und Tittle et al. 1978, Tittle/Meyer 1990, Thornberry/Farnworth 1982). Kaum umstritten und in zahlreichen Untersuchungen belegt ist dabei der Zusammenhang zwischen sozialer Schicht und der in den Kriminalstatistiken der staatlichen Kontrollinstanzen registrierten Kriminalität. In diesen offiziellen Kriminalitätserfassungen sind Angehörige der Unterschicht überrepräsentiert und Angehörige der Oberschicht unterrepräsentiert. Radikale Vertreter des „labeling approach" interpretieren diese Verteilung als das Ergebnis schichtspezifischer Kriminalisierungsprozesse (z. B. Rottleuthner 1969, Kaupen 1973). Diese Interpretation wird auch durch einige – allerdings methodisch sehr problematische[82] – empirische Untersuchungen gestützt. So konnten beispielsweise Opp und Peuckert in ihrer Befragung von 276 bayrischen Richtern eine schichtspezifisch ungleiche Behandlung feststellen: „Je konservativer Richter sind, desto härter bestrafen sie Täter aus der Unterschicht" (Opp/Peuckert 1969, S. 16, zitiert nach Brusten/Peters (1969).[83] Eine solche etikettierungstheoretische Interpretation der schichtspezifischen Verteilung der offiziellen Kriminalstatistiken ist jedoch nur dann haltbar, wenn sich in Dunkelfeldstudien, die selbstberichtete Delinquenz erfassen, eine Gleichverteilung der Kriminalität nach Schicht ermitteln lässt. Die hierzu durchgeführten Untersuchungen (vgl. Geißler 1994, S. 185) ergeben jedoch kein einheitliches Bild: Während beispielsweise Schumann et al. (1987) in ihrer Befragung von 740 Bremer Hauptschülern nahezu keinen Unterschied zwischen Jugendlichen aus der Unterschicht und Mittelschicht feststellen konnten[84], zeigen andere Untersuchungen für bestimmte Delikttypen und Teilpopulationen einen Zusammenhang zwischen Delinquenz und Schicht. Beispielsweise ermittelten Vilmow/Stephan (1983) in ihrer Dunkelfeldstudie bei 845 14-25jährigen Männern einer badischen Kleinstadt im frühen Jugendalter zwar eine Gleichverteilung ihrer strafrechtlich relevanten Auffälligkeiten, doch waren junge Männer aus unteren Herkunftsschichten im späteren Jugendalter häufiger mit schweren Delikten belastet. Eine Überrepräsentativität von Jugendlichen aus unteren Schichten bei schweren Delikten ermittelten auch Albrecht/Howe (1992) in ihrer Bielefelder Studie.

Leider können wir aufgrund der spezifischen Sampleselektion der TJVU keine Überprüfung durchführen, in der auf mögliche schichtspezifische Kriminalisierungsprozesse kontrolliert werden kann. Jedoch sprechen die aufgeführten Studien und einige andere ältere Untersuchungen[85], die dem Zusammenhang zwischen Schicht und Kriminalität auf der Grundlage repräsentativer Dunkelfeldbefragungen nachgingen, dafür, dass es zumindest für schwere Jugendkriminalität einen Effekt der sozioökonomischen Lage der Herkunftsfamilie gibt, der nicht allein mit schichtspezifischen Kriminalisierungsprozessen erklärt werden kann. Sie stützen damit auch einen

[82] Vgl. Brusten/Peters (1969).

[83] Diese schichtspezifischen Kriminalisierungsprozesse zeigen beispielsweise auch die Arbeit von Spittler (1968) zum Anzeigeverhalten von Kaufhausdetektiven und die Arbeit von Feest (1971) zum Ermittlungsverhalten der Polizei.

[84] Die Bremer Studie (Schumann et al. 1987, 64 ff.) zeigte genauso wie die Studie von Albrecht/Howe (1992), dass sich der eigene Bildungsstatus der Jugendlichen auf die Häufigkeit der Deliktsbegehung auswirkte: Jugendliche mit niedrigem Bildungsstatus begingen häufiger schwere Straftaten als Jugendliche mit höherem Bildungsstatus.

[85] Vgl. den Überblick bei Geißler 1989, Fußnote 20, S. 189.

ätiologisch orientierten Erklärungsansatz zum Zusammenhang von sozio-ökonomischer Lage und Kriminalität, wie ihn Sampson/Laub postulieren.
Für die Variable *„Devianz der Eltern"* und alle drei Variablen der familialen Interaktion *(„Beaufsichtigung", „Erziehungsstil der Eltern", „emotionale Familienbindung")* ist der Zusammenhang mit jugendlicher Delinquenz am stärksten ausgeprägt. Obwohl auch hinsichtlich dieser Faktoren in unserem Sample bestimmte Etikettierungs- beziehungsweise Selektionseffekte nicht ganz ausgeschlossen werden können[86], deckt sich dieses Ergebnis mit den Resultaten zahlreicher anderer Studien der letzten Jahrzehnte (stellvertretend für viele siehe Rutter/Giller 1983; Farrington 1995; Göppinger 1997, Loeber und Stouthamer-Loeber 1986). Es scheint wohl zum Grundstock kriminologischen Wissens zu gehören, dass diese Faktoren mit Delinquenz im Kindes- und Jugendalter zusammenhängen. Ebenso sprechen zahlreiche Untersuchungen dafür, dass unter den Variablen, die den familialen Kontrollprozess beschreiben, die Beaufsichtigungs- oder Überwachungsdimension am deutlichsten mit Delinquenz im Kindes- und Jugendalter zusammenhängt (Loeber/Stouthamer-Loeber 1986; Riley/Shaw 1985; Laub/Sampson 1988).

Der Zusammenhang zwischen familialer Interaktion und Delinquenz im Jugendalter lässt sich für unser Sample auch mit Hilfe der prozentualen Verteilungen zeigen: Wurden 74% der Jugendlichen, die eine mehrfache oder schwere strafrechtliche Auffälligkeit zeigten, von ihren Eltern nur unzureichend oder gar nicht beaufsichtigt, so waren es von den nicht-delinquenten Jugendlichen nur 8%. Einem deutlich negativen elterlichen Erziehungsstil (Indexwerte 2 und 3) waren 38% der delinquenten Jugendlichen, aber nur 15% der nicht-delinquenten Jugendlichen ausgesetzt, und bezüglich einer schwachen emotionalen Familienbindung (Indexwerte 2 und 3) betrug dieses Verhältnis 56% zu 18%. Kombiniert man die Defizite in allen drei Dimensionen der familialen Interaktion, so befinden sich unter den stark delinquenten Jugendlichen nur 16%, aber unter den nicht-delinquenten Jugendlichen 72%, die gar keine oder nur leichte Defizite aufweisen.

Sampson/Laub (1993) zeigen in einer über diese bivariaten Korrelationen hinausgehenden multivariaten Analyse, dass bei einer simultanen Berücksichtigung aller familialer Einflussfaktoren nur noch von den Variablen, welche die familialen Interaktionsprozesse messen, bedeutende unabhängige Erklärungspfade auf Delinquenz im Jugendalter ausgehen. Demgegenüber ist von den strukturellen Hintergrundfaktoren kein oder nur ein geringer eigenständiger Einfluss messbar. Sampson/Laub folgern daraus, dass die familialen Interaktionsfaktoren als „Mediatoren"

[86] Die Devianz der Eltern und ein problematisches Erziehungsverhalten der Eltern könnte z. B. über den Jugendgerichtshilfebericht bis zu einem gewissen Grad die Art der Reaktion der staatlichen Kontrollinstanzen im Jugendalter beeinflusst haben. Die kriminelle Vorgeschichte eines Probanden wiederum hat Einfluss auf die gerichtlichen Sanktionierung von Kriminalität im weiteren Lebensverlauf. Da das Selektionskriterium für das H-Sample der TJVU eine unbedingte Freiheitsstrafe von mindestens 6 Monaten im Erwachsenenalter war und dieses Strafmaß zumindest teilweise auch von der vorausgegangenen Sanktionsgeschichte beeinflusste wurde, kann nicht ausgeschlossen werden, dass Jugendliche mit familialen Interaktionsdefiziten und sozial auffälligen Eltern in unserem Sample qua Selektion leicht überrepräsentiert sind.

zwischen Delinquenz und strukturellen Hintergrund treten: Die Faktoren des strukturellen Hintergrunds wirken sich auf das Beaufsichtigungsverhalten der Eltern, den Erziehungsstil und die Qualität der Bindung zwischen Eltern und Kind aus. Sie wirken also nur vermittelt über die Ausgestaltung der familialen Interaktion auf das Verhalten der Individuen.

Entsprechend den Mediatisierungsüberlegungen von Sampson/Laub müsste sich demnach auch in unseren Analysen zeigen lassen, dass bei einer simultanen Berücksichtigung der Faktoren des strukturellen Hintergrunds und der Faktoren der familialen Sozialisation nur noch die letztgenannten bedeutende unabhängige Einflusspfade auf Delinquenz im Kindes- und Jugendalter haben. Zur Überprüfung dieses Mediatisierungsmodells verwenden wir multiple Regressionsanalysen. Da die abhängige Variable („schwere versus keine Jugenddelinquenz") eine dichotome Struktur hat, führten wir diese Analysen mit logistischen Regressionsrechnungen durch. Für die Gesamterklärungskraft der logistischen Regressionsmodelle wurde auf den Koeffizienten P^2 rekurriert, dessen Wertebereich sich von 0 bis 1 erstreckt und der entsprechend dem R^2 einer linearen Regression zu interpretieren ist.[87] Bei den logistischen Regressionsanalysen werden nur die Probanden berücksichtigt, die bei allen Variablen des Modells gültige Werte haben. Mit diesem Verfahren ist eine z. T. erhebliche Reduzierung der Fallzahlen verbunden. Deshalb führten wir als zusätzliche Validitätsprüfung auch lineare Regressionsanalysen durch, bei denen die fehlenden Werte in den zugrunde liegenden Korrelationsmatrizen nur für das jeweilige Variablenpaar („pairwise") ausgeschlossen werden. Eine solche Anwendung linearer Regressionen bei dichotomen beziehungsweise binären abhängigen Variablen ist nicht unproblematisch – lineare Regressionsanalysen erfordern ein metrisches Skalenniveau – sie wird jedoch in der Methodenliteratur als prinzipiell zulässig betrachtet.[88] Als Maßzahl der Einflusspfade werden in den folgenden Tabellen bei logistischen Regressionen die sogenannten R-Statistics und bei linearen Regressionen die beta-Koeffizienten aufgeführt.

In Tabelle 18 sind die Regressionsanalysen für das „Familienmodell" mit der dichotomen Variable „schwere versus keine Jugenddelinquenz" als abhängiger Variablen dargestellt. Die Berechnungswerte zeigen deutlich die Bedeutung der familialen Interaktionsprozesse für die Entstehung und Entwicklung schwerer und wiederholter Delinquenz im Kindes- und Jugendalter. Das elterliche Beaufsichtigungsverhalten hat bei einem Gesamterklärungsanteil des Modells von P^2= .37 (logistische Regression) beziehungsweise R^2= .46 (lineare Regression) den mit Abstand stärksten Pfad. Jedoch gehen auch von den beiden anderen Dimensionen des Familienprozesses – emotionale Familienbindung und Erziehungsstil Eltern – unabhängige Pfade aus, was auf die eigenständige Erklärungskraft dieser beiden Dimensionen der familialen

[87] Für die Berechnung des Koeffizienten P^2 vgl. Kühnel/Jagozinski/Terwey (1989), Demaris (1992) und Aldrich/Nelson (1984).

[88] Vgl. Backhaus (1989, S. 2): „Binäre Variable lassen sich jedoch generell wie metrische Variablen behandeln".

Interaktion verweist. Nicht nur Beaufsichtigungsdefizite, sondern auch ein negatives Erziehungsverhalten der Eltern (im Sinne eines inkonsistenten und strengen Erziehungsstils) sowie eine schwache emotionale Bindung zwischen Proband und Eltern begünstigen starke Auffälligkeiten im Kindes- und Jugendalter.[89]

Führt man eine Modellberechnung ohne die Variablen der Familieninteraktion nur mit den Variablen des strukturellen Hintergrundes durch, so zeigt sich, dass auch die strukturellen Variablen für sich genommen die beiden Extremgruppen trennen (P^2= .18 beziehungsweise R^2= .20). Die dabei messbaren unabhängigen Erklärungspfade der strukturellen Hintergrundfaktoren unvollständige Familie, Umgebungswechsel, sozio-ökonomischer Status und unzureichende Wohnverhältnisse sind jedoch im Gesamtmodell unter Einbeziehung der Familieninteraktion (Tabelle 18) nicht mehr vorzufinden. Nur einer der sieben strukturellen Hintergrundfaktoren – „Devianz Eltern" – hat einen beachtenswerten unabhängigen Pfad auf Delinquenz. Alle anderen Zusammenhänge werden von den familialen Interaktionsprozessen „aufgefangen" oder – wie Sampson/Laub es formulieren – „mediatisiert".

[89] Die Unabhängigkeit der verschiedenen familialen Kontrolldimensionen zeigt sich auch darin, dass nur 22% der Probanden mit „schwerer Jugendkriminalität" in allen drei Dimensionen deutliche Defizite aufweisen.

Tabelle 18: Familie und schwere Jugendkriminalität+, Regressionskoeffizienten und Anteil erklärter Varianz

	logistische Regression N=218++	*lineare Regression N=308+++*
Familiengröße	.00	-.07
Berufstätigkeit Mutter	.08	.04
strukturell unvollständige Familie	.00	.03
Umgebungswechsel	.00	.05
sozio-ökonomischer Status	.00	.02
unzureichende Wohnverhältnisse	.00	.07
Devianz Eltern	.09 *	.09
emotionale Familienbindung	.12 **	.13 *
Erziehungsstil	.19 **	.22 **
Beaufsichtigung	.27 **	.39 **
	$P^2 = .37$	$R^2 = .46$

+ Abhängige Variable: „keine versus schwere Jugendkriminalität"
++ berücksichtigt wurden nur die Fälle, die bei allen unabhängigen Variablen gültige Werte haben („missing value listwise")
+++ paarweiser Ausschluss fehlender Werte („missing value pairwise)
* p< .05
** p< .001

Beide zentralen Ergebnisse – die hohe Erklärungskraft der familialen Interaktion und das Fehlen eines bedeutenden unabhängigen Einflusses des strukturellen Familienkontextes – zeigen sich ungeachtet leichter Abweichungen im Detail auch dann, wenn wir an Stelle von Kriminalität andere soziale Auffälligkeiten in der Kindheit und Jugend untersuchen. In Tabelle 19 ist das Familienmodell mit der abhängigen Variable „keine versus schwere Devianz bis 18" dargestellt. Hierbei wurden in der abhängigen Variable die 135 Probanden, von denen bis zum 18. Lebensjahr keine Devianz berichtet wurde, den 125 Probanden gegenübergestellt, die einen Devianz-Indexwert von 3 oder größer erhielten. Auch für diese Unterscheidung liefert das Familienmodell gute Erklärungswerte (P^2= .31 beziehungsweise R^2= .44) und die maßgeblichen Erklärungspfade gehen von dem familialen Kontrollprozess aus.

Tabelle 19: Familie und schwere Devianz bis zum 18. Lebensjahr⁺, Regressionskoeffizienten und Anteil erklärter Varianz

	logistische Regression N=159⁺⁺	*lineare Regression N=260⁺⁺⁺*
sozio-ökonomischer Status	.00	.00
unzureichende Wohnverhältnisse	.05	.14
Berufstätigkeit Mutter	.00	.04
strukturell unvollständige Familie	.00	.05
Familiengröße	-.11 *	-.14 *
Umgebungswechsel	.00	.01
Devianz der Eltern	.00	.00
emotionale Familienbindung	.06	.10
Erziehungsstil	.16 **	.20 **
Beaufsichtigung	.23 **	.40 * *
	P^2= .31	R^2=.44

+ Abhängige Variable: „keine versus schwere Devianz" (3+ Indexpunkte)
++ berücksichtigt wurden nur die Fälle, die bei allen unabhängigen Variablen gültige Werte haben („missing value listwise")
+++ paarweiser Ausschluss fehlender Werte („missing value pairwise)
* p< .05
** p< .001

Eine Interpretation der unterschiedlichen Detailergebnisse in unseren Analysen und ein detaillierter Vergleich mit den Analysen von Sampson/Laub[90], z. B. hinsichtlich der Stärke bestimmter Erklärungspfade, erscheint uns wenig sinnvoll, da die jeweiligen Regressionsmodelle bezüglich der Variablen- und Fallzahl zu verschieden sind. Für eine genauere Überprüfung der geringen Abweichungen vom „Idealtypus" des Modells fehlt uns zudem die empirische Basis. An dieser Stelle können allenfalls Plausibilitätserklärungen herangezogen werden. So könnte beispielsweise der unabhängige Pfad von „Devianz Eltern" nach der sozialen Lerntheorie oder Thornberrys

[90] Sampson/Laub überprüften ihr Familienmodell mit vier unterschiedlichen Delinquenzvariablen (offiziell registrierte Kriminalität, „self-reported", „teacher-reported", „parent-reported"). Sie erhielten dabei Erklärungswerte von .27 bis .49. Auch in ihren Analysen kam es dabei zu leichten Abweichungen vom „Idealtypus" des Modells. So erhielten sie nicht für alle abhängigen Delinquenzvariablen signifikante Erklärungspfade von beiden Variablen der emotionalen Familienbindung. Je nach abhängiger Delinquenzvariable zeigten sich auch schwache, jedoch signifikante Pfade von strukturellen Variablen wie „crowding" oder „family size".

„interactional theory" als delinquentes Lernmuster oder nach der Labelingtheorie als Etikettierungspfad interpretiert werden. Und der negative Pfad von Familiengröße könnte auf die auch von Sampson/Laub (1993, S. 82) angedeutete Erhöhung der familialen Kontrolle durch die Geschwister hindeuten.

Folgt man den Überlegungen von Sampson/Laub weiter, so sollte sich in einem nächsten Analyseschritt die Wirkung der strukturellen Hintergrundfaktoren auf die familiale Interaktion aufzeigen lassen. Dieser von Sampson/Laub theoretisch postulierte und empirisch aufgewiesene Wirkungszusammenhang findet sich auch in anderen Untersuchungen wieder. So stellen beispielsweise Larzelere/Patterson (1990, S.307) zum Zusammenhang von sozialer Schicht und Erziehungsverhalten der Eltern fest, „that samples of lower social status families would be characterized by a higher proportion of parents who marginally skilled as parents in part because they experience more stress and fewer resources than do middle-class parents" (1990, S. 307). Zu einem ähnlichen Ergebnis kommen Rutter/Giller (1983, S.185: „Serious socioeconomic disadvantage has an adverse effect on the parents, such that parental disorders and difficulties are more likely to develop and that good parenting is impeded." (1983, S. 185). Die Wirkung der elterlichen Devianz auf den familialen Interaktionsprozess findet sich beispielsweise bei Hirschi (1983) oder Patterson/Dishion (1985). Die elterliche Delinquenz wird dabei als Ausdruck eines Mangels an sozialen Kompetenzen wie Pflichtbewusstsein, Planungsfähigkeit und Geduld verstanden. In der Erziehung manifestiert sich dieser Mangel in einem inkonsistenten Disziplinierungsverhalten, in einer fehlenden Überwachung sowie in aggressivem Verhalten gegenüber den Kindern.

Wie Tabelle 20 zeigt, korrelieren auch in unserem Sample die meisten der strukturellen Hintergrundfaktoren mit den familialen Interaktionsvariablen. Deutliche Korrelationen mit allen drei Dimensionen der familialen Kontrolle erhalten wir für die „Devianz der Eltern", den „sozio-ökonomischen Status" und „unzureichende Wohnverhältnisse". Die Korrelationswerte der anderen strukturellen Faktoren sind niedriger, weisen jedoch in die erwartete Richtung.

Lediglich die „Berufstätigkeit der Mutter" korreliert mit keiner der drei Interaktionsvariablen. Dies könnte darauf zurückzuführen sein, dass die Berufstätigkeit nur in Zeiten stattfand, in denen das Kind z. B. durch Kindergarten, Schule, Großeltern beaufsichtigt war. Zudem könnten berufstätige Mütter versucht haben, das durch die Abwesenheit bedingte Beaufsichtigungsdefizit durch eine besondere Zuwendung und Fürsorge zu kompensieren. Ein solches Verhalten ist plausibel, da die gesellschaftlichen Rollenzuschreibung – heute wie vor 50 Jahren – den vorrangigen Platz der Mutter nicht bei der Berufsarbeit sondern bei der Erziehung ihrer Kinder sieht. Berufstätige Mütter müssen daher dem Vorwurf, sie würden ihre Kinder vernachlässigen („Rabenmutter"), aktiv entgegenwirken.

Tabelle 20: Struktureller Hintergrund und familiale Interaktion⁺, Korrelationskoeffizienten nach Kendall

	Beaufsichtigung	*Erziehungsstil*	*emotionale Familien-bindung*
sozio-ökonomischer Status	.31 ** (N=285)	.16 ** (N=266)	.22 ** (N=245)
unzureichende Wohnverhältnisse	.33 * (N=283)	.20 * (N=265)	.21 ** (N=244)
Berufstätigkeit Mutter	.04 (N=285)	.07 (N=267)	.11 (N=246)
strukturell unvollständige Familie	.13 * (N=285)	.03 (N=267)	.18 ** (N=246)
Familiengröße	.16 * (N=284)	.04 (N=266)	.10 (N=245)
Umgebungswechsel	.16 * (N=285)	.15 ** (N=267)	.12 * (N=246)
Devianz Eltern	.36 ** (N=285)	.25 ** (N=267)	.37 ** (N=246)

\+ für die Gruppengegenüberstellung „schwere versus keine Jugendkriminalität"
* $p < .05$
** $p < .001$

Analysiert man die Wirkungen der einzelnen strukturellen Faktoren mit Hilfe multivariater Regressionsanalysen, so zeigt sich, dass der strukturelle Familienhintergrund nur einen geringen Teil der Varianz der familialen Interaktion erklärt. Die Erklärungsanteile schwanken zwischen 10% (Erziehungsstil Eltern) und 27% (Beaufsichtigung). Die Erklärungsanteile der Analysen von Sampson/Laub fallen zwar höher aus – zwischen .37 für „mother´s supervision" und .16 für „attachment parents" –, doch auch in ihrer Untersuchung wird die familiale Interaktion mit den strukturellen Faktoren zum größten Teil nicht erklärt. Diese Ergebnisse verweisen darauf, dass die familiale Interaktion zwar vom strukturellen Kontext beeinflusst wird, ihre konkrete Ausgestaltung sich aber weitgehend unabhängig von den strukturellen Bedingungen – soweit wir sie erfassen konnte – vollzieht.

Diese Feststellung findet sich auch in der neueren Sozialisationsforschung. So spricht beispielsweise Hurrelmann (1986, S. 130) bezüglich des Zusammenhangs von ungleichen Lebenslagen und familialer Sozialisation von einer „relativen Autonomie" der Familie: „Die Spielräume für interne und externe Entscheidungen und

Handlungen sind durch die sozialstrukturelle und sozialökologische Platzierung der Familie im Gefüge sozialer und materieller Bedingungen (vor-)strukturiert. Die Eigenständigkeit der Familie als eines dynamischen Interaktions- und Kommunikationssystems findet in diesen makrostrukturellen Rahmenbedingungen ihre Grenzen. Innerhalb dieser Grenzen aber, so zeigen die Studien, ist vielfältige Flexibilität für die soziale, kulturelle und kommunikative Gestaltung der Beziehungen zwischen den Familienmitgliedern gegeben."

In der Sozialisationsforschung besteht zwar Einigkeit darüber, dass die sozialstrukturellen Bedingungen den familialen Sozialisationsprozess beeinflussen, die hinter diesem Zusammenhang stehenden Kausalwirkungen sind jedoch weitgehend ungeklärt. Wie Steinkamp (1991) in seinem Überblicksartikel über die „neuere" Sozialisationsforschung zeigt, hat Bertrams Kritik von 1976, dass „die Kenntnisse dieser Zusammenhänge noch relativ gering" (S. 103) ist, an Aktualität kaum verloren. Die Gründe für dieses Defizit liegen dabei nicht nur in der bereits von Bertram festgestellten Diskrepanz zwischen der empirischen Basis und den theoretischen Aussagen[91], sondern auch in den theoretischen Konzepten selbst. Die bestehenden theoretischen Konzepte gehen nach Steinkamp meist von einer einfachen linearen und additiven Wirkung der sozialstrukturellen Faktoren auf die Familieninteraktion aus. Lediglich in Ansätzen seien Modelle vorhanden, die „sozialstrukturelle Konstellationen in einem mehrdimensionalen Raum" (Bertram 1981, 186)[92] oder „gruppenspezifische Bündelung struktureller Lebensbedingungen" (Hradil 1983, S. 112)[93] berücksichtigen. Nach Steinkamp genüge es nicht, „korrelative Beziehungen zwischen einzelnen Dimensionen der sozialen Lage einer Familie und sozialisationsrelevanten familieninternen Strukturen und Prozessen zu ermitteln, sondern es müssen Brückenkonzepte entwickelt werden, die plausibel erklären, wie die soziale Lage von Familien konstatierenden Parameter zusammenwirken und dem familialen Interaktionsgeschehen und seinen räumlich-materiellen Rahmenbedingungen eine spezifische Qualität verleihen" (S. 275).

---

[91] Bertram zeigt am Beispiel des in der Literatur immer wieder aufgeführten Zusammenhangs von Erziehungsstil und Schichtzugehörigkeit, dass dieser Zusammenhang mehr in Zitierkartellen als in validen empirischen Untersuchungen begründet liegt. Als Beleg führt er u.a. die Meta-Analyse von Haut und Liebhart (1971) an, die 32 empirische Untersuchungen zum Zusammenhang von Schicht und Erziehungsstil genauer unter die Lupe nahmen. Dabei fanden sie heraus, dass „von 32 Korrelationen zwischen Schichtung und Erziehungsstilen nur 17 signifikant waren, und der höchste Koeffizient bei .30, die meisten aber zwischen .10 und .20 liegen" (Bertram 1976, S. 105).

[92] Bertram (1978) konnte in einer Drei-Ebenen-Analyse zeigen, dass sozialstrukturelle Variablen (wie Einkommen oder Berufsstatus), vermittelt über die familiale Organisationsstruktur (wie Größe oder Geschwisterkonstellation) und Interaktionsstruktur (erfasst durch elterliche Einstellungen und Persönlichkeitsprofile der Eltern), auf die Entwicklung der moralischen Urteilsfähigkeit des Kindes wirken.

[93] Hradil (1987) stellt die „milieuspezifischen Lebensstile" als Vermittlungskategorie zwischen die strukturellen Bedingungen und das Handeln von Individuen. Die Lebensstile als Resultat eines Wechselspiels von objektiven Faktoren wie Geschlecht oder Alter und subjektiven Faktoren wie kulturellen Orientierungen oder Einstellungen treten dabei als Filter oder Verstärker auf und bestimmen die Relevanz der strukturellen Ausgangslage für das Handeln.

Da auch unsere Analysen auf solchen von der familialen Sozialisationsforschung kritisierten einfachen Additivitäts- und Linearitätsannahmen basieren, verweisen die vorgefundenen Zusammenhänge zwischen strukturellem Hintergrund und familialer Interaktion allenfalls auf mögliche Kausalitäten. Für detaillierte Aussagen über Wirkungszusammenhänge wären jedoch weitere Analysen erforderlich, die auch jenseits der Linearität die Wirkung bestimmter struktureller Belastungskombinationen auf bestimmte Komponenten der familialen Sozialisation untersuchen. Voraussetzung für solche Analysen wären komplexe theoretische Aussagen darüber, welche Merkmale des Familiensystems von welchen strukturellen Faktoren „in welchen Konstellationen, auf welche Weise und in welchem Umfang beeinflusst werden" (Steinkamp 1991, S. 262). Dies leistet der Ansatz von Sampson/Laub nicht. Demgemäss liegt die Bedeutung ihres „Mediatisierungsmodells" weniger im Aufzeigen spezifischer Kausalwirkungen als vielmehr darin, dass es der Kriminologie den Blick öffnet für die „Transmissionsfunktion der Familie" als zentrale Vermittlungsebene zwischen strukturellen Bedingungen und sozial abweichendem Verhalten.

5.1.4 Familie und leichte Jugendkriminalität

Als vorläufiges Ergebnis unserer bisherigen Analysen, die sich auf den Extremgruppenvergleich – „schwere" versus „keine Jugenddelinquenz" – bezogen, können wir festhalten, dass dem von Sampson/Laub formulierten Modell auch für unser Sample beachtliche Erklärungskraft zukommt. Ungeklärt blieb aber bislang die Frage nach der Reichweite des Modells: Ist das „Familienmodell" nur für die Erklärung von schwerer sozialer Auffälligkeit in der Jugend geeignet, oder können damit auch leichte Formen sozialer Auffälligkeit zufriedenstellend erklärt werden?

Zur Klärung dieser Frage ziehen wir die Gruppe der 92 Probanden heran, die in ihrer Jugend nur eine leichte Form von Delinquenz zeigten. Stellt man diese 92 Probanden den 199 nicht-delinquenten Jugendlichen gegenüber, so erhalten wir für die einzelnen Variablen des Familienmodells im Vergleich zu dem vorausgegangenen Extremgruppenvergleich deutlich niedrigere Korrelationswerte (siehe Tabelle A87 im Anhang). Die geringere Trennungskraft der familialen Struktur- und Interaktionsvariablen zeigt sich noch deutlicher in multiplen Regressionsanalysen (Tabelle 21). Der Gesamterklärungswert des Familienmodells liegt bei der Gruppengegenüberstellung von „leichter Jugenddelinquenz" und „keine Jugenddelinquenz" mit P^2= .13 beziehungsweise R^2= .11 deutlich unter dem Erklärungswert von P^2= .37 beziehungsweise P^2= .46 für schwere Jugenddelinquenz. Dies bedeutet, dass sich Jugendliche, die nur leichte Delinquenz zeigen, hinsichtlich ihres strukturellen Familienhintergrundes aber auch hinsichtlich der Qualität der familialen Kontrolle nur geringfügig von nicht-delinquenten Jugendlichen unterscheiden.

Tabelle 21: Familie und leichte Jugendkriminalität⁺, Regressionskoeffizienten und Anteil erklärter Varianz

	logistische Regression N=200⁺⁺	*lineare Regression N=291⁺⁺⁺*
Familiengröße	.00	-.02
Berufstätigkeit Mutter	.02	.05
strukturell unvollständige Familie	.00	.01
Umgebungswechsel	.00	.08
sozio-ökonomischer Status	.03	.10
unzureichende Wohnverhältnisse	.00	.07
Devianz Eltern	.00	.05
emotionale Familienbindung	.00	.10
Erziehungsstil	.13 *	.13
Beaufsichtigung	.00	.10
	$P^2 = .13$	$R^2 = .11$

\+ Abhängige Variable: leichte Jugendkriminalität versus keine Jugendkriminalität
++ Berücksichtigt wurden nur die Fälle, die bei allen unabhängigen Variablen gültige Werte haben („missing value listwise")
+++ Paarweiser Ausschluss fehlender Werte („missing value pairwise)
* $p < .05$
** $p < .001$

Für dieses Ergebnis gibt es zwei mögliche Erklärungen: Eine Erklärung könnte darin bestehen, dass leichte soziale Auffälligkeiten nicht auf Defizite in der familialen Kontrolle zurückzuführen sind. Unterstützung findet eine solche Erklärung in der durch Dunkelfeldstudien erhärteten Ubiquitätsthese (vgl. Kapitel 2), der zufolge nahezu jeder männliche Jugendliche strafrechtlich relevantes Verhalten zeigt. Die Ursachen für dieses Verhalten liegen nicht in einer abweichenden beziehungsweise defizitären Sozialisation, sondern in der „normalen" Sozialisation junger Männer, die sich an bestimmten normativen Mustern von Männlichkeit orientiert. Um die aus diesen Mustern resultierenden Rollenerwartungen zu erfüllen beziehungsweise um die eigene Männlichkeit darzustellen, greifen junge Männer auch auf bestimmte Formen abweichenden beziehungsweise delinquenten Verhaltens zurück.[94] Die geringen Erklärungswerte des Familienmodells könnten aber auch darauf zurückzufüh-

94 Zum Zusammenhang von „Männlichkeit" und Delinquenz siehe Kersten (1997), Messerschmidt (1993) und die Zusammenfassung bei Dietz et al. (1997, S. 235).

ren sein, dass es einen linearen Zusammenhang zwischen Defiziten in der familialen Kontrolle und der Schwere der Auffälligkeiten gibt: leichte Formen von Kriminalität sind bei leichten Kontrolldefiziten und schwere Formen von Kriminalität sind bei schweren Kontrolldefiziten wahrscheinlicher. Oder anders formuliert: „Je schwerer die Kontrolldefizite, desto gravierender die sozialen Auffälligkeiten".

Eine genaue empirische Überprüfung der beiden Erklärungen ist mit unseren Daten nicht möglich. Hierzu wären eine unselektierte repräsentative Stichprobe ebenso erforderlich wie Indikatoren für Jugendkriminalität, die detailliert nach Schwere beziehungsweise Häufigkeit der Auffälligkeiten differenzieren. Hinweise auf beide Erklärungsansätze ergeben sich jedoch aus unseren Daten, wenn wir den Index „Devianz bis zum 18. Lebensjahr" heranziehen, der eine gewisse Differenzierung nach der Häufigkeit beziehungsweise Schwere ermöglicht.

In Tabelle 22 sind die Ergebnisse multipler Regressionsanalysen aufgeführt, bei denen als unabhängige Variablen die Faktoren des Familienmodells und als abhängige Variable die Gegenüberstellung von Jugendlichen mit leichten Auffälligkeiten und Jugendlichen ohne Auffälligkeiten eingingen. Die Gruppe der leicht-devianten Jugendlichen umfasst die 140 Probanden, welche die Indexwerte 1 und 2 erhielten, und die Gruppe der nicht-devianten Jugendlichen die 135 Probanden mit einem Devianzindexwert von 0.

Tabelle 22: Familie und leichte Devianz bis zum 18. Lebensjahr⁺, Regressionskoeffizienten und Anteil erklärter Varianz

	logistische Regression N=189⁺⁺	*lineare Regression N=275⁺⁺⁺*
sozio-ökonomischer Status	.00	.09
unzureichende Wohnverhältnisse	.00	.03
Berufstätigkeit Mutter	.00	.02
strukturell unvollständige Familie	.00	.03
Familiengröße	- .02	-.07
Umgebungswechsel	.00	-.03
Devianz der Eltern	.00	.03
emotionale Familienbindung	.00	.00
Erziehungsstil	.00	.01
Beaufsichtigung	.00	.11
	P^2= .02	R^2=.03

\+ Abhängige Variable: „keine Devianz" versus „leichte Devianz" (Indexwerte 1,2)
++ Berücksichtigt wurden nur die Fälle, die bei allen unabhängigen Variablen gültige Werte haben („missing value listwise")
+++ Paarweiser Ausschluss fehlender Werte („missing value pairwise")
* p< .05
** p< .001

Die im Vergleich zu der Delinquenzgruppengegenüberstellung nochmals niedrigeren Erklärungswerte von P^2= .02 beziehungsweise R^2= .03 zeigen, dass sich Jugendliche, von denen leichte Devianz berichtet wurde, hinsichtlich der Qualität ihrer familialen Sozialisation nicht von Jugendlichen unterscheiden, von denen keine Devianz berichtet wurde.

Dieses Ergebnis zeigt sich auch in einer Kreuztabelle, in welcher der Devianz-Index den Defiziten in der familialen Kontrolle gegenübergestellt wird. Hierzu bildeten wir einen Index „Defizite in der familialer Interaktion", in dem die drei Variablen der familialen Kontrolle „Beaufsichtigung", „Erziehungsstil" und „emotionale Familienbindung" in einfacher additiver Logik zusammengeführt wurden. In Tabelle 23 ist diese Gegenüberstellung für die 278 Probanden der TJVU dargestellt, die bei allen drei Variablen der familialen Interaktion valide Werte besitzen.

Tabelle 23: Defizite in der familialen Interaktion und Devianz bis zum 18. Lebensjahr (N=278) +

	Defizite in der familialen Interaktion (Indexwerte)				
Devianz bis zum 18. Lj (Indexwerte)	*0*	*1-2*	*3-4*	*5+*	*Gesamt*
0	31 32,3%	43 44,8%	16 16,7%	6 6,3%	96 100,0%
1-2	29 30,2%	36 37,5%	24 25,0%	7 7,3%	96 100,0%
3-4	5 13,9%	8 22,2%	10 27,8%	13 36,1%	36 100,0%
5-7	1 3,6%	6 21,4%	9 32,1%	12 42,9%	28 100,0%
7-14	0	2 9,1%	8 36,4%	12 54,5%	22 100,0%

\+ Nur Probanden, die bei allen drei Variablen der familialen Interaktion gültige Werte aufweisen.

Die Tabelle zeigt nicht nur, dass sich Probanden, von denen 1-2 Verhaltensauffälligkeiten bis zum 18. Lebensjahr berichtet wurden, kaum von „unauffälligen" Probanden (Indexwert 0) unterscheiden. Sie zeigt auch, dass bei den Probanden mit drei oder mehr fremdberichteten Auffälligkeiten mit der Schwere des devianten Verhaltens die Anzahl der Defizite in der familialen Interaktion zunimmt. Dieses Ergebnis könnte ein Hinweis darauf sein, dass die beiden oben angeführten Erklärungen nicht gegeneinander stehen, sondern sich ergänzen: Leichte Formen sozial abweichenden Verhaltens sind ungeachtet der Qualität der sozialen Kontrolle durch die Familie Bestandteil der „normalen" Auseinandersetzung der männlichen Jugendlichen mit ihrer sozialen Umwelt. Ob sich das abweichende Verhalten jedoch verfestigt und/oder aus einer einmaligen oder geringfügigen Delinquenz ein verfestigtes Verhaltensmuster im Sinne von wiederholter beziehungsweise schwerer Auffälligkeit entsteht, hängt von der Art der Einbindung in die Familie ab. Je schwächer die soziale Kontrolle ist, die aus dieser Einbindung resultiert, desto wahrscheinlicher wird eine solche Verfestigung und der Beginn einer kriminellen Karriere.

Wo die Grenzlinie zwischen „normaler" Auffälligkeit und der Beginn einer kriminellen Karriere liegt, lässt sich mit unseren Daten nicht ermitteln. Sie zeigen jedoch, dass im Gegensatz zu schwerer Jugendkriminalität eine statistische Prognose leichter Jugendkriminalität mit Hilfe familialer Defizite nicht möglich ist. Ob sich die Erklärungskraft der altersabhängigen Kontrolltheorie verbessert, wenn andere Institutionen der sozialen Kontrolle der Kindheit und Jugend in die Analysen einbezogen werden, ist Gegenstand der nachfolgenden Untersuchungen. Doch bevor wir uns der Schule und den Peers zuwenden, untersuchen wir einen möglichen Einflussfaktor auf Kriminalität, der in soziologisch orientierten Kriminalitätstheorien meist wenig Beachtung findet: frühe Verhaltensauffälligkeiten.

5.2 Frühe Verhaltensauffälligkeiten

Bei vielen Kriminologen und Kriminologinnen läuten die Alarmglocken, wenn es um den möglichen Zusammenhang von Kriminalität und frühen Verhaltensauffälligkeiten geht. Nicht ohne Grund, denn frühe Verhaltensauffälligkeiten bilden oftmals die Basis für die Zuschreibung einer stabilen „kriminellen Neigung" oder Täterpersönlichkeit. Solche Zuschreibungen finden sich nicht nur in vielen Alltags- und Mediendiskussionen über Kriminalität, sondern auch in wissenschaftlichen Kriminalitätserklärungen. Die Kette der persönlichkeitsbezogen Erklärungsansätze reicht dabei von Lombrosos (1876) „geborenem Verbrecher" über die verschiedenen psychiatrischen Kriminalitätskonzepte „psychischer Abnormitäten" (Göppinger 1980, S. 166 ff.) bis hin zu neueren kriminologischen Erklärungsansätzen wie dem Konzept der „low self-control" von Hirschi/Gottfredson (1990) oder Wilsons und Herrnsteins (1985) „criminogenic traits".[95]

So verwundert es zunächst, dass auch Sampson/Laub in ihren Erklärungsansatz, der ja gerade die Dynamik und Veränderung von sozial abweichendem Verhalten betont, frühe Verhaltensauffälligkeiten („early childhood antisocial behavior/temperament") aufnehmen. Ausschlaggebend hierfür war ihre Überlegung, dass das Modell familialer Kontrolle nur die Wirkung des elterlichen Verhaltens auf das Kind berücksichtigt. Es könnte jedoch sein, dass die familiale Interaktion nicht die Ursache für Kriminalität im Jugendalter ist, sondern wie auch die Kriminalität eine Folge von lebensgeschichtlich früh auftretenden Verhaltensauffälligkeiten des Kindes. Es könnten frühe, möglicherweise biologisch begründete Verhaltensauffälligkeiten des Kindes vorliegen, die zu einer Überforderung der Eltern und zu einem defizitären Erziehungsverhalten führen. Sollte dies der Fall sein, dann könnte die defizitäre Familieninteraktion zwar immer noch für die Verstärkung oder Verfestigung der sozialen Auffälligkeiten verantwortlich sein, die eigentliche Ursache für die Genese und Dynamik von Kriminalität läge jedoch in bestimmten Charakter- beziehungsweise Persönlichkeitseigenschaften des Individuums.

Der Zusammenhang zwischen Verhaltensauffälligkeiten in der frühen Kindheit und sozialen Auffälligkeiten in späteren Lebensphasen wird durch eine Vielzahl empirischer Untersuchungen belegt. Je nach Studie und wissenschaftlicher Disziplin wurden einzelne Verhaltensausprägungen wie Aggressivität, nervöse Unruhe, Impul-

[95] vgl. hierzu auch den Überblicksartikel von Lösel (1985).

sivität, verbale Defizite oder komplexere Verhaltensstörungen, die sich mehr oder weniger an den diagnostischen Kriterien des „Diagnostischen und Statistischen Manuals Psychischer Störungen“[96] anlehnen, untersucht (vgl. den Überblick bei Rutter 1998, S. 127 ff.).

Auch in vielen kriminologischen Langzeitstudien, gleich ob ein prospektives oder retrospektives Untersuchungsdesign zugrunde lag, oder ob es sich um ein repräsentatives Sample oder um selektierte Gruppen handelte, wurde der Zusammenhang zwischen frühen Verhaltensauffälligkeiten und späterer Delinquenz ermittelt. White et al. (1990) zeigten an der prospektiv angelegten Dunedin-Geburtskohorten-Studie, dass Hyperaktivität und Erziehungsschwierigkeiten im Alter von 3 Jahren die Wahrscheinlichkeit delinquenten Verhaltens im Alter von 11 und 13 Jahren deutlich erhöhen. Tembly et al. 1994 ermittelten auf der Grundlage der Montreal- Langzeitstudie, dass „Impulsivität“ („fightnetiness and overactivity“) im Kindergarten den besten Prädiktor für Delinquenz im Alter von 13 Jahren darstellt. Und Farrington/Loeber/van Kammen (1990) belegten am Cambridge-Sample, dass bei 20 von 24 Männern, die bis zum Alter von 26 sechs oder mehr Verurteilungen hatten, in der Kindheit (8-10 Jahre) Hyperaktivität oder „conduct disorder“[97] vorlagen. Der Zusammenhang wurde nicht nur für Kriminalität[98], sondern auch für andere soziale Auffälligkeiten aufgezeigt. So fanden beispielsweise Caspi und Elder (Caspi/Elder/Bem 1987, Elder/Caspi 1988) in ihren Analysen der Berkeley- und Oakland-Langzeitstudien heraus, dass Kinder, die zu Wutausbrüchen neigten, als Erwachsene oftmals Probleme bei der Arbeit, im Eheleben oder bei der Kindererziehung hatten.

Die Einigkeit, die hinsichtlich des Befundes eines Zusammenhangs von frühen Auffälligkeiten und späteren Auffälligkeiten besteht, ist jedoch dahin, sobald es um die Erklärung dieses Zusammenhanges geht. Die Diskussion darüber, welche Ursachen hinter der statistischen Korrelation stehen, war lange Zeit polarisiert. Die Extrempositionen bildeten dabei bio-medizinische Erklärungsansätze auf der einen und soziologische Erklärungsansätze auf der anderen Seite.

Die Vertreter bio-medizinischer Erklärungsansätze machten je nach wissenschaftlicher Disziplin die gemeinsame Ursache für frühe Verhaltensauffälligkeiten und Auffälligkeiten in späteren Lebensphasen in genetischen, neuropsychologischen, neurologischen, neurochemischen oder psychophysiologischen Faktoren aus (vgl. den – unkritischen – Überblick bei Brennan/Mednick/Volavka 1995).

---

96 Beispielsweise die „Störung des Sozialverhaltens“, die „Störung mit oppositionellem Trotzverhalten“ und die „Aufmerksamkeits- und Hyperaktivitätsstörung“; vgl. das Diagnostische und Statistische Manual Psychischer Störungen von Wittchen et al. (1991).

97 „Conduct disorder“, das im Deutschen der „Störung des Sozialverhaltens“ entspricht, umfasst Verhaltensäußerungen wie Delinquenz, Aggressivität, Lügen oder Fortlaufen.

98 Vgl. auch Farrington (1992), Fergusson/Horwood (1993), Magnusson et al. (1993) zu Hyperaktivitätsstörungen und Magnusson/Bergmann (1988, 1990) und Pulkinen (1987) zu Aggressivität.

Die Vertreter einer „genetischen Disposition zur Kriminalität" stützten sich dabei vor allem auf Zwillings- und Adoptionsstudien. Beispielhaft sei hier die Studie von Mednick et al. (1984) aufgeführt. Mednick untersuchte alle 14.427 Adoptionsfälle in Dänemark zwischen 1924 und 1947. Er verglich die Wahrscheinlichkeiten, dass ein adoptiertes Kind in seinem Leben verurteilt wurde in Abhängigkeit von den Verurteilungen der biologischen Eltern und der Adoptiveltern. Er fand heraus, dass dann, wenn weder die biologischen Eltern noch die Adoptiveltern verurteilt worden waren, 13,5% der (männlichen) Kinder verurteilt wurden. Waren nur die Adoptiveltern straffällig geworden, so betrug der Anteil der verurteilten Kinder 14,7%. Dieser Anteil stieg signifikant auf 20% an, wenn nur die biologischen Eltern, aber nicht die Adoptiveltern verurteilt waren. Waren sowohl biologische wie auch Adoptiveltern verurteilt, betrug der Anteil 24%. Da die Wahrscheinlichkeit, dass ein adoptiertes Kind straffällig wurde, zudem parallel mit der Anzahl der Verurteilungen der biologischen Eltern anstieg, wurde dieses Ergebnis als Beleg für die Wirkung genetischer Faktoren interpretiert.

Die Hauptkritik an solchen und anderen Studien, mit denen die Wirkung biomedizinischer Faktoren beziehungsweise die weitgehende Irrelevanz sozialer Faktoren belegt wurde, zielte auf das methodische Vorgehen in diesen Studien. So wurde meist nicht auf soziale Faktoren kontrolliert oder eine alternative „soziale" Erklärung getestet. Oftmals lag ihnen ein hochselektiertes Sample zugrunde, was die Verallgemeinerungsfähigkeit der Ergebnisse stark einschränkt. Vor allem Probanden aus Familien mit deutlichen sozialen Belastungen waren kaum vertreten (bedingt durch die Adoptionsbestimmungen, die nur bei sozial wenig belastenden Familien eine Adoption vorsehen). Laboruntersuchungen arbeiteten zudem oftmals mit einer für statistische Schlüsse zu geringen Fallzahl (vgl. die Übersicht bei Brennan/Mednick/Volavka 1995, S. 81, die auch Studien mit Vergleichsgruppen von 3 oder 4 Probanden aufführt).

Abgesehen vom Fallzahlenproblem trifft diese methodische Kritik auch auf die oben angeführte Adoptionsstudie von Mednick et al. (1984) zu. Doch selbst ihre Ergebnisse sind bei näherer Betrachtung nicht gerade ein eindrucksvoller Beleg für die Wirkung genetischer Faktoren: So konnte der Zusammenhang zwischen der Anzahl der Verurteilungen der biologischen Eltern und der offiziellen Straffälligkeit der Kinder nur für Eigentumsdelikte, nicht aber für Gewaltdelikte ermittelt werden. Zudem belegt die Studie selbst die Wirkung sozialer Faktoren, da die höchste Verurteilungsquote die Probanden aufwiesen, bei denen sowohl die biologischen Eltern als auch die Adoptiveltern verurteilt worden waren. Dieses erhöhte Verurteilungsrisiko durch die Kriminalität der Adoptiveltern kann nicht auf genetische Faktoren zurückgeführt werden. Da in der Studie nichts darüber ausgesagt wird, wann die Adoption erfolgte, kann auch nicht ausgeschlossen werden, dass sich ein großer Teil des „genetischen Effekts" mit einer problematischen frühen Eltern-Kind-Interaktion, also mit sozialen Faktoren erklären lässt.

Die andere Extremposition in der Diskussion um den Zusammenhang von frühen Verhaltensauffälligkeiten und sozialen Auffälligkeiten in späteren Lebensphasen wurde von Vertretern soziologischer und sozialisationstheoretischer Erklärungsansätze eingenommen. Sie gehen von der Irrelevanz individueller Charakteristika aus und begründen dies mit der Ubiquität von Kriminalität: Ist Kriminalität, wie die Dunkelfeldstudien belegen, ein Phänomen, das nahezu alle männlichen Individuen zeigen, so kann sie nicht mit individuellen Differenzen erklärt werden. Kriminalität ist demzufolge das Ergebnis der Definition von Kontrollinstanzen, aber kein Verhalten' mit einer intrinsischen Qualität der handelnden Person (vgl. Neubauer/Hurrelmann 1993, S. 633f). Frühe Verhaltensauffälligkeiten oder auch psychische, psychosomatische und physische Erkrankungen stellen vielmehr „eine Anpassungsform des Kindes an lebens- und menschenfeindliche Umweltbedingungen" dar, die dem Individuum „das Überleben in einer pathologisierenden Umwelt" (Voß 1987, S. 15) ermöglichen.

Die grundsätzliche Ablehnung von bio-medizinisch begründeten individuellen Charakteristika als mögliche Einflussfaktoren auf Kriminalität seitens der sozialwissenschaftlichen Kriminologie wich in den letzten Jahren jedoch zunehmend einer differenzierteren Betrachtung. Das gestiegene Interesse an persönlichkeitsbezogenen Erklärungsfaktoren spiegelt sich nicht nur in vielen neueren kriminologischen Lehrbüchern (vgl. Rutter 1998, S. 127), sondern auch in einigen neueren kriminologischen Theorieansätzen[99] wider.

Ausschlaggebend hierfür waren mehrere Gründe: Erstens setzte sich auch bei den Vertretern von bio-medizinischen Ansätzen die Erkenntnis durch, dass der Mensch ein soziales Wesen ist, das nicht auf biologische oder chemische Prozesse reduziert werden kann. Damit verbunden war auch die Einsicht, dass soziales Verhalten nicht in deterministischer Weise, sondern nur im Rahmen probabilistischer Aussagen erfasst werden kann. Entsprechend wurden bio-medizinische Faktoren nicht mehr als Ursachen, sondern als Risikofaktoren betrachtet. Zweitens setzte sich die Erkenntnis durch, dass Kriminalität ein sehr heterogenes Phänomen ist, das verschiedene Ausprägungen, Intensitätsgrade und lebensgeschichtliche Verläufe umfasst. In der Forschung schlug sich dies darin nieder, dass individuelle Charakteristika nur für bestimmte Subgruppen in einen Zusammenhang mit sozialen Auffälligkeiten gebracht wurden. Ein Beispiel hierfür wäre Moffitts Unterscheidung von „life-course-persistent antisocial behavior" und „adolescence-limited behavior", wobei sie nur bei der ersten Gruppe von einem Zusammenhang mit neuropsychologischen Defiziten ausgeht. Drittens führten methodisch verbesserte empirische Studien über den Einfluss bio-medizinischer Faktoren, bei denen auch soziale Faktoren berücksichtigt wurden, dazu, dass monokausale Erklärungen zunehmend durch multikausale Erklärungen ersetzt wurden. Beispielhaft hierfür ist die Studie von Raine et al. (1994, 1996, 1997), in der gezeigt wurde, dass Geburtskomplikationen nur dann zu einem höherem Risiko von Gewaltdelinquenz führen, wenn sie mit einer Zurückweisung

[99] So nimmt z. B. in Agnews „general strain theory" ein Pfad zur kriminellen Karriere seinen Ausgangspunkt in einer frühen „aggressiven Neigung". Moffitt bringt in ihrem Ansatz die Entstehung von „life-course-persistent antisocial behavior" in einen Zusammenhang mit neurospsychologischen Defiziten des Kindes (vgl. Kapitel 3.2.5).

des Kindes durch die Mutter verbunden sind.[100] Selbst unkritische Vertreter bio-medizinischer Erklärungsansätze räumen inzwischen ein, dass "biological factors have been found to be especially likely to predict criminal outcome when combined with adverse social environments" (Mednick et al. 1984, S. 88).

Trotz gewisser Annäherungen sind die verschiedenen wissenschaftlichen Disziplinen immer noch weit voneinander entfernt in ihrer jeweiligen Einschätzung der Bedeutung von sozialen Faktoren oder bio-medizinischen Faktoren bei der Entstehung früher Verhaltensauffälligkeiten. Sind sie für die sozialwissenschaftlichen Disziplinen in erster Linie Folge der Interaktion des Individuums mit seiner „sozialen und dinglich-materiellen Umwelt", so sind sie für die Biologie, Medizin oder klinische Psychologie vor allem Folge körperlicher Dysfunktionen. Einigkeit scheint jedoch insoweit zu bestehen, als von einer wechselseitigen Beeinflussung von sozialer Umwelt und individuellen Verhaltensdispositionen ausgegangen wird, die zu einer Verstärkung der Verhaltensauffälligkeiten führt (vgl. Lytton 1990, Rutter 1998).

Nach Lytton (1990, S. 693) kann das Zusammenspiel von bio-medizinischen Faktoren und defizitärem Elternverhalten bei der Entstehung von sozialen Auffälligkeiten des Kindes auf zwei Arten interpretiert werden:[101]

1. Das Verhalten der Eltern ist die Ursache für die soziale Auffälligkeit des Kindes. Individuelle Verhaltensdispositionen (Temperament, Charakter) des Kindes werden dabei als zusätzliche Risikofaktoren verstanden, die das Kind anfälliger machen für das Verhalten der Eltern.
2. Das Verhalten der Eltern ist eine Reaktion auf das auffällige Verhalten des Kindes, das in individuellen Charakteristika wie Aggressivität, Hyperaktivität oder Trotz begründet liegt.

Im Zentrum der meisten kriminologischen Untersuchungen stand bislang die erste Interpretationsmöglichkeit. Entsprechend zahlreich sind die empirischen Studien, die einen Effekt des Elternverhaltens auf das Kindverhalten belegen (vgl. Loeber/Stouthamer-Loeber 1986). Wie Lytton in seinem Überblicksartikel belegt, existieren auch zahlreiche empirische Studien, die gerade bei verhaltensauffälligen Kindern einen eigenständigen „Kind-Effekt" auf das elterliche Verhalten nachweisen: „Several lines of experimental and correlational research support this position, which suggestes that the effect runs primalary from child to parent in the area" (S. 688). So stellte sich beispielsweise heraus, dass sich die gestörte Eltern-Kind-Interaktion bei

[100] Ein solches Zusammenspiel von biologischen Faktoren und sozialen Faktoren findet sich ebenfalls bei Moffitt (1990 1993b): Der Aggressionsgrad von Kindern, bei denen sowohl neuropsychologische Defizite wie auch eine der Faktor „ablehnende Familie" beobachtet wurde, ist viermal höher als derjenige von Kindern, die nur einen der beiden Risikofaktoren aufweisen.

[101] Lytton bietet noch eine dritte „biologische" Interpretationsmöglichkeit an: Sowohl das (defizitäre) Erziehungsverhalten der Eltern wie auch die Frühauffälligkeit des Kindes sind Folge bestimmter genetischer Dispositionen von Eltern und Kind (1990, S. 693).

Kindern mit einer „Hyperaktivitäts- und Aufmerksamkeitsstörung" normalisierte, wenn die Kinder mit stimulierenden Medikamenten (z. B. Ritalin) behandelt wurden (Barkley/Cunnimngham 1979). Olweus (1980) zeigte in einer Längsschnittstudie, dass Mütter von Kindern, die in der frühen Kindheit aufsässig („hot temper") und willensstark waren, ihr Erziehungsverhalten ihren Kindern anpassten. Sie verhielten sich gegenüber dem aggressivem Verhalten ihrer Kinder im Jugendalter nachgiebiger, als Mütter, deren Kinder nicht aggressiv waren. Zudem gibt es empirische Evidenz dafür, dass die normalen Bestrafungs- und Belohnungspraktiken der Eltern bei verhaltensgestörten Kindern nicht funktionieren (Lytton 1990, S. 688). Kinder mit Verhaltensstörungen zeigten trotz elterlicher Bestrafung doppelt so häufig weiterhin deviantes Verhalten als Kinder, bei denen keine Verhaltensstörung diagnostiziert wurde (vgl. Patterson 1976).

Bell (1977) entwickelte auf der Grundlage der Studien, die diese „Kind-Effekte" belegen, seine „control system theory". Diesem Ansatz zufolge sind Eltern und Kind empfänglich für das gegenseitige Verhalten und rufen dadurch beim jeweiligen Gegenüber spezifische Reaktionen hervor. Oder wie es Lytton (1990, S. 692) formuliert: „The child's behavior at Time 1 elicits certain reaction from the parents, which influence the child at Time 2, and the child's modified behavior then affects parental attitudes at Time 3, and so on." Im Zusammenhang mit Frühauffälligkeiten des Kindes bedeutet dieses Wechselspiel, dass es dann, wenn die Eltern nicht angemessen auf die Frühauffälligkeiten ihres Kindes reagieren, zu einer Fortführung und Verstärkung der Auffälligkeiten kommt. Patterson (1992) zeigte einen solchen Verstärkungsmechanismus („coercive mechanism") am Beispiel aggressiven Verhaltens: Aggressives Verhalten des Kindes ruft bei den Eltern eine ablehnende Reaktion hervor, die wiederum mit aggressivem Verhalten des Kindes beantwortet wird.

Geht man von einer solchen wechselseitigen Beeinflussung und Verstärkung des Verhaltens von Eltern und Kind aus, so ist für Kinder mit frühen Verhaltensstörungen eine alternative Erklärung für den Zusammenhang von Familie und Kriminalität im Kindes- und Jugendalter denkbar: Die defizitäre Eltern-Kind-Interaktion und die damit einhergehende geringe soziale Kontrolle des Kindes ist eine Folge früher Verhaltensstörungen des Kindes. Bestimmte wie auch immer begründete Temperaments- oder Charaktereigenschaften und die damit verbundenen Verhaltensauffälligkeiten des Kindes führen dazu, dass die Eltern überfordert sind und auf das Verhalten des Kindes irritiert, gewalttätig oder mit übermäßiger Strenge reagieren. Ihre Überwachungsbemühungen schlagen fehl und infolge der nicht erfüllten Verhaltenserwartungen reagieren sie emotional ablehnend auf das Kind, was wiederum die Verhaltensauffälligkeiten des Kindes verstärkt. Unterstellt man einen solchen Wirkungszusammenhang, so läge die Hauptursache für die Kriminalität und die sozialen Auffälligkeiten dieser Kinder in späteren Lebensabschnitten weniger in der unzureichenden sozialen Kontrolle durch die Familie begründet, sondern in ihrer aggressiven oder impulsiven Persönlichkeit. Der unzureichenden sozialen Kontrolle durch die Familie käme zwar immer noch die Rolle eines Verstärkers zu, ihr Effekt auf Kriminalität im Kindes- und Jugendalter wäre jedoch deutlich geringer, wenn auf Frühauffälligkeiten des Kindes kontrolliert würde.

Für eine solche Erklärung von Kriminalität spricht auch das Ergebnis von West und Farrington (1973). Der beim Cambridge-Samples festgestellte Zusammenhang zwischen familialen Faktoren (elterliche Überwachung, elterliche Kriminalität, Familiengröße) und späterer Delinquenz verschwand, als sie ihre Vergleichsgruppen auf „Verhaltensstörungen" im Alter von 8 und 10 Jahren kontrollierten. Sollte sich auch in unseren Analysen herausstellen, dass dann, wenn auf frühe Verhaltensauffälligkeiten kontrolliert wird, die unabhängigen Effekte der familialen Kontrolle auf schwere Jugendkriminalität verschwinden beziehungsweise deutlich zurückgehen, so würde dies das gesamte Modell von Sampson/Laub in Frage stellen: Ausschlaggebend für die Auffälligkeiten unserer Probanden im Kindes- und Jugendalter wären dann nicht mehr die fehlende soziale Einbindung, sondern ihre frühen Verhaltensauffälligkeiten. Das Modell von Sampson/Laub hat mit anderen Worten nur dann weiter Bestand, wenn die Wirkung von elterlicher Beaufsichtigung, Erziehungsstil und emotionaler Bindung unabhängig von den Auffälligkeiten der Probanden im frühen Kindesalter bestehen bleibt.

Für die Überprüfung des Modells von Sampson und Laub konnten wir zwei Variablen bilden. Sie beschreiben Verhaltensauffälligkeiten der frühen Kindheit, die in der Literatur übereinstimmend als Korrelate von sozialen Auffälligkeiten und Delinquenz in späteren Lebensphasen genannt werden: Bei der Variable *„Unruhe"* wurden die Probanden mit 1 codiert, wenn sie nach Fremdberichten in der Vorschule allgemeine motorische Unruhe oder Unrast zeigten, der Rest der Probanden bekam den Wert 0 zugeordnet. In einer zweiten Variable *„Aggressivität/Trotz"* wurde der Wert 1 vergeben, wenn der Probanden in seinen frühen Kindheitsjahren (bis zum Alter von 10 Jahren) als unverträglich, streitlustig (mit Geschwistern oder Spielkameraden), grob, trotzig oder aufsässig erlebt wurde; ansonsten wurde der Wert 0 vergeben.[102]

Ein Blick auf die Häufigkeitsverteilung dieser Variablen zeigt, dass nur ein kleiner Teil unserer 400 Probanden „frühauffällig" war: 39 (10%) wurden in ihrer frühen Kindheit als „unruhig" und 48 (12%) als „aggressiv" beziehungsweise „trotzig" beschrieben. Beide Variablen korrelieren mit .32 (Kendallscher Korrelationskoeffizient), was den Schluss zulässt, dass die Variablen weitgehend unabhängige Dimensionen messen. Nur 17 Probanden (4%) zeigten beide Verhaltensauffälligkeiten in ihrer frühen Kindheit.

---

[102] Es handelt sich bei beiden Variablen um Zuschreibungen, die auf spezifischen Verhaltensäußerungen der Probanden beruhen. Die Variable „Unruhe" beschreibt dabei ein Verhalten, das in der diagnostischen Psychologie der „Aufmerksamkeits- und Hyperaktivitätsstörung" zugerechnet wird. Kennzeichen dieser Störung sind neben motorischer Unruhe auch Impulsivität und Unaufmerksamkeit. Die Variable „Aggressivität/Trotz" beschreibt Verhaltensauffälligkeiten, die in der diagnostischen Psychologie unter die Kategorie „Störung des Sozialverhaltens" gefasst werden. Auf eine Unterscheidung der Auffälligkeiten nach Aggressivität und Trotz verzichteten wir, da beide Verhaltensweisen – wie auch das „Diagnostische und statistische Manual psychischer Störungen DSM-III-R" (S. 83ff) berichtet – oftmals gemeinsam auftreten und auch diagnostisch nur schwer auseinandergehalten werden können.

Der Anteil der „Frühauffälligen" ist dabei über die drei Jugenddelinquenzgruppen sehr ungleich verteilt: Sind es unter den Probanden, von denen bis zum 18. Lebensjahr keine Kriminalität berichtet wurde, gerade einmal 2%, die in ihrer frühen Kindheit als „aggressiv" galten, so steigt dieser Anteil auf 10% bei den Probanden mit leichter Jugendkriminalität und auf 25% bei den Probanden mit schwerer/wiederholter Jugendkriminalität an. Noch deutlicher unterscheidet sich die Gruppe der wiederholt/ schwer delinquenten Jugendlichen von den beiden anderen Gruppen hinsichtlich motorischer Unruhe im Vorschulalter. Hier waren es 34% der Probanden mit schwerer Jugendkriminalität von denen „motorische Unruhe" berichtet wurde, während es bei den beiden anderen Gruppen nur 2% beziehungsweise 6% waren (Tabelle 24).

Tabelle 24: Anteil der Probanden mit Frühauffälligkeiten

	keine Jugendkriminalität N=199	*leichte Jugendkriminalität N=92*	*schwere Jugendkriminalität N=109*
Unruhe	2%	10%	25%
Aggressivtät/ Trotz	3%	6%	34%

Die Frühauffälligen sind zwar auch bei den Probanden mit schwerer/wiederholter Jugendkriminalität deutlich in der Minderheit – nur ein Viertel von ihnen war in der frühen Kindheit „aggressiv/trotzig" und ein Drittel zeigte Anzeichen einer „Hyperaktivität" –, doch die ungleiche Verteilung über die Delinquenzgruppen zeigt, dass auch für die Probanden unserer Samples das Risiko schwerer Jugendkriminalität durch frühe Verhaltensauffälligkeiten deutlich zunimmt. Der Zusammenhang zwischen schwerer Jugenddelinquenz und frühen Verhaltensauffälligkeiten beträgt für die Extremgruppengegenüberstellung „keine Jugendkriminalität versus schwerer Jugendkriminalität" .38 („Unruhe") beziehungsweise .43 („Aggressivität/Trotz").[103]

Gemäß der Überlegung, dass die frühen Verhaltensauffälligkeiten des Kindes Auswirkungen haben auf das elterliche Verhalten, müsste sich ein deutlicher Zusammenhang zwischen den frühen Verhaltensauffälligkeiten und den Variablen der familialer Interaktion ermitteln lassen. Wie Tabelle 25 zeigt, ist dieser Zusammenhang zwar auch in unserem Sample vorhanden, doch ist er relativ schwach ausgeprägt.

[103] Korrelationskoeffizient nach Kendall für die Korrelationen der dichotomen Variable „keine Jugendkriminalität versus schwere Jugendkriminalität" mit den Variablen „Unruhe" und „Aggressivität/Trotz".

Tabelle 25: Familieninteraktion und Frühauffälligkeiten (Gesamtsample), Korrelationskoeffizienten nach Kendall

	Erziehungsstil		*emotionale Familienbindung*		*Beaufsichtigung*	
Unruhe	N=344	.10	N=314	.13 *	N=372	.30 **
Aggressivtät/ Trotz	N=343	.12 *	N=313	.22 **	N=371	.32 **

* $p< .05$
** $p< .001$

Regressionsanalysen, in denen auch auf die Wirkung der strukturellen Hintergrundfaktoren der Familie kontrolliert wird , bestätigen zwar einen unabhängigen Einfluss der frühen Verhaltensauffälligkeiten auf die Familieninteraktion. Sie belegen aber auch, dass dieser Einfluss nicht sehr stark ist und die Ausgestaltung der familialen Kontrolle nur zu einem geringen Teil von den frühen Verhaltensauffälligkeiten des Kindes bestimmt wird. Die „relative Autonomie“ des Familiensystems vom Kindverhalten zeigt sich besonders deutlich beim elterlichen Erziehungsstil. Hier werden nur 8% der Varianz erklärt (Tabelle 26).

Tabelle 26: Lineare Regressionsanalysen: Struktureller Hintergrund, Frühauffälligkeiten und familiale Interaktion (Gesamtsample), Regressionskoeffizienten und Anteil erklärter Varianz

	Beaufsichtigung *N=372*	*Erziehungsstil* *N=344*	*emotionale Familienbindung* *N=314*
sozio-ökonomischer Status	.14 *	.05	.06
unzureichende Wohnverhältnisse	.17 **	.07	.05
Berufstätigkeit Mutter	- .03	.00	- .03
strukturell unvollständige Familie	.10 *	-.08	.14 *
Familiengröße	.07	.01	.10
Umgebungswechsel	.04	.06	.02
Devianz Eltern	.21 **	.19 **	.31 **
Unruhe	.17 **	.03	.05
Aggressivität/Trotz	.13 *	.06	.16 *
R^2	.29	.08	.24

* p< .05
** p< .001

Tabelle 27 und Tabelle 28, in der die Mittelwerte und Standartabweichungen der familialen Kontrollvariablen getrennt für beide Gruppen – Probanden mit Frühauffälligkeiten und solche ohne Frühauffälligkeiten – aufgeführt sind, belegen, dass diese geringe Wirkung eines „Kindeffektes" auf das Erziehungsverhalten nicht nur für das gesamte Sample, sondern auch für die frühauffälligen Probanden festzustellen ist. Zwar zeigen deren höheren Mittelwerte, dass frühe Verhaltensstörungen auch mit stärkeren Erziehungsdefiziten einhergehen. Die Varianz des Erziehungsverhaltens ist jedoch auch bei frühauffälligen Probanden ähnlich hoch wie bei Probanden ohne Frühauffälligkeiten.

Tabelle 27: Familiale Interaktion bei Probanden mit Frühauffälligkeiten

		Erziehungsstil	*Beaufsichtigung*	*emotionale Familienbindung*
N	Valid	52	66	60
	Missing	18	4	10
Mittelwert		1,7115	0,9697	1,0333
Standardabweichung		1,1086	0,7226	1,0079

Tabelle 28: Familiale Interaktion bei Probanden ohne Frühauffälligkeiten

		Erziehungsstil	*Beaufsichtigung*	*emotionale Familienbindung*
N	Valid	262	306	284
	Missing	68	24	46
Mittelwert		1,0115	0,3105	0,7077
Standardabweichung		0,9488	0,6616	0,9375

Daraus zu folgern, dass das Verhalten des Kindes nur geringen Einfluss auf das Elternverhalten hat, wäre jedoch falsch. Das Verhalten der Eltern wird durchaus vom Kindverhalten beeinflusst. Es ist aber nicht mit einem einfachen Reiz-Reaktionsschema zu fassen, in dem der Charakter oder das Temperament des Kindes den Reiz und das Elternverhalten die Reaktion darstellt. In welcher Weise die Eltern auf das Kind reagieren, wird auch von Faktoren beeinflusst, die im strukturellen Kontext der Familie und in der Person beziehungsweise Lebensgeschichte der Eltern begründet liegen. Auf die Bedeutung solcher Elternerfahrungen aus der Zeit vor der Geburt des Kindes verweisen Langzeitstudien, die zeigen, dass bei Mädchen, die in Heimen aufwuchsen, das Risiko von Problemen bei der eigenen Kindererziehung deutlich erhöht ist (Quinton/Rutter 1988). Bei solchen „Elternfaktoren" handelt es sich jedoch ebenfalls nur um Risikofaktoren, die eine defizitäres Erziehungsverhalten wahrscheinlicher machen. Die konkrete Ausgestaltung der familialen Kontrolle ist letztlich von situativen Eltern-Kind-Interaktionen abhängig, die eine eigene Dynamik entwickeln. Diese Dynamik schlägt sich zwar in einem spezifischen Kontroll- und Erziehungsverhalten nieder, sie lässt sich jedoch nicht allein auf bestimmte individuelle Charakteristika der Familienmitglieder oder den strukturellen Kontext der Familie zurückführen.

Unsere Analysen haben bislang gezeigt, dass die frühen Verhaltensauffälligkeiten deutlich mit schwerer Jugendkriminalität korrelieren. Sie belegen zudem, dass die frühen Verhaltensauffälligkeiten – wenn auch in geringerem Maße – die Ausgestaltung des familialen Kontrollprozesses beeinflussen. Offen blieb bislang die Frage, wie sich die Frühauffälligkeiten auf das kontrolltheoretische Erklärungsmodell auswirken. In Tabelle 29) sind für den Extremgruppenvergleich „schwere versus keine Jugendkriminalität" zwei Regressionsmodelle dargestellt. Die Spalten 1 (logistische Regression) und 3 (lineare Regression) enthalten ein Modell, in das als erklärende Variablen nur die drei Dimensionen des familialen Kontrollprozesses eingehen. Die Spalten 2 und 4 enthalten ein Modell, das um die Variablen der Frühauffälligkeiten erweitert wurde.

Tabelle 29: Familieninteraktion, Frühauffälligkeiten und schwere Jugendkriminalität⁺, Regressionskoeffizienten und Anteil erklärter Varianz

	logistische Regressionen N=221 ++		*lineare Regressionen N=308*+++	
emotionale Familienbindung	.15 *	.11 *	.17 *	.13 *
Erziehungsstil	.23 **	.22 **	.24 **	.23 **
Beaufsichtigung	.30 **	.26 **	.44	.36 **
Unruhe	---	.08 *	---	.18 **
Aggressivität/Trotz	---	.12 *	---	.19 **
	P^2= .40	P^2= .46	R^2= .43	R^2= .51

\+ Abhängige Variable: „keine versus schwere Jugendkriminalität"
++ Berücksichtigt wurden nur die Fälle, die bei allen unabhängigen Variablen gültige Werte haben („missing value listwise")
+++ Paarweiser Ausschluss fehlender Werte („missing value pairwise)
* p< .05
** p< .001

Der Vergleich der beiden Modelle zeigt, dass

1. der unabhängige Einfluss des familialen Kontrollprozesses auch dann bestehen bleibt, wenn auf Frühauffälligkeiten der Probanden kontrolliert wird;
2. die Erklärungskraft der Variablen der familialen Kontrolle deutlich größer ist als die Erklärungskraft der Variablen, die Frühauffälligkeiten der Probanden beschreiben;
3. es eine vom familialen Kontrollprozess unabhängige Wirkung früher Verhaltensauffälligkeiten auf spätere Delinquenz gibt. Dies schlägt sich

auch in einer Erhöhung des Gesamterklärungswertes von P^2 von .40 auf .46 (beziehungsweise R^2 von .43 auf .51) nieder.

Dieses Ergebnis erhalten wir auch dann, wenn wir zusätzlich auf den strukturellen Kontext der Familie kontrollieren. Es bleibt auch dann stabil, wenn wir die Vergleichsgruppen nicht auf der Basis der offiziell registrierten und fremdberichteten Kindheits- und Jugenddelinquenz bilden, sondern wenn wir für die Extremgruppenbildung den Index „Devianz bis zum 18.Lebensjahr" heranziehen. Stellt man die 135 Probanden, von denen kein deviantes Verhalten bis zum 18. Lebensjahr berichtet wurde, den 125 Probanden gegenüber, die auf dem Devianzindex einen Wert von 3 oder mehr erhielten, so erhalten wir für das Familien-Frühauffälligkeiten-Modell einen Erklärungswert von P^2 =.34 beziehungsweise R^2=.37. Obwohl wir auch bei dieser Überprüfung die unabhängigen „Kindeffekte" (Frühauffälligkeiten) erhalten, gehen die deutlich stärkeren Erklärungspfade von den Familienfaktoren aus.

Das auf kontrolltheoretischen Überlegungen basierende Modell zur Erklärung schwerer Jugendkriminalität behält also auch dann eine hohe Erklärungskraft, wenn auf frühe Verhaltensauffälligkeiten der Probanden kontrolliert wird. Selbst wenn man die unabhängigen Erklärungspfade der Frühauffälligkeiten als Ausdruck genetischer oder wie auch immer begründeter bio-medizinischer Effekte interpretiert, belegen unsere Ergebnisse deutlich die Überlegenheit eines Modells, das soziale Faktoren zur Erklärung von Kriminalität heranzieht. In den Worten von Sampson/Laub lautet das folgendermaßen: „It apppears that knowledge of childhood propensities is not a sufficient condition for explaining delinquency" (1993, S. 94).

Da die von uns verwendeten Indikatoren für frühe Verhaltensstörungen nicht ganz unproblematisch sind, sind unsere Analysen mehr ein Beleg für die Validität eines auf sozialer Einbindung basierenden Erklärungsmodells, als dass mit ihnen die vom Elternverhalten unabhängige Wirkung früher Verhaltensauffälligkeiten begründet werden könnte. Eine eindeutige zeitliche Ordnung von Frühauffälligkeit und Familieninteraktion ist durch die Überschneidung der Bezugszeiträume beider Variablengruppen nicht gegeben. Zudem bezieht die Variable „Aggression/Trotz" auch Verhaltensauffälligkeiten mit ein, die relativ spät (bis zum 10. Lebensjahr) auftraten. So kann es sein, dass auch die frühen Verhaltensauffälligkeiten zumindest teilweise Folge des Elternverhaltens sind. Empirische Unterstützung dafür, dass sich hinter den von uns festgestellten unabhängigen „Kind-Effekten" dennoch ein Stück Wirklichkeit verbirgt, liefern nicht nur Sampson/Laub, deren Ergebnisse sich weitgehend mit den unseren decken. Auch die wenigen anderen Langzeitstudien, in denen die Wirkung von frühen Verhaltensauffälligkeiten auf Faktoren der familialen Kontrolle kontrolliert wurden, zeigen diese Effekte. So fand Olweus (1980) in seinen Pfadanalysen unabhängig vom Erziehungsverhalten der Mutter einen direkten Erklärungspfad von „early temperament" auf aggressives Verhalten in der Jugend. Die Unabhängigkeit des „Kindeffekts" zeigte sich auch in der oben erwähnten Untersuchung von West und Farrington (1973).

Wie diese von der familialen Kontrolle unabhängigen Effekte früher Verhaltensauffälligkeiten zu interpretieren sind, muss an dieser Stelle weitgehend offen bleiben. Im Gegensatz zu den empirischen Belegen dafür, dass individuelle Charakteristika wie „Aggressivität" oder „Impulsivität" mit Kriminalität in Zusammenhang stehen, sind die Erklärungen für die dahinterstehenden Kausalwirkungen eher dürftig. So stellt beispielsweise Rutter (1998, S. 147) fest: "Nevertheless, although aggression is undoubtedly associated with antisocial behavior, surprisingly little is known regarding its role in the developmental processes leading to such behavior." Die kriminogene Wirkung von Aggressivität wird oftmals damit begründet, dass viele delinquente Aktivitäten, auch die, bei denen es sich nicht um Gewaltverbrechen handelt, eine aggressive Komponente aufweisen (vgl. Rutter 1998, S. 147). Die Verbindung von Impulsivität (als Erscheinungsform der „Hyperaktivitäts- und Aufmerksamkeitsstörung", der auch die in unseren Analysen berücksichtigte „motorische Unruhe" zuzurechnen ist) und Kriminalität wird beispielsweise über die mit der Impulsivität verbundene Planlosigkeit und Spontaneität des Handelns und einer fehlenden Folgenabschätzung des Verhaltens hergestellt (vgl. Klinteberg 1997, S. 22). Eine solche Ableitung einer kriminogenen Wirkung aus bestimmten Charaktermerkmalen des Individuums[104] findet sich auch im Konzept der „geringen Selbstkontrolle" von Hirschi/Gottfredson wieder, wobei sie diese stabile Verhaltensdispositionen als Folge der familialen Primärsozialisation erklären und explizit biologische Ursachen ablehnen.

5.3 Schule und Jugendkriminalität

Gemäß der altersabhängigen sozialen Kontrolltheorie kommt das Individuum nach der Familie mit einer anderen zentralen Institution der informellen sozialen Kontrolle in Kontakt: der Schule. Ihr Einfluss ist schon allein durch die zeitliche Dimension des unmittelbaren Kontakts zu vermuten, denn in ihr verbringen die meisten Kinder und Jugendlichen einen großen Teil ihres Alltags.

Die zentrale Aufgabe der Schule besteht neben der Vermittlung von Grundqualifikationen und Basisfertigkeiten und der Allokation von Ausbildungs- und Berufschancen auch in der Vermittlung von Wertorientierungen, Einstellungen und Verhaltensweisen. Aus dieser Sozialisationsfunktion leitet die soziale Kontrolltheorie die Bedeutung der Schule für die Entstehung delinquenten Verhaltens ab: Je enger die Anbindung eines Individuums an die Schule, desto eher internalisiert es die von ihr geforderten Werte und Verhaltensweisen und desto geringer ist die Wahrscheinlichkeit delinquenten Verhaltens.

Als Indikatoren für eine enge Anbindung an die Schule („attachment to school") werden dabei unterschiedliche Einstellungs- und Verhaltensdimensionen betrachtet,

[104] Wie problematisch eine solche Ableitung ist, zeigt sich bei einer genaueren Betrachtung des Zusammenhangs von Aggressivität und Kriminalität. Magnusson/Bergmann (1988, 1990) fanden heraus, dass Aggressivität nur dann mit Kriminalität korreliert, wenn sie Teil eines breiteren Problemverhaltens ist. Und Pulkinen (1987), der das aggressive Verhalten seiner Probanden nach unprovozierter und provozierter Aggression unterschied, konnte nur für erstere einen Zusammenhang mit späterer Kriminalität ermitteln.

die, wie die Faktorenanalyse von Wiatrowski et al. (1981) ergab, insgesamt vier unterschiedliche Aspekte umfassen: Erstens die Erfüllung der schulischen Pflichten, zweitens die eigene schulische Leistungserwartung, drittens die Einbindung in schulische Aktivitäten und viertens die emotionale Einstellung gegenüber der Schule. Alle vier Dimensionen wurden in zahlreichen Untersuchungen immer wieder als Korrelate von Kriminalität bestätigt[105], wobei nach Kercher (1988) der Zusammenhang für die Leistungsdimension am stärksten ausfällt. Schoech (1985, S. 384f.) fasst die Untersuchungen zu Kriminalität und Auffälligkeiten im schulischen Verhalten wie folgt zusammen: „Es gehört zu den gesicherten Erkenntnissen, dass registrierte Delinquenz relativ hoch mit Schuldefiziten und Störungen im normalen Schulablauf korreliert. (...) Nach einigen Untersuchungen scheinen sich die Unterschiede in abgeschwächter Form auch bei der nichtregistrierten Kriminalität widerzuspiegeln, zumindest wenn man die Häufigkeit und Schwere der Delikte mitberücksichtigt."

Die Kontrolltheorie begreift die negativen Ausprägungen der verschiedenen schulischen Einstellungs- und Verhaltensdimensionen als Ausdruck einer geringen emotionalen Bindung an die Schule. Ist die emotionale Anbindung an eine Person oder (wie im Fall der Schule) an eine Institution gering, so kommt es auch nicht zu einer Übernahme der von dieser Person oder Institution geforderten Verhaltensweisen, Einstellungen und Werte[106]. Entsprechend gering ist damit auch der verhaltensregulierende Effekt im außerschulischen Bereich.[107] Hirschi formuliert das folgendermaßen: „The boy who does not like school and who does not care what teachers think of him is to this extent free to commit delinquent acts" (1969, S. 127).

Im Unterschied zu drucktheoretischen Ansätzen, die den Zusammenhang von Schulproblemen und Kriminalität mit der Kompensation des schulischen Versagens durch Kriminalität erklären, ist nach der Kontrolltheorie Schulversagen nur ein Teil einer Kausalkette, deren wichtigstes Glied in der emotionalen Bindung besteht: Schlechte Schulleistungen führen zu einer emotionalen Ablehnung der Schule; die Jugendlichen verlieren das Interesse an ihr und ziehen sich in unkontrolliertere Sozi-

---

105 Vgl. hierzu den Überblick bei Kercher (1988) sowie Schöch (1985).

106 Auf die Notwendigkeit einer emotionalen Nähe als Voraussetzung für die Übernahme von Werten und Einstellungen verweist auch Parsons (1951, S. 264): „The establishment of sensitivity of the attitudes of approval and esteem, again both external and internal, is one of the most fundamental requirements of adequate socialization of the individual and serves as the central core of his motivation to conformity."

107 Die Studie von Fend (1976) zeigt, dass sich die Ablehnung nicht nur auf die schulischen Werte und Normen, sondern auch auf allgemeinere Wertorientierungen bezieht. Fend operationalisierte in seiner Schülerbefragung das „Schul-involvement" über die Beteiligung in der Schule, der Einstellung zum Lernen, dem Verhältnis zu den Lehrern und dem Wohlfühlen in der Schule. Schüler mit einem geringen „Schul-involvement" investierten nicht nur weniger Anstrengung in schulisches Lernen, sondern hielten auch weniger von Leistungswerten („Ausdauer", „Zielstrebigkeit", „Verantwortungsbewusstsein" und „Fähigkeit zum Bedürfnisaufschub") und Konformitätswerten („sich gut benehmen", „pflicht- und verantwortungsbewusst sein" etc.).

albereiche zurück. Mit dieser inneren und äußeren Zurückgezogenheit von sozialer Kontrolle erhöht sich die Wahrscheinlichkeit delinquenten Verhaltens.[108]

Aufbauend auf diesen kontrolltheoretischen Überlegungen, die sich schon bei Hirschi (1969) finden, integrieren Sampson/Laub den schulischen Kontrollprozess als eigenständigen Einflussfaktor in ihr entwicklungsdynamisches Erklärungsmodell von Kriminalität im Kindes- und Jugendalter. Das Sozialisationsergebnis der Schule ist nach ihrer theoretischen Position zwar nicht völlig unabhängig von der familialen Sozialisation, aber die schulische Sozialisation hat einen eigenständigen Effekt, der nicht mit einer defizitären familialen Kontrolle oder frühen Verhaltensauffälligkeiten erklärt werden kann. So ist die Schule in der Lage, familiale Sozialisationsdefizite aufzufangen beziehungsweise abzumildern, aber sie kann auch die Ursache für die Entstehung oder Verfestigung abweichenden Verhaltens sein. Die Schule ist im Vergleich mit der Familie vielleicht sogar die effektivere Kontrollinstitution. Sampson/Laub verweisen in diesem Zusammenhang auf Gottfredson/Hirschi (1990, S. 105), die mehrere Gründe für die größere Kontrolleffizienz der Schule benennen: Erstens ist die Beaufsichtigung in der Schule effektiver, da ein Lehrer mehrere Kinder zugleich beaufsichtigen kann. Zweitens haben die Lehrer im Unterschied zu vielen Eltern keine Schwierigkeiten, sozial abweichendes Verhalten der Kinder wahrzunehmen. Drittens hat die Schule ein klares Interesse an Ordnung und Disziplin, und versucht daher abweichendes Verhalten zu kontrollieren. Und viertens haben die Lehrer die Autorität und Mittel, abweichendes Verhalten zu bestrafen.

Obwohl somit Gottfredson/Hirschi selbst die Argumente für eine starke Kontrollfunktion der Schule liefern, bestreiten gerade sie eine eigenständige kausale Wirkung der Schule auf die Entstehung von Delinquenz im Kindes- und Jugendalter. Ihren Haupteinwand gegen einen Ursachen-Wirkungs-Zusammenhang, wie ihn Sampson/Laub formulieren, fassen sie mit dem Statement „delinquents do not like school" (1990, S. 107) zusammen. Gottfredson/Hirschi interpretieren den engen Zusammenhang zwischen schulischen Problemen und jugendlicher Delinquenz als Ausdruck eines zeitlich vorgelagerten sozial abweichenden Verhaltens, das seinerseits sowohl für jugendliche Delinquenz wie auch für Probleme in der Schule eine Erklärung liefert. Mit dem oben erwähnten Statement verweisen sie auf den für sie zentralen Aspekt der Selbstselektion. In ihrer Kritik an der Delinquenzverlaufsforschung und speziell der altersabhängigen sozialen Kontrolltheorie, wie sie von Sampson/Laub entwickelt wurde, sprechen sie davon, dass es sehr wahrscheinlich

[108] Die Schüler- und Lehrerbefragung von Brusten und Hurrelmann (1973) zeigt, dass die mit schwachen schulischen Leistungen verbundene emotionale Ablehnung der Schule seitens der Schüler durch das Lehrerverhalten unterstützt wird. Ein niedriger Leistungsstatus des Schülers geht einher mit einem niedrigen Sympathiestatus bei den Lehrern: „Gute Leistungen führen zu hohem Prestige bei Lehrern und Schülern und motivieren zu Verhaltensweisen, die zusätzlich wieder positiv belohnt werden; die Konformität mit den formellen schulischen Verhaltensstandards erfüllt die Erwartungen der Lehrer und wird von ihnen als wohltuend registriert; dieser Sachverhalt strahlt bei stark auf den Lehrer fixierten Interaktionsprozessen auf die Schüler zurück. Für leistungsschwache Schüler verlaufen diese Zirkelprozesse in genau der entgegengesetzten Richtung" (S.58). Vgl. hierzu auch Ulrich (1991, S. 386) und Petillon (1982, S. 302).

ist, dass Individuen mit einer geringen Selbstkontrolle versuchen, sich solchen „Kontrollinstitutionen" zu entziehen: „Delinquents will tend to avoid and eventually to leave school in favor of less restricted environments" (Hirschi/Gottfredson 1995, S. 163).

Eine ähnliche Argumentation findet sich auch bei Glueck/Glueck (1964). Nach deren Ansicht sind schlechte schulische Leistungen und Regelverstöße in der Schule nicht die Ursache von Kriminalität, sondern vielmehr eine Folge von in der frühen Kindheit entstandenen Verhaltensauffälligkeiten und „antisozialen" Persönlichkeitszügen: „(...) school retardation cannot usually be regarded as a factor causal of delinquency although it may well be involved in a ,vicious circle' with delinquency. Yet it does reflect intellectual and temperamental difficulties and abnormalities in early environment and training akin to those which are typically involved in making of delinquency. These forces and the resulting personality and character traits, their roots sunk deep in early childhood, make themselves evident in such areas as school retardation, school misbehavior, and other types of maladapted or antisocial tendencies expressed in home and street, especially the harmful use of leisure and the choice of undesirable companions." (1964, S. 23).

Sampson/Laub konnten mit ihren empirischen Analysen diese Position zurückweisen und die von ihnen theoretisch postulierte eigenständige Wirkung der Sozialisationsinstanz Schule auf die Entstehung und Entwicklung von Kriminalität belegen. In multiplen Regressionsrechnungen erhielten sie einen von der familialen Interaktion und frühkindlichen Einflussfaktoren unabhängigen hohen Erklärungspfad von „attachment to school" auf jugendliche Delinquenz.[109] Wir werden an unserem Datensatz die These von Sampson/Laub prüfen, der zufolge von der schulischen Einbindung ein eigenständiger Kontrolleffekt auf das Verhalten ausgeht. Zuvor allerdings stellen wir einige Ausführungen zu einer zweiten These, die Sampson/Laub im Zusammenhang mit Schule formulierten, vor. Diese zweite These bezieht sich auf den Zusammenhang von schulischer Einbindung und strukturellem Kontext. Der Grundgedanke dabei ist, dass bestimmte strukturelle Belastungen der Herkunftsfamilie eine enge Anbindung an die Schule und somit auch die Möglichkeit einer sekundären Sozialisation verhindern. Entsprechend ihrer Überlegungen zu strukturellem Kontext und Familieninteraktion unterstellen sie dabei eine Mediatisierung des Effekts struktureller Belastungen auf Kriminalität durch die schulische Kontrolle. Zur Untermauerung dieser These führen Sampson/Laub eine Reihe von Untersuchungen an, die den Zusammenhang von sozialstrukturellen Belastungen und schulischen

---

[109] Sampson/Laub operationalisierten den Schuleffekt mit Hilfe zweier Variablen. In der Variable „school attachment" erfassten sie die Einstellung zur Schule und die Leistungsorientierung ihrer Probanden. In einer zweite Variable, „school performance", erfassten sie den Schulabschluss und die Anzahl der Klassenwiederholungen. In den Regressionsanalysen, in die beide Variablen eingingen, zeigte jedoch nur die Variablen „school attachment" einen unabhängigen Erklärungspfad auf Delinquenz. Da beide Variablen mit .56 miteinander korrelierten, ist dieses Ergebnis wenig überraschend. Unverständlich ist jedoch, dass Sampson/Laub trotz dieser hohen Korrelation an zwei getrennten Indikatoren der schulischen Einbindung festhielten, zumal eine solche Trennung von ihren theoretischen Vorgaben nicht erforderlich gewesen wäre.

Sozialisationsdefiziten thematisieren. Beispielsweise verweisen Rutter/Giller (1983) auf den Zusammenhang von Armut, unzureichenden Wohnverhältnissen und schulischen Defiziten. Ganz ähnlich Blake (1989), der bei seinen Analysen über den Zusammenhang von schulischen Problemen und Familiengröße zeigen konnte, dass mit zunehmender Größe der Familie die jeweils individuelle Förderung der schulischen Erziehung zurückgeht. Hinsichtlich des Zusammenhangs von sozialen Auffälligkeiten der Eltern und schwacher schulischer Einbindung der Kinder stützen sich Sampson/Laub auf Gottfredson/Hirschi (1990), welche die These aufstellen, dass deviante Eltern weniger in der Lage sind, die schulische Entwicklung ihrer Kinder zu überwachen beziehungsweise zu kontrollieren. Sampson/Laub spitzen das Argument noch zu, indem sie darauf verweisen, dass delinquente Eltern nicht nur keine Kapazitäten beziehungsweise Fähigkeiten zur Überwachung und Förderung der schulischen Entwicklung ihrer Kinder haben, sondern dass sie der schulischen Laufbahn ihrer Kinder gleichgültig, wenn nicht sogar ablehnend gegenüber stehen.

Der Einfluss der strukturellen Hintergrundfaktoren auf die Bindung zur Schule („attachment to school") fällt bei den empirischen Analyse von Sampson/Laub mit einem Erklärungsanteil von .16 nicht sehr hoch aus. Dieser geringe Erklärungswert hält die Autoren jedoch nicht davon ab, ihre Ergebnisse als Bestätigung ihrer These zum Zusammenhang von strukturellen Faktoren und Schule zu interpretieren. Zwar weisen einzelne strukturelle Faktoren wie „Residential Mobility", „Family size", „Mother's employment", „Family SES" und „Father's deviance" in den Analysen von Sampson/Laub unabhängige Pfade auf die „Einbindung in die Schule" auf. Unseres Erachtens müssten Sampson/Laub aufgrund der niedrigen Gesamterklärungswerte ihre Aussage „the data suggest that large families, economic disadvantage, weak ties to the community, and parental deviance all weaken a boy's attachment to school" (Samson/Laub 1993, S. 110) jedoch deutlich relativieren. Dies gilt um so mehr für ihre Aussage: „...overall the findings support the idea that structural variables have *important* (Hervorhebung der Verfasser) effects on the schooling and educational process – especially family size" (Sampson/Laub 1993, S. 110).

Für die nachfolgenden Analysen, in denen wir die beiden Thesen von Sampson/Laub zur Schule mit den Daten der TJVU überprüfen wollen, bildeten wir einen Index „(fehlende) Anbindung Schule". Dieser Index beruht auf Fremdberichten und wurde additiv aus folgenden Verhaltensausprägungen gebildet: „kein Interesse beziehungsweise keine oder nur geringe Mitarbeit", „auffälliges Schulschwänzen" und – als Indikator für die Leistungsfähigkeit der Probanden – „mehrmals eine Klasse wiederholt". Auf eine Berücksichtigung des Indikators „Schulabschluss" verzichteten wir, da dieser je nach besuchter Schulart lebensgeschichtlich zu einem sehr unterschiedlichen Zeitpunkt lag. Zudem ist der Schulabschluss ein sehr zweifelhafter Indikator für die soziale Einbindung des Individuums. Die Entscheidung, welche Schule ein Proband besuchte, war zumindest in den 50er und 60er Jahren, als unsere Probanden die Schule besuchten, mehr von der sozialen Herkunftsschicht und damit verbundener familialer Ressourcen (z. B. in Form von Nachhilfestunden) und Bildungsaspirationen als vom Leistungswillen oder der Leistungsfähigkeit des Kindes abhängig.

Der Index „Anbindung Schule" hat die Ausprägungen 0 bis 3, wobei 3 für eine geringe Einbindung steht. Für 25 Probanden liegen uns keine vollständigen Angaben zum Verhalten in der Schule vor („missing value"). Der zeitliche Bezugsraum umfasst die Zeit bis zum Verlassen der Volksschule (mit der heutigen Hauptschule zu vergleichen) beziehungsweise bei Probanden, die eine weiterführende Schule besuchten, das Schulverhalten bis etwa Ende des 16. Lebensjahres.

Tabelle 30, in der die Verteilung der Indexvariablen „Anbindung Schule" über die drei Jugenddelinquenzgruppen dargestellt ist, zeigt: Je schwächer die Bindung an die Schule, desto wahrscheinlicher ist Kriminalität im Kindes- und Jugendalter. Besonders deutlich ist der Unterschied zwischen den Extremgruppen „keine Jugendkriminalität" versus „schwere Jugendkriminalität". Sind es von den nicht-delinquenten Jugendlichen etwa 80%, die kein Bindungsdefizit aufweisen, so sind es unter den Probanden mit schwerer Jugendkriminalität fast genauso viel, die ein solches Defizit zeigen. Über ein Viertel dieser Gruppe zeichnete sich durch geringes Interesse, auffälliges Schulschwänzen und mehrmaliges Wiederholen der Klasse aus. Der Unterschied im Schulverhalten der beiden Extremgruppen spiegelt sich auch in dem hohen Korrelationswert (Kendallscher Korrelationskoeffizient) von .65 wider.

Tabelle 30: Anbindung an die Schule und Jugendkriminalität, N=375

Index Anbindung Schule	*keine Jugendkriminalität*		*leichte Jugendkriminalität*		*schwere Jugendkriminalität*	
0	155	(82%)	46	(55%)	23	(22%)
1	25	(13%)	26	(31%)	20	(19%)
2	8	(4%)	6	(7%)	32	(30%)
3	0		5	(6%)	29	(28%)
	N=188		N=83		N=104	

In Tabelle 31 ist eine lineare Regressionsanalyse dargestellt, mit der wir die von Sampson/Laub postulierte Wirkung des strukturellen Kontextes der Herkunftsfamilie auf die Einbindung in der Schule überprüften. Die strukturellen Faktoren erklären nur 21% der Varianz des Bindungsindizes. Das bedeutet, dass der Einfluss der strukturellen Ausgangsbedingungen auf das Schulverhalten eher gering einzuschätzen ist. Wollte man das Schulverhalten eines Schülers erklären, so müssten u. E. auch andere Bedingungsfaktoren wie beispielsweise das Schulklima, das Lehrerverhalten oder Problembelastungen auf der Ebene der Schulklasse in die Analyse einbezogen werden.[110] Auch in anderer Hinsicht scheinen die Mediatisierungungs-Überlegungen von Sampson/Laub noch nicht ganz ausgereift zu sein. Beispielsweise wird der sinnhafte Zusammenhang zwischen Familiengröße und Einbindung in die Schule ja erst über

[110] Zu den Bedingungen schulischer Sozialisation vgl. Ulrich (1991).

die familiale Interaktion hergestellt. Der negative Einfluss auf die Einbindung in die Schule, der von einer großen Familie ausgehen kann, tritt ja nur dann ein, wenn die Eltern ihre Fürsorgepflichten vernachlässigen. So überrascht es wenig, dass in unseren Analysen nur von der Devianz der Eltern und den Indikatoren der sozioökonomischen Lage der Familie („unzureichende Wohnverhältnisse" und „sozioökonomische Status") bedeutende unabhängige Erklärungspfade auf eine geringe Einbindung in die Schule ausgehen. Diese Pfade spiegeln möglicherweise die von Hurrelmann konstatierte Wirkung ungleicher „familialer Kompetenzausstattung" wider: „Die in der Schule geforderten kognitiven, motivationalen, sprachlichen und sozialen Fertigkeiten und Fähigkeiten werden in den sozial, ökologisch und materiell benachteiligten Familien nachweislich weniger gefördert als in anderen Familien" (1968, S. 138). Sie könnten aber auch ein Hinweis auf Etikettierungen seitens der Lehrer sein. Wie beispielsweise Brusten/Hurrelmann (1973, S. 61 f.) mit ihrer Schüler- und Lehrerbefragung belegen, werden Schüler aus den unteren sozialen Schichten von ihren Lehrern in signifikant höherem Maße als relativ leistungsschwach, unbeliebt und sozial auffällig typisiert als Schüler aus der Mittel- oder Oberschicht.[111]

[111] „Demnach sind es ganz generell die im gesellschaftlichen und im schulischen Sozialsystem unterprivilegierten Gruppen von Schülern, bei denen normabweichendes Verhalten beobachtet oder aber erwartet wird und die insofern wesentlich schneller einem sozialen Stigmatisierungsprozess ausgesetzt sind als ihre Mitschüler aus oberen sozialen Schichten". Vgl. auch die Übersicht bei Ulrich (1991, S. 390) zu Arbeiten, die sozialstrukturelle oder schichtspezifische Bedingungen schulischer Leistung und Selektion untersuchen.

Tabelle 31: Lineare Regressionsanalyse: Strukturelle Hintergrundfaktoren, Frühauffälligkeiten und Anbindung an die Schule (N=375)⁺, Regressionskoeffizienten und Anteil erklärter Varianz

	Anbindung Schule
Familiengröße	.05
Umgebungswechsel	.04
Berufstätigkeit der Mutter	.00
Devianz der Eltern	.16 *
strukturell unvollständige Familie	.09
sozio-ökonomischer Status	.16 *
unzureichende Wohnverhältnisse	.25 *
R^2	.21

\+ Paarweiser Ausschluss fehlender Werte („missing value pairwise")
* p< .05
** p< .001

Interpretiert man den Zusammenhang von Delinquenz und Schulverhalten im Sinne eines Selbstselektionsprozesses, wie ihn Gottfredson/Hirschi oder die Gluecks unterstellen, so müsste sich auch in unseren Daten zeigen lassen, dass eine fehlende Einbindung in die Schule deutlich mit frühen Verhaltensauffälligkeiten korreliert. Eine solche Korrelation können wir zwar feststellen, doch fällt diese mit .35 für „Aggression/Trotz" und .26 für „Unruhe" nicht sehr hoch aus. In einer Regressionsanalyse, in der außer den strukturellen Kontextfaktoren auch die beiden frühen Verhaltensauffälligkeiten als erklärende Faktoren eingehen, erhalten wir für beide Frühauffälligkeiten hochsignifikante Erklärungspfade auf die schulische Bindung, doch beträgt der Gesamterklärungswert des Modells nur 30%. Dies bedeutet, dass frühe Verhaltensauffälligkeiten spätere Schulproblem wahrscheinlicher machen, das Ausmaß der Schulprobleme aber nur zu einem kleineren Teil mit einem problematischem Persönlichkeitszug oder dem Temperament der Probanden erklärt werden kann.

Nun kann eingewendet werden, dass die frühen Verhaltensauffälligkeiten nur einen geringen Teil des Verhaltens umfassen, das kennzeichnend ist für eine „niedrige Selbstkontrolle", die nach Hirschi/Gottfredson sowohl hinter den Auffälligkeiten in der Schule als auch hinter der Kriminalität steht. Folgt man den Überlegungen von Gottfredson/Hirschi, so müsste sich aber zeigen lassen, dass eine defizitäre familiale Sozialisation, in der eine „geringe Selbstkontrolle" ihre Wurzeln hat, hoch mit Schulauffälligkeiten korreliert. Wie Tabelle 32 zeigt, ist dies in unserem Sample der Fall.

Tabelle 32: Familieninteraktion und Anbindung an die Schule, Korrelationskoeffizienten nach Kendall

		Anbindung Schule
Beaufsichtigung	N=351	.47 **
Erziehungsstil	N=325	.35 **
emotionale Familienbindung	N=298	.27 **

** p< .001

Um zu überprüfen, ob dieser bivariat aufgefundene, relativ hohe Zusammenhang zwischen familialen Sozialisationsdefiziten und geringer Einbindung in die Schule im Sinne eines „Selbstselektionsprozesses" zu interpretieren ist, führten wir Regressionsrechnungen durch, in die als unabhängige Variablen außer der Schule und den frühen Verhaltensauffälligkeiten auch die familiale Interaktion eingeht. Wenn sich in einer solchen Regressionsrechnung kein unabhängiger Pfad von der Dimension „Einbindung des Probanden in die Schule" zeigt, so kann dies dahingehend interpretiert werden, dass die schwache schulische Einbindung lediglich Ausdruck der Defizite in der familialen Interaktion oder der frühkindlichen Auffälligkeiten ist. Dieses Ergebnis würde eindeutig die Position von Gottfredson/Hirschi bestätigen. Sollte sich jedoch zeigen, dass trotz der Kontrolle auf familiale Interaktionsdefizite und Frühauffälligkeiten von der schulischen Einbindung eine Wirkung auf schwere Jugenddelinquenz ausgeht, so würde dies für eine altersabhängige soziale Bindungstheorie sprechen. Wie Tabelle 33 für die Extremgruppengegenüberstellung „keine versus schwere Jugendkriminalität" zeigt, unterstützen unsere Analysen die letztgenannte Position: Trotz der Kontrolle auf familiale Interaktionsdefizite und Frühauffälligkeiten geht von der schulischen Einbindung ein hochsignifikanter Pfad auf schwere Jugenddelinquenz aus.

Tabelle 33: Familie, Frühauffälligkeiten, Schule und schwere Jugendkriminalität⁺, Regressionskoeffizienten und Anteil erklärter Varianz

	logistische Regression N=212⁺⁺	*lineare Regression N=308⁺⁺⁺*
Erziehungsstil	.16 *	.16 **
Beaufsichtigung	.18 **	.24 **
emotionale Familienbindung	.12 *	.11 *
Unruhe	.06	.13 *
Aggressivität/Trotz	.00	.11 *
Anbindung Schule	.26 **	.37 **
	$P^2 = .58$	$R^2 = .60$

+ Abhängige Variable: keine versus schwere Jugendkriminalität
++ Berücksichtigt wurden nur die Fälle, die bei allen unabhängigen Variablen gültige Werte haben („missing value listwise")
+++ Paarweiser Ausschluss fehlender Werte („missing value pairwise")
* p< .05
** p< .001

Der eigenständige Einfluss der Kontrollinstanz Schule zeigt sich auch im deutlich höheren Erklärungswert des Regressionsmodells: Der Gesamterklärungswert steigt von P^2= .46 beziehungsweise R^2= .51 beim Modell „frühkindliche Auffälligkeiten und familiale Interaktion" auf P^2= .58 beziehungsweise R^2= .60 beim Modell „frühkindliche Einflussfaktoren und familiale Interaktion und Einbindung in die Schule".

Genaue Aussagen darüber, wie groß der „Nettoeffekt" der Schule auf die Entstehung und Entwicklung schwerer Jugendkriminalität ist, erlauben unsere Analysen nicht, da familiale und schulische Sozialisation in einem komplexen wechselseitigen Abhängigkeitsverhältnis stehen, das mit der angewandten Methodik nur unzureichend erfasst wird. Ulrich (1991, S. 382) verweist zu Recht darauf, „dass schulische Sozialisationsprozesse zwar in der Schule ablaufen, dass aber *für* die Schule auch außerhalb, – so in der Familie – sozialisiert wird". Die Familie vermittelt dabei nicht nur die grundlegenden Fähigkeiten und Fertigkeiten, die zur Erfüllung der schulischen Verhaltensanforderungen notwendig sind. Das Verhalten eines Kindes in der Schule ist auch von den elterlichen Reaktionen auf dieses Verhalten abhängig. Von einem solchen wechselseitigen Zusammenhang kann auch bei Verhaltensauffälligkeiten wie Hyperaktivität, Aggressivität oder Delinquenz ausgegangen werden. Studien wie die von Liska/Reed (1985), die den Zusammenhang von Anbindung an die Schule und Delinquenz über den Zeitverlauf untersuchten, verweisen auf deren Interdependenz. Olweus (1983) zeigte diese wechselseitigen Wirkungen für aggressives Verhalten. Auch wenn von einer engen Verwobenheit von Schulstörungen und anderen Sozialisationsstörungen ausgegangen werden muss, machen unsere Analysen deutlich, dass eine geringe Anbindung an die Schule nicht nur Ausdruck oder Folge anderer Faktoren ist, sondern einen eigenständigen Beitrag zur Erklärung schwerer Jugendkriminalität liefert.

Zur Erklärung der angesprochenen Wechselwirkungen zwischen sozialer Auffälligkeit und Schulproblemen stellen die Überlegungen des „labeling approach" nicht nur eine brauchbare Alternative zum Konzept der „low self-control" oder zu persönlichkeitsbezogenen Erklärungsansätzen dar, sie bilden zudem eine gute Ergänzung des kontrolltheoretischen Ansatzes von Sampson/Laub. So zeigt beispielsweise Pettilon (1992), dass konforme Schüler bei den Lehrer beliebter sind und bei dennoch auftretendem normwidrigem Verhalten in der Schule deutlich weniger bestraft werden als sozial auffällige Schüler. Ulrich (1991, S. 391) beschreibt unter Verweis auf die qualitative Studie von Holtappels (1987) diesen Wirkungszusammenhang wie folgt: Abweichenden Schülern wird „1. durch die Etikettierung ein neuer Status zugeschrieben, der als Interpretationsrahmen für ihr gesamtes Verhalten fungiert; sie werden 2. schärfer kontrolliert, z. T. auch benachteiligt, und – über entsprechende Lehrererwartungen – allmählich in eine abweichende Rolle gedrängt; wenn 3. Normalisierungs- und Neutralisierungsversuche scheitern, verfestigt sich diese Rolle und geht sukzessive in das Selbstbild des Schülers ein."

Aus der Sicht der sozialen Kontrolltheorie greift eine einfache drucktheoretische Erklärung des Zusammenhangs von Schulversagen und Kriminalität mit der Kompensation vorausgegangenen schulischen Versagens zu kurz. Drucktheoretische Überlegungen, die besonders die Frage der Motivation zu Straftaten aufgreifen, sind jedoch durchaus in den Erklärungsansatz von Sampson/Laub integrierbar: Ist die emotionale Bindung eines Jugendlichen an die Schule gering, so ist sie für ihn auch nicht mehr der zentrale Ort des Statuserwerbs und entsprechend gewinnt die Freizeit an Bedeutung. Da es für einen Jugendlichen jedoch nur begrenzte Möglichkeiten gibt, Anerkennung mit legalen Mitteln zu erreichen, steigt mit dem schulischen Versagen die Wahrscheinlichkeit, dass er auch auf illegale Mittel zurückgreift, um so Anerkennung beziehungsweise hohen Status innerhalb der Peer-Gruppe zu erlangen.

5.4 Delinquente Peers und Jugendkriminalität

In der Sozialisationsforschung wird davon ausgegangen, dass der Gruppe der Gleichaltrigen in jeder Lebensphase, also auch in der frühen Kindheit, Einfluss auf das Verhalten und die Einstellungen eines Individuums hat. Sie gewinnt jedoch in der Jugendphase besondere Bedeutung für die Identitätsentwicklung (vgl. hierzu Krappmann 1980, Collins 1990, Montemayor 1982). So zeigt beispielsweise die Jugendstudie '96 (Silbereisen et al. 1996, S. 304 ff.), dass die Attraktivität von Cliquen bei Jugendlichen zwischen dem 16. und 18. Lebensjahr am größten ist. In der kriminologischen Literatur wird der Einfluss der Gruppe der Gleichaltrigen vor allem im Zusammenhang von delinquenten Peers diskutiert, und eine Fülle von empirischen Untersuchungen belegen, dass Jugendliche, in deren Freundes- und Bekanntenkreis delinquente Jugendliche sind, mit einer deutlich höheren Wahrscheinlichkeit selbst delinquent sind, als Jugendliche, deren Freunde und Bekannte kein strafrechtlich relevanten Verhaltensauffälligkeiten zeigen (z. B. Elliott/Voss 1974, Akers et al. 1979, Loeber/Dishion 1983, Patterson/Dishion 1985).

Auch bei den Probanden der TJVU fällt der Zusammenhang zwischen Delinquenz in der Jugend und einer Assoziation mit delinquenten Peers deutlich aus. Tabelle 34 zeigt, differenziert nach der Schwere der gezeigten Auffälligkeiten, den Anteil der Probanden, die bis zum 18. Lebensjahr delinquente oder erheblich sozial auffällige Freunde oder Bekannte hatten. Für 23 Probanden liegen uns hierüber keine eindeutigen Aussagen vor („missing value"). Zwei Drittel der Probanden mit schwerer Jugendkriminalität hatten auch delinquente Freunde oder Bekannte bis zum 18. Lebensjahr. Demgegenüber trifft dies nur auf 5% der unauffälligen Jugendlichen zu. Bemerkenswert ist zudem, dass nur etwa jeder Vierte der Jugendlichen, die eine leichte Form von Kriminalität zeigten, delinquente Peers hatte. Der enge Zusammenhang zwischen schwerer Jugendkriminalität und Delinquenz in der TJVU zeigt sich auch in dem hohen Korrelationswert von .67 (Korrelationskoeffizient nach Kendall für die Gegenüberstellung „schwere versus keine Jugendkriminalität").

Tabelle 34: Delinquente Peers bis zum 18. Lj. und Jugendkriminalität

Delinquente Peers bis zum 18. Lj.	*keine Jugendkriminalität*	*leichte Jugendkriminalität*	*schwere Jugendkriminalität*
nein	175 (95%)	64 (73%)	35 (33%)
ja	9 (5%)	24 (27%)	70 (67%)
	N=184	N=88	N=105

Dieser statistische Zusammenhang sagt für sich genommen jedoch noch nichts über eine möglicherweise dahinterstehende Kausalwirkung aus. Eine solche kausale Wirkung delinquenter Peers auf delinquentes Verhalten unterstellt besonders die in Kapitel 3.1.1 diskutierte Theorie der „differential association" von Sutherland. Nach diesem theoretischen Ansatz liegt die Hauptursache für Kriminalität in dem fortgesetzten Kontakt mit Personen, die delinquente Verhaltensweisen, Vorbilder, Neutralisationstechniken, Werte und damit verbunden auch abweichende Normen vermitteln. Entscheidend für die Übernahme von delinquenten Verhaltensmustern ist dabei die Dauer, die Häufigkeit und die Intensität im Sinne einer emotionalen Nähe des Kontakts zu delinquenten Peers. Unterstützung bekommen diese Überlegungen auch aus anderen sozialwissenschaftlichen Disziplinen, beispielsweise der empirischen Forschung über den Einfluss der Gruppen auf das Individuum innerhalb der Religionssoziologie, der Organisationssoziologie, aber auch aus sozialpsychologischen Untersuchungen über Jugendgruppen. Unabhängig von den jeweiligen Disziplinen ist es ein Erkenntnisziel dieser Forschungen, die Handlungen und Einstellungen der Individuen auf die spezifischen Bedingungen in der Gruppe zurückzuführen. Kurz gesagt: Die Gruppe prägt die Einstellungen und Handlungen der Individuen. Selbst wenn man diese Aussage teilt, zeigten nicht zuletzt die empirischen Forschungen zu diesem Phänomen eine ganze Reihe von Problemen. Eine strikte Determination im

Sinne einer vollständigen individuellen Übernahme von Gruppennormen und Verhaltensweisen ist nur in Ausnahmesituationen, beispielsweise in einer religiösen Sekte, vorzufinden. Gerade moderne Gesellschaften sind nicht zuletzt aufgrund ihrer funktionalen Differenzierung durch eine „Kreuzung sozialer Kreise" (Simmel 1958) geprägt. Das moderne Individuum verbringt seinen Lebensalltag in verschiedenen sozialen Gruppen und es ist zu vermuten, dass die „Prägekraft" einer einzelnen sozialen Gruppe mit der steigenden Anzahl von Einbindungen in verschiedene Gruppen nachlässt. Dieser Aspekt wird in der kriminologischen Forschung oft vernachlässigt, obwohl Sutherland bei der Formulierung seiner Theorie der „differential association" ausdrücklich darauf hinweist, dass „a person becomes delinquent because of an excess of definitions favorable to violation of law over definitions unfavorable to violation of law" (Sutherland/Cressey 1978, S. 81). Demzufolge würde gelten, dass die Übernahme von Gruppennormen und Handlungsanweisungen dann am höchsten ist, wenn das Individuum nur von einer einzigen sozialen Gruppe abhängig ist.[112]

Erst in den letzten Jahren hat die empirische Erforschung über den Einfluss delinquenter Peers begonnen, die Analysen in diesem Sinne zu erweitern. Beispielsweise gehen Elliott/Menard (1990) der Frage nach, ob die Wirkung delinquenter Peers abhängig ist von der Art der Einbindung in die allgemeine gesellschaftliche Wertorientierung in dem Sinne, dass es nur dann zu einer Übernahme delinquenter Wertorientierung bei einer Assoziation mit delinquenten Peers kommt, wenn die Anbindung an die allgemeine gesellschaftliche Wertorientierung schwach ausgeprägt ist. Wie schon Thornberry, dessen „interactional theory" wir in Kapitel 3.2.6 dargestellt haben, gehen auch Elliott/Menard bei ihren Analysen von einer Kopplung zweier Kriminalitätstheorien aus. Sie verbinden die soziale Kontrolltheorie mit der Theorie der differentiellen Assoziation. Ihre Hauptthese dabei ist, dass nur beide Bedingungsfaktoren gemeinsam in der Lage sind, Beginn und Kontinuität delinquenten Verhaltens zu erklären. Eine schwache Anbindung an die allgemeine gesellschaftliche Normorientierung ist in den Überlegungen von Elliott/Menard nur eine notwendige, aber keine hinreichende Bedingung für Delinquenz. Nur wenn beide Bedingungen zusammenkommen, führen sie zu individueller Delinquenz. „In sum, this theory specifies an indirect effect of conventional bonding on delinquent behavior, a direct effect of involvement in different types of peer groups (based upon the group's normative orientation and behavior patterns), and a conditional relationship between conventional bonding and a type of peer group in which those with the combination of weak conventional bonds and association with delinquent peers are at greatest risk for the onset of delinquent behavior" (Elliott/Menard 1990, S. 5).

Anhand der Daten des National Youth Survey gingen Elliott/Menard der Frage nach, ob die eigene normative Einstellung oder das Verhalten der Gruppe ausschlag-

[112] Nicht zuletzt die Forschung über den Einfluss religiöser Sekten konnte immer wieder nachweisen, dass eines der wichtigsten Organisationsziele solcher Institutionen darin besteht, das Individuum aus anderen sozialen Gruppen herauszuziehen, um dadurch seine Abhängigkeit und somit seine Loyalität zur eigenen Institution zu erhöhen. Ob sich jedoch das Individuum herausziehen lässt, hängt auch von seinen bisherigen sozialen Einbindung ab.

gebend sind für das individuelle Verhalten. Sie teilten die Peer-Gruppen in vier unterschiedliche Typen ein: Als „Saints" bezeichneten sie die Peer-Gruppe, die keinerlei Delinquenz zeigte; als „Prosocials" die Peer-Gruppe, die ein sehr geringes Delinquenzniveau aufwies; als „Mixed" die Peer-Gruppe, die ein mittleres Delinquenzniveau erreichte, und als „Delinquents" eine Peer-Gruppe, die sehr stark in Delinquenz verstrickt war. Dann unterteilten Elliot/Menard in einem weiteren Schritt die Untersuchungsprobanden der jeweiligen Peer-Typen in zwei Subgruppen. Der ersten Subgruppe ordneten sie Probanden zu, die eine hohe gesellschaftliche Normanbindung und der zweiten Subgruppe Probanden, die eine niedrige gesellschaftliche Normanbindung aufwiesen. Der Vergleich der Delinquenzentwicklungen ihrer Probanden ergab, dass die verschiedenen Peer-Typen die Probanden deutlicher trennten, als die Unterscheidung der Probanden nach der Stärke der Normanbindung. Die Kriminalitätsrate der Probanden, die eine starke Anbindung an die gesellschaftlichen Normeinstellung aufwiesen, aber mit Peers assoziiert waren, die ein hohes Delinquenzniveau erreichten, lag beispielsweise deutlich höher als die Kriminalitätsbelastung von Probanden mit der Kombination „niedrige Normanbindung und ‚Saints'" oder „niedrige Normanbindung und ‚Mixed'". Die höchste Kriminalitätsbelastung stellten sie bei Probanden fest, die mit delinquenten Peers assoziiert waren und die zudem noch eine schwache Anbindung an die allgemeine gesellschaftliche Normorientierung zeigten. Elliott und Menard interpretieren diese empirischen Befunde als Bestätigung ihrer Ausgangshypothese, dass das konkrete Verhalten der Peergruppe und weniger die normative Orientierung der Probanden ausschlaggebend ist für ihr Legalverhalten.

Im Erklärungsansatz von Moffitt kommt der Assoziation mit delinquenten Peers entsprechend ihrer Differenzierung der jugendlichen Straftäter in zwei unterschiedliche Typen eine je unterschiedliche Bedeutung zu. Sie geht davon aus, dass die delinquenten Handlungen von Jugendlichen, deren Verhalten sie als „adolescence-limited antisocial behavior" kennzeichnet, konkrete Rollenvorbilder in Bezug auf abweichendes Verhalten benötigen. Diese Vorbilder werden von Jugendlichen mit einem „life-course-persistent antisocial behavior" geliefert, d. h. von Jugendlichen, die abweichendes Verhalten schon in der Kindheit beziehungsweise der frühen Jugend zeigen. Für diese zweite Gruppe jugendlicher Straftäter wirkt eine Assoziation mit anderen delinquenten Jugendlichen nicht kriminalitätsfördernd, sondern ist Ausdruck eines Selbstselektionsprozesses. Bei der ersten Gruppe jugendlicher Straftäter, den Jugendlichen mit einem „adolescence-limited antisocial behavior" resultiert demgegenüber die Delinquenz aus dem Zusammenspiel zweier Faktoren: der Diskrepanz zwischen den Bedürfnissen der Jugendlichen und ihrer Erreichbarkeit über legales Verhalten einerseits sowie der konkreten Vorbildfunktion, die von Jugendlichen mit einem persistierenden sozial abweichenden Verhalten ausgeht, andererseits.

Die Auffassung von Moffitt oder Elliot/Menard, dass der Kontakt mit delinquenten Peers eine Ursache für Kriminalität im Jugendalter darstellt, wird von Gottfredson/Hirschi mit Nachdruck kritisiert: „Obviously, this kind of thinking about crime causation could not be further from our own" (Gottfredson/Hirschi 1995, S. 155). Ihr theoretischer Ausgangspunkt ist der bereits im vorigen Abschnitt angesprochene

Selbstselektionsprozess von delinquenter Individuen. Individuen mit einer geringen Selbstkontrolle versuchen nach diesem Ansatz, soziale Situationen zu vermeiden, die mit Disziplin, Überwachung oder irgendeiner Form der Verhaltensregulierung verbunden sind, wie beispielsweise die Schule oder das Elternhaus. Diese Aversion führt sie dazu, einen großen Teil ihrer Zeit in einem sozial nicht allzu stark kontrollierten Sozialsystem zu verbringen, wie sie es in delinquenten Gleichaltrigengruppen vorfinden. Bei diesen Gruppen handelt es sich nach Gottfredson/Hirschi um Assoziationen, die gekennzeichnet sind durch das Fehlen enger Verbindungen zwischen den Gruppenmitgliedern und dem Fehlen längerfristigen Zielorientierungen. Diese Merkmale unterscheiden sie auch deutlich von nicht-delinquenten Gleichaltrigengruppen: „Yet individuals with low self-control do not tend to make good friends. They are unreliable, untrustworthy, selfish, and thoughtless. They may, however, to be fun to be with, they are certainly more risk-taking, adventuresome, and reckless than their counterparts. It follows that self-control is a major factor in determining membership in adolescent peer groups and in determining the quality of relations among the members of such group" (Gottfredson/Hirschi 1990, S. 157). Aus diesen Gründen sind Gottfredson/Hirschi auch äußerst skeptisch gegenüber "peer pressure"-Argumenten: "In this matters, then, delinquents do not appear ordinarily concerned about the expectations and approval of others. Concern for the opinion of peers ('peer pressure'), it turns out, promotes conformity; adolescents who care what other adolescents think of them in terms of their choice of dress, speech, and music are less rather than more likely to be delinquent" (Gottfredson/Hirschi 1990, S. 159). Empirische Befunde, denen zufolge vor allem bei Jugendlichen eine gemeinschaftliche Tatbegehung festgestellt wurde, dürfen ihrer Ansicht nach nicht in dem Sinne interpretiert werden, als ob die Gruppe der eigentliche Grund für die vorgefundene Delinquenz sei und Delinquenz innerhalb der Gruppe erst erlernt oder erzeugt werde. Vielmehr sehen sie in einer Assoziation mit delinquenten Peers einen Indikator für eine geringe Selbstkontrolle. Die Assoziation mit Gleichgesinnten wird dabei von ihnen instrumentell genutzt im Sinne einer Verantwortungsdiffusion und Veränderung der Opportunitätsstruktur.[113]

Wenngleich die Datenlage der TJVU eine strenge Überprüfung der verschiedenen Erklärungsansätze zum Zusammenhang von delinquenten Peers und Jugendkriminalität nicht zulässt, so ist es uns doch möglich, einigen der dargestellten Überlegungen nachzugehen. Um zu klären, ob die delinquenten Peers zumindest bei den meisten Probanden mit schwerer Jugendkriminalität ursächlich hinter der Straffälligkeit stehen, ist es notwendig, die Peer-Kontakte nach ihrer Intensität zu differenzieren. Denn nach der „differential association"-Theorie von Sutherland kann ein solcher Kausaleffekt der Assoziation mit delinquenten Peers nicht von losen, flüchtigen Beziehungen, sondern nur von engen Beziehungen ausgehen: „the principal part of

[113] Eine ähnliche Argumentation zum Zusammenhang von delinquenten Peers und Jugendkriminalität, wenngleich weniger theoretisch ausformuliert und begründet, findet sich auch bei Glueck/Glueck (1950, S. 164).

the learning of criminal behavior occurs within intimate personal groups" (Sutherland/Cressey 1978, S. 80).

Zur Überprüfung der Intensität des Kontaktes zu Gleichaltrigen in der Jugendphase können wir auf eine Variable zurückgreifen, bei der „Freunde" codiert wurde, wenn der Proband angab, dass er zwischen dem 15. und 18. Lebensjahr über ein Jahr lang einen festen Freund oder Freunde hatte. „Nur Bekannte" wurde codiert, wenn der Proband keine Freunde hatte, aber mit Bekannten seine Freizeit verbrachte, und „Isoliert", wenn der Proband weder Freunde noch Bekannte hatte. 33 Probanden konnten nicht zugeordnet werden („missing value"). Tabelle 35 zeigt, dass bei wiederholt oder schwer auffälligen Jugendlichen enge Beziehungen zu Gleichaltrigen die Ausnahme sind. Dieses Ergebnis spricht für die Position von Gottfredson/Hirschi, derzufolge bei delinquenten Individuen enge Verbindungen zu Gleichaltrigen eher unwahrscheinlich sind. Es spricht zudem gegen lerntheoretische Annahmen, da nur bei 21% der Probanden mit schwerer Jugendkriminalität überhaupt die Möglichkeit einer engen Anbindung an delinquente Peers besteht.

Tabelle 35: Intensität der Beziehung zu Gleichaltrigen 14.-18. Lebensjahr und Jugendkriminalität

Intensität der Beziehung zu Gleichaltrigen (15. - 18. Lj.)	*keine Jugendkriminalität*	*leichte Jugendkriminalität*	*schwere Jugendkriminalität*
Freunde	95 (53%)	32 (37%)	21 (21%)
nur Bekannte	72 (40%)	44 (51%)	75 (74%)
isoliert	11 (6%)	11 (13%)	6 (6%)
Gesamt	N=178	N=87	N=102

In einem nächsten Schritt wollen wir die Analyse verfeinern und die Probanden dahingehend unterscheiden, ob sie im gesamten schulpflichtigen Alter jemals enge Beziehungen zu delinquenten oder erheblich sozial auffälligen Freunden oder Bekannten hatten, mit denen sie ihre Freizeit verbrachten.[114] Wie die Tabelle 36 zeigt, bestanden solche engen Kontakte zu delinquenten Peers nur bei einer kleinen Minderheit der nicht oder leicht delinquenten Probanden. Aber auch bei den Probanden mit schwerer Jugendkriminalität bilden enge Beziehungen zu delinquenten Peers die Ausnahme (14%). Es kann somit davon ausgegangen werden, dass entgegen der lerntheoretischen Annahme für die meisten Probanden kein starker Gruppendruck oder Lerneffekt in Bezug auf delinquente Handlungen existierte.

[114] Für 15 Probanden liegen uns hierzu keine validen Daten vor.

Tabelle 36: Enge Beziehungen zu delinquente Peers bis zum 18. Lebensjahr und Jugendkriminalität

Probanden mit engen Beziehungen zu delinquenten Peers (bis 18. Lj.)	*keine Jugendkriminalität*	*leichte Jugendkriminalität*	*schwere Jugendkriminalität*
nein	189 (97%)	85 (92%)	85 (86%)
ja	5 (3%)	7 (8%)	14 (14%)
Gesamt	N=194	N=92	N=99

Dieses Ergebnis spricht auch gegen die integrierten Theorieansätze von Thornberry und Elliot, denen zufolge eine schwache soziale Kontrolle keine hinreichende Bedingung delinquenten Verhaltens ist. Hinreichende Bedingungen sind nach diesen Ansätzen erst gegeben, wenn die schwache soziale Bindung gekoppelt ist mit delinquenten Lernmustern. Gegen unsere bisherigen Analysen könnte in diesem Zusammenhang jedoch eingewendet werden, dass delinquente Lernvorbilder nicht nur durch die Peers, sondern auch durch Geschwister oder Eltern gegeben sein könnten. Für 81 Probanden der Gruppe mit schwerer Jugendkriminalität liegen uns außer den Angaben über die strafrechtliche Auffälligkeiten der Gleichaltrigen-Gruppe auch valide Angaben über strafrechtliche Auffälligkeiten der Eltern und Geschwister vor. Von diesen 81 Probanden hatten 56% einen engen Kontakt zu delinquenten Peers *oder* wuchsen mit Geschwistern auf, die delinquent oder stark sozial auffällig waren. Zieht man zusätzlich die Delinquenz der Eltern heran, so sind es 60%, bei denen von delinquenten Verhaltensvorbildern der Peers, der Geschwister oder der Eltern ausgegangen werden kann. Das heißt aber auch, dass bei 40% unserer Probanden mit schwerer Jugendkriminalität die Delinquenz nicht in Verbindung gebracht werden kann mit Verhaltensvorbilder infolge einer enger Assoziationen mit sozial auffälligen Personen.

Gegen eine lerntheoretische Argumentation spricht auch der geringe Anteil von Gemeinschaftstaten bei der ersten offiziell registrierten Tat der Tübinger Jungtäter. Denn wie in Tabelle 37 dargestellt, beging über die Hälfte der Probanden mit schwerer und/oder wiederholter Jugendkriminalität ihrer erste Straftat allein.[115]

[115] Bei den Probanden der Gruppe der leichten Jugenddelinquenz, von denen auch offziell eine Straftat registriert wurde (N=66), liegt der Anteil der Alleintäter mit 71% noch höher.

Tabelle 37: Täterschaft bei der ersten offiziell registrierten Tat, Probanden mit schwerer Jugendkriminalität

Allein	58	(54%)
Mit 1-2 Bekannten	39	(36%)
Mit 3 und mehr Bekannten	7	(6%)
ungeklärt	5	(4%)
Gesamt	N = 109	

Die dargestellten Ergebnisse stützen somit eher eine Sichtweise, die den Zusammenhang zwischen sozialer Auffälligkeit in der Jugend und der Assoziation mit delinquenten Peers im Sinne einer Selbstselektion interpretiert. Wenn demnach von der Assoziation mit delinquenten Peers keine eigenständige Wirkung auf die Entstehung und den Verlauf von Jugendkriminalität ausgeht – und in diesem Sinne kann man das Konzept von Gottfredson/Hirschi interpretieren – so dürfte in einer Regressionsanalyse, bei der als erklärende Variablen alle drei informellen sozialen Kontrollinstanzen – Familie, Schule, Peers – und die Frühauffälligkeiten eingehen, kein eigenständiger Erklärungspfad von den delinquenten Peers auf schwere Jugendkriminalität ausgehen.

Für die in Tabelle 38 dargestellten Regressionsberechnungen rekurrierten wir zur Erfassung eines potentiellen „Lerneffektes" im Sinne der Theorie der „differential association" auf die Variable, welche die Intensität der Beziehung zu den delinquenten Peers mitberücksichtigt. Die nur geringfügige Erhöhung des Gesamterklärungswertes des Regressionsmodells auf P^2= .60 beziehungsweise R^2= .61[116] spricht wiederum für einen Selektionsprozess im Sinne der Glueckschen Formulierung „Birds of one feather flock together" (Glueck/Glueck 1950, S. 164). Entgegen unserer Annahme geht jedoch auch dann, wenn auf Frühauffälligkeiten, Familie und Schule kontrolliert wird, von einem engen Kontakt mit delinquenten Peers ein unabhängiger Pfad auf schwere Jugenddelinquenz aus. Dieser Pfad ist deutlich geringer als die Erklärungspfade der familialen oder schulischen Einbindungsindikatoren. Er verweist jedoch darauf, dass mit delinquenten Peers eine Dimension erfasst wird, die über die familiale und schulische Einbindung hinausgeht.[117]

---

[116] Der Gesamterklärungswert des Modells ohne die Peer-Variable beträgt P^2= .58 beziehungsweise R^2= .60 (vgl. Tabelle 33).

[117] Dieses Ergebnis erhalten wir auch dann, wenn wir zusätzlich die strukturellen Variablen in die Regressionsmodelle aufnehmen. Vgl. Tabelle A88 im Anhang.

Tabelle 38: Familieninteraktion, Frühauffälligkeiten, Schule, Peers und schwere Jugendkriminalität⁺, Regressionskoeffizienten und Anteil erklärter Varianz

	logistische Regression N=204⁺⁺	*lineare Regression N=308⁺⁺⁺*
emotionale Familienbindung	.15 *	.12 *
Erziehungsstil	.17 *	.16 **
Beaufsichtigung	.12 *	.23 **
Unruhe	.00	.13 *
Aggressivität/Trotz	.00	.10 *
Anbindung Schule	.25 **	.37 **
enge Beziehung zu delinquenten Peers	.12 *	.09 *
	P^2=.60	$R^{2=}$.61

+ Abhängige Variable: „keine versus schwere Jugendkriminalität"
++ Berücksichtigt wurden nur die Fälle, die bei allen unabhängigen Variablen gültige Werte haben („missing value listwise")
+++ Paarweiser Ausschluss fehlender Werte („missing value pairwise)
* p< .05
** p< .001

Sampson/Laub, die in ihren Analysen e benfalls einen unabhängigen Einflusspfad delinquenter Peers erhielten, interpretieren dieses Ergebnis zum einen als Bestätigung ihres kontrolltheoretischen Grundmodells, da der Peereinfluss gegenüber den familialen und schulischen Bindungsindikatoren deutlich geringer ausfällt. Zum anderen sehen sie darin einen Beleg gegen eine „reine" Lerntheorie (Sampson/Laub 1993, S. 121 f.), der zufolge delinquentes Verhalten notwendigerweise delinquente Verhaltens- und Lernmuster erfordert. Sampson/Laub verzichteten jedoch entgegen ihrer theoretischen Grundannahmen darauf, die Peers als unabhängige Institution informeller sozialer Kontrolle positiv in ihr Modell zu integrieren. Der Grund für diese theoretische Inkonsistenz könnte darin liegen, dass sich Sampson/Laub über die Begrenztheit des von ihnen verwendeten Indikators der Peer-Kontakte im Klaren waren. Eine Variable, die eine enge Anbindung an delinquente Freunde und Bekannte misst, ist nur ein sehr grober Indikator für die informelle Verhaltenskontrolle durch die Gruppe der Gleichaltrigen. Um genauere Aussagen über die Qualität der informellen sozialen Kontrolle durch die Peergruppe treffen zu können, müssten die Werthaltungen und Zielorientierungen der Gruppenmitglieder, die Gruppenstruktur (z. B. Alter und Geschlechterzusammensetzung, Dominanz bestimmter Individuen), die Aktivitäten und der Aufenthaltsbereich der Gruppe (z. B. bewegt sich die Gruppe überwiegend in sozial kontrollierten Räumen wie z. B. Vereine, Jugendhäuser, soziale Kontrolle durch Nachbarn) und der Stellenwert der Gruppe oder Gruppenmitglieder für den Probanden in der Analyse Berücksichtigung finden. Detaillierte Informationen hierüber gibt es jedoch weder in den Glueck/Glueck-Daten, noch in der TJVU, so dass auch wir eine zufriedenstellende kontrolltheoretische Integration des Peer-Faktors nicht leisten können.

Trotz der Begrenztheit des verwendeten Indikators kann u. E. der unabhängige Pfad, der von einer Anbindung an delinquente Peers ausgeht, mit einer gewissen Zurückhaltung auch kontrolltheoretisch interpretiert werden. Es spricht einiges dafür, dass von einer engen Beziehung zu delinquenten Peers nur eine geringe informelle Verhaltenskontrolle in punkto Konformität ausgeht: Der Kontakt zu delinquenten Peers macht nicht nur die Involvierung in konventionelle Aktivitäten unwahrscheinlicher; interpretiert man die Delinquenz der Peers als Ausdruck einer zumindest zum Teil von den gesellschaftlichen Normen abweichenden Wertorientierung, so schwächt ein enger Kontakt des Jugendlichen auch seinen Glauben an die konventionellen Regeln und Zielorientierungen.

5.5 Zusammenfassung: Soziale Einbindung und Jugendkriminalität

In der letzten Regressionsanalyse (Tabelle 38) konnten wir zeigen, dass bei einer simultanen Berücksichtigung aller bisher diskutierten Einflussfaktoren – Familie, Frühauffälligkeiten, Schule und delinquente Peers – jeder dieser Faktoren die Entstehung schwerer strafrechtlicher Auffälligkeit in der Kindheit und Jugend beeinflusst. Den mit Abstand größten Einfluss haben dabei die Familie und die Schule. Wenn ein Kind beziehungsweise Jugendlicher eine schwache emotionale Bindung zu seinen Eltern aufweist, einem inkonsistenten und gewalttätigen Erziehungsstil ausgesetzt ist oder ungenügend beaufsichtigt wird, steigt die Wahrscheinlichkeit delinquenten Verhaltens. Doch auch wenn die familiale Interaktion diese Defizite nicht aufweist, kann es infolge einer fehlenden Einbindung in die Schule zu schweren und/oder wiederholten strafrechtlichen Auffälligkeiten kommen. Unsere Analysen lassen zwar keine Aussagen über das spezifische Wechselspiel dieser Einflussfaktoren oder bestimmte das Kriminalitätsrisiko erhöhende Konstellationen zu. Wie sich jedoch an den unabhängigen Erklärungspfaden und der Erhöhung des Gesamterklärungswertes bei der Erweiterung des Familienmodells um den Faktor Schule zeigte, ist von einer additiven Wirkung der verschiedenen Bindungsindikatoren auszugehen. In der Terminologie der Theorie der sozialen Kontrolltheorie gesprochen heißt dies: Je schwacher die Bindung eines Individuums an Familie und Schule, desto größer ist die Wahrscheinlichkeit, dass das Individuum schwere oder wiederholte strafrechtlich relevante Auffälligkeiten in der Kindheit und Jugend zeigt. Strukturelle Faktoren, wie z. B. die Familiengröße, die Schichtzugehörigkeit oder eine unvollständige Familie, wirken nur dann kriminalitätsfördernd, wenn sie die Ausgestaltung des familialen oder schulischen Interaktionsprozesses negativ beeinflussen.

Weiterhin zeigten unsere Analysen, dass die Erklärungskraft der sozialen Interaktionseffekte und der damit verbundenen informellen sozialen Kontrolle deutlich größer ist als die Erklärungskraft früher Verhaltensauffälligkeiten. Auch wenn frühe Verhaltensauffälligkeiten, die möglicherweise auf biologische Fehlentwicklungen zurückgeführt werden können, das Risiko einer problematischen Interaktion in Familie und Schule erhöhen, ist davon auszugehen, dass die Bindungsdefizite an Familie und Schule nur zu einem geringen Teil auf solche frühen Auffälligkeiten zurückzuführen sind.

Entgegen der Annahmen der sozialen Lerntheorie sind für die Genese schwerer Jugendkriminalität nicht notwendigerweise delinquente Lernmuster erforderlich. Zwar hatten die meisten unserer Probanden mit schwerer Jugendkriminalität Kontakt zu delinquenten Gleichaltrigen, doch war der Kontakt in den meisten Fällen nicht sehr eng. Entsprechend unwahrscheinlich ist für die meisten unserer Probanden auch ein Lerneffekt, wie ihn beispielsweise die Theorie der differentiellen Assoziationen unterstellt. Dennoch erhöht auch ein enger Kontakt zu delinquenten Peers unabhängig von der Einbindung in Familie und Schule die Wahrscheinlichkeit schwerer Jugendkriminalität. Im Rahmen einer Theorie der informellen sozialen Kontrolle kann diese Wirkung einer engen Assoziation mit delinquenten Gleichaltrigen mit der damit verbundenen Schwächung der sozialen Bindung an die konventionelle Gesellschaft und ihre Normen erklärt werden.

Deutliche Unterschiede in der Qualität der sozialen Einbindung in Kindheit und Jugend zeigen sich auch dann, wenn man die Unterscheidung der TJVU-Probanden nicht an Hand schwerer oder wiederholter strafrechtlich relevanter Auffälligkeiten trifft, sondern an Hand sozialer Verhaltensauffälligkeiten, die jenseits oder im Grenzbereich strafrechtlicher Verfolgung liegen. In Regressionsanalysen (Tabelle 39) wurden hierzu die 125 Probanden, von denen bis zum 18. Lebensjahr wiederholt Auffälligkeiten wie Weglaufen, Lügen, Betrügen, Klauen (Devianzindexwert 3+) berichtet wurden, den 135 sozial unauffälligen Probanden (Devianzindexwert 0) gegenübergestellt. Wenngleich sich bei dieser Validitätsprüfung die Gewichte der einzelnen Variablen leicht verschieben, bleibt das zentrale Ergebnis erhalten: Massive soziale Auffälligkeiten in der Kindheit und Jugend gehen einher mit einer schwachen Bindung des Individuums an die Familie und Schule. Allgemeiner formuliert heißt dies: Je schwächer die Bindung des Individuums an die Gesellschaft beziehungsweise ihre Institutionen der sozialen Kontrolle ist, desto wahrscheinlicher zeigt es norm- und regelverletzendes Verhalten.

Tabelle 39: Familie, Frühauffälligkeiten, Schule, Peers und schwere Devianz bis zum 18. Lebensjahr⁺, Regressionskoeffizienten und Anteil erklärter Varianz

	logistische Regression N=165⁺⁺	*lineare Regression N=260⁺⁺⁺*
emotionale Familienbindung	.00	.10
Erziehungsstil	.10 *	.12 *
Beaufsichtigung	.12 *	.22 **
Unruhe	.00	.13 *
Aggressivität/Trotz	.00	.08
Anbindung Schule	.20 **	.08
enge Beziehung zu delinquenten Peers	.10 *	.11 *
	P^2=.42	$R^{2=}$.48

\+ Abhängige Variable: „keine versus schwere Devianz" (3+ Indexpunkte)
++ Berücksichtigt wurden nur die Fälle, die bei allen unabhängigen Variablen gültige Werte haben („missing value listwise")
+++ Paarweiser Ausschluss fehlender Werte („missing value pairwise)
* p< .05
** p< .001

Ist die Einbindung in Familie und Schule gering, ist auch eine „geringe Selbstkontrolle" wie sie Hirschi/Gottfredson beschreiben, wahrscheinlicher. Doch im Unterschied zu Hirschi/Gottfredson oder Moffitt unterstellen wir dabei nicht eine über den Zeitverlauf stabile Verhaltensdisposition. Wir gehen vielmehr vom Modell einer lebenslangen Sozialisation aus, bei dem sich Individuum und soziale Umwelt wechselseitig verändern. Diese Veränderung schließt auch die internen Verhaltenskontrollen ein, die sich in einem spezifischen Problemlösungsverhalten zeigen, mit dem ein Individuum auf die Anforderungen seiner sozialen Umwelt reagiert („coping behavior"). Wird das Individuum durch negative Reaktionen seiner Umwelt auf sein normabweichendes Verhalten von konformen Verhaltensoptionen abgeschnitten, kann ein typisches Problemlösungsverhalten entstehen, das soziale Auffälligkeit und Kriminalität mit einschließt. Dieser subjektive Faktor der Delinquenzentwicklung ist nur zu einem kleinen Teil von frühen Sozialisationsdefiziten oder angeborenen Charakteristika bestimmt. Seine Ausgestaltung ist Folge der vorausgegangenen Auseinandersetzungen mit der sozialen Umwelt und abhängig von den jeweils aktuellen sozialen Einbindungen und Interaktionen des Individuums. Es ist möglich, dass bei einer Minderheit der Individuen die „geringe Selbstkontrolle" so ausgeprägt ist, dass grundlegende soziale Kompetenzen fehlen und eine Anschlussfähigkeit an Institutionen der sozialen Kontrolle und damit die Möglichkeit des Aufbaus sozialen Kapitals nicht gegeben ist. Diese Gruppe bildet – wie wir in den nachfolgenden Analysen

(Kapitel 6) zeigen werden – jedoch auch unter den wiederholt strafrechtlich auffälligen Individuen nur eine Minderheit.

Bereits bei der Analyse des Zusammenhangs von Kriminalität und Familie zeigte sich, dass eine wichtige Einschränkung hinsichtlich der Reichweite der altersabhängigen sozialen Kontrolltheorie von Sampson/Laub nötig ist: Zu leichten Formen von Kriminalität und sozialer Auffälligkeit im Kindes- und Jugendalter kann es auch dann kommen, wenn die soziale Kontrolle durch die Familie hoch ist. Auch dann, wenn wir die Anbindung an die anderen Institutionen der sozialen Kontrolle in Kindheit und Jugend, die Schule und den Freundeskreis in die Analyse einbeziehen, erhöht sich der Erklärungswert des kontrolltheoretischen Modells nur geringfügig. Für die Gegenüberstellung von Probanden mit leichter Jugenddelinquenz und Probanden, von denen keinerlei Delinquenz bis zum 18. Lebensjahr berichtet wurde, erhalten wir mit P^2= .16 beziehungsweise R^2= .17 (Tabelle 40) Erklärungswerte, die deutlich unter den Werten der Extremgruppengegenüberstellung „schwere/wiederholte versus keine Jugenddelinquenz" liegen. Diese niedrigen Erklärungswerte können dahingehend interpretiert werden, dass sich leicht delinquente Jugendliche hinsichtlich der familialen und schulischen Einbindung nur geringfügig von sozial unauffälligen Jugendlichen unterscheiden. Der Anteil der Probanden, die Indikatoren einer schwachen Bindung zu Familie und Schule zeigen, ist unter den leicht delinquenten Probanden zwar größer als unter den nicht-delinquenten Jugendlichen[118]; die Unterschiede zwischen den beiden Gruppen sind jedoch zu gering, als dass damit das unterschiedliche Legalverhalten zufriedenstellend erklärt werden könnte.

[118] 71% der nicht-delinquenten Probanden zeigen weder gegenüber der Familie noch der Schule deutliche Bindungsdefizite. Bei den Probanden mit leichter Jugendkriminalität waren dies 41% und bei denjenigen mit schwerer Jugendkriminalität 8%. Nur 2% der nicht-delinquenten Probanden beziehungsweise 16% der Probanden aus der Gruppe der „leichten Jugenddelinquenz", aber 54% der Probanden mit schwerer Jugendkriminalität weisen eine schwache Anbindung an beide Institutionen der informellen sozialen Kontrolle auf.

Tabelle 40: *Familie, Frühauffälligkeiten, Schule, Peers und leichte Jugendkriminalität⁺, Regressionskoeffizienten und Anteil erklärter Varianz*

	logistische Regression $N=187^{++}$	*lineare Regression* $N=291^{+++}$
emotionale Familienbindung	.00	.09
Erziehungsstil	.19 **	.12
Beaufsichtigung	.00	.06
Unruhe	.03	.13
Aggressivität/Trotz	.00	.01
Anbindung Schule	.18 *	.23 **
enge Beziehung zu delinquenten Peers	.07	.10
	P^2= .17	R^{2}= .16

\+ Abhängige Variable: keine Jugendkriminalität versus schwere Jugendkriminalität

++ Berücksichtigt wurden nur die Fälle, die bei allen unabhängigen Variablen gültige Werte haben („missing value listwise")

+++ Paarweiser Ausschluss fehlender Werte („missing value pairwise)

* $p< .05$

** $p< .001$

Die Begrenztheit des kontrolltheoretischen Erklärungsansatzes zeigt sich noch deutlicher, wenn an Stelle von leichter oder einmaliger Kriminalität leichte Formen sozial auffälligen Verhaltens untersucht werden. Wie in Tabelle 41 mit Hilfe der Gesamterklärungswerte P^2 beziehungsweise R^2 aufgeführt, unterscheiden sich Jugendliche, von denen leichte Formen devianten Verhaltens (Devianzindexwerte 1-2, N=140) berichtet wurde, nicht von den Jugendlichen, bei denen keine Fremdberichte über derartiges Verhalten vorliegen (Devianzindexwert 0, N=135). Zum Vergleich sind in Tabelle 41 die Erklärungswerte für schwere/wiederholte soziale Auffälligkeiten und Kriminalität aufgeführt.

Sampson/Laub werden also ihrem Anspruch, eine allgemeine Kriminalitätstheorie zu entwickeln, nicht ganz gerecht, da Kriminalität ohne Kontrolldefizite mit ihrer theoretischen Position nicht vereinbar ist. Der Umstand, dass sie diese Einschränkung ihres Erklärungsansatzes nicht thematisierten, liegt möglicherweise an dem Datensatz, der ihnen zur empirischen Überprüfung der „altersabhängigen sozialen Kontrolltheorie" diente. Durch das Untersuchungsdesign (Extremgruppenvergleich) ist gerade die Gruppe von Probanden, die lediglich leichte Auffälligkeiten in der Jugend zeigten, im Glueck/Glueck-Datensatz kaum vorhanden. Wie repräsentativ angelegte Untersuchungen jedoch zeigen, bilden gerade die Jugendlichen, die nur eine leichte Form von Kriminalität aufweisen, innerhalb der Gesamtdelinquenz eines

Geburtsjahrganges eine quantitativ sehr große Gruppe. Beispielsweise beträgt der Anteil der Einmaltäter – gemessen bis zum 26. Lebensjahr – bei der Philadelphia Kohortenuntersuchung (Tracy/Kempf-Leonhard 1996) 46% aller Täter.

Für die Erklärung leichter Formen sozialer Auffälligkeiten in der Jugend, die oftmals einhergehen mit einem weitgehend unauffälligen Lebensstil und guter sozialer Einbindung, sind offensichtlich andere theoretische Konzepte gefordert. Möglicherweise handelt es sich bei diesen leichten und oftmals einmaligen Auffälligkeiten auch um ganz „normale“ Verhaltensweisen männlicher Jugendlicher, die nicht mit Theorien, die auf die Erklärung von sozial- beziehungsweise normabweichendem Verhalten abzielen, erfasst werden können. Unterstützung für diese Überlegungen findet sich in der Bremer Studie, bei der AbgängerInnen von Bremer Haupt- und Sonderschulen des Jahres 1989 untersucht wurden.[119] Matt (1996, S. 258) spricht im Zusammenhang von männlichen Jugendlichen, die in der Schule oder in der Arbeit angepasst und motiviert sind, aber in ihrer Freizeit „auf den Putz hauen“, von einem „Doppel-Leben“. Dieses deviante Verhalten wird von Matt als Ausdruck eines eigenständigen jugendlichen Habitus gesehen. „Delinquenz ist so gesehen eher ein negativer Aspekt der 'Sturm-und Drang-Periode', des Über-die-Stränge-Schlagens der Jugend“ (ebda). Solche Überlegungen bieten für einen Delinquenzverlauf, der sich durch einmalige oder geringfügige Auffälligkeiten in der Jugend auszeichnet, eine weitaus bessere Erklärung als die „altersabhängige informelle soziale Kontrolltheorie“.

[119] Vgl. hierzu auch Dietz/Matt/Schumann/Seuss (1997).

Tabelle 41: Multiple Regressionsanalysen – Gesamterklärungswerte der Modelle im Überblick

	schwere versus keine Jugendkriminalität		*leichte versus keine Jugendkriminalität*		*schwere versus keine Jugenddevianz*		*leichte versus keine Jugenddevianz*	
	P^{2+}	R^{2++}	P^{2+}	R^{2++}	P^{2+}	R^{2++}	P^{2+}	R^{2++}
familiale Interaktion und Frühauffälligkeiten	.46	.51	.09	.10	.34	.39	.03	.03
familiale Interaktion, Frühauffälligkeiten und Anbindung an die Schule	.58	.60	.15	.15	.41	.47	.04	.05
familiale Interaktion, Frühauffälligkeiten und enge Beziehung zu delinquenten Peers	.50	.52	.11	.11	.36	.40	.03	.03
familiale Interaktion, Frühauffälligkeiten, enge Beziehung zu delinquenten Peers und Anbindung an die Schule	.60	.61	.17	.16	.42	.48	.04	.05

\+ Logistische Regressionsanalyse; berücksichtigt wurden nur die Fälle, die bei allen unabhängigen Variablen gültige Werte haben („missing value listwise")
++ Lineare Regressionsanalyse, paarweiser Ausschluss fehlender Werte („missing value pairwise)
* $p < .05$
** $p < .001$

6 Kriminalität und soziale Einbindung im Erwachsenenalter

Wie die Analysen der Kindheits- und Jugendgeschichte zeigen, ist das Risiko wiederholter und schwerer Auffälligkeit deutlich erhöht, wenn Jugendliche in Familien aufwachsen, in denen ein inkonsistenter und gewalttätiger Erziehungsstil vorherrscht, die Beaufsichtigung nur unzureichend ist und die emotionalen Bande zwischen Eltern und Kind schwach sind. Einen solchen Risikofaktor stellt auch eine mangelnde Einbindung in die Schule dar. Besonders hoch ist das Kriminalitätsrisiko dann, wenn mehrere dieser Faktoren zusammenkommen.

Eine fehlende Integration in Familie und Schule kann nach der altersabhängigen sozialen Kontrolltheorie von Sampson/Laub als Ausdruck einer geringen informellen sozialen Kontrolle interpretiert werden. Der Zusammenhang von sozialer Einbindung und Kriminalität im Kindes- und Jugendalter ist aber auch grundsätzlich mit dem Konzept der „low self-control" von Gottfredson/Hirschi vereinbar. Zumindest dann, wenn die Ausbildung einer niedrigen Selbstkontrolle nicht als mit der primären Sozialisation durch die Familie abgeschlossen betrachtet wird, sondern auch der Schule eine unabhängige sozialisatorische Wirkung und damit eine unabhängige Wirkung auf die Ausbildung der Selbstkontrolle zugesprochen wird. Beide kontrolltheoretischen Erklärungsansätze unterscheiden sich jedoch deutlich darin, welche Relevanz sie den Kontrolldefiziten in der Jugend für die weitere Delinquenzentwicklung im Lebenslauf zusprechen.

Die Kontinuität von Kriminalität über die Jugendphase hinaus wird nach der altersabhängigen sozialen Kontrolltheorie von Sampson/Laub als Folge einer „cumulative continuity of lost opportunity" (1993, S. 136) erklärt. Delinquenz in Kindheit und Jugend und die damit verbundenen negativen Reaktionen der sozialen Umwelt (einschließlich der formalen Reaktionen des Justizsystems) vermindern die Chancen eines Individuums, im nachfolgenden Zeitraum starke Bindungen im Leistungsbereich oder in persönlichen Beziehungen aufzubauen. Besondere Bedeutung haben hierbei die Reaktionen des Justizsystems, da beispielsweise ein Haftaufenthalt die Vermittlungschancen eines Individuums auf dem Arbeitsmarkt (aber auch auf dem Heiratsmarkt) deutlich reduziert. Eine schwache Anbindung an diese für das Erwachsenenalter zentralen Institutionen der informellen sozialen Kontrolle erhöht wiederum die Wahrscheinlichkeit erneuter strafrechtlicher Auffälligkeiten. Trotz dieser mit einer „kriminellen Karriere" einhergehenden wechselseitigen Verstärkung von sozial abweichendem Verhalten und schwacher sozialer Einbindung im Zeitverlauf können nach der Theorie der altersabhängigen sozialen Kontrolle Lebensereignisse und Erfahrungen im Erwachsenenalter,. wie beispielsweise Veränderungen im Arbeitsbereich, im Freundeskreis oder in Partnerschaften zu Wendepunkten im Lebenslauf führen. Eine solche Veränderung kann sowohl das Ende als auch den Beginn einer kriminellen Karriere markieren. Ursächlich für die Veränderungen im delinquenten Verhalten sind aber weniger die Ereignisse an sich, als vielmehr die durch sie veränderten sozialen Einbindungen und die damit verbundene Zu- oder Abnahme der informellen sozialen Kontrolle.

Im Gegensatz zu Sampson/Laub gehen Gottfredson/Hirschi in ihrer „general theory of crime" davon aus, dass hinter allen kriminellen Handlungen eine stabile Verhaltensdisposition („low self-control") der Individuen steht, die schon in der Kindheit ausgebildet wird und die sich im weiteren Lebensverlauf nicht mehr grundlegend verändert. Die Stabilität dieser Verhaltensdisposition steht hinter der bei vielen Straftätern beobachtbaren Kontinuität strafrechtlicher Auffälligkeiten von der Kindheit bis ins Erwachsenenalter. Infolge des mit dem Alterungsprozess verbundenen Rückgangs der „opportunity factors" (Wegfall delinquenter Peers, Abnahme körperlicher Kräfte, Veränderung der Zielorientierung usw.) kommt es zwar bei den meisten Straftätern zu einem Rückgang strafrechtlicher Auffälligkeiten. Da Kriminalität jedoch lediglich eine von mehreren möglichen Manifestationen einer geringen Selbstkontrolle darstellt, steht hinter diesem Rückgang strafrechtlicher Auffälligkeiten nur eine Veränderung der Ausdrucksform: Die soziale Auffälligkeit verlagert sich von der „Straße" zunehmend in den unmittelbaren sozialen Nahbereich. Der Rückgang beziehungsweise das Ende der strafrechtlichen Auffälligkeiten geht demnach auch nicht einher mit einer Zunahme informeller sozialer Kontrolle durch Arbeit oder Partnerschaft. Dem Aufbau stabiler sozialer Beziehungen im Sinne einer Akkumulation von sozialem Kapital steht die niedrige Selbstkontrolle entgegen, die zu passiven (seitens der sozialen Umwelt) und aktiven (seitens des Individuums) Selektionen des sozialen Umfelds führt.

Um Missverständnissen vorzubeugen: Kriminalität ist auch nach dem Theorieansatz von Sampson/Laub nicht nur Folge äußerer Faktoren. Sie setzt auf Seiten des Subjekts immer eine bestimmte Verhaltensdisposition (im Sinne eines typischen Problemlösungsverhaltens) voraus, die Merkmale einer niedrigen Selbstkontrolle aufweist. Doch im Unterschied zu Gottfredson/Hirschi ist nach dem Ansatz von Sampson/Laub diese Verhaltensdisposition nicht über den Zeitverlauf stabil, sondern wird durch die aktuellen Interaktionen eines Individuum stets neu organisiert. Auch wenn diese Verhaltensdisposition im Wechselspiel von delinquentem Verhalten und ablehnenden Reaktionen der sozialen Umwelt im Zeitverlauf immer mehr verfestigt werden kann, ist sie bei den meisten Straftätern nicht so ausgeprägt, als dass sie nicht durch aktuelle Interaktionen reversibel sein könnte. Entsprechend geht nach diesem theoretischen Ansatz ein Rückgang beziehungsweise eine Ende der strafrechtlichen Auffälligkeiten einher mit einem Rückgang anderer normabweichender Verhaltensweisen.

Beide Pole der hier kurz umrissenen Diskussion über Kontinuität und Diskontinuität von Kriminalität und sozialen Auffälligkeiten im Lebenslauf bilden den theoretischen Hintergrund für die nachfolgendenden Analysen zur Kriminalität der Probanden der TJVU in der Erwachsenenzeit. Wir wollen untersuchen, wie sich das Verhältnis von Kontinuität und Diskontinuität von Kriminalität darstellt, wenn die Delinquenzentwicklung bis ins späte Erwachsenenalter zur Grundlage genommen wird. Damit verbunden ist die Frage, ob aus der Kriminalitätsgeschichte in bestimmten Lebensphasen auf das Legalverhalten in nachfolgenden Lebensphasen geschlossen werden kann beziehungsweise ob und inwieweit eine Prognose des Legalverhaltens möglich ist. Wir fragen dabei nicht nur nach der möglichen Wirkung der Kindheits- und Jugendgeschichte auf unterschiedliche Kriminalitätsverlaufsmuster im Lebenslauf, sondern wir versuchen diese mit aktuellen sozialen Einbindungen in der Erwachsenenzeit in Relation zu setzen. Zu klären ist dabei auch die Frage, ob sich hinter einem Rückgang der strafrechtlichen Auffälligkeiten im Erwachsenenalter ein genereller Rückgang der sozialen Auffälligkeit verbirgt, oder ob es sich nur um eine Verlagerung dieser Auffälligkeiten handelt.

Die Zusammensetzung des TJVU-Gesamtsamples, oder genauer das Selektionskriterium für das Häftlingssample, bringt einige Restriktionen für die Untersuchung von Kontinuität und Diskontinuität von Kriminalität im Lebenslauf mit sich. Das Selektionskriterium für die H-Probanden der TJVU war ein mindestens sechsmonatiger Haftaufenthalt in der JVA-Rottenburg. Um mindestens sechs Monate Haft zu erhalten, muss ein Straftäter heute wie zum Erstuntersuchungszeitpunkt der TJVU Mitte der 60er Jahre meist ein gewisses Vorstrafenregister aufweisen. Ausnahmen bilden die wenigen Straftäter, die auf Grund der Schwere ihres Deliktes dieses Strafmaß zugesprochen bekommen. Im Vergleich zu einer repräsentativen Erwachsenenstraftäter-Population sind demnach im H-Sample Probanden überrepräsentiert, die eine Sanktionskarriere hinter sich haben. Dies bedeutet auch, dass viele der H-Probanden schon in der Kindheit oder Jugend soziale Auffälligkeiten zeigten und somit eine Kontinuität sozialer Auffälligkeiten von der Kindheit/Jugend bis ins frühe Erwachsenenalter überrepräsentiert ist. Knapp die Hälfte aller H-Probanden wurde bereits zwischen ihrem 15. und 18. Lebensjahr offiziell sanktioniert, und bei über einem Viertel (N=53) aller H-Probanden kam es bereits bis zum 14. Lebensjahr zu einem Behördeneingriff.

Die Limitationen für Delinquenzverlaufsanalysen auf der Grundlage des H-Samples resultieren aber nicht aus dieser Überrepräsentation von Kontinuität, sondern aus dem Selektionskriterium „Haftaufenthalt um das 25. Lebensjahr". Da alle H-Probanden um das 25. Lebensjahr in der Rottenburger Vollzugsanstalt einsaßen, beträgt die Wahrscheinlichkeit, dass ein H-Proband Mitte seiner dritten Lebensdekade straffällig wurde, 100%. Diese Vorgabe der Wahrscheinlichkeit durch das Selektionskriterium verhindert für das H-Sample die Überprüfung von Thesen wie „soziale Auffälligkeit in der Jugend erhöht die Wahrscheinlichkeit sozialer Auffälligkeit im jungen Erwachsenenalter um x Prozent" oder „ein Haftaufenthalt in der Jugend macht einen Haftaufenthalt als junger Erwachsener wahrscheinlicher". Mit anderen Worten: Da alle Probanden des Häftlings-Samples in ihrer dritten Lebensdekade für mindestens sechs Monate inhaftiert waren, ist ein Lebensweg, der nicht in schwere Erwachsenenkriminalität führt, schon durch das Selektionskriterium ausgeschlossen. Diese Limitationen hinsichtlich der Prävalenzfrage schließen aber sinnvolle andere Kontinuitätsanalysen nicht aus. So kann z. B. die Gültigkeit der auf die Inzidenzfrage verweisenden These „je stärker ein Individuum in Kriminalität verstrickt ist, desto größer ist die Wahrscheinlichkeit einer stärkeren Verstrickung in einem späteren Lebensabschnitt" überprüft werden. Ganz generell kann analysiert werden, ob das H-

Sample über die Jugend und junge Erwachsenenzeit hinaus eher von Kontinuität oder von Diskontinuität sozialer Auffälligkeiten im Lebenslauf geprägt ist. Eine zulässige und nicht schon durch das Selektionskriterium beantwortete Frage ist auch, ob die Lebensgeschichte der H-Probanden vor dem durch das Selektionskriterium vorgegebenen Haftaufenthalt Relevanz behält für die weitere Lebensgeschichte und mit ihr Entwicklungswege wie „Abbruch" oder „persistierende" Delinquenz in der mittleren Erwachsenphase erklärt werden können.

Für das V-Sample gelten die angesprochenen Beschränkungen hinsichtlich der Prävalenzfrage nicht, da hier die Sampleziehung nahezu alle Lebenswege offen lässt. Beschränkungen ergeben sich jedoch aus dem deutlich kürzeren Untersuchungszeitraum (bis Ende des 32. Lebensjahres) und der teilweise kleinen Fallzahlen, da offiziell registrierte Kriminalität im allgemeinen und schwere Kriminalität im besonderen ein in der Normalbevölkerung eher seltenes Ereignis ist. Dies trifft besonders für das Erwachsenenalter zu.

Valide Daten über selbst- oder fremdberichtete Kriminalität im Erwachsenenalter liegen uns leider nicht vor, so dass sich unsere Analysen zur Delinquenzentwicklung im Erwachsenenalter auf die offiziell registrierte Kriminalität beschränken müssen. Wir unterscheiden dabei vier Siebenjahreszeiträume: die „Heranwachsendenphase" (19.-25. Lebensjahr)[120], die „junge Erwachsenenphase" (26.-32. Lebensjahr), die „mittlere Erwachsenenphase" (33.-39. Lebensjahr) und die „späte Erwachsenenphase" (40.-46. Lebensjahr). Da wie bereits erwähnt ab dem 33. Lebensjahr die Delinquenzdaten des V-Samples nur lückenhaft erfasst sind, und es auch beim H-Sample zum Ausfall einiger Probanden[121] kommt, beschränken sich unsere Analysen der Delinquenzentwicklung der mittleren und späten Erwachsenenphase auf zwei Subsamples der H-Probanden, für die auch in diesen Lebensabschnitten valide Delinquenzdaten vorliegen. Bis zum 39. Lebensjahr liegen für 176 H-Probanden und bis zum 46. Lebensjahr noch für 61 H-Probanden valide Delinquenzdaten vorhanden. Als Indikatoren der Delinquenzbelastung stehen uns für die Heranwachsendenphase und die drei verschiedenen Erwachsenenzeiträume drei verschiedene Indikatoren zur Verfügung: erstens die Anzahl der Verurteilungen in diesem Zeitraum, zweitens die Anzahl der Inhaftierungen und drittens die in dem jeweiligen Zeitraum in Haft verbrachte Zeit. Für die Jugendphase können wir außer auf die zwei aus dem vorangehenden Kapitel bekannten Indikatoren „Jugendkriminalität" und „Devianz bis zum 18. Lebensjahr" (vgl. Kapitel 5.1.2) ebenfalls auf die Anzahl der Verurteilungen, der Anzahl der Inhaftierungen und die Inhaftierungsdauer zwischen dem 15. und 18. Lebensjahr zurückgreifen.

120 Ungeachtet anderer, vor allem juristischer, Grenzziehungen macht es Sinn, bis zum Alter von 25 noch von „Heranwachsenden" zu reden. Die Sinnhaftigkeit der Ausweitung dieses Begriffs auf den genannten Zeitraum lässt sich nicht nur mit der Altersverteilung verschiedener Indikatoren für Statusübergänge (wie der Heirat oder der Haushaltsgründung) begründen, sondern diese Ausweitung findet sich auch in verschiedenen arbeits- oder versicherungsrechtlichen Regelungen wieder.

121 Die Fallzahl reduziert sich durch Todesfälle und dadurch, dass zahlreiche H-Probanden zum Zeitpunkt der letzten Bundeszentralregisterziehung jünger als 46 Jahre waren.

Basierend auf der Erstuntersuchung (EU) der TJVU konnten wir für alle 400 Probanden zahlreiche Variablen bilden, welche die Lebenssituation um das 25. Lebensjahr beschreiben. Für die 112 H-Probanden und 118 V-Probanden, die sich an der Nachuntersuchung beteiligten, liegen uns zudem Daten für die Lebenssituation um das 35. Lebensjahr (NU-Zeitpunkt 1) und das 45. Lebensjahr (NU-Zeitpunkt 2) vor. Die Probanden der nachuntersuchten Teilsamples unterscheiden sich hinsichtlich sozio-struktureller Merkmale und Indikatoren der sozialen Einbindung in der Jugend- und jungen Erwachsenenphase geringfügig von den Probanden, die nicht zur Nachuntersuchung zur Verfügung standen. Die geringen Differenzen haben jedoch keine Konsequenzen für unsere Ergebnisse, da wir mit Verteilungsunterschieden innerhalb der jeweiligen Subsamples argumentieren. Nur für 52 H-Probanden liegen sowohl valide Indikatoren der sozialen Einbindung und der sozialen Auffälligkeiten um das 45. Lebensjahr und valide offizielle Delinquenzdaten bis zum 46. Lebensjahr vor. Deshalb konzentrieren wir die Analysen – soweit es um den Zusammenhang von Lebenssituation und Delinquenzentwicklung geht – auf die Erstuntersuchung und den ersten Nachuntersuchungszeitraum. Abbildung 10 gibt einen Überblick über die Samplegrößen der H-Probanden zu den verschiedenen Untersuchungszeitpunkten.

Neben „harten" biographischen Daten wie Berufsposition, Familienstand oder Wohnsituation können wir für jeden der drei Untersuchungszeitpunkte auf Variablen zurückgreifen, die im Sinne der informellen sozialen Kontrolltheorie die Qualität der sozialen Beziehungen beschreiben. Für den Nachuntersuchungszeitraum sind dies die Stärke der Anbindung an die Arbeit und die Qualität der Partnerbeziehung/Ehe. Für den Erstuntersuchungszeitpunkt (um das 25. Lebensjahr) liegen uns zudem Informationen über das Verhältnis zu den Eltern und die soziale Einbindung im Freizeitbereich vor. Ein weiterer Variablenkomplex umfasst Verhaltensausprägungen, die wir zur Überprüfung der Idee einer stabilen „low self-control" (Gottfredson/Hirschi) heranziehen können. Bei den ersten beiden Variablen handelt es sich um *„übermäßigen Alkoholkonsum"* und *„unregelmäßige Berufstätigkeit"*. Diese Verhaltensauffälligkeiten werden von Gottfredson/Hirschi (1990, S. 91) selbst in ihren Arbeiten als Manifestationen einer geringer Selbstkontrolle aufgeführt. Auch die dritte Variable, die wir heranziehen – *„Milieukontakte"*[122] – lässt sich als Indikator einer geringen Selbstkontrolle interpretieren: Die Unverbindlichkeit der Bekanntschaften, das erhoffte schnelle Geld ohne zu Arbeiten, die unmittelbare Erlebnisorientierung, unkontrolliertes Geldausgeben, häufige Streitigkeiten etc. – all das sind Charakteristika von „Milieukontakten", die sich mit der Beschreibung einer geringen Selbstkontrolle bei Gottfredson/Hirschi (1990, S. 89) decken.

---

[122] Göppinger (1993, S.97) beschreibt das „Milieu" (Treffpunkte im Bahnhofs-, Spielhallen- oder Altstadt-„Milieu") als jenen „Bereich, zu dem sich sozial Auffällige und Straffällige unterschiedlichster Art hingezogen fühlen, in dem sie andere Personen mit vergleichbarem Lebensstil finden und wo sie sich wohlfühlen. Überwiegend war damit eine zumindest latente, oft aber auch recht aktuelle Bereitschaft zu ‚Ausschweifungen' verbunden, sei es in Form von übermäßigem Alkoholkonsum oder von unkontrolliertem Geldausgeben (Vertrinken des Wochenlohns, weite Taxifahrten u. ä.) oder aber auch von Streitigkeiten oder gewalttätigen Auseinandersetzungen."

Bei einigen Variablen der Erst- und Nachuntersuchung war es uns nicht möglich, für alle Probanden valide Werte zu ermitteln. Um den Leser angesichts des ohnehin häufigen Wechsels der Samplegrößen nicht noch weiter zu verwirren, verzichten wir in den meisten der nachfolgenden Analysen darauf, die fehlenden Werte („missing values") im Detail auszuweisen. Eine Übersicht über die Variablen, ihre Ausprägungen und über die jeweilige Anzahl der fehlenden Werte im V- und H-Sample befindet sich im Anhang, Tabelle A89 bis Tabelle A92. In die Berechnungen gingen jedoch nur die Probanden ein, für die bei den jeweiligen Variablen valide Werte vorlagen. Soweit die Ergebnisse auf logistischen Regressionsanalysen beruhen, wurden auch hier entsprechend der Vorgehensweise im vorausgegangenen Kapitel zudem lineare Regressionsanalysen durchgeführt. Da beide Vorgehensweisen trotz des unterschiedlichen Umgangs mit „missing values"123 nahezu identische Ergebnisse brachten, wurde auf eine gesonderte Darstellung der linearen Regressionsanalysen verzichtet.

[123] Ausschluß aller Probanden mit fehlenden Werte bei den logistischen Regressionsanalysen und variablenbezogener Ausschluß von Probanden mit fehlenden Werten bei linearen Regressionsanalysen.

Abbildung 10: Samplegrößen bis zum 46. Lebensjahr, H-Probanden

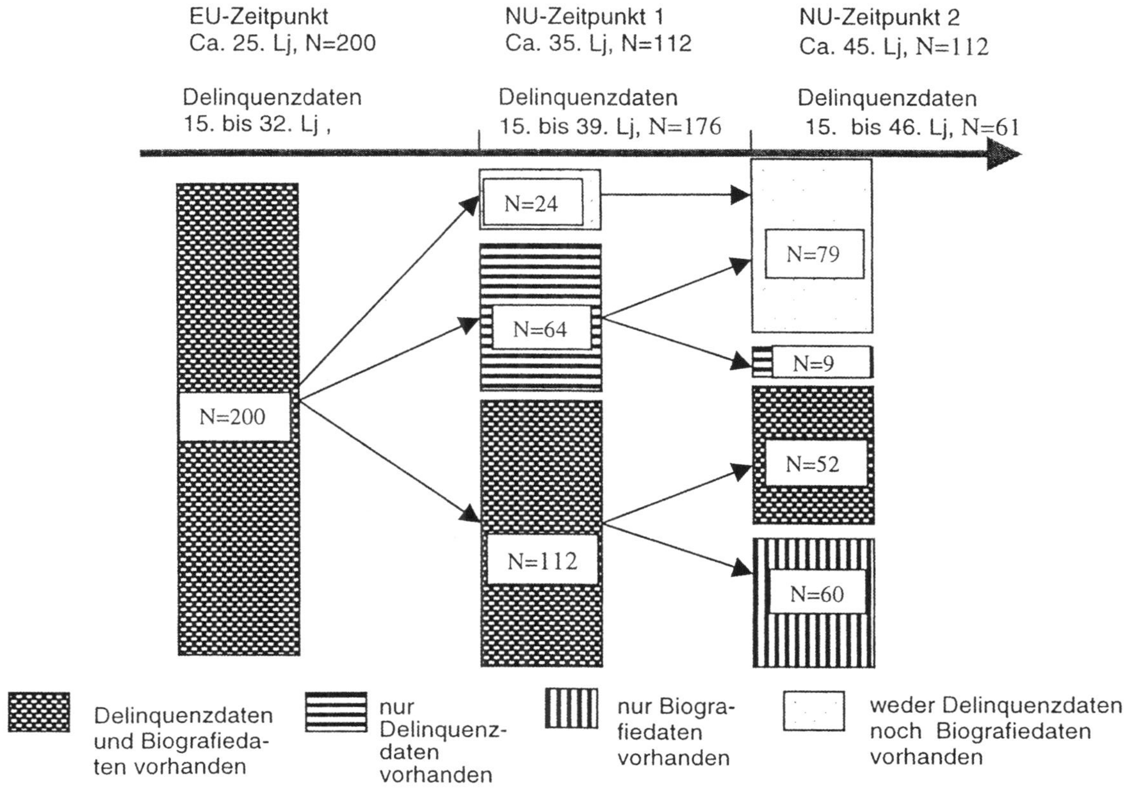

Infolge der relativ kleinen Fallzahlen von Probanden, für die sowohl Delinquenzdaten der späteren Lebensabschnitte wie auch Daten der Nachuntersuchung vorliegen, ist die Aussagekraft vieler methodischer Testverfahren deutlich eingeschränkt. Wir müssen uns deshalb besonders in unseren Analysen der späteren Lebensabschnitte teilweise auf Gruppenvergleiche jenseits „harter" statistischer Prüfkriterien beschränken. Anzumerken sind auch die methodischen Limitationen hinsichtlich der Analyse kausaler Wirkungszusammenhänge. Ganz abgesehen davon, dass wir uns in einem Bereich bewegen, in dem lediglich wahrscheinlichkeitstheoretische Aussagen möglich sind, ist der genaue Prozess der Veränderung der sozialen Einbindungen und der daraus resultierenden Wirkungen auf die Delinquenzentwicklung quantitativ mit dem vorliegenden Daten letztlich nicht nachzeichenbar. Wir können mit unseren Daten jedoch die Parallelität von Delinquenzentwicklung und sozialer Einbindung aufzeigen, und eine zeitlichen Ordnung von Veränderungen herstellen, die kausal interpretiert werden können. Ergänzt werden diese quantitativen Analysen durch illustrierende Fallstudien, die auf qualitativen Analysen der Interviews mit den Probanden und der Gerichtsaktenauszüge basieren. In diesen Fallstudien sind die Lebensgeschichten von Probanden dargestellt, die als typisch für die in den quantitativen Analysen ermittelten Verlaufsmuster gelten können.

Den Einstieg in unsere Analysen zum Zusammenhang von Kriminalität und sozialer Einbindung im Erwachsenenalter bildet ein Vergleich der Kriminalitätsgeschichte der beiden Teilsample der TJVU in der Jugend. Solche Kontrastgruppenvergleiche, in denen Straftäter mit Nicht-Straftätern verglichen werden, bildeten in der Vergangenheit nicht nur die Grundlage für die Zuschreibung bestimmter persönlichkeitsbezogener Merkmale des typischen „Kriminellen" oder sehr zweifelhafter „prognostischer" Kriterien. Die dabei ermittelten Unterschiede in der Kriminalitätsvorgeschichte von Straftätern und Nicht-Straftätern führten auch zur Überbetonung des Aspekt der Kontinuität und verdeckten den Blick auf die unterschiedlichen Entwicklungsverläufe von Kriminalität im Lebenslauf. Diese unterschiedlichen Verläufe werden wir getrennt für die beiden Teilsample der TJVU aufzeigen und dabei der Frage nachgehen, inwieweit sie mit den beiden im Zentrum dieser Arbeit stehenden Erklärungsansätzen gefasst werden können.

6.1 Kontinuität und Diskontinuität sozialer Auffälligkeit im V-Sample

Stellt man das Legalverhalten der V-Probanden in der Kindheit und Jugend demjenigen der H-Probanden gegenüber, zeigt sich, dass unter den 200 V-Probanden deutlich weniger Probanden sind, bei denen bis zum 18. Lebensjahr strafrechtlich relevantes Verhalten bekannt wurde, als unter den H-Probanden (Tabelle 42). Mehr als drei Viertel der V-Probanden waren weder nach offiziellen Registrierungen noch nach Fremdberichten des sozialen Umfelds (Eltern, Lehrer, Nachbarn etc.) in ihrer Kindheit oder Jugend delinquent. Demgegenüber betrug dieser Anteil bei den H-Probanden nur ein knappes Viertel. Noch deutlicher fällt der Unterschied zwischen beiden Gruppen aus, wenn man nur den Anteil der Probanden betrachtet, von denen „schwere Jugendkriminalität" bekannt ist: Sind es nur 3% der V-Probanden, von denen wiederholte oder schwere Gesetzesverstöße aus der Jugendphase bekannt sind, so ist dies bei jedem zweiten H-Probanden der Fall.

Tabelle 42: Samplezugehörigkeit und Jugendkriminalität

	H-Sample	*V-Sample*
keine Jugendkriminalität	22%	77%
leichte Jugendkriminalität	27%	20%
schwere Jugendkriminalität	52%	3%
	N=200	N=200

Diese deutliche Differenz in der Vorgeschichte ergibt sich auch dann, wenn wir die sozialen Auffälligkeiten in der Kindheit und Jugend unterhalb oder im Grenzbereich von Kriminalität betrachten (Tabelle 43): Von den H-Probanden werden aus ihrer Kindheit und Jugend deutlich häufiger Verhaltensweisen wie Alkoholmissbrauch, Herumstreunen, Klauen etc. berichtet als von den V-Probanden.

Tabelle 43: Samplezugehörigkeit und Devianz bis zum 18. Lebensjahr

Devianz bis zum 18. Lj. (Indexwerte)	*H-Sample*	*V-Sample*
0	19%	49%
1 – 2	25%	44%
3 – 4	20%	6%
5+	36%	1%
	N=200	N=200

Die Ergebnisse aus Tabelle 42 und Tabelle 43 lassen den Schluss zu, dass Individuen, die als junge Erwachsene (um das 25. Lebensjahr) so schwer straffällig werden, dass sie eine mindestens sechsmonatige Haftstrafe zu verbüßen haben, auch als Jugendliche häufiger delinquentes und deviantes Verhalten zeigten, als junge Erwachsene, die kaum oder gar nicht delinquent sind. Ob dieses Ergebnis jedoch auch im Sinne der Kontinuitätsthese „Sozial auffällige Kinder und Jugendliche werden mit einer höheren Wahrscheinlichkeit auch als Heranwachsende und Erwachsene sozial auffällig als nicht sozial auffällige Kinder und Jugendliche" gilt, wollen wir an den Probanden des V-Samples untersuchen.

Für das V-Sample kann die Kontinuität sozial auffälligen Verhaltens nicht nur von dem Ergebnis in der Erwachsenenzeit, sondern auch ausgehend von der Kindheit oder Jugend untersucht werden, da für dieses Sample alle Lebenspfade bis ins Erwachsenenalter offen standen. Wie in Kapitel 4.2 dargestellt, liegt die Kriminalitätsrate des V-Samples leicht unter derjenigen der männlichen bundesdeutschen Bevölkerung dieses Alters. Bis zum 18. Lebensjahr wurden lediglich 6 der 200 V-Probanden wegen einer Straftat verurteilt. Diese Zahl verfünffachte sich bis zum 25. Lebensjahr auf 34 Probanden (17% aller 200 V-Probanden), und stieg bis zum 32. Lebensjahr auf 46 Probanden (23%) an. Das heißt, dass bis zu ihrem 32. Lebensjahr etwa ein Viertel aller V-Probanden mindestens einmal nach amtlicher Erfassung straffällig wurde. Berücksichtigt man auch die fremdberichtete Delinquenz aus der Jugendphase (über das 18. Lebensjahr hinaus liegen uns keine validen Daten über fremdberichtete Delinquenz vor), so erhöht sich die Anzahl der V-Probanden, die bis zu ihrem 32. Lebensjahr delinquent wurden, auf 77 (39%).

Wie folgende Zahlen belegen, ist die Kriminalitätsbelastung (wie sie sich in den offiziellen Daten widerspiegelt) jedoch bei den meisten V-Probanden nicht sehr hoch: Nur 5% der V-Probanden wurden bis zum Ende ihres 32. Lebensjahres wegen drei oder mehr Delikten verurteilt, nur 2% der V-Probanden begingen auch schwere Delikte[124] und nur 5% der V-Probanden waren bis zum 32. Lebensjahr jemals inhaftiert.

Zur Überprüfung der Kontinuitätsthese ist in Tabelle 44 unterschieden nach der Delinquenzbelastung in der Jugend der Anteil der V-Probanden aufgeführt, die in den darauffolgenden Zeiträumen wegen mindestens einer Straftat verurteilt wurden. Da die Fallzahlen für diesen internen Vergleich des V-Samples (vor allem was wiederholte beziehungsweise schwere strafrechtliche Auffälligkeiten in der Jugend betrifft) sehr klein sind, ist in Tabelle 45 der Anteil der als Heranwachsende beziehungsweise junge Erwachsene mindestens einmal verurteilten V-Probanden, unterschieden nach der Indexvariable „Devianz bis zum 18. Lebensjahr", aufgeführt.

Tabelle 44: Jugendkriminalität und Kriminalität im Heranwachsenden und jungen Erwachsenenalter, V-Probanden (N=200)

	mind. eine Verurteilung 19.-25. Lj.	*mind. eine Verurteilung 26.-32. Lj.*	*mind. eine Verurteilung 19-.32. Lj.*
keine Jugendkriminalität N=155	13%	10%	31%
leichte Jugendkriminalität N=39	23%	15%	31%
schwere Jugendkriminalität N=6	50%	33%	50%

124 Zur Kategoriesierung der „ Schwere" der Delikte vgl. Kapitel 4.2.

Tabelle 45: Devianz bis zum 18. Lebensjahr und Kriminalität im Heranwachsenden und jungen Erwachsenenalter, V-Probanden (N=200)

Devianz bis zum 18. Lj. (Indexwerte)	*mind. eine Verurteilung 19.-25. Lj.*	*mind. eine Verurteilung 26.-32. Lj.*	*mind. eine Verurteilung 19-.32. Lj.*
0 N=98	12%	5%	15%
1,2 N=89	18%	19%	30%
3+ N=13	31%	15%	31%

Beide Tabellen ergeben in der Tendenz, dass Jugendliche, von denen delinquentes oder deviantes Verhalten berichtet wird, mit einer größeren Wahrscheinlichkeit in späteren Lebensabschnitten straffällig werden als unauffällige Jugendliche. Diese Tendenz ist insgesamt jedoch nur sehr schwach ausgeprägt. Noch schwächer fällt diese Tendenz aus, wenn man an Stelle offiziell registrierter Delinquenz einen anderen Indikator für soziale Auffälligkeiten im Erwachsenenalter heranzieht, und den Zusammenhang von Auffälligkeiten im Arbeitsverhalten um das 25. Lebensjahr und Devianz in der Kindheit und Jugend untersucht: 11% der nicht-devianten Jugendlichen zeigen als junge Erwachsene eine *„unregelmäßige Berufstätigkeit"* im Sinne von selbstgewählter Arbeitslosigkeit („Bummelmonate"), längeren Fehlzeiten („Blaumachen") oder einen häufigen Arbeitsstellenwechsel[125]; dem stehen 14% der leicht devianten Probanden (Indexwert 1-2) und 23% der mehrfach devianten Probanden (Indexwerte 3+) gegenüber. Der Zusammenhang zwischen den Verhaltensauffälligkeiten in der Jugend und der jungen Erwachsenenphase verschwindet ganz, wenn wir übermäßigen *Alkoholkonsum*[126] um das 25. Lebensjahr als Indikator heranziehen (Tabelle 46).

[125] *Unregelmäßige Berufstätigkeit* wurde codiert, wenn ein Proband längere Zeit ohne Arbeit war und auch kein Bemühen bei der Arbeitssuche erkennen ließ, oder wenn er häufiger längere Fehlzeiten aufwies oder wenn er seine Arbeitsstelle häufig wechselte. Nicht berücksichtigt wurden Fehlzeiten und Arbeitsstellenwechsel durch Krankheit, Wehrdienst oder Haft; ebenso keine Arbeitsstellenwechsel, die geplant (beruflicher Aufstieg), durch Geschäftsaufgabe oder durch Ortswechsel aus familialen Gründen bedingt waren.

[126] *Übermäßiger Alkoholkonsum* wurde beim Genuss von mehr als zwei Flaschen Bier oder einem viertel Liter Wein codiert.

Tabelle 46: Devianz bis zum 18. Lebensjahr und Alkoholkonsum um das 25. Lebensjahr, V-Probanden (N=200)

Devianz bis zum 18. Lj. (Indexwerte)	*täglich übermäßiger Alkoholkonsum*	*mehrfach wöchentlich übermäßiger Alkoholkonsum*	*nie oder selten übermäßiger Alkoholkonsum*
0 N=98	18%	16%	66%
1,2 N=89	17%	32%	51%
3+ N=13	8%	17%	66%

Die Analysen des V-Samples bestätigen somit zwar vom Grundsatz her die Kontinuitätsthese, doch legen sie eine wichtige Einschränkung dieser These nahe: Nur stark auffällige Kinder/Jugendliche werden mit einer höheren Wahrscheinlichkeit auch als Erwachsene auffällig. Die Analysen von sozialen Auffälligkeiten in der Erwachsenenphase unterhalb der Delinquenzebene (wie übermäßigem Alkoholkonsum oder negativem Arbeitsverhalten) können zudem dahingehend interpretiert werden, dass die Wahrscheinlichkeit solcher Auffälligkeiten bei leicht devianten Jugendlichen nicht größer ist als bei sozial unauffälligen Jugendlichen.

Deutlicher als die Kontinuität sozialer Auffälligkeiten über verschiedene Lebensphasen zeigt sich im V-Sample die Veränderung des Verhaltens im Zeitverlauf. Die Aussage von Gove (1995, S. 123) „most antisocial children do not become antisocial as adults" (ähnlich Robbins 1978, S. 611) trifft auch auf das V-Sample zu. Sieht man einmal ab von den unter statistischen Aspekten wenig aussagekräftigen sechs Probanden mit schwerer Jugendkriminalität, zeigt nur etwa jeder Dritte der delinquenten und devianten Jugendlichen des V-Samples auch zwischen dem 19. und 32. Lebensjahr sozial auffälliges Verhalten (Tabelle 42 und Tabelle 43). Ebenfalls bestätigen lässt sich mit dem V-Sample das Ergebnis von McCord (1980, S.158), die die Diskontinuität im Legalverhalten rückblickend vom Erwachsenenalter aus ermittelte: „a majority of adult criminals had no history as juvenile delinquents". Von den 46 V-Probanden, die zwischen dem 19. und 32. Lebensjahr mindestens einmal wegen einer Straftat im Bundeszentralregister geführt wurden, ist nur bei 14 (30%) eine „kriminelle" Vorgeschichte (nach offiziellen Angaben wie auch nach Fremdberichten) auszumachen.

In den bisherigen Analysen des V-Samples stellten wir das Verhalten bis zur gesetzlichen Volljährigkeit (18. Lebensjahr) dem Verhalten in den nachfolgenden Zeiträumen gegenüber. Fasst man die Jugendphase jedoch weiter als den Lebensabschnitt, in dem die „für die Übernahme des Erwachsenenstatus notwendigen komplexen Kompetenzen im schulisch-beruflichen, interaktiv-partnerschaftlichen, politisch-ethischen und kulturell-konsumorientierten Bereich angeeignet und erworben werden" (Hurrelmann 1985, S. 14) macht es Sinn, diese Phase bis zur Mitte der dritten

Lebensdekade auszudehnen. Denn wie Hurrelmann zu Recht feststellt, ist der entscheidende Schritt in Richtung Erwachsenenstatus erst dann vollzogen, „wenn im ‚öffentlichen' Bereich die schulischen und die anschließenden beruflichen Ausbildungsverhältnisse verlassen werden und die Jugendlichen den Übertritt in den Berufs- und Erwerbstätigensektor vornehmen und wenn im ‚privaten' Bereich die Ablösung aus dem Elternhaus und Gründung einer festen Partnerschaft und einer eigenen Familie erfolgt ist" (1985, S. 15f). Dies ist bei den meisten Individuen jedoch erst nach der gesetzlichen Volljährigkeit der Fall.[127][128]

Setzt man in diesem Sinne die Trennlinie im Legalverhalten nicht bei der formalen Volljährigkeit, sondern beim 25. Lebensjahr, so zeigt sich (Tabelle 47, Spalte 1), dass von allen bis zu ihrem 32. Lebensjahr wegen mindestens einer Straftat registrierten 46 V-Probanden die meisten, nämlich 34 (72%), schon vor dem Ende ihres 25. Lebensjahres straffällig wurden. Lediglich 12 V-Probanden wurden erstmals nach ihrem 25. Lebensjahr straffällig.[129]

Berücksichtigt man zudem Fremdberichte über delinquentes Verhalten bis zum 18. Lebensjahr (Tabelle 47, Spalte 2), erhöht sich die Anzahl der „Jugend- und Herwachsendentäter" auf 53. Dies sind zwei Drittel aller V-Probanden, von denen bis zum 32. Lebensjahr offiziell wie auch nach Fremdberichten über die Jugendzeit Kriminalität bekannt wurde. Dies heißt aber auch, dass für die Mehrzahl der delinquenten Jugendlichen und Heranwachsenden die Statuspassage zum Erwachsenen einhergeht mit einem Ende der Auffälligkeiten.

127 1966, dem Beginn der TJVU-Untersuchung, lag das durchschnittliche Heiratsalter bei ledigen Männer in Deutschland (alte Bundesländer) bei 26 Jahren. Inzwischen liegt es etwa bei 30 Jahren (Statistisches Jahrbuch 1999, 1975).

128 Eine solche gemeinsame Betrachtung der Jugend- und Heranwachsendenphase macht auch vor dem Hintergrund kriminologischer Erklärungsansätze Sinn, die jugendliche Straffälligkeit als Form einer Problembewältigung betrachten, mit der die Jugendlichen auf die Statusinkonsistenzen in dieser Lebensphase regieren (vgl. hierzu die drucktheoretischen Erklärungsansätze in Kapitel 3).

129 Die Gruppe der 22 Straftätern, bei denen die Kriminalität auf das Jugend- und Heranwachsendenalter beschränkt bleibt, stellt damit 48% aller im V-Sample bis zum 32. Lebensjahr erfassten Straftäter.

Tabelle 47: Kriminalitätsverläufe im V-Sample bis zum 32. Lebensjahr

	nur offiziell erfasste Kriminalität	*offiziell erfasste und fremdberichtete (bis 18. Lj.) Kriminalität*
Kriminalität bis zum 25. Lj.	22 (11%)	53 (27%)
Kriminalität vor und nach dem 25. Lj.	12 (6%)	12 (6%)
Kriminalität nur nach dem 25. Lj.	12 (6%)	12 (6%)
keine Kriminalität bis zum 32. Lj.	154 (77%)	123 (61%)
	N=200	N=200

6.2 Verlaufsmuster im V-Sample

Die geringen Fallzahlen von V-Probanden, bei denen der Beginn der strafrechtlichen Auffälligkeiten erst nach dem 25. Lebensjahr lag und der V-Probanden, von denen auch über die Jugend- und Heranwachsendenphase hinaus „kriminelle“ Aktivitäten registriert wurden, lassen weitere Analysen mit diesen Verlaufsmustern als wenig sinnvoll erscheinen. Wir wollen uns in den folgenden Analysen daher auf zwei der im V-Sample ermittelten Entwicklungsverläufe beschränken: auf die Probanden, deren strafrechtliche Auffälligkeiten auf die Jugend- und Heranwachsendenphase begrenzt blieben, und auf die Probanden, von denen bis zum 32. Lebensjahr keine Kriminalität berichtet wurde.

Ein Blick auf die 22 Probanden, die auf der Grundlage von offiziellen Registrierungen der Gruppe der Jugend- und Heranwachsendentäter zugeordnet werden können, zeigt, dass es sich bei den Gesetzesverstößen mit einer Ausnahme nur um leichte und mittlere Delikte handelt. 45% der Jugend- und Heranwachsendentäter begingen nur „leichte“ Delikte wie Fahren ohne Fahrerlaubnis, Beleidigung, Sachbeschädigung oder einfachen Diebstahl. Bei 50% wurde mindestens ein „mittelschweres“ Delikt wie Betrug, schwerer Diebstahl, Urkundenfälschung, Hehlerei oder einfache Körperverletzung registriert, und lediglich ein Proband beging mit einem Wohnungseinbruch ein Delikt, das als „schwer“ eingestuft werden kann. Auch gemessen an der Anzahl der Wiederholungstäter bildet schwere Kriminalität die Ausnahme: Nur 6 Probanden wurden bis zum 25. Lebensjahr mehr als einmal verurteilt, davon 4 Probanden drei- oder viermal. Vier dieser 6 Wiederholungstäter wurden zu einem Freiheitsentzug verurteilt.

Unsere Analysen zur Jugendkriminalität ergaben, dass im Unterschied zu schwerer Kriminalität leichte strafrechtlich relevante Auffälligkeiten nicht mit Defiziten in der familialen und schulischen Einbindung erklärt werden können. Um zu überprüfen, ob sich dieses Ergebnis auch dann bestätigen lässt, wenn der Untersuchungszeitraum bis zum Ende der Heranwachsendenphase ausgedehnt wird, macht es Sinn, bei der Verlaufsgruppenbildung auch nach der Schwere der Auffälligkeiten zu differenzieren. Schließt man die Probanden aus, die bis zu ihrem 25. Lebensjahr schwere oder wiederholte Kriminalität zeigten, d. h. Probanden die mehr als zwei Sanktionen erhielten oder zu einem Freiheitsentzug verurteilt wurden, so verbleiben noch 18 V-Probanden, die einem Delinquenzverlaufsmuster *„leichte Jugend- und Heranwachsendenkriminalität"* zugeordnet werden können. Dieser Verlauftypus umfasst noch 39% aller bis zum 32. Lebensjahr als Straftäter registrierten V-Probanden. Berücksichtigt man auch die fremdberichtete Delinquenz in der Jugend, so können dem Verlaufsmuster „leichte Jugend- und Heranwachsendenkriminalität" weitere Probanden zugeordnet werden. Unter den 154 V-Probanden, die bis zum 32. Lebensjahr ohne offizielle Kriminalitätsregistrierung blieben, befinden sich 31 Probanden, die nach Fremdberichten in ihrer Jugend (bis zum 18. Lebensjahr) delinquent waren. Zählt man diese 31 Probanden hinzu, so erhöht sich die Fallzahl des Verlaufsmusters „leichte Jugend- und Heranwachsendenkriminalität" auf insgesamt 49 V-Probanden. Dies entspricht 64% aller V-Probanden, die nach amtlichen Dokumenten wie auch nach sonstigen Berichten Dritter bis zum 32. Lebensjahr delinquentes Verhalten zeigten.

Analog zu unseren Analysen, die sich auf den Zeitraum bis zum 18. Lebensjahr (vgl.Kapitel 5) bezogen, wollen wir auch für den erweiterten Zeitraum (bis zum 25. Lebensjahr) der Frage nachgehen, ob sich die V-Probanden mit dem Verlaufsmuster „leichte Jugend- und Heranwachsendenkriminalität" hinsichtlich der familialen Interaktion, der Anbindung an die Schule, der Peerkontakte oder früher Verhaltensauffälligkeiten von den V-Probanden unterscheiden, von denen keine strafrechtlich relevanten Auffälligkeiten bekannt sind. Wir stellen hierzu den 49 „leichten Jugend- und Heranwachsendentätern" die 123 „unauffälligen" Probanden gegenüber, die weder offiziell noch nach Fremdberichten bis zu ihrem 32. Lebensjahr delinquent wurden (Tabelle 48, in Klammern sind zusätzlich die Werte der 18 Probanden, die nur nach offiziellen Delinquenzdaten dem Verlaufsmuster „leichte Jugend- und Heranwachsenden zugeordnet wurden, aufgeführt).

Ein Vergleich der beiden Verlaufsmuster verdeutlicht: Probanden, die in ihrer Jugend- und Heranwachsendenzeit nur geringfügig in Kriminalität involviert sind, zeigten im Kindesalter weder häufiger Verhaltensauffälligkeiten wie Aggressivität oder motorische Unruhe, noch war ihr Engagement in der Schule geringer als das der „unauffälligen" Probanden. Zwar sind bei ihnen häufiger problematische Familieninteraktionen und ein enger Kontakt zu delinquenten Peers festzustellen, die Unterschiede sind jedoch zu gering, als dass hierbei von Risikofaktoren gesprochen werden könnte. Dies zeigt sich deutlich in einer Regressionsanalyse, in die die Variablen des Gesamtmodells „Jugendkriminalität" als unabhängige und die Gruppengegenüberstellung „Unauffälligkeit" versus „leichte Jugend- und Heranwachsendenkriminalität" als abhängige Variable eingingen. Familieninteraktion, Schulbindung, Peerkontakte und Frühauffälligkeiten erklären zusammen gerade einmal 2% der Varianz.

Dieses Ergebnis bestätigt somit unsere Feststellung aus den Analysen der Jugendphase, dass leichte Formen von Kriminalität nicht mit Defiziten in der informellen sozialen Kontrolle erklärt werden können. Interpretiert man die aufgeführten Einflussfaktoren der Kindheits- und Jugendgeschichte als Ursachen beziehungsweise

Äußerungen einer geringen „Selbstkontrolle", so lassen sich bei beiden Verlaufsmustern keine nennenswerten Anzeichen hierfür finden. Sollte dennoch hinter der Kriminalität der „leichten Jugend- und Heranwachsendentäter" eine über den Zeitverlauf stabile geringe „Selbstkontrolle" stehen, so müsste sie sich in späteren Lebensphasen auch in anderen sozialen Auffälligkeiten niederschlagen. Um dies zu überprüfen, können wir auf vier Variablen zurückgreifen, die Verhaltensauffälligkeiten um das 25. Lebensjahr beschreiben: *„unregelmäßige Berufstätigkeit"*[130], *„intensiver Alkoholkonsum"*[131], *„Milieukontakte"*[132], *„unstrukturiertes Freizeitverhalten"*.[133]

[130] vgl. Fußnote 125.

[131] *„Intensiver Alkoholkonsum"* wurde codiert, wenn ein Proband täglich mehr als zwei Flaschen Bier oder einen viertel Liter Wein konsumierte.

[132] *„Milieukontakte"* wurde codiert, wenn der Proband häufig Treffpunkte im Bahnhofs-, Spielhallen- oder Altstadt-„Milieu" oder ähnliches aufsuchte, vgl. Fußnote 122.

[133] *„Unstrukturiertes Freizeitverhalten"* wurde codiert, wenn ein Proband wiederholt oder über einen längeren Zeitraum etwa folgendes Verhalten zeigte: Verlassen der Wohnung ohne einigermaßen klar angeben zu können, welche Aufenthaltsorte angesteuert werden, welche Handlungen noch entwickelt werden oder mit welchen Partnern ein Zusammentreffen stattfindet. Verbunden ist damit ein nicht vorhersehbarer Wechsel in den Aufenthaltsorten und Aktivitäten, die bevorzugt durch augenblickliche Launen, durch Anstöße von anderen oder ein akute Situation bestimmt werden.

Tabelle 48: Familie, Schule, Peers und Frühauffälligkeiten der Verlaufsmuster „Unauffälligkeit" und „leichte Jugend- und Heranwachsendenkriminalität"

	„Unauffälligkeit" N=123	*„leichte Jugend- und Heranwachsendenkriminalität" N=49 (N=18⁺)*	
geringe emotionale Familienbindung (Indexwert >1)	11%	20%	(21%)
inkonsistenter/gewalttätiger Erziehungsstil (Indexwert >1)	12%	14%	(12%)
unzureichende Beaufsichtigung	5%	10%	(0%)
motorische Unruhe	0%	6%	(0%)
Aggressivität/Trotz	5%	6%	(0%)
geringe Anbindung Schule (Indexwert >1)	1%	2%	(1%)
enge Beziehung zu delinquenten Peers	3%	16%	(6%)

\+ In Klammern gesetzt sind die Werte der Probanden, die allein auf der Grundlage offizieller Delinquenzdaten dem Verlaufsmuster „leichte Jugend- und Heranwachsendenkriminalität" zugeordnet werden können.

Wie Tabelle 49 zu entnehmen ist, unterscheiden sich die Probanden beider Verlaufsmuster hinsichtlich der Verhaltensauffälligkeiten um das 25. Lebensjahr kaum. Weder die strafrechtlich „Unauffälligen" noch die „leichten Jugend- und Heranwachsendentäter" weisen in einem nennenswerten Umfang soziale Auffälligkeiten im Arbeits-, Kontakt- oder Freizeitbereich auf. Bemerkenswert sind allenfalls die relativ hohen Werte für „intensiver Alkoholkonsum" bei beiden Verlaufsmustern. So konsumierte beispielsweise jeder siebte „unauffällige" Proband um sein 25. Lebensjahr täglich mehr als zwei Flaschen Bier oder ¼ Liter Wein. Fasst man unter sozial auffälligen Alkoholkonsum bereits den mehrmals wöchentlichen Konsum der besagten Menge – was durchaus Sinn macht, da es sich dabei um ein Trinkverhalten handelt, das von manchem Experten bereits als Alkoholabhängigkeit eingestuft wird –, so sind es in beiden Gruppen mehr als ein Drittel der Probanden, die diese „Auffälligkeit" zeigen. Diese Zahlen machen deutlich, wie problematisch dieser von Gottfredson/Hirschi selbst angeführte Indikator einer „niedrigen Selbstkontrolle" ist. Da Alkohol ein fester Bestandteil unserer Alltagskultur ist, kann ein „intensiver Alkoholkonsum" nur in Abhängigkeit mit den sonstigen Lebensumständen als soziale Auffälligkeit oder Kennzeichen niedriger Selbstkontrolle gewertet werden. „Intensiver Alkoholkonsum" kann beispielsweise auch im Zusammenhang mit der Nahrungsmittelaufnahme oder der „Geselligkeit" in Vereinen erfolgen. Im letzten Fall wäre er demnach sogar eher ein Indikator für eine gute soziale Einbindung als ein Kennzeichen sozialer Abweichung (vgl. hierzu auch Kerner/Weitekamp/Stelly/Thomas 1997).

Tabelle 49: Soziale Auffälligkeiten um das 25. Lebensjahr der Verlaufsmuster „Unauffälligkeit" und „leichte Jugend- und Heranwachsendenkriminalität"

	„Unauffälligkeit" *N=123*	*„leichte Jugend- und Heranwachsendenkriminalität"* *N=49 (N=18⁺)*	
unregelmäßige Berufstätigkeit	11%	8%	(8%)
Milieukontakte	1%	2%	(0%)
unstrukturiertes Freizeitverhalten	2%	0%	(0%)
intensiver Alkoholkonsum	15%	12%	(22%)

\+ In Klammern gesetzt sind die Werte der Probanden, die allein auf der Grundlage offizieller Delinquenzdaten dem Verlaufsmuster „leichte Jugend- und Heranwachsendenkriminalität" zugeordnet werden können.

Nach den bisherigen Ergebnissen ist es wenig überraschend, dass der Großteil der Probanden beider Verlaufsmuster um das 25. Lebensjahr nicht nur als sozial unauffällig, sondern als gesellschaftlich gut integriert beschrieben werden kann. Tabelle 50 zeigt diese Integration an drei Indikatoren: *„Einbindung in Arbeit"* wurde dann codiert, wenn ein Proband einer regelmäßigen Arbeit nachging, seine Arbeitsstellen selten wechselte und seiner Tätigkeit zumindest teilweise Interesse und Engagement entgegenbrachte.[134] Ein *„gutes Verhältnis zu Lebenspartner/Eltern"* wurde Probanden zugeschrieben, die in einer guten oder funktionierenden Ehe/Lebensgemeinschaft lebten, oder Probanden, die längere Zeit im Haushalt ihrer Eltern lebten und zu diesen ein gutes Verhältnis hatten.[135] Eine *„Einbindung in der Freizeit"* wurde codiert, wenn der Proband einen festen, nicht-delinquenten Bekanntenkreis hatte und mit diesem auch einen wesentlichen Teil seiner Freizeit verbrachte und/oder in

[134] Das Arbeitsverhalten und die Einstellung zur Arbeit, wie sie in dieser Variable gemessen wird, kann als Ausdruck der Akzeptanz von und Verpflichtung gegenüber gesellschaftlich vorgegebenen Werten, Normen und Zielen (wie z. B. Leistungsorientierung, Eigentumserwerb, Arbeit als Sinnstiftung etc.) interpretiert werden. Darüber hinaus kann man diese Variable als Indikator für die Einbindung in Alltagsroutinen und als Gradmesser für die emotionale und materielle Unterstützung (z. B. Anerkennung, Status), die ein Individuum aus diesem Bereich ziehen kann, interpretieren.

[135] Diese kombinierte Variable wurde gewählt, da nur ein Teil unserer Probanden bis zum Erstuntersuchungszeitpunkt verheiratet war oder mit einer Partnerin in einer festen Lebensgemeinschaft lebte (54% Prozent der V-Probanden und 23% Prozent der H-Probanden).

seiner Freizeit regelmäßig (mindestens einmal wöchentlich) sich in einem Verein, Gewerkschaft, Partei, religiösen Gruppe etc. engagierte.

Tabelle 50: *Soziale Einbindung um das 25. Lebensjahr der Verlaufsmuster „Unauffälligkeit" und „leichte Jugend- und Heranwachsendenkriminalität"*

	„Unauffälligkeit" *N=123*	*„leichte Jugend- und Heranwachsendenkriminalität"* *N=49 (N=18⁺)*
Einbindung in Arbeit	87%	92% (89%)
gutes Verhältnis zu Lebenspartner/Eltern	84%	90% (94%)
Einbindung in der Freizeit	78%	82% (83%)

\+ in Klammern gesetzt sind die Werte der Probanden, die allein auf der Grundlage offizieller Delinquenzdaten dem Verlaufsmuster „leichte Jugend- und Heranwachsendenkriminalität" zugeordnet werden können.

Dem Bild des unauffälligen, in Arbeit und Familie fest eingebundenen Bürgers entsprechen die meisten Probanden beider Verlaufsmuster auch noch 10 Jahre später. Zwar liegen uns hierzu nur für die 68 Probanden des Verlaufsmusters „Unauffälligkeit" und die 34 Probanden der „leichten Jugend- und Heranwachsendenkriminalität" Informationen vor, deren Lebenssituation um das 35. Lebensjahr im Rahmen der Nachuntersuchung exploriert wurde, die Verteilungen für diese Probanden sind jedoch eindeutig: Alkoholprobleme, Milieukontakte und Auffälligkeiten im Leistungsbereich um das 35. Lebensjahr bilden bei beiden Verlaufsmustern die große Ausnahme (Tabelle 51). Die Verhaltensunauffälligkeit um das 35. Lebensjahr geht einher mit einer guten oder zumindest funktionierenden Partnerbeziehung (*„gute/funktionierende Partnerschaft/Ehe")*[136] und einer festen Einbindung in den Leistungsbereich (Tabelle 52).

[136] Um das 35. Lebensjahr waren 84% der V-Probanden und 70% der H-Probanden verheiratet und/oder lebten in einer festen Partnerschaft. Eine „gute Ehe/Partnerschaft" wurde codiert, wenn der Proband verheiratet war oder in einer festen Partnerschaft lebte, wenn der Lebenspartner keine sozialen Auffälligkeiten zeigte und wenn das Verhältnis der Partner als „gut" beschrieben wurde. Bei Probanden, die ihre Ehe/Lebensgemeinschaft als „teils/teils" oder „weder gut noch schlecht" charakterisierten, wurde eine „funktionierende Ehe/Partnerschaft" codiert.

Tabelle 51: Soziale Auffälligkeit um das 35. Lebensjahr der Verlaufsmuster „Unauffälligkeit“ und „leichte Jugend- und Heranwachsendenkriminalität“ (nur nachuntersuchte Probanden)

	„Unauffälligkeit“ N=68	*„leichte Jugend- und Heranwachsendenkriminalität“ N=34*
intensiver Alkoholkonsum	9%	6%
Milieukontakte	2%	0%
unregelmäßige Berufstätigkeit	0%	0%

Tabelle 52: Soziale Einbindung um das 35. Lebensjahr der Verlaufsmuster „Unauffälligkeit“ und „leichte Jugend- und Heranwachsendenkriminalität“ (nur nachuntersuchte Probanden)

	„Unauffälligkeit“ N=68	*„leichte Jugend- und Heranwachsendenkriminalität“ N=34*
gute/funktionierende Partnerschaft/Ehe	81%	84%
Einbindung in Arbeit	97%	100%

Betrachtet man die Lebensgeschichte der Probanden des Verlaufsmusters „leichte Jugend- und Heranwachsendenkriminalität“ durch die Brille der sozialen Kontrolltheorien, so scheint die strafrechtliche Auffälligkeit ohne spezifische Ursachen und Folgen zu sein. Es kommt trotz guter familialer, schulischer oder beruflicher Integration zu Straftaten, die sich dem Betrachter meist als jugendliche Leichtsinnstaten oder Unbedachtheiten darstellen. Die strafrechtliche Auffälligkeit ist weder mit einer auffälligen Lebensführung verbunden, noch hat sie erkennbare Auswirkungen auf den weiteren Lebensweg. Ein typisches Beispiel hierfür ist die Lebensgeschichte von Rudi.

Fallbeispiel 1: Rudi, „leichte Jugend- und Heranwachsendendelinquenz“

Rudi wird 1940 geboren. Sein Vater war vor dem Krieg als Krankenkontrolleur tätig. 1945 verliert er diese Stelle, weil er im Zuge der Entnazifizierung zu Zwangsarbeit verurteilt wird. Später nimmt er zwar wechselnde Stellen an, meist im handwerklichen Bereich, ist aber bis zu seinem Tod immer in Arbeit. Rudis Mutter hat keine Berufsausbildung, ist aber zeitweise berufstätig. Aus dem eigenen Haus wird die Familie nach Kriegsende ausquartiert und lebt bis 1950, als sie in ihr Haus zurückkehren kann, bei den Großeltern. In den Zeiten, in denen Rudis Mutter beruf-

lich außer Hause ist, übernehmen die Großeltern die Beaufsichtigung. Rudis einzige Schwester stirbt im Kleinkindalter an einer Lungenentzündung, so dass Rudi fortan als Einzelkind aufwächst.

Von 1947 bis 1955 besucht Rudi die Volksschule. Er zeigt mittlere Leistungen, schwänzt aber nicht und wird von seinen Lehrern als unauffällig beschrieben. Rudi ist in die Gemeinschaft der Nachbarjungen integriert; gemeinsam unternehmen sie Streiche, wozu beispielsweise Obstdiebstahl gehört. Einer dieser Streiche hat jedoch Folgen: Als Rudi etwa 14 Jahre alt ist, zerstört er zusammen mit seinen Freunden aus Rache für häufiges „Herumgemotze" den Zaun eines Nachbars, der die Jungen daraufhin anzeigt. Da man sich auf eine Wiedergutmachung des Schadens einigen kann, wird die Anzeige wieder zurückgezogen. Trotz knapper wirtschaftlicher Verhältnisse ist das Familienleben harmonisch und die Eltern sind sich in Erziehungsfragen einig. Zwar wird Rudi streng erzogen, auch ab und an geschlagen – die Mutter greift vor allem zu diesem Mittel, wenn sie Rudi beim Rauchen erwischt – aber Rudi akzeptiert nach eigener Aussage die elterliche Autorität und empfindet dies als gerechte Strafe. Die Eltern kümmern sich aktiv darum, ob Rudi seine Hausaufgaben macht und mit wem er Umgang hat. Als er mit 17 Jahren Bekanntschaft mit einem Schulkameraden schließt, der ihn zu kostspieligen Sauftouren animiert, unterbinden die Eltern den Kontakt.

Nach der Schule beginnt Rudi eine Lehre zum Elektriker. Obwohl ihm der Beruf keinen besonderen Spaß macht, erzielt Rudi 1958 einen guten Abschluss und wird vom Ausbildungsbetrieb übernommen. Erst als gesundheitliche Probleme einer Weiterbeschäftigung entgegenstehen, kündigt er. Durch freundschaftliche Beziehungen findet er Arbeit in einer Gummipresserei, in der er alle anfallenden Arbeiten erledigt. Wie in vielen Betrieben üblich, trinkt Rudi während der Arbeit mit Kollegen regelmäßig Alkohol. Im Alter von 20 Jahren verursacht Rudi im Anschluss an ein solches „Trinkgelage" einen Verkehrsunfall, bei dem ein nicht unerheblicher Sachschaden entsteht und bei dem ein anderer beteiligter Verkehrsteilnehmer verletzt wird. Zwar wird Rudi wegen fahrlässiger Körperverletzung angeklagt, aber da die Polizei – so Rudi – nicht merkte, dass er unter Alkoholeinfluss stand, bleibt es bei einer Geldstrafe.

Im selben Jahr hat Rudi seine erste Beziehung zu einer Frau, die er anderthalb Jahre später, im Jahre 1962, heiratet. Das Paar lebt vier Jahre lang im Haus von Rudis Eltern, zieht dann ins Haus der Schwiegereltern, das geräumig ausgebaut wird und auch Platz bietet für die beiden Söhne, die 1964 und 1966 geboren werden. Rudi wechselt mehrmals seinen Arbeitsplatz, wobei es sich mit Ausnahme eines Arbeitsstellenwechsels infolge einer Geschäftsaufgabe jeweils um geplante Wechsel handelt, mit denen er sich finanziell besser stellt. In den Interviews der Nachuntersuchung, Rudi ist inzwischen 48 Jahre alt, wird die Ehe immer noch als harmonisch beschrieben. Nach Rudis Aussage ordnet sich sein Leben um die Arbeit und besonders um seine Familie. Zu weiteren Straftaten sei es nicht mehr gekommen – eine Aussage, die auch durch erneute Auszüge aus dem Bundeszentralregister gedeckt wird.

Lebensgeschichten wie die von Rudi zeigen, dass leichte strafrechtliche Auffälligkeiten, die auf die Jugend- und Heranwachsendenphase beschränkt bleiben, nicht mit den diskutierten kontrolltheoretischen Erklärungsansätzen fassbar sind. Selbst wenn man die Straftaten mit einer fehlenden „Selbstkontrolle" oder fehlender sozialer Unterstützung in Verbindung bringen könnte – hierzu wäre eine Detailanalyse der Tatsituationen nötig, die wir mit unseren Daten nicht leisten können –, so zeigen unsere Ergebnisse deutlich, dass es sich dabei allenfalls um situative und zeitlich eng begrenzte Defizite handelt. Solche situativen Defizite können jedoch weder als Ausdruck einer stabilen „low self-control" noch im Sinne einer fehlenden Anbindung an für Lebensphase zentralen Institutionen sozialer Kontrolle interpretiert werden.

Die bei vielen (männlichen) Individuen beobachtete „leichte Jugend- und Heranwachsendendelinquenz" könnte vielleicht treffender als Teil einer „normalen" Verhaltensweise im Rahmen jugendlicher Lebensgestaltung, Welterfahrung und Identitätssuche gefasst werden. In der Jugend- und Heranwachsendenphase verändern sich in einem relativ kurzem Zeitraum die körperlichen und psychischen Dispositionen des Jugendlichen. Er wird mit einer Vielzahl neuer Sozialsysteme (Partnerschaft, Freundeskreis, Konsumbereich etc.) konfrontiert, die von ihm ein hohes Maß an „Selbstorganisation" (Hurrelmann 1997, S.21) verlangen. Bei der Bewältigung dieses Prozesses ist es nicht unwahrscheinlich, dass ab und an ein Verhalten resultiert, das gegen die gesellschaftlichen Normen im allgemeinen und Gesetze im besonderen verstößt. Mit dem Übergang ins Erwachsenenalter werden nicht nur die Veränderungen weniger, sondern das Individuum kann auf Erfahrungen zurückgreifen, welches Verhalten von ihm erwartet beziehungsweise nicht erwartet wird. Infolge dieser Lernerfahrungen, zu denen auch Reaktionen seitens der Justizorgane gehören können, ist ein Ende der Auffälligkeiten, wie sie Sessar (1997) unter dem Stichwort „Spontanbewährung" diskutiert, wahrscheinlich.

Ob es zu dieser „Spontanbewährung" kommt oder nicht, ist auch abhängig von den Reaktionen der sozialen Umwelt auf das „auffällige" Verhalten eines Jugendlichen. Wird beispielsweise der Jugendliche durch eine zu „harte" Reaktion des Justizsystems (z. B. durch eine Haftstrafe) aus vorhandenen und grundsätzlich „funktionierenden" informellen sozialen Kontrollsystemen herausgerissen, oder zieht er sich infolge stigmatisierender Reaktionen des näheren sozialen Umfelds (z. B. der Eltern, Lehrer oder Meister) aus diesen Systemen zurück, ist ein Wendepunkt im Lebensweg möglich. Ist die Bindung zu den informellen Kontrollsystemen erst einmal zerbrochen, können sich abweichendes Verhalten und fehlende soziale Einbindung gegenseitig über den Zeitverlauf zu einer kriminellen Karriere aufschaukeln. Beispiele hierfür finden sich in den Lebensgeschichten der H-Probanden des Tübinger Samples.

6.3 Kontinuität und Diskontinuität sozialer Auffälligkeit im H-Sample

6.3.1 Der Zusammenhang der Kriminalitätsentwicklung zwischen den einzelnen Lebensphasen

Die Probanden des H-Samples waren alle in ihrer dritten Lebensdekade für mindestens sechs Monate in Haft. Ungeachtet dieser Selektion zeigten die H-Probanden sehr unterschiedliche Kriminalitätsentwicklungen im Erwachsenenalter. Tabelle 53 belegt dies an Hand der Anzahl der Verurteilungen und Inhaftierungen für die 176 H-Probanden, für die die kompletten Delinquenzdaten vom 19. bis 39. Lebensjahr vorliegen. Die Spannbreite reicht dabei von 10 Probanden mit nur einer einzigen Verurteilung bis zum „Spitzenreiter", der es in diesen 20 Jahren auf 29 (!) Verurteilungen brachte.

Die Varianz in der Delinquenzentwicklung im Erwachsenenalter erlaubt die Überprüfung der Kontinuitätsannahme, dass mit einer stärkeren Kriminalitätsbelastung in der Jugend auch eine stärkere Kriminalitätsbelastung im Erwachsenenalter wahrscheinlicher wird. Ein solcher Zusammenhang findet sich sowohl in Langzeitstudien, denen eine nicht-selektierte Geburtskohorte zugrunde liegt, als auch in Verlaufsstudien von Straftäter- oder Häftlingspopulationen. Unabhängig davon, ob der Delinquenzverlauf rückblickend vom Erwachsenenalter oder prospektiv von der Kindheit oder Jugend verfolgt wird, und unabhängig davon, ob offizielle Kriminalstatistiken oder Selbstberichte über Straftaten herangezogen werden, ist das Ergebnis eindeutig: Wiederholt auffällige Jugendliche werden nicht nur mit einer größeren Wahrscheinlichkeit als Erwachsene straffällig, sie zeigen im Erwachsenenalter auch mehr Auffälligkeiten als unauffällige Jugendliche.

Tabelle 53: *Verurteilungen und Inhaftierungen 19. bis 39. Lebensjahr, H-Probanden (N=200)*

	Verurteilungen 19.-39. Lj.		*Inhaftierungen 19.-39. Lj.*	
Anzahl	N	Prozent	N	Prozent
1	10	5,7	19	10,8
2-3	16	9,1	46	26,1
4-5	29	16,5	43	24,4
6-7	25	14,2	28	15,9
8-9	30	17,0	21	11,9
10-11	20	11,4	11	6,3
12-13	14	8,0	6	3,4
14-15	13	7,4	1	,6
16-17	5	2,8	1	,6
18-19	4	2,3	---	---
20+	10	5,7	---	---
	176	100,0	176	100,0

Tabelle 54: *Jugendkriminalität und Verurteilungen zwischen dem 19.-25. Lebensjahr H-Probanden (N=200)*

	Anzahl Verurteilungen 19.-25. Lebensjahr			
	0	*1-2*	*3-4*	*5+*
keine Jugendkriminalität N=44	7%	32%	41%	20%
leichte Jugendkriminalität N=53	6%	32%	28%	34%
schwere Jugendkriminalität N=103	1%	17%	29%	53%

In Tabelle 54 ist dieser Zusammenhang für die Probanden des H-Samples dargestellt: Probanden, von denen Berichte über schwere oder wiederholte strafrechtlich relevante Auffälligkeiten in der Jugend (bis 18. Lebensjahr) vorliegen, wurden als Heranwachsende deutlich häufiger verurteilt als Jugendliche, über die keine solchen Berichte vorliegen. Zieht man andere Indikatoren der offiziell registrierten Kriminalitätsbelastung heran, wie die Anzahl der verbüßten Jugendstrafen oder die Dauer der

Inhaftierung, oder betrachtet man den Zusammenhang zwischen fremdberichteter Devianz in der Jugend und offiziell registrierter Kriminalität im Erwachsenenalter, so zeigt sich noch deutlicher, dass dabei von einem weitgehend linearen Zusammenhang ausgegangen werden kann: Je zahlreicher die Auffälligkeiten in der Jugend waren, desto zahlreicher sind auch die strafrechtlichen Auffälligkeiten im darauffolgenden Lebensabschnitt. Der Zusammenhang zwischen dem Legalverhalten in zwei aufeinanderfolgenden Zeitabschnitten lässt sich nicht nur für den Übergang von der Jugend- in die Heranwachsendenzeit, sondern auch für die späteren Lebensphasen zeigen. Tabelle 55 belegt dies exemplarisch für die Verurteilungshäufigkeit in der Heranwachsendenphase (19.-25. Lebensjahr) und die Verurteilungshäufigkeit im jungen Erwachsenenalter (26.-32. Lebensjahr).

Tabelle 55: Verurteilungshäufigkeit zwischen dem 19. und 25. Lebensjahr und Verurteilungshäufigkeit zwischen dem 26. und 32. Lebensjahr, H-Probanden (N=200)

	Anzahl Verurteilungen 26.-32. Lebensjahr			
Anzahl Verurteilungen 19.-25. Lebensjahr	*0*	*1-2*	*3-4*	*5+*
0 N=7	0%	57%	29%	14%
1-2 N=48	25%	36%	29%	10%
3-4 N=63	14%	38%	26%	22%
5+ N=82	6%	36%	29%	29%

Dieser Befund einer Kontinuität des delinquenten Verhaltens über verschiedene Lebensabschnitte hinweg ist zwischen den beiden neueren kontrolltheoretischen Erklärungsansätzen, die im Zentrum dieser Arbeit stehen, unstrittig. Unstrittig ist auch, dass die Kontinuität delinquenten Verhaltens einhergeht mit einer Kontinuität fehlender informeller sozialer Kontrolle, die sich nach „außen" in fehlenden stabilen sozialen Einbindungen und nach „innen" in Gestalt einer geringen „Selbstkontrolle" zeigt. Konträre Einschätzungen bestehen jedoch zwischen den beiden Theorieansätzen hinsichtlich der dahinter stehenden Kausalzusammenhänge. Während die „altersabhängige soziale Kontrolltheorie" (Sampson/Laub) eine unabhängige kausale Wirkung der sozialen Einbindungen auf das delinquente Verhalten in jeder Lebensphase unterstellt, betrachten die Vertreter der „allgemeinen Kriminalitätstheorie" (Gottfredson/Hirschi) schwache soziale Einbindungen nicht als unabhängige Ursachen für Kriminalität im Erwachsenenalter, sondern als Folgeerscheinung der über den Lebenslauf stabilen individuellen Disposition zur Abweichung („geringe Selbstkontrolle").

Gottfredson und Hirschi selbst sind in ihren Aussagen zur Kontinuität von Kriminalität nicht ganz eindeutig. Sie wechseln in ihrer Argumentation häufiger zwischen absoluten (zwischen Straftätern und Nicht-Straftätern) und relativen Unterschieden (zwischen stark auffälligen und weniger auffälligen Individuen) und diskutieren die Bedeutung der situativen Faktoren für Kriminalität nur sehr randständig (vgl. Kapitel 3.4). Ihre „Kriminalitätstheorie" kann aber dahingehend interpretiert werden, dass sich die Unterschiede im Ausmaß der Selbstkontrolle – ungeachtet des von ihnen mit fortschreitendem Alter postulierten absoluten Rückgangs der Kriminalität – in relativen Unterschieden der strafrechtlichen Auffälligkeiten äußern. Nach dieser Interpretation wäre zu erwarten, dass Täter, die in jungen Lebensphasen „aktiver" sind, auch in nachfolgenden Lebensphasen „aktiver" sind. Folgt man demgegenüber der „altersabhängigen sozialen Kontrolltheorie" von Sampson/Laub, dürfte dieser Zusammenhang infolge der unabhängigen kausalen Wirkung „aktueller" sozialer Faktoren nicht so stark sein. Zudem müsste der Zusammenhang schwächer werden, je weiter die untersuchten Delinquenzzeiträume auseinanderliegen, da mit dem potentiellen Veränderungszeitraum auch die Wahrscheinlichkeit von Veränderungen der sozialen Kontrolle steigt.

Angesprochen ist damit die Frage nach der Stärke des Zusammenhangs zwischen der Delinquenzbelastung in den verschiedenen Zeiträumen und die Frage, ob sich der Zusammenhang über den Zeitverlauf verändert. Über diese beiden für die Diskussion um Kontinuität und Veränderung von Kriminalität zentralen Fragen geben die nachfolgenden Tabellen einen ersten Aufschluss. In ihnen ist der Zusammenhang zwischen der Delinquenzbelastung in den insgesamt fünf Zeiträumen mit Hilfe des Korrelationskoeffizienten nach Kendall[137] dargestellt. In Tabelle 56 sind als Indikatoren für die Delinquenzbelastung in der Jugend die Variablen „Jugendkriminalität" und „Devianz bis zum 18. Lebensjahr" und für die nachfolgenden Zeiträume die Verurteilungshäufigkeiten aufgeführt. In Tabelle 57 wird die Delinquenzbelastung in allen Zeiträumen mit der Inhaftierungshäufigkeit und in Tabelle 58 mit der Inhaftierungsdauer gemessen. Da in den späteren Lebensphasen nur für einen Teil der Probanden valide Delinquenzdaten vorliegen, sind (um mögliche Verzerrungen zu vermeiden) die Korrelationen zwischen den Delinquenzbelastungen in den einzelnen Lebensphasen jeweils getrennt für drei Teilsamples der H-Probanden aufgeführt. In der obersten Zeile, in runde Klammern gesetzt, die Werte für alle 200 H-Probanden, für die Delinquenzdaten bis zum 32. Lebensjahr komplett vorliegen. In der mittleren Zeile die Werte für die 176 H-Probanden, deren Delinquenzgeschichte sich bis zum 39. Lebensjahr verfolgen lässt, und in der untersten Zeile, in eckige Klammern gesetzt, für die 61 H-Probanden, deren Daten vollständig bis zum 46. Lebensjahr vorliegen.

137 Kontrollberechnungen mit dem Rangkorrelationskoeffizienten nach Spearmann brachten nahezu identische Ergebnisse.

Tabelle 56: Bivariate Korrelationen zwischen den Kriminalitätsbelastungen in verschiedenen Lebensabschnitten, Indikator Verurteilungshäufigkeit, H-Probanden, Korrelationskoeffizienten nach Kendall

		Verurteilungen 19.-25. Lj.	*Verurteilungen 26.-32. Lj.*	*Verurteilungen 33.-39 Lj.*	*Verurteilungen 40.-46. Lj.*
Jugendkriminalität	N=200 N=176 N=61	(.26 **) .28 ** [.12]	(.08) .09 [.03]	---- .09 [.03]	---- ---- [.02]
Devianz bis zum 18. Lj.	N=200 N=176 N=61	(.23 **) .35 ** [.10]	(.08) .06 [.09]	---- .03 [.01]	---- ---- [.03]
Verurteilungen 19.-25. Lj.	N=200 N=176 N=61	---- ----	(.21 **) .21 ** [.24 **]	---- .20 ** [.26 *]	---- ---- [.26 *]
Verurteilungen 26.-32. Lj.	N=200 N=176 N=61	---- ---- ----	---- ---- ----	---- .48 ** [.49 **]	---- ---- [.31 **]
Verurteilungen 33.-39. Lj.	N=200 N=176 N=61	---- ---- ----	---- ---- ----	---- ---- ----	---- ---- [.43 **]

* p <.05
** p<.001

Tabelle 57: Bivariate Korrelationen zwischen den Kriminalitätsbelastungen in verschiedenen Lebensabschnitten, Indikator Inhaftierungshäufigkeit, H-Probanden, Korrelationskoeffizienten nach Kendall

		Inhaftierungen 19.-25. Lj.	*Inhaftierungen 26.-32. Lj.*	*Inhaftierungen 33.-39 Lj.*	*Inhaftierungen 40.-46. Lj.*
Inhaftierungen 15.-18. Lj.	N=200 N=176 N=61	(.24 **) .26 ** [.36 **]	(.01) .02 [-.03]	---- .11 [.05]	---- ---- [.08]
Inhaftierungen 19.-25. Lj.	N=200 N=176 N=61	---- ---- ----	(.05) .07 [.06]	---- .11 [.11]	---- ---- [.09]
Inhaftierungen 26.-32. Lj.	N=200 N=176 N=61	---- ---- ----	---- ---- ----	---- .34 ** [.39 **]	---- ---- [.28 **]
Inhaftierungen 33.-39. Lj.	N=200 N=176 N=61	---- ---- ----	---- ---- ----	---- ---- ----	---- ---- [.46**]

* p <.05
** p<.001

Tabelle 58: Bivariate Korrelationen zwischen den Kriminalitätsbelastungen in verschiedenen Lebensabschnitten, Indikator Haftdauer, H-Probanden, Korrelationskoeffizienten nach Kendall

		Haftdauer 19.-25. Lj	*Haftdauer 26.-32. Lj*	*Haftdauer 33.-39 Lj*	*Haftdauer 33.-39 Lj*
Haftdauer 15.-18. Lj.	N=200 N=176 N=61	(.31 **) 29 ** [.40 **]	(.10) .10 [.09]	(.13 *) .11 [.08]	---- --- [.15]
Haftdauer 19.-25. Lj.	N=200 N=176 N=61	---- ---- ----	(.13 *) .19 ** [.19 *]	---- .31 ** [.22 *]	---- ---- [.08]
Haftdauer 26.-32. Lj.	N=200 N=176 N=61	---- ---- ----	---- ---- ----	---- .33 ** [.34 **]	---- ---- [.27 *]
Haftdauer 33.-39. Lj.	N=200 N=176 N=61	---- ---- ----	---- ---- ----	---- ---- ----	---- ---- [.50 **]

* p <.05
** p<.001

Unabhängig davon, welcher Indikator der Kriminalitätsbelastung herangezogen wird, zeigen die Korrelationsmatrizen drei Grundtendenzen:

1. Die Zusammenhänge zwischen den unmittelbar aufeinanderfolgenden Lebensabschnitten fallen für die späteren Lebensphasen höher aus als für die früheren Lebensphasen. In Abbildung 11 ist dies im Überblick für die 176 H-Probanden, deren Delinquenzdaten bis zum 39. Lebensjahr und die 61 H-Probanden, deren Delinquenzdaten bis zum 46. Lebensjahr vorliegen, dargestellt.
2. Am schwächsten ausgeprägt ist der Zusammenhang zwischen der Kriminalitätsbelastung in der Heranwachsendenphase (19.-25. Lebensjahr) und der jungen Erwachsenphase (26.-32. Lebensjahr). Hierin könnte ein „Sampleeffekt" seinen Ausdruck finden, da es sich dabei um die Zeiträume handelt, in denen jeder H-Proband für mindestens sechs Monate inhaftiert war.
3. Die Kriminalitäts- und Devianzbelastung in der Jugend (bis zum 18. Lebensjahr) korreliert mit der Kriminalitätsbelastung in der unmittelbar darauffolgenden Heranwachsendenphase, aber nicht mit den Kriminalitätsbelastungen in späteren Lebensphasen. Demgegenüber ist ein solcher Zusammenhang mit späteren, sich nicht unmittelbar daran anschließende Lebensphasen für die Kriminalitätsbelastungen der Heranwachsendenphase (mit Einschränkungen) und der jungen Erwachsenenphase vorhanden.

Abbildung 11: Korrelationen der Kriminalitätsbelastungen zwischen den aufeinanderfolgenden Lebensabschnitten

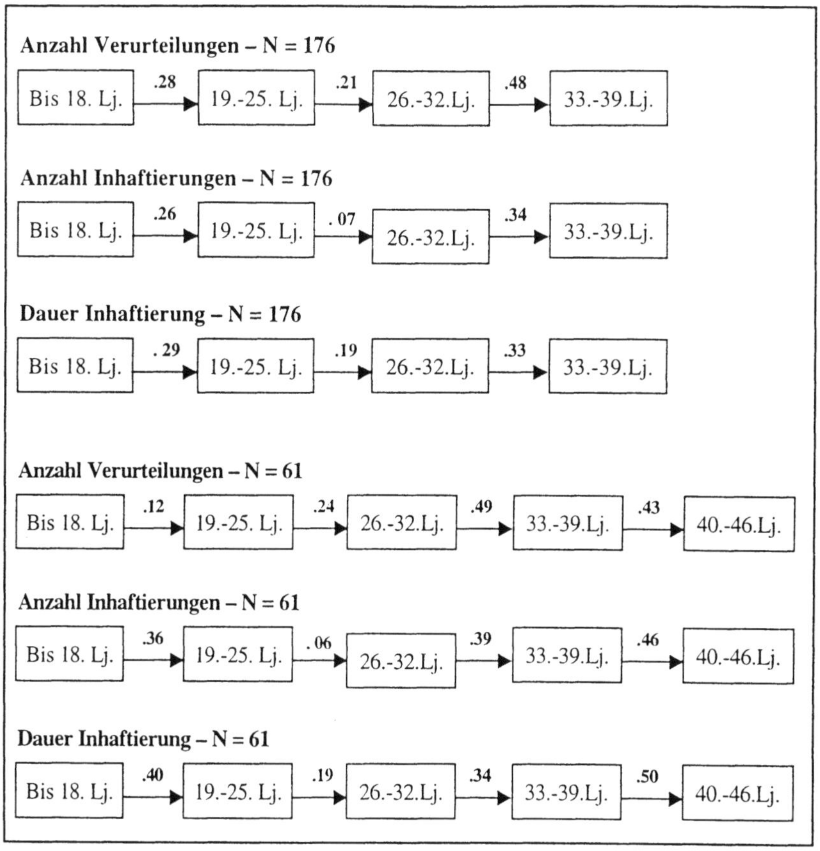

Wenngleich der „Sampleeffekt" in der dritten Lebensdekade die Interpretation erschwert, scheinen die allenfalls mittelstarken Zusammenhänge zwischen den Kriminalitätsbelastungen in den verschiedenen Lebensabschnitten gegen die Annahme stabiler Unterschiede im Lebensverlauf und für den unabhängigen Effekt sozialer Faktoren in späteren Lebensphasen zu sprechen. Dieser Eindruck wird durch die geringen Effekte der Jugendkriminalität auf die Rückfallhäufigkeit in späteren Lebensphasen und die Verdichtung der Zusammenhänge in späteren Lebensphasen bestärkt.

6.3.2 Die Wirkung der Kindheits- und Jugendgeschichte auf Kriminalität und soziale Auffälligkeiten in späteren Lebensphasen

Sollte sich in den ermittelten Zusammenhängen dennoch eine stabile „Disposition zur Kriminalität" widerspiegeln, so müsste sich zumindest dann ein deutlicher Effekt der Kindheits- und Jugendgeschichte auf die Rückfallhäufigkeit in späteren Lebensphasen nachweisen lassen, wenn nicht nur die Kriminalitäts- und Devianzbelastung in der Jugend, sondern auch anderen Ausdrucksformen früher Auffälligkeit oder die möglichen Ursachen dieser Auffälligkeit in die Analyse miteingehen. Um dies zu überprüfen, führten wir multiple Regressionsanalysen durch. Als unabhängige, erklärende Variablen gingen in die Regressionsanalyse die Variablen des kontrolltheoretischen Modells für Jugendkriminalität ein, die frühe Verhaltensauffälligkeiten (Aggressivität, Unruhe), die familiale Sozialisation (Kontrolle, Erziehungsstil, emotionale Familienbindung), die schulische Integration und die Peerskontakte (enge Anbindung an delinquente Peers). In der theoretischen Perspektive von Hirschi/Gottfredson können diese Variablen teilweise als Ursachen (v. a. die Variablen der Familieninteraktion) und teilweise als Ausdruck einer geringen Selbstkontrolle (z. B. Peerkontakte, frühe Verhaltensauffälligkeiten) interpretiert werden. Nur auf das H-Sample bezogen, erklären sie in linearen Regressionsanalysen 37% der Varianz der Variable „Jugendkriminalität" und 43% der Varianz der Indexvariablen „Devianz bis zum 18. Lebensjahr". Beschränkt man sich nur auf die offiziell registrierte Delinquenz in der Jugend (Anzahl der Verurteilungen 15.-18. Lebensjahr) erhalten wir einen Erklärungswert von .30.

Wie Tabelle 59 (Zeile 1) zeigt, sinkt der Gesamterklärungswert des kontrolltheoretischen Modells für Jugendkriminalität auf .15, wenn die Delinquenzentwicklung in der Heranwachsendenphase erklärt werden soll. Für die Verurteilungshäufigkeit im jungen Erwachsenalter (26.-32. Lebensjahr) beträgt der Gesamterklärungswert .10 und für das mittlere Erwachsenenalter (33.-39. Lebensjahr) nur noch .05. Nimmt man zusätzlich die Variable Jugendkriminalität (Tabelle 59, Zeile 2) als erklärende Variable in das Modell auf, erhöhen sich die Werte nur geringfügig (.18 für die Heranwachsendenphase, .10 für das junge und .06 für das mittlere Erwachsenenalter). Erweitert man das Modell um die Kriminalitätsentwicklung im Heranwachsendenalter (Anzahl Verurteilungen zwischen dem 19. und 25. Lebensjahr, Tabelle 59, Zeile 3), erhöht sich der Erklärungswert erneut geringfügig (.16 für die Anzahl Verurteilungen 26.-32. Lebensjahr und .11 für die Anzahl Verurteilungen 26.-32. Lebensjahr). Erst die Delinquenzentwicklung im frühen Erwachsenenalter (26.-32. Lebensjahr) erhöht den Erklärungswert deutlich (Tabelle 59, Zeile 4): Der Anteil erklärter Varianz der Verurteilungshäufigkeit zwischen dem 33. und 39. Lebensjahr beträgt .32. Der mit Abstand stärkste Effekt (Beta-Pfad von .51) geht dabei von der Verurteilungshäufigkeit zwischen dem 26. und 32. Lebensjahr aus.

Tabelle 59: Vorgeschichte und Kriminalitätsentwicklung im Heranwachsenden- und Erwachsenenalter, Anteil erklärter Varianz linearer Regressionen (R^2), H-Probanden mit validen Delinquenzdaten bis zum 39. Lebensjahr (N=176)

	Verurteilungen 19.-25. Lj.	*Verurteilungen 26.-32. Lj.*	*Verurteilungen 33.-39. Lj.*
Frühauffälligkeiten + soziale Kontrolle Jugend	.15	.10	.05
Frühauffälligkeiten + soziale Kontrolle Jugend + Jugendkriminalität	.18	.10	.06
Frühauffälligkeiten + soziale Kontrolle Jugend + Jugendkriminalität + Verurteilungen 19.-25. Lj.	---	.16	.11
Frühauffälligkeiten + soziale Kontrolle Jugend + Jugendkriminalität + Verurteilungen 19.-25. Lj. + Verurteilungen 26.-32. Lj.	---	---	.32

Die Analysen zeigen somit, dass bei einer Population, die im jungen Erwachsenenalter eine mindestens halbjährige Gefängnisstrafe verbüßen musste, von der Kindheits- und Jugendgeschichte kaum auf die spätere Delinquenzentwicklung geschlossen werden kann. Weder die Belastungen in Familie und Schule noch die Peerkontakte oder frühkindliche Verhaltensauffälligkeiten lassen einen Schluss auf das Legalverhalten in späteren Zeitabschnitten zu. Auch die Delinquenzentwicklung in der Jugend- und Heranwachsendenphase hat nur geringen Einfluss auf die Rückfallhäufigkeit in späteren Lebensabschnitten, wobei der Einfluss umso geringer wird, je später der untersuchte Rückfallzeitraum liegt. Die Wirkung der Delinquenzbelastung in der jungen Erwachsenenphase fällt zwar deutlich höher aus, doch lässt selbst sie angesichts eines Gesamterklärungswertes" von .32 nur begrenzt Rückschlüsse auf die spätere Kriminalitätsinvolvierung zu.

Die Prognosekraft des Modells verändert sich auch dann nicht, wenn anstelle der Anzahl der Verurteilungen andere Indikatoren der Delinquenzbelastung herangezogen werden. So erklären beispielsweise die soziale Kontrolle in der Jugend und die Inhaftierungsvorgeschichte bis zum 32. Lebensjahr (Anzahl Inhaftierungen 19.-32. Lebensjahr) 33% der Varianz der Verurteilungshäufigkeit und 25% der Varianz der Inhaftierungshäufigkeit im darauffolgenden Lebensabschnitt (33.-39. Lj.). Dieses Ergebnis bleibt auch dann stabil, wenn Probanden, die in einem der Zeiträume länger als drei Jahre inhaftiert waren, aus der Analyse ausgeschlossen werden und so Verzerrungen durch unterschiedliche „Tat-Risikozeiträume" minimiert werden.

Unberücksichtigt blieb bislang die Frage, ob die Vorgeschichte Rückschlüsse darüber zulässt, ob ein Proband überhaupt rückfällig wird oder nicht. Da die Rückfallwahrscheinlichkeit für die Heranwachsenden- und junge Erwachsenenphase durch das Selektionskriterium der H-Probanden vorgegeben ist, betrachten wir hierzu die Delinquenzentwicklung zwischen dem 33.-39. Lebensjahr. Fasst man unter Rückfall eine erneute Verurteilung (Rückfalldefinition 1), so beträgt der Anteil der „Rückfalltäter" unter den 176 H-Probanden, für die uns für diesen Zeitraum valide Delinquenzdaten vorliegen 59% (N=103). Grenzt man das Kriterium für einen Rückfall stärker ein, und spricht nur dann von Rückfall, wenn es zu einer erneuten Inhaftierung kam (Rückfalldefinition 2) , so umfasst der Anteil der „rückfälligen" Probanden noch 40% (N=70).

In Tabelle 60 sind die Ergebnisse von Regressionsanalysen für die Rückfalldefinition 2 (erneute Inhaftierung) dargestellt. In der abhängigen Variable wurden hierzu die 70 Probanden mit einer erneuten Inhaftierung zwischen dem 33.-39. Lebensjahr den 106 Probanden gegenübergestellt, die in diesem Siebenjahreszeitraum keine Haftstrafe zu verbüßen hatten. Als erklärende Variablen gingen wiederum neben den Variablen des kontrolltheoretischen Modells für die Jugend die Delinquenzbelastungen bis zum 32. Lebensjahr ein. Die Modellberechnungen zeigen, dass auch die Rückfallwahrscheinlichkeit nur zu einem geringen Teil durch Kontrolldefizite und Verhaltensauffälligkeiten in der Kindheit und Jugend determiniert wird. Der Einfluss der Delinquenzbelastung im vorausgegangen jungen Erwachsenenalter ist zwar deutlicher höher, doch verweisen die Gesamterklärungswerte von .28 beziehungsweise .22 (je nach Indikator der Delinquenzbelastung) darauf, dass auch sie nur eingeschränkt den Rückfall beeinflusst.

Zieht man die Rückfalldefinition 1 heran und stellt in der abhängigen Variable die 103 Rückfalltäter den 73 Nichttätern gegenüber (Ergebnisse nicht dargestellt), so beträgt der Gesamterklärungswert P^2 für das Modell mit Frühauffälligkeiten, soziale Kontrolle Jugend und Jugendkriminalität gerade einmal .03. Der Erklärungswert des um die Kriminalitätsbelastung im Erwachsenenalter erweiterten Modells erhöht sich auf immerhin .35 (Frühauffälligkeiten + soziale Kontrolle + Anzahl der Verurteilungen bis zum 32. Lebensjahr) beziehungsweise .38 (Frühauffälligkeiten + soziale Kontrolle + Anzahl der Inhaftierungen bis zum 32. Lebensjahr). Der mit Abstand stärkste Einfluss auf die Rückfallwahrscheinlichkeit geht jedoch auch hier von der Delinquenzbelastung im unmittelbar vorausgehenden Lebensabschnitt (26.-32. Lebensjahr) aus.

Tabelle 60: Vorgeschichte und Rückfall im mittleren Erwachsenenalter, Anteil erklärter Varianz logistischer Regressionsanalysen (P^2), H-Probanden mit validen Delinquenzdaten bis zum 39. Lebensjahr (N=176)

	Freiheitsstrafe ja/nein 33-39. Lj.		*Freiheitsstrafe ja/nein 33-39. Lj.*
Frühauffälligkeiten + soziale Kontrolle Jugend	.05	Frühauffälligkeiten + soziale Kontrolle Jugend	.05
Frühauffälligkeiten + soziale Kontrolle Jugend + Jugendkriminalität	.06	Frühauffälligkeiten + soziale Kontrolle Jugend + Inhaftierungen 15.-18. Lj.	.07
Frühauffälligkeiten + soziale Kontrolle Jugend + Jugendkriminalität + Verurteilungen 19.-25. Lj.	.09	Frühauffälligkeiten + soziale Kontrolle Jugend + Inhaftierungen 15.-18. Lj. + Inhaftierungen 19.-25. Lj.	.09
Frühauffälligkeiten + soziale Kontrolle Jugend + Jugendkriminalität + Verurteilungen 19.-25. Lj. + Verurteilungen 26.-32. Lj.	.28	Frühauffälligkeiten + soziale Kontrolle Jugend + Inhaftierungen 15.-18. Lj. + Inhaftierungen 19.-25. Lj. + Inhaftierungen 26.-32. Lj.	.22

Wie wir bislang zeigen konnten, spiegeln sich die Unterschiede in der sozialen Kontrolle in der Kindheit und Jugend nur schwach in Unterschieden des offiziell registrierten Legalverhaltens im Erwachsenenalter wieder. Die Frühgeschichte ist weder ein verlässlicher Prädiktor für das Ausmaß der Kriminalitätsbelastung in späteren Lebensjahren, noch lässt sie Rückschlüsse darüber zu, ob ein Straftäter seine kriminellen Karriere nach dem 32. Lebensjahr fortsetzt oder nicht. Dieses Ergebnis erscheint auf den ersten Blick als Beleg gegen die allgemeine Kriminalitätstheorie von Gottfredson/Hirschi. Auf den zweiten Blick ist dieser Beleg jedoch weniger eindeutig. Die geringe Wirkung der frühen Kontroll- und Verhaltensdefizite auf die spätere Delinquenzentwicklung könnte lediglich eine Folge davon sein, dass die Verurteilungs- und Inhaftierungshäufigkeiten nur unzureichende Indikatoren für stabile Unterschiede einer individuellen Disposition zur Abweichung sind. Ob ein Individuum verurteilt wird, ist nicht nur von seinem kriminellen Verhalten abhängig, sondern auch von Faktoren, auf die das Individuum wenig Einfluss hat, wie beispielsweise das Anzeigeverhalten der Opfer, die polizeilichen Ermittlungstätigkeiten oder die justizielle Verarbeitung. Auch wenn solche mit offiziellen Kriminalitätsregistrierungen verbundenen Erfassungsprobleme ignoriert werden und die Häufigkeit von Sanktionen oder Freiheitsstrafen zumindest als grober Indikator der „kriminellen Disposition" eines Individuums akzeptiert wird, kann die Stabilitätsannahme von Hirschi/Gottfredson nicht allein dadurch widerlegt werden, dass individuelle Veränderungen im kriminellen Verhalten aufgezeigt werden. Denn nach Hirschi/Gottfredson ist kriminelles Verhalten nur eine Ausdrucksform einer „geringen

Selbstkontrolle". Ob sich diese Disposition auch tatsächlich in Straftaten realisiert, wird nach Hirschi/Gottfredson aber auch durch situative Faktoren, die sogenannten Opportunitätsfaktoren, bestimmt.

Ein weiteres Indiz gegen die Stabilitätsthese von Hirschi und Gottfredson erhielten wir aber dann, wenn wir zeigen könnten, dass von der Kindheits- und Jugendgeschichte der Probanden auch keine Rückschlüsse auf andere Verhaltensauffälligkeiten in späteren Lebensphasen möglich sind. Wir führten hierzu Regressionsanalysen für die H-Probanden durch, bei denen uns aus der Nachuntersuchung Informationen über Verhaltensauffälligkeiten um das 35. Lebensjahr vorliegen.[138] Als abhängige Variablen gingen die drei aus den Analysen des V-Samples bekannten Indikatoren sozialer Auffälligkeiten ein: *Milieukontakte, intensiver Alkoholkonsum* und eine *unregelmäßige Berufstätigkeit* (Tabelle 61).

Es zeigt sich auch bei diesen Indikatoren, dass sich die Unterschiede in frühen Verhaltensauffälligkeiten und der sozialen Kontrolle durch Familie, Schule und Peers nur sehr eingeschränkt in sozialen Auffälligkeiten in späteren Lebensphasen widerspiegeln. Die Gesamterklärungswerte erreichen mit maximal 18% (*unregelmäßige Berufstätigkeit)* keine Größe, die es rechtfertigen würde, von einer Stabilität einer Disposition zur Abweichung zu sprechen. Betrachtet man die Verhaltensauffälligkeiten nicht einzeln, sondern bildet einen Index, der die drei sozialen Auffälligkeiten aufsummiert (nach der Logik: „Je mehr verschiedene Auffälligkeiten, desto geringer die Selbstkontrolle"), so wird die Varianz dieses Indizes ebenfalls nur zu 18% durch Frühauffälligkeiten und Kontrolldefizite in der Jugend erklärt (Tabelle 61, Spalte 4). Auf der anderen Seite lässt sich auch bei den sozialen Auffälligkeiten um das 35. Lebensjahr ein deutlicher Anstieg der Erklärungswerte feststellen, wenn die Delinquenzbelastung im Erwachsenenalter in die Analyse einbezogen wird. Diese Zunahme spricht für eine Dynamik der Verhaltensentwicklung, deren Ursachen im Erwachsenenalter liegen.

---

[138] Infolge fehlender Angaben bei einigen Probanden wird die Gesamtzahl der nachuntersuchten H-Probanden von N=112 nicht bei allen Variablen erreicht. Vgl. hierzu die Übersicht im Anhang Tabelle A92.

Tabelle 61: Vorgeschichte und soziale Auffälligkeiten um das 35. Lebensjahr, Anteil erklärter Varianz nach multiplen Regressionen (R^2 und P^2), nachuntersuchte H-Probanden (N=112)

	Milieukontakte	*intensiver Alkohol-konsum*	*unregel-mäßige Berufstätig-keit*	*Index soziale Auffällig-keiten um das 35. Lj.*
Frühauffälligkeiten + soziale Kontrolle Jugend	.13	.04	.15	.18
Frühauffälligkeiten + soziale Kontrolle Jugend + Jugendkriminalität	.14	.04	.18	.22
Frühauffälligkeiten + soziale Kontrolle Jugend + Jugendkriminalität + Verurteilungen 19.-25. Lj.	.21	.05	.27	.28
Frühauffälligkeiten + soziale Kontrolle Jugend + Jugendkriminalität + Verurteilungen 19.-25. Lj. + Verurteilungen 26.-32. Lj.	.32	.20	.38	.47

Ein Blick auf eine andere Studien, die die Rückfallentwicklung von Straftätern über einen längeren Zeitraum untersuchte, zeigt, dass die dargestellten Ergebnisse nicht den spezifischen Selektionsbedingungen des H-Samples geschuldet sind. Wie in Kapitel 2.4 bereits näher beschrieben, verfolgten Kerner/Janssen (1996) über 20 Jahre die Delinquenzentwicklung von 500 aus dem Jugendstrafvollzug entlassenen jungen Männern. Auch Kerner/Janssen (1996, S. 187) kommen in ihren bivariaten Analysen zu dem Ergebnis, dass der Zusammenhang der Kriminalitätsbelastungen zwischen den späteren Lebensphasen höher ist als zwischen den früheren Lebensphasen: Die Anzahl der Verurteilungen im ersten Nachuntersuchungszeitraum (1. bis 5. Jahr nach der Haftentlassung) korreliert mit .37 mit den Verurteilungen im zweiten Nachuntersuchungszeitraum (6. bis 10. Jahr nach der Haftentlassung), und diese wiederum mit .47 mit den Verurteilungen im dritten Nachuntersuchungszeitraum (11. bis 20. Jahr nach der Haftentlassung). Für die Wiederverurteilungen zu Freiheitsstrafen steigt der Korrelationswert von .38 zwischen den ersten beiden Zeiträumen auf .50 zwischen dem zweiten und dritten Zeitraum an.

In ihren multivariaten Analysen zur Rückfallentwicklung, in die neben den Delinquenzbelastungen in den drei Nachuntersuchungszeiträumen auch die sozialen, individuellen und justiziellen Belastungen[139] aus der Zeit vor der Haftentlassung eingingen, konnten sie zeigen, dass die Faktoren der Vorgeschichte nur eine schwache unabhängige Wirkung auf die Rückfallentwicklung in späteren Zeiträumen haben. Der Anteil erklärter Varianz der Rückfallentwicklung ihrer Probanden liegt in einer ähnlichen Größenordnung wie bei unseren Analysen. Zudem stellten Kerner/Janssen eine deutliche Steigerung der Erklärungswerte im Zeitverlauf fest: Der Anteil erklärter Varianz (R^2) stieg von .05 im ersten Nachuntersuchungszeitraum (erklärende Variablen: soziale, individuelle und justizielle Belastung bis zur Inhaftierung) auf .17 im ersten Nachuntersuchungszeitraum (erklärende Variablen: soziale, individuelle und justizielle Belastung bis zur Inhaftierung und Kriminalitätsbelastung im ersten Nachuntersuchungszeitraum) und auf .29 im dritten Nachuntersuchungszeitraum (erklärende Variablen: soziale, individuelle und justizielle Belastung bis zur Inhaftierung und Kriminalitätsbelastung im ersten und zweiten Nachuntersuchungszeitraum) an. Die stärksten Erklärungspfade gingen hierbei jeweils von der Kriminalitätsbelastung im unmittelbar davor liegenden Zeitraum aus. Kerner/Janssen (1996, S. 216f) fassen ihre Ergebnisse folgendermaßen zusammen: „Bei dynamisch ausgerichteten Berechnungen zeigte sich zudem, dass der Einfluss der persönlichen Belastungen und sozialen Belastungen im Verlauf der kriminellen Karriere zurückgeht. Die strafrechtliche Vorgeschichte bleibt stärker bedeutsam, tritt jedoch dann auch gegenüber der aktuellen Dynamik des Verhaftenseins im Kreislauf von Verbrechen und Strafe zurück. Dieser Prozess scheint sich mit der Verlängerung des Verlaufs der Karriere zunehmend zu verselbständigen und von den Vorbedingungen abzukoppeln. Es scheint somit eine Selbstverstärkung dergestalt einzutreten, dass die Faktoren der Karriere (Lebenslage, Verhaltensstile, Straftaten, Verhalten gegenüber den Institutionen, Reaktionen der Institutionen, Gestalt und wirkender Gehalt der Sanktionen) rekursiv aufeinander einwirken und eine eigene „Interaktionsgestalt" bilden. Der theoretisch verdichtete Begriff dafür ist die „Eigendynamik der Rückfallkriminalität".[140]

6.3.3 Die Selbstverstärkung der „kriminellen Karriere"

Die Selbstverstärkung der sozialen Auffälligkeiten im Verlauf einer kriminellen Karriere, die Kerner/Janssen (1996, vgl. auch Hermann/Kerner 1988) als „Eigendynamik der Rückfallkriminalität" bezeichnen, findet sich bei Sampson/Laub in der

---

[139] Die „sozialen Belastungen" beschreiben Merkmale, wie sie in unseren Variablen des strukturellen Kontextes und den Variablen des familialen und schulischen Kontrollprozess gefasst sind. Die „individuellen Belastungen" umfassen frühe Verhaltensauffälligkeiten und die Devianz der Probanden, und die „justizielle Belastungen" Vorstrafen, Vollzugserfahrungen und Haftentlassungsprognosen.

[140] Eine ähnliche Einschätzung, findet sich auch bei Heinz (1990, S. 49): „Der Einfluss der individuellen und sozialen Belastungsmerkmale aus der Vergangenheit ist im weiteren Verlauf der 'Karriere' vernachlässigbar klein gegenüber der negativen Eigendynamik des Rückfalls. Bedeutsamer für den Karriereverlauf sind aktuelle Handlungs- und Integrationsbedingungen".

Idee der „cumulativ continuity of lost opportunities" wieder: Je länger die kriminelle Karriere andauert, desto abweichender wird der gesamt Lebenszuschnitt des Individuums und desto weniger entspricht es den Rollen- und Verhaltenserwartungen der „konventionellen Gesellschaft". Entsprechend sinken seine Chancen stabile, befriedigende Bindungen aufzubauen und aus dem Teufelskreis „fehlende Integration führt zu Kriminalität – Kriminalität verhindert Integration" auszubrechen.

Dies zeigt sich auch bei einem Teil unserer H-Probanden. Unterscheidet man anhand der Anzahl der bis zum 32. Lebensjahr verbüßten Haftstrafen vier „Karrieregruppen", so erhalten wir deutliche Differenzen in der Rückfallwahrscheinlichkeit:[141] Von den 43 Probanden, die bis zum 32. Lebensjahr maximal zwei Haftstrafen verbüßten, wurden 35% im nachfolgenden Zeitraum rückfällig, d. h. sie erhielten mindestens eine Verurteilung zwischen dem 33. bis 39. Lebensjahr. Dieser Anteil der Rückfalltäter steigt mit der Anzahl der vorausgegangen Inhaftierungen kontinuierlich an: Bei 3-4 Haftstrafen (N=47) waren es 53%, bei 5-6 Haftstrafen (N=42) 59% und bei 7 oder mehr Haftstrafen (N=44) 86%.

Kerner/Janssen standen für die Nachuntersuchungszeiträume ihrer Studie lediglich Delinquenzdaten zur Verfügung. Es war ihnen somit nicht möglich, die Verdichtung der Auffälligkeiten jenseits der Delinquenzentwicklung an der sonstigen Lebensführung und der sozialen Einbindung ihrer Probanden aufzuzeigen. Für die 112 nachuntersuchten H-Probanden der TJVU ist dies jedoch möglich. Es müsste sich also zeigen lassen, dass es mit fortschreitender Karriere zu einer zunehmenden Schließung der Lebenswege kommt und sich dies sowohl im Ausmaß von Verhaltensauffälligkeiten als auch in einer fehlenden sozialen Integration widerspiegelt. Vergleicht man hierzu innerhalb der nachuntersuchten Probanden die vier „Karrieregruppen" (1-2, 3-4, 5-6, 7+ Verurteilungen zwischen dem 15.-32. Lebensjahr) nach Verhaltensauffälligkeiten um das 35. Lebensjahr (Tabelle 62), zeigt sich ein weitgehend linearer Zusammenhang[142]: Je ausgeprägter die kriminelle Karriere, desto häufiger sind Auffälligkeiten im Arbeits- und Kontaktbereich. Deutliche Unterschiede finden sich auch im Ausmaß der Integration in Arbeitswelt und Partnerschaft (Tabelle 63): Je ausgeprägter die kriminelle Karriere, desto geringer ist der Anteil der Probanden, die einer regelmäßigen zufriedenstellenden Arbeit nachgehen, und desto geringer ist der Anteil der Probanden, die in einer guten oder funktionierenden Partnerschaft leben. Kontrollberechnungen, bei denen wir die „Karrieregruppen" auf das Basis der unterschiedlichen Inhaftierungsdauer bildeten, bestätigen dieses Ergebnis. Selbst um das 25. Lebensjahr, zu einer Zeit, in der sich die H-Probanden in ihrer Lebenssituation infolge der sechsmonatigen Inhaftierung weit weniger unterschieden – lässt sich diese Tendenz aufzeigen (siehe Tabelle A93 und Tabelle A94 im Anhang).

---

141 Berücksichtigt wurden die 176 H-Probanden, für die bis zum 39. Lebensjahr die Delinquenzdaten vollständig vorliegen.

142 Diese Linearität zeigt sich nicht bei der Variable „intensiver Alkoholkonsum". Hier hebt sich nur die Gruppe der Intensivtäter (7+ Inhaftierungen bis zum 32. Lebensjahr) deutlich von den anderen Karrieregruppen ab.

Tabelle 62: Inhaftierungshäufigkeit bis zum 32. Lebensjahr und soziale Auffälligkeiten um das 35. Lebensjahr, nachuntersuchte H-Probanden (N=112)

Anzahl Inhaftierungen 15.-32. Lj.	*unregelmäßige Berufstätigkeit*	*Milieukontakte*	*intensiver Alkoholkonsum*
1-2 N=34	13%	3%	36%
3-4 N=29	24%	15%	35%
5-6 N=24	39%	25%	33%
7+ N=25	84%	50%	52%

Tabelle 63: Inhaftierungshäufigkeit bis zum 32. Lebensjahr und soziale Einbindung um das 35. Lebensjahr

Anzahl Inhaftierungen 15.-32. Lj.	*Einbindung in Arbeit*	*gute/funktionierende Partnerschaft/Ehe*
1-2 N=34	83%	80%
3-4 N=29	62%	65%
5-6 N=24	47%	67%
7+ N=25	8%	50%

Noch deutlicher müsste sich die wechselseitige Verstärkung von Kriminalität, sozialer Auffälligkeit und sozialer Desintegration an einer Gruppe zeigen lassen, deren kriminelle Karriere bereits im Jugendalter begann und sich bis ins späte Erwachsenenalter fortsetzte. Denn, wie auch Kerner/Janssen (1996) feststellen, scheiden nach dem 30. Lebensjahr „relativ viele Probanden ganz aus der kriminellen Karriere aus oder vermindern ihre Aktivität; die kleine Teilgruppe der dann noch bis zum 40. Lebensjahr weiter erheblich auffälligen Probanden ist soziobiographisch vergleichsweise stark homogen, längere Zeit hafterfahren und haftgeprägt sowie (demgemäss auch speziell) durch die akuten Stadien des Kreislaufs von Straftat und Bestrafung determiniert“ (S. 212). Wir selektierten deshalb die Probanden unter den H-Probanden heraus, die bereits in ihrer Jugend durch wiederholte oder schwere Kriminalität auffielen, die zudem in der Heranwachsendenphase (19.-25. Lebensjahr) und der jungen Erwachsenenphase (26.-32. Lebensjahr) wiederholt verurteilt wurden, und die auch noch in der darauffolgenden mittleren Erwachsenenphase (33.-39. Lebensjahr) so „aktiv" waren, dass sie mindestens zwei Verurteilungen erhielten. Betrachtet man die durchschnittliche Anzahl der Verurteilungen und Inhaftierungen dieser 38 Probanden in den verschiedenen Zeiträumen, so zeigt sich, dass es sich dabei um Probanden handelt, die nicht nur aufgrund der zeitlichen Erstreckung ihrer Straffälligkeit, sondern auch hinsichtlich Anzahl der Verurteilungen und ihrer Hafterfahrungen als „Karrieretäter" bezeichnet werden können. Alle 38 Probanden dieser Gruppe erhielten bis zu ihrem 39. Lebensjahr mindestens acht Verurteilungen und waren mindestens viermal in Haft.[143] Wie aus Tabelle 64 an der durchschnittlichen Verurteilungs- und Inhaftierungshäufigkeit abzulesen ist, unterscheiden sich die „Karrieretäter" in allen Zeiträumen deutlich von den 138 übrigen H-Probanden („sonstige H-Probanden"), deren Delinquenzdaten bis zum 39. Lebensjahr vorliegen.

[143] 42% dieser 38 Probanden brachten es auf 15 und mehr Verurteilungen; „Spitzenreiter" war ein Proband, mit insgesamt 33 Verurteilungen zwischen dem 15. und 39. Lebensjahr. Die gesamte Inhaftierungszeit lag nur bei zwei Probanden unter 2 Jahren, bei 19 Probanden jedoch über fünf Jahre.

Tabelle 64: Die Kriminalitätsbelastung der „Karrieretäter" (N=38) und der sonstigen H-Probanden (N=138)[144]

	N	*Mittelwert*
Verurteilungen 15.-18. Lj.	38	2,1579
	138	,5290
Verurteilungen 19.-25. Lj.	38	6,3158
	138	3,6522
Verurteilungen 26.-32. Lj.	38	4,4211
	138	2,5362
Verurteilungen 33.-39. Lj.	38	3,3947
	138	1,1304
Inhaftierungen 15.-18. Lj.	38	1,8421
	138	,3043
Inhaftierungen 19.-25. Lj.	38	3,4474
	138	2,0725
Inhaftierungen 26.-32. Lj.	38	2,8158
	138	1,7246
Inhaftierungen 33.-39. Lj.	38	1,7105
	138	,5362

In Tabelle 65 sind wiederum die 38 „Karrieretäter" den 138 H-Probanden gegenübergestellt. Aufgeführt ist jeweils der Anteil der Probanden, die Kennzeichen fehlender sozialer Kontrolle oder sozial auffälligen Verhaltens zeigen. Berücksichtigt wurden die entsprechenden Indikatoren aller drei Zeitabschnitte, der Kindheit und Jugend, der Zeit um das 25. Lebensjahr und der Zeit um das 35. Lebensjahr. Da sich die Samplegrößen zwischen Erstuntersuchungs- und Nachuntersuchungszeitraum verändern und es bei einzelnen Variablen zudem zum Ausfall durch „missing values" kommt, sind in Klammern die jeweiligen Bezugsgrößen (Anzahl Probanden mit validen Daten) aufgeführt. Kursiv gesetzt sind die Werte, bei denen eine t-Test-Überprüfung signifikante Differenzen (Signifikanzniveau < 0.1) zwischen den „Karrieretätern" und den übrigen H-Probanden auswies.

144 Nur Probanden mit validen Kriminalitäsdaten bis zum 39. Lebensjahr (38+138=176).

Tabelle 65: *Soziale Auffälligkeiten und soziale Kontrolle/Integration der „Karrieretäter" im Vergleich mit den sonstigen H-Probanden*

	„Karrieretäter"	*sonstige H-Probanden*
Devianz bis 18. Lj. (Indexwert 5+)	*63%* (von N=38)	*26%* (von N=138)
unzureichende Beaufsichtigung	*80%* (von N=35)	*40%* (von N=118)
gewalttätiger/inkonsistenter Erziehungsstil (Indexwert >1)	*41%* (von N=29)	*31%* (von N=104)
schwache emotionale Familienbindung (Indexwert >1)	8% (von N=29)	45% (von N=99)
geringe Anbindung Schule (Indexwert >1)	*64%* (von N=36)	*33 %* (von N=117)
enge Beziehung zu delinquenten Peers	12% (von N=34)	6% (von N=130)
Aggressivität/Trotz	26% (von N=38)	16% (von N=138)
Unruhe	16% (von N=38)	18% (von N=138)
intensiver Alkoholkonsum um 25	*69%* (von N=36)	*49%* (von N=120)
Milieukontakte um 25	*84%* (von N=38)	*56%* (von N=137)
unregelmäßige Berufstätigkeit um 25	*97%* (von N=38)	*85%* (von N=138)
unstrukturiertes Freizeitverhalten um 25	*97%* (von N=38)	*85%* (von N=138)
gutes Verhältnis zu Lebenspartner/Eltern um 25	18% (von N=38)	23% (von N=138)
Anbindung an Arbeit um 25	*3%* (von N=38)	*15%* (von N=138)
Einbindung in Freizeit um 25	16% (von N=37)	13% (von N=136)
intensiver Alkoholkonsum um 35	*57%* (von N=21)	*33%* (von N=78)

	„Karrieretäter"	*sonstige H-Probanden*
unregelmäßige Berufstätigkeit um 35	*70%* (von N=23)	*29%* (von N=86)
Milieukontakte um 35	*60%* (von N=20)	*10%* (von N=78)
gute/funktionierende Partnerschaft um 35	*29%* (von N=21)	*50%* (von N=78)
Bindung an Arbeit um 35	*10%* (von N=19)	*62%* (von N=77)

Die „Karrieretäter" zeigen bereits in der Kindheit und Jugend häufiger deviantes Verhalten und Kennzeichen einer geringen informellen soziale Kontrolle in Familie und Schule als die anderen H-Probanden. Selbst um das 25. Lebensjahr, als alle unsere H-Probanden „aktive" Straftäter waren und die Lebenssituation der meisten H-Probanden als „sozial desintegriert" und „sozial auffällig" beschrieben werden kann, sind signifikante Differenzen zwischen den Gruppen auszumachen. Diese Differenzen werden um das 35. Lebensjahr deutlich größer: Während es bei den meisten der H-Probanden zu einem Rückgang der Auffälligkeiten kommt und über die Hälfte von ihnen fest in Arbeit und Partnerschaft eingebunden ist, ist dies nur bei einem kleinen Teil der „Karrieretäter" der Fall. Offensichtlich spiegeln die Unterschiede in der Lebensführung die unterschiedlichen Kriminalitätsentwicklungen wieder: Kommt es bei vielen der H-Probanden in der vierten Lebensdekade zu einem Ende oder deutlichen Rückgang der Kriminalität, so setzen die „Karrieretäter" ihre kriminelle Karriere auch im mittleren Erwachsenenalter unvermindert fort.

Im Verlauf der kriminellen Karriere selektiert sich demnach eine Gruppe heraus, die sich nicht nur in späteren Lebensphasen, sondern bereits in der Kindheit und Jugend von anderen Straftätern unterscheidet. Diese Selektion kann gemäß der Idee einer stabilen individuellen Disposition zur Abweichung („low self-control") als Selbstselektion interpretiert werden. Möglich, dass es eine kleine Gruppe von Straftätern gibt, bei denen eine früh ausgeprägte Verhaltensdisposition den Aufbau stabiler Bindungen zur konventionellen Gesellschaft verhindert und so den Fortgang der sozialen Auffälligkeiten bis ins späte Erwachsenenalter determiniert. Angesichts der geringen Ausprägungen frühkindlicher Verhaltensauffälligkeiten (Aggressivität/Aufsässigkeit, nervöse Unruhe) ist es jedoch wenig wahrscheinlich, dass die Ursachen hierfür in neuropsychologischen Defiziten liegen, wie dies Moffitt (vgl. Kapitel 3.2.5) in ihrem Erklärungsansatz für „life-course-persistent antisocial behavior" unterstellt. Zudem sei darauf hingewiesen, dass selbst dann, wenn man von einer solchen stabilen individuellen Differenz ausgeht, sich diese Differenz wohl kaum zur „Frühprognose" von Karrieretätern eignet: bei einer Regressionsanalyse, in der die „Karrieretäter" den sonstigen H-Probanden gegenübergestellt wurden, ergaben die Faktoren der Kindheits- und Jugendgeschichte gerade einmal einen Gesamterklärungswert von 16%.

Eine andere Erklärung für diese Selektion liefert der entwicklungsdynamische Ansatz von Sampson/Laub. Er erklärt diese Selektion als Folge einer wechselseitigen Verstärkung von Kriminalität und fehlender Integration im Lebenslauf. Ihren Ausgangspunkt nimmt diese Entwicklung zwar in einer schwachen Integration in Familie und Schule, die Dynamik der kriminellen Karriere wird jedoch nicht durch die frühen Kontrollprozesse, sondern durch die aktuellen Integrationsbedingungen bestimmt. Je früher die Dynamik greift, desto schlechter sind die Chancen, in späteren Lebensphasen soziales Kapital aufzubauen, und desto größer sind die Hürden, die es beim Abbruch der kriminellen Karriere zu überwinden gilt. Dies lässt sich exemplarisch am Leistungsbereich aufzeigen, dem für diese Selektion eine besondere Bedeutung zukommt, da „Leistung" beziehungsweise „Arbeit" in unserer Gesellschaft das zentrale Mittel legalen Status- und Ressourcenerwerbs darstellt: Eine schwache Einbindung in die Schule, die sich in schlechten Schulnoten äußert, erhöht nicht nur die Wahrscheinlichkeit sozialer Auffälligkeit, sie reduziert auch die Chancen, einen guten, attraktiven Ausbildungsplatz zu finden. Eine geringe Identifikation mit der Ausbildung wiederum erhöht die Wahrscheinlichkeit, dass es zum Abbruch der Ausbildung kommt. Mit dem Ausbildungsabbruch sinken aber wiederum die Chancen, eine zufriedenstellende oder zumindest gut bezahlte Arbeit zu finden, die das Individuum an die Gesellschaft und ihre Wertigkeiten bindet. Kommt es zusätzlich zu Brüchen in der Arbeitsbiographie durch Haftstrafen, wird mit dem Stigma des Vorbestraften zudem der Zugang zu bestimmten Tätigkeitsfeldern versperrt. Oftmals bleiben als einzige Möglichkeiten eines Einstiegs in den Arbeitsmarkt schlecht bezahlte Gelegenheitsjobs oder Zeitarbeitsverträge. Ein „Hocharbeiten" in den attraktiven ersten Arbeitsmarkt ist zwar möglich, doch verlangt dies ein hohes Maß an Zielstrebigkeit und ist über längere Zeit mit materiellen Einschränkungen verbunden.

Kennzeichnend für den Prozess der Selbstverstärkung von Auffälligkeit und sozialer Einbindung im Verlauf einer kriminellen Karriere sind komplexe Wechselwirkungen zwischen einzelnen Bereichen, deren theoretische und empirische Verarbeitung erst am Anfang steht. Die Komplexität der Wechselwirkung lässt sich an einem Beispiel veranschaulichen: ein Straftäter wird nach seiner Verurteilung beziehungsweise Haftentlassung mit hohen Zahlungsforderungen (Schadensersatzleistungen, Gerichtskosten) konfrontiert. Da er durch die Brüche in seiner Arbeitsbiographie, wenn überhaupt, dann nur eine schlecht bezahlte Tätigkeit erhält, kann er diesen Zahlungsverpflichtungen kaum nachkommen oder nur um den Preis, dass er sich keine anderen materiellen Ziele erfüllen kann. Die Verschuldung untergräbt damit nicht nur die Motivation zu arbeiten, sie erhöht gleichzeitig die Motivation zu neuen Straftaten. Lebt unser Straftäter in einer Partnerschaft, so kann der enge finanzielle Spielraum auch diese belasten. Kommt es über die finanziellen Probleme, für die auch noch ein Schuldiger ausgemacht werden kann, zum Streit, wird dieser möglicherweise mit Alkohol „verarbeitet", was wiederum die Konflikte in der Partnerschaft verstärken kann und zur Trennung führen kann usw. Das Beispiel zeigt, dass die „Eigendynamik der Rückfallkriminalität" nicht monokausal auf die Interventionen staatlicher Kontrollinstanzen und damit verbundener Benachteiligungen zurückgeführt werden kann. Relevanz für die Dynamik haben sicherlich auch „innere"

Faktoren wie abweichende Problembewältigungsstrategien und Verhaltensmuster, die im Verlauf der Karriere im „Milieu“ oder im Gefängnis gelernt werden und sich im Zeitverlauf zunehmend verfestigen.

Zu den Bedingungsfaktoren einer kriminellen Karriere gehören weiterhin bestimmte alterspezifische Rollenerwartungen, mit denen ein Individuum konfrontiert wird. Im Unterschied zu Erwachsenen billigt die Gesellschaft Jugendlichen und Heranwachsenden durchaus ein gewisses Maß an Abweichung zu, das gemeinhin als Ausdruck einer „Sturm- und Drang-Periode“ gedeutet wird, die sich im Laufe eines Reifungsprozesses legt. Entsprechend ist das soziale Umfeld auch bereit, einem ehemaligen jugendlichen Straftäter eine Chance zu geben und ihn zu unterstützen. Diese Integrationsbereitschaft nimmt mit zunehmenden Alter des Täters ab. Zudem kommt es mit zunehmenden Alter zu „harten“ Schließungen des Arbeitsmarktes oder des Freundes- und Bekanntenkreis, die einen Neuanfang erschweren. Im Alter von 20 Jahren ist ein beruflicher Neuanfang leichter möglich als mit 30. Und man lernt in jungen Jahren leichter neue Freunde/Partner kennen, da mit zunehmendem Alter viele der potentiellen Freunde und Bekannte in festen Beziehungen leben und/oder dem neuen und anderen gegenüber weniger offen sind. Diese Schließungsprozesse führen dazu, dass diejenigen, die den Ausstieg aus der kriminellen Karriere in jungen Jahren verpassen, es in späteren Lebensphasen noch schwerer haben, stabile sozialer Bindungen aufzubauen und sozialen Kapitals zu erwerben. Auch hier gilt: „Wer zu spät kommt, den bestraft das Leben.“

Ein Beispiel für einen „Karrieretäter“, dem der Ausbruch aus dem Teufelskreis von Kriminalität und sozialer Desintegration bis ins späte Erwachsenenalter nicht gelang, ist Harry.

Fallbeispiel 2: Harry der „Karrieretäter“

Harry wird 1947 unehelich geboren. Seiner Mutter wird bereits kurz nach Harrys Geburt das Sorgerecht über seine sechs, aus der geschiedenen Ehe der Mutter stammenden Geschwister entzogen und eine Heimunterbringung angeordnet. Nur Harry wächst bei seiner Mutter auf. Obwohl die Mutter wegen ihres schlechten Gesundheitszustandes in Heimarbeit Geld verdient, kümmert sie sich kaum um Harry, der nach eigener Aussage schon in früher Kindheit das getan habe, was er gerade habe tun wollen. 1960 geht die Mutter eine zweite Ehe ein, die bereits nach 2 Jahren wegen ständigen Streits wieder geschieden wird. Zum Stiefvater, der gewohnheitsmäßig trinkt und keiner regelmäßigen Arbeit nachgeht, hat Harry ein schlechtes Verhältnis.

Harrys schulisches Verhalten ist problematisch: Zwar hat er keine Klasse wiederholt, aber er gilt als frech und rechthaberisch. Laut seinem Lehrer zeigt er ein starkes Geltungsbedürfnis, das er auch mit brutaler Gewalt gegenüber den Mitschülern durchsetzt. Weiter fällt Harry dadurch auf, dass er sich im Alter von 9 Jahren wiederholt gegenüber seinen Mitschülern entblößt und mindestens einmal ein Mädchen zu sexuellen Handlungen auffordert. Dem Schulbesuch, den er selbst als „läs-

tig" bezeichnet, entzieht er sich durch häufiges Schwänzen, das auch negative Konsequenzen nach sich zieht: Harry wird ein Mal von der Polizei aufgegriffen und zur Schule gebracht. Die Mutter wird hierfür mit einer Geldstrafe wegen Vernachlässigung belangt. Eine Hausaufgabenbetreuung durch sie findet nicht statt. Die Freizeit beziehungsweise die geschwänzte Schulzeit verbringt Harry mit Herumstreunen. Dabei begeht er zusammen mit einem ältern, vorbestraften Freund auch kleinere Diebstähle. Bei der Polizei häufen sich Klagen der Nachbarschaft und Strafanzeigen wegen leichten Diebstählen; allein im Jahre 1958 – Harry ist 11 Jahre alt – sind es acht Anzeigen. 1961 bricht Harry die Volksschule in der 8. Klasse ab, weil das Jugendamt schließlich seine Unterbringung im geschlossenen Heim anordnet. Begründet wird dies mit dem Schuleschwänzen und der Verwahrlosung des Jungen. Im Heim gilt Harry als „unzugänglich, trotzig und renitent". Innerhalb der ersten Monate ist er fünf Mal abgängig. Erst nach einiger Zeit findet er Zugang zu einem der Heimerzieher, so dass sich sein Verhalten nach der fünften Entweichung bessert und er vom geschlossenen Heim in ein offenes verlegt wird.

Harry beginnt nach dieser Verlegung eine Ausbildung zum Maschinenarbeiter. Er fehlt jedoch häufig unentschuldigt und bricht schließlich die Ausbildung ab, ohne die Gesellenprüfung abgelegt zu haben. Zwischen 1962 und 1964 nimmt er acht verschiedene Stellen als Hilfsarbeiter an. Infolge mangelnder Leistungsbereitschaft und „Krankfeiern" wird ihm immer wieder gekündigt. Eine vorsätzliche Körperverletzung bringt ihm 1963 Jugendarrest ein. Aufgrund dieser Vorstrafe wird Harry später auch nicht wehrverpflichtet. Obwohl noch nicht volljährig, besteht eine seiner liebsten „Freizeitaktivitäten" darin, ohne Führerschein Auto zu fahren, was eine Führerscheinsperre zur Folge hat. Diese wird später ohne Unterbrechungszeiten verlängert, weil sich Harry nicht an das Fahrverbot hält.

Im Jahre 1965 – Harry ist 18 Jahre alt – wird ihm eine dieser Fahrten zum Verhängnis: Als er mit einem geliehenen Wagen unterwegs ist, um ein Mädchen abzuholen, gerät er in eine Polizeikontrolle. Aus Angst vor Entdeckung versucht er die Sperre zu durchfahren, wobei sich einer der Beamten nur durch einen Sprung zur Seite retten kann. Da Harry in der Vernehmung zugibt, dass er den Beamten überfahren hätte, wenn sich dieser nicht durch den Sprung gerettet hätte, wird ihm die Tat als versuchter Mord, Widerstand gegen die Staatsgewalt und Fahren ohne Fahrerlaubnis in Tateinheit ausgelegt und mit einer Jugendstrafe von 2 Jahren und 8 Monaten belegt. In der Strafanstalt zeigt sich Harry schulduneinsichtig und verbittert über die lange Strafe; an Gruppenveranstaltungen nimmt er nicht teil. Während der Inhaftierung hält er den Kontakt zu einer jungen Frau, die bereits ein uneheliches Kind aus einer anderen Beziehung hat. Von der Vollzugsanstalt aus wird die Verlobung arrangiert, allerdings wenig später durch die Frau auch wieder gelöst. Ende 1966 wird Harry aus dem Gefängnis in eine dreijährige Bewährungszeit entlassen. Er wohnt in dieser Zeit wieder bei seiner Mutter und bestreitet seinen Lebensunterhalt mehr schlecht als recht mit häufig wechselnden Gelegenheitsarbeiten. In seiner Freizeit hält sich Harry häufig in Wirtshäusern auf und pflegt den gelegentlichen Umgang mit Prostituierten. Er selbst berichtet von Delikten wie Hausfriedensbruch, Zechbetrug und Körperverletzungen, die offiziell nicht registriert werden. 1967 wird die Bewährung zurückgenommen, nachdem Harry eine ihm unbekannte Frau scheinbar ohne Motiv auf der Straße geschlagen hat. Zudem wird ihm der Diebstahl eines Autoradios und die Fälschung des Geburtsjahres in seinen Ausweispapieren zur Last gelegt.

Nach seiner Haftentlassung 1970 lernt Harry die Betreiberin einer Diskothek kennen. Noch im selben Jahr heiraten beide. Harry arbeitet als Diskjockey in der Diskothek seiner Ehefrau bis er nach etwa zwei Jahren erneut für drei Jahre ins Gefängnis muss, diesmal wegen gefährlicher Körperverletzung, Straßenverkehrsgefährdung, Fahren ohne Fahrerlaubnis, Diebstahl und Betrug. Beispielsweise hob er mit der Billigung seiner Ehefrau vom Bankkonto seines Schwagers mit einem Scheckheft, das er in dessen Auto gefunden hatte, mehrmals Geld ab. Als Harry 1973 aus dem Gefängnis entlassen wird, ist die Ehe bereits zerrüttet. Die Scheidung erfolgt 1976. Bis zu einer erneuten längeren Haftstrafe, die Harry zwischen 1975 und 1979 verbüßte, lebt Harry wieder bei seiner Mutter. In dieser Zeit arbeitet Harry nur noch selten (u .a. auf dem Bau) und finanziert seinen Lebensunterhalt vor allem durch die Straftaten (u. a. gemeinschaftlicher schwerer Diebstahl, Hehlerei, Urkundenfälschung), die schließlich zu seiner erneuten Inhaftierung führten.

Im Gefängnis lernt Harry über eine Zeitungsannonce seine zweite Ehefrau kennen. Die Ehe wird 1977 geschlossen und 1978 wird er Vater eines Sohnes. Nach seiner Haftentlassung (1979) arbeitet Harry zunächst noch für einige Monate bei einer Baufirma, bei der er bereits während seiner Inhaftierung als Freigänger tätig war. In dieser Zeit gelingt es Harry sogar, einen Teil seiner nunmehr 20 000 DM Schulden zurückzuzahlen. Dieses „geregelte" Leben" ist jedoch nur von kurzer Dauer: Schon bald wechseln sich wieder kurze Beschäftigungsphasen mit längeren Arbeitslosenphasen ab. Die Eheleute, zwischen denen es bereits 1979 während eines Hafturlaubes zum ersten großen Streit gekommen war, gehen zunehmend ihre „eigenen Wege" und 1981 kommt es auf Betreiben der Ehefrau zur Scheidung. Das Sorgerecht für den gemeinsamen Sohn erhält die Mutter. Noch vor seiner Scheidung lernt Harry seine spätere dritten Ehefrau, die Wirtin seiner „Stammkneipe" kennen. Er zieht mit ihr und ihren zwei Kindern aus erster Ehe zusammen und arbeitet in der von seiner neuen Lebenspartnerin betriebenen Gaststätte mit. 1983 wird Harry zum zweiten Mal Vater. Wiederholtes Fahren ohne Führerschein, mehrmalige Körperverletzungen, bei denen meist Alkohol im Spiel war (Schlägereien in Bierzelt und Gaststätte nach einem Fußballspiel) führen dazu, dass Harry auch zwischen 1983 und 1986 die meiste Zeit im Gefängnis verbringt und seine nunmehr dritte Ehefrau (die Heirat erfolgte 1984 während eines kurzen Hafturlaubs) den Gaststättenbetrieb aufgeben muss. 1986 pachten die Eheleute erneut eine Gaststätte, müssen jedoch auch diese nach etwa einem Jahr wieder schließen. Der Grund ist wenig überraschend: Harry wurde 1988, nunmehr 41 Jahre alt, wegen räuberischen Angriffs auf einen Kraftfahrer zu einer Gesamtfreiheitsstrafe von 9 Jahren verurteilt. In das Urteil einbezogen wurde eine wenige Monate davor liegende gefährliche Körperverletzung, an der auch seine Frau beteiligt war (sie hatte Harry zu weiteren Schlägen aufgefordert und selbst geschlagen, wofür sie zu einer Geldstrafe verurteilt wurde). 1990, als das Nachuntersuchungsinterview mit Harry stattfand, war er immer noch in Haft. Bis 1991 weist sein Bundeszentralregister-Auszug insgesamt 27 Eintragungen auf. Sein Deliktsspektrum umfasst u. a. gefährliche Körperverletzung, Raub, Diebstahl, Betrug, Urkundenfälschung, Hehlerei, Fahren ohne Fahrerlaubnis, Widerstand gegen Vollstreckungsbeamte, Sachbeschädigung und Hausfriedensbruch.

Harrys Werdegang ist der eines klassischen Karrieretäters: Zerrüttetes Elternhaus, defizitäre familiale Sozialisation, Schulprobleme und frühe Devianz führen zu einem frühen Eingriff der staatlichen Kontrollinstanzen und zur Heimunterbringung. In der Folge ist Harrys Leben gekennzeichnet von Straftaten und Inhaftierungen, unstetem Arbeitsverhalten, Verschuldung, und gescheiterten Ehen. Kennzeichnend für den gesamten Lebenslauf sind die fehlenden Bindungen: Weder zum Elternhaus noch zur Arbeit oder Partnerinnen kann Harry langanhaltende feste Bindungen aufbauen. Kriminalität und desintegrierte Lebensführung bedingen sich gegenseitig. Versuche, diesen Prozess abzubrechen, gibt es, ihr Erfolg ist jedoch nur von kurzer Dauer.

6.3.4 Veränderungen und Brüche in der Kriminalitätsentwicklung

Unsere Analysen erbrachten bislang eine Reihe von Belegen für die Kontinuität sozialer Auffälligkeiten im Lebenslauf. Wir wollen nun den Analysefokus „umdrehen" und den Blick gezielt auf Brüche und Veränderungen in der Delinquenzentwicklung unserer H-Probanden richten.

Veränderungen im Legalverhalten zwischen den einzelnen Lebensphasen zeigten sich für das H-Sample bereits beim Übergang von der Jugend ins Heranwachsendenalter. So liegen beispielsweise von jedem fünften H-Proband bis zum 18. Lebensjahr keine Berichte über delinquentes Verhalten vor (siehe Tabelle 42, in Kapitel 5.5). Im Erwachsenenalter spiegeln sich die Veränderungen in der Delinquenzentwicklung am deutlichsten im Rückgang des Anteils der wiederverurteilten H-Probanden wieder: Bezogen auf die 176 H-Probanden, für die Delinquenzdaten bis zum 39. Lebensjahr vorliegen, geht der Anteil der wiederverurteilten H-Probanden von 85% zwischen dem 26. und 32. Lebensjahr auf 59% zwischen dem 33. und 39. Lebensalter zurück. Noch deutlicher ist der Rückgang, wenn man eine erneute Inhaftierung als Kriterium heranzieht. Sind es zwischen dem 26. und 32. Lebensjahr noch 74% der H-Probanden, die infolge einer Straftat inhaftiert wurden, so sind es zwischen dem 33. und 39. Lebensjahr nur noch 40%.[145]

Die Tendenz, dass es bei den meisten der H-Probanden, wenn schon nicht zu einem Ende, dann doch zu einem deutlichen Rückgang der strafrechtlichen Auffälligkeiten kommt, belegt Tabelle 66.

[145] Unter den 61 Probanden, für die Delinquenzdaten bis zum 46. Lebensjahr vorliegen, sinkt der Anteil der wiederverurteilten Probanden von 87% (26.-32. Lj.) auf 51% (33.-39. Lj.) und 43% (40.-46. Lj.). Auch hier zeigt sich die Veränderung noch deutlich an der erneuten Inhaftierung. Der Anteil der in einem Zeitraum zu einer (unbedingten) Freiheitsstrafe verurteilten Probanden sinkt von 82% auf 34% und 21%.

Tabelle 66: Anteil der H-Probanden mit 3+ Verurteilungen (VU) im jeweiligen Lebensabschnitt

		3+ VU 19.-25. Lj.	*3+ VU 26.-32. Lj.*	*3+ VU 33.-39. Lj.*	*3+ VU 40.-46. Lj.*
ohne Berücksichtigung einer längeren Inhaftierung	N=176 N=61	71% 66%	50% 52%	28% 28%	--- 13%
mit Berücksichtigung einer längeren Inhaftierung[146]	N=176 N=61	79% 72%	60% 57%	30% 28%	--- 13%

Der Anteil der H-Probanden, die in dem jeweiligen Siebensjahreszeitraum drei oder mehr Verurteilungen erhielten, nimmt mit fortschreitendem Lebensalter der Probanden ab. Da diese Abnahme ungeachtet längerer Inhaftierungszeiten stattfindet, kann von einem echten Rückgang der kriminellen Aktivitäten bei den meisten H-Probanden ausgegangen werden. Dieses Ergebnis lässt den Schluss zu, dass selbst bei einer stark mit Kriminalität belasteten Population im Zeitverlauf das Ende oder ein deutlicher Rückgang der strafrechtlichen Auffälligkeiten den Normalfall bildet.

Diese These wollen wir mit weiteren Analysen belegen. Wir betrachten hierzu die Delinquenzentwicklung eines Teilsamples der H-Probanden, das durch mehrfache und schwere Kriminalität im Heranwachsendenalter gekennzeichnet ist. Dieses Teilsample umfasst alle H-Probanden, die in den sieben Jahren zwischen dem 19. und dem 25. Lebensjahr mindestens dreimal verurteilt wurden und auf Grund der Schwere der Taten mindestens eine Jugend- oder Freiheitsstrafe verbüßen mussten. Insgesamt 121 H-Probanden erfüllen diese Kriterien, wobei hinsichtlich der Haftaufenthalte zu vermerken ist, dass 80% mindestens zweimal und über die Hälfte drei- oder mehrmals im Heranwachsendenalter inhaftiert waren. Ein so stark mit Sanktionen belastetes Sample, müsste – gemäß der Mehrzahl der klassischen kriminologischen Theorien – ein hohes Maß an Kontinuität sozialer Auffälligkeiten über mehrere Lebensphasen hinweg zeigen.

Abbildung 12 gibt einen Überblick über die Delinquenzentwicklung dieser „jungen Wiederholungstäter“ von der Jugend bis zu ihrem 39. Lebensjahr. Betrachtet man zunächst rückblickend die Delinquenzgeschichte der 121 Probanden in ihrer Jugend, so zeigt sich, dass den schweren strafrechtlichen Auffälligkeiten im Heranwachsendenalter unterschiedliche Entwicklungspfade in der Kindheit und Jugend zugrunde liegen. Zieht man nur die offizielle Delinquenzgeschichte heran, so beträgt

[146] Berücksichtigung der Haftzeiten meint dabei, dass Probanden, die in einem der Siebenjahreszeiträume mindestens drei Jahre inhaftiert waren, wie Probanden betrachtet wurden, die in diesem Zeitraum mindestens drei Sanktionen erhielten. D. h. für diese Probanden wurde ungeachtet der Anzahl der erhaltenen Sanktionen Kontinuität im Sinne von mindestens drei Verurteilungen codiert.

der Anteil der bis zum 18. Lebensjahr nicht vorbelasteten Probanden 48% (N=58), und nur eine Minderheit von 28% der jungen „Wiederholungstäter" (N=34) ist bereits in ihrer Jugend als „Wiederholungstäter" zu charakterisieren, d. h. sie erhielten zwischen ihrem 14. und 18. Lebensjahr mindestens zwei Sanktionen. Berücksichtigt man zudem Fremdberichte über kriminelles Verhalten (nicht abgebildet), steigt zwar der Anteil der bereits in ihrer Jugend wiederholt oder schwer auffälligen Probanden auf 58% an. Bei etwa jedem vierten „jungen Wiederholungstäter" (N=29) liegen jedoch nur Berichte über leichte, und bei etwa jedem fünften (N=22) keine Berichte über strafrechtlich relevante Auffälligkeiten vor.

Deutlich unterschiedliche Entwicklungspfade finden wir auch bei der nach vorne gerichteten Analyse der Erwachsenenzeiträume. In der jungen Erwachsenenphase fiel nur bei knapp über der Hälfte (55%) der jungen Wiederholungstäter die Delinquenzentwicklung ähnlich heftig aus wie im Heranwachsendenalter, d. h. sie erhielten drei oder mehr Verurteilungen. Bei einem Drittel kam es jedoch zu einem deutlichen Rückgang und etwa jeder achte Wiederholungstäter blieb in den sieben Jahren völlig straffrei. Im mittleren Erwachsenenalter (33.-39. Lebensjahr) ist der Rückgang in den strafrechtlichen Auffälligkeiten noch deutlicher ausgeprägt. Nur noch ein Drittel setzte seine „kriminelle Karriere" auch nach dem 33. Lebensjahr unvermindert fort. Selbst bei den meisten der seit ihrer Heranwachsendenphase unvermindert aktiven Täter (N=67) kommt es zu einem deutlichen Rückgang (N=25) oder sogar einem Ende der Auffälligkeiten (N=9). Insgesamt steigt der Anteil der „Abbrecher" (keine Verurteilung) auf über ein Drittel an. Den stärksten Zuwachs erhält die Gruppe der „Abbrecher" aus den Probanden, die bereits im davor liegenden Siebenjahreszeitraum einen deutlichen Rückgang in ihrer Auffälligkeit zeigten. Nur bei wenigen Probanden ist eine erneute Zunahme der Auffälligkeiten festzustellen, d. h. nach längerer Straffreiheit ist es sehr unwahrscheinlich, dass es wieder zu einer Intensivierung der kriminellen Karriere kommt. Dies spricht auch dafür, dass ein Rückgang in der Intensität der Karriere als Indiz für ein baldiges Ende der Karriere gewertet werden kann.

Je länger der betrachtete Zeitraum ist, desto mehr wird das Gesamtbild von dem Rückgang und dem Ende der strafrechtlichen Auffälligkeiten dominiert. Noch deutlicher zeigt sich diese Entwicklung, wenn man die Intensität des Rückfalls an der Anzahl der erneuten Inhaftierungen misst: von den 121 jungen Wiederholungstätern blieben 25% im jungen Erwachsen und über die Hälfte (55%) im mittleren Erwachsenenalter ohne erneute Inhaftierung. Auf der anderen Seite ging der Anteil der zwei- oder mehrmals inhaftierten Probanden von 80% (19.-25. Lj.) und 58% (26.-32 Lj.) auf nur noch 20% im mittleren Erwachsenenalter (33.-39. Lj.) zurück. Diese Verteilungsstruktur bleibt auch dann erhalten, wenn man auf Haftzeiten kontrolliert, und damit dem Vorwurf begegnet, der Rückgang der Auffälligkeiten sei Folge der im Verlauf einer kriminellen Karriere immer länger werdenden Haftzeiten.

Abbildung 12: Kriminalität im Lebenslauf bei jungen Wiederholungstätern, Indikator Verurteilungen

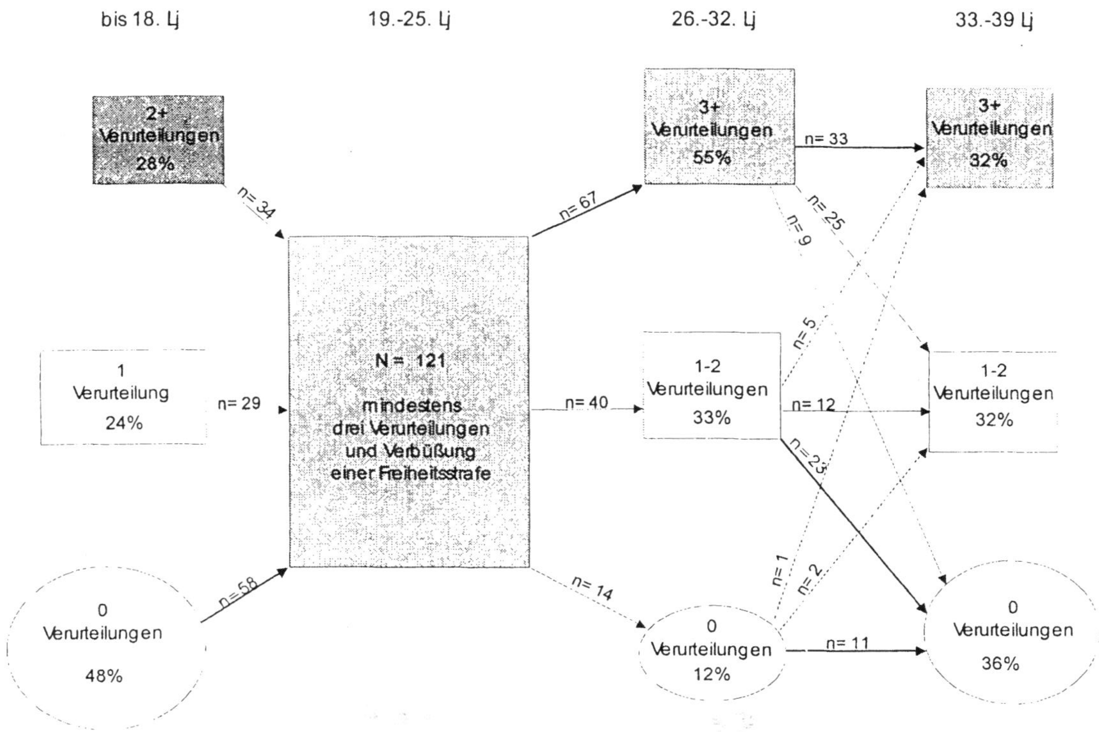

Obwohl sich unsere Analysen auf ein potentielles „Kontinuitätssample" beziehen, sind in einer lebensgeschichtlichen Betrachtung der Delinquenzentwicklung die Veränderungen unübersehbar. Selbst wenn man eine sehr enge Definition von krimineller Karriere zugrunde legt und von ihrem Fortgang spricht, wenn ein Proband in einem Zeitraum auch nur einmal verurteilt wurde, zeigt sich, dass nur bei weniger als der Hälfte unserer jungen Wiederholungstätern sich diese Karriere von der Jugend bis zum 32. Lebensjahr, und nur bei einem Drittel von der Jugend bis zum 39. Lebensjahr erstreckt (Tabelle 67). Bezogen auf alle H-Probanden fällt der Anteil der „Karrieretäter" noch geringer aus. So ist nur bei etwa jedem achten unserer H-Probanden (13%) eine ununterbrochene Kriminalitätsentwicklung auszumachen, die von der Jugend bis ins späte Erwachsenenalter reicht.

Tabelle 67: Anteil der Probanden, die ausgehend von mindestens einer Verurteilung zwischen dem 15. und 18. Lebensjahr auch in den nachfolgenden Zeiträumen mindestens einmal verurteilt wurden

	junge Wiederholungstäter N=121	*alle H-Probanden*	
		N=176	*N=61*
Verurteilung 15.-18. Lj. + Verurteilung 19.-25. Lj. + Verurteilung 26.-32 Lj.	46%	37%	33%
Verurteilung 15.-18. Lj. + Verurteilung 19.-25. Lj. + Verurteilung 26.-32 Lj. + Verurteilung 33.-39. Lj.	34%	28%	21%
Verurteilung 15.-18. Lj. + Verurteilung 19.-25. Lj. + Verurteilung 26.-32 Lj. + Verurteilung 33.-39. Lj. + Verurteilung 40.-46. Lj.	---	---	13%

Unsere Analysen zur Kriminalitätsentwicklung im Lebenslauf der H-Probanden haben gezeigt, dass im Verlauf einer „kriminellen Karriere" die Wahrscheinlichkeit steigt, auch in nachfolgenden Lebensabschnitten straffällig zu werden. Umgekehrt macht es ein früher Ausstieg aus der „Karriere" unwahrscheinlicher, dass ein Individuum in späteren Lebensjahren erneut straffällig wird. Trotz dieses Aspekts der Kontinuität von Kriminalität belegen unsere Analysen aber auch sehr eindrücklich, dass eine sinnvolle Prognose zukünftigen Legalverhaltens basierend auf vergangenem Legalverhalten kaum möglich ist. Prognostische Aussagen wie „häufige Delinquenzbegehung in der Vergangenheit führt zu häufiger Delinquenzbegehung in der Zukunft", wie sie nicht nur in Teilen der Öffentlichkeit und gerichtlichen Praxis, sondern leicht verklausuliert (Stichwort „chronic offenders") auch in der wissenschaftlichen Diskussion vorzufinden sind, sind mit unseren Ergebnissen kaum vereinbar. Diese fehlende Prognosekraft resultiert zu einen daraus, dass der Beginn der strafrechtlichen Auffälligkeiten bei vielen Straftätern erst nach der Jugendphase liegt. Zum anderen liegt sie darin begründet, dass selbst bei Probanden mit einer hohen Delinquenzbelastung, der Anteil derjenigen, die ihre „kriminelle Karriere“ beenden, mit zunehmendem Alter immer größer wird. Bereits im jungen Erwachsenenalter erreicht der Anteil der Abbrecher eine relationale Größe, die nicht mehr als Ausnahme von der Regel abgetan werden kann, sondern als ein möglicher Entwicklungspfad angesehen werden muss. Eine „kriminelle Karriere“, die bereits in der Kindheit oder Jugend beginnt, und sich bis ins späte Erwachsenenalter fortsetzt, bildet selbst unter einer Population von Straftätern, die in ihrer dritten Lebensdekade für mindestens sechs Monate in Haft waren, die Ausnahme.

Ungeklärt blieb bislang die für die theoretische Diskussion um Kontinuität und Diskontinuität von Kriminalität im Lebenslauf zentrale Frage, ob der Rückgang der strafrechtlichen Auffälligkeiten einhergeht mit einer grundsätzlichen Verhaltensänderung, oder ob es nur zu einer Verlagerung der Auffälligkeiten in andere Bereiche kommt. Hinweise darauf, dass von einer Parallelität der Entwicklungen strafrechtlicher und sonstiger Verhaltensauffälligkeiten ausgegangen werden kann, erbrachten bereits die Analysen der „Karrieregruppen“, in denen der Zusammenhang von Delinquenzbelastung und Verhaltensauffälligkeiten im Arbeits- und Freizeitbereich gezeigt wurde. Für eine solche Parallelität spricht auch der Rückgang der Probanden mit sozialen Verhaltensauffälligkeiten wie er aus Tabelle 68 hervorgeht: Sind um das 25. Lebensjahr beispielsweise noch bei 83% der H-Probanden Auffälligkeiten im Leistungsbereich festzustellen (unregelmäßige Berufstätigkeit), so sinkt dieser Anteil von 38% um das 35. Lebensjahr auf schließlich 30% um das 45. Lebensjahr. Ein ähnlicher Rückgang mit fortschreitendem Alter der H-Probanden zeigt sich auch bei den Milieukontakten und dem Alkoholkonsum.

Tabelle 68: Anteil der Probanden mit sozialen Auffälligkeiten um das 25., 35. und 45. Lebensjahr, nachuntersuchte H-Probanden (N=112)

	ca. 25. Lj.	*ca. 35 Lj.*	*ca.45 Lj.*
intensiver Alkoholkonsum	45%	34%	24%
Milieukontakte	62%	18%	11%
unregelmäßige Berufstätigkeit	83%	38%	30%

Der Frage, ob der Rückgang der Delinquenzbelastung einerseits und der sozialen Auffälligkeiten andererseits gemeinsamer Ausdruck einer erfolgreichen „Resozialisierung“ der H-Probanden ist, wollen wir in den folgenden Analysen weiter nachgehen. Wir werden hierzu die bislang meist getrennt diskutierten Merkmale der Kriminalitätsentwicklung wie Häufigkeit der Kriminalitätsregistrierungen oder zeitliche Erstreckung der strafrechtlichen Auffälligkeiten zu typischen Verlaufsmustern von Kriminalität im Lebenslauf zusammenführen.

6.4 Verlaufsmuster im H-Sample

In der kriminologischen „life-course-“ und „criminal-career“-Forschung werden unterschiedliche Kriminalitätsverläufe im Zusammenhang mit sieben Dimensionen diskutiert (vgl. Kapitel 3.2): 1. Häufigkeit, 2. Beginn, 3. zeitliche Kontinuität, 4. Abbruch, 5. Deliktschwere, 6. Spezialisierung und 7. Eskalation. Vier dieser Dimensionen, die „Häufigkeit“ der Straftatbegehung, der „Beginn“, die „zeitliche Erstreckung“ und der „Abbruch“ der strafrechtlichen Auffälligkeiten bilden die Basis für die nachfolgende Typisierung der unterschiedlichen Kriminalitätsverläufe der H-Probanden der Tübinger Jungtäter-Vergleichsuntersuchung. Die Dimensionen „Deliktschwere“ und „Spezialisierung“ ziehen wir zu Überprüfungszwecken heran, und die Dimension „Eskalation“ beziehungsweise „Deeskalation“ der Kriminalitätsentwicklung berücksichtigen wir im Zusammenhang mit Veränderungen in der Verurteilungshäufigkeit und der Strafschwere.

In Folge des spezifischen Sampledesigns der TJVU, entschieden wir uns, die unterschiedlichen Verlaufstypen nicht auf der Grundlage der gesamten Kriminalitätsentwicklung bis zum 39. Lebensjahr zu entwickeln. Wir wählten stattdessen ein zweistufiges Verfahren, bei dem wir zwischen Verlaufstypen bis zum 32. Lebensjahr und Verlaufstypen bis zum 39. Lebensjahr unterscheiden. Um den Fortgang der Analysen nachvollziehbar zu machen, seien diese Besonderheiten der TJVU, die uns zu diesem Vorgehen veranlassten, nochmals genannt:

1. Alle H-Probanden waren in ihrer dritten Lebensdekade, als die TJVU-Erstuntersuchung durchgeführt wurde, „aktive“ Straftäter. Zu einem Abbruch der kriminellen Karriere kam es bei den H-Probanden also frühestens in der Zeit nach der Erstuntersuchung. Entsprechend beschreiben, die Variablen der Erstuntersuchung die Lebenssituation *vor* einem möglichen Ende der strafrechtlichen Auffälligkeiten.
2. Durchgängige Kriminalitätsdaten für alle 200 H-Probanden liegen uns nur bis zum 32. Lebensjahr vor. Für 176 Probanden können wir zudem die Kriminalitätsentwicklung in der sich anschließenden mittleren Erwachsenenphase (33.-39. Lebensjahr) verfolgen. Von diesen wurden jedoch nur 112 der Nachuntersuchung unterzogen, d.h. nur für diese 112 Probanden liegen uns Informationen über die Kriminalitätsentwicklung *und* die Lebenssituation im mittleren Erwachsenenalter vor.

Da es uns in den folgenden Analysen nicht allein um die Beschreibung unterschiedlicher Verlaufsmuster von Kriminalität im Lebenslauf geht, sondern vielmehr um die Beantwortung der Frage, inwieweit unterschiedliche Kriminalitätsverläufe sich in Unterschieden in der sozialen Einbindung und in Unterschieden in anderen Verhaltensdimensionen wiederfinden lassen, erscheint es uns sinnvoll die Verlaufsbetrachtung in zwei Teile zu gliedern. In einem ersten Teil untersuchen wir unterschiedliche Verlaufsmuster bis zum 32. Lebensjahr. Der Fokus in diesen Verlaufsanalysen liegt auf den Gemeinsamkeiten und Unterschieden in der sozialen Kontrolle und den Verhaltensauffälligkeiten der Probanden der verschiedenen Verlaufstypen in der

Kindheit und Jugend. Die Ergebnisse dieser Analysen bilden den Ausgangspunkt für eine zweite Verlaufstypisierung, die auf der Kriminalitätsentwicklung vom jungen Erwachsenenalter bis zum 39. Lebensjahr beruht. Wie wir in den vorangegangen Analysen aufzeigen konnten, kommt es im mittleren Erwachsenenalter bei einem großen Teil der H-Probanden zu einem deutlichen Rückgang oder sogar Ende der strafrechtlichen Auffälligkeiten. Dieser Rückgang steht im Mittelpunkt der zweiten Verlaufstypisierung. Hierzu greifen wir die zuvor ermittelten unterschiedlichen Kriminalitätsverläufe in der Heranwachsendenphase und jungen Erwachsenenalter auf. Auf eine Ausdifferenzierung auf unterschiedliche Verläufe in der Kindheit und Jugend verzichten wir jedoch, um die durch die Selektion der Nachuntersuchung verringerten Gruppengrößen nicht noch zu verkleinern.

6.4.1 Verlaufsmuster im H-Sample bis zum 32. Lebensjahr

Die Grundlage für eine erste Verlaufstypisierung bildet die Delinquenzgeschichte bis zum Ende des 32. Lebensjahres. Mit Hilfe der genannten Dimensionen können wir im H-Sample vier Verlaufstypen unterscheiden: Frühstarter, Spätstarter, schwere Jugend- und Heranwachsendendelinquenz und Deeskalierer.

- 115 Probanden zeigen einen Delinquenzverlauf, der als „persistierende Delinquenz" charakterisiert werden kann. Diese Gruppe der *„Frühstarter"* umfasst Probanden, von denen schon aus ihrer Kindheit oder Jugend Berichte über kriminelles Verhalten vorliegen und von denen auch in der nachfolgenden Heranwachsenden- und jungen Erwachsenenphase strafrechtliche Auffälligkeiten dokumentiert sind. Alle Probanden dieser Gruppe erhielten zwischen dem 19. und 32. Lebensjahr mindestens drei Verurteilungen und waren für mindestens sechs Monate in Haft. Weiterhin zeichnen sich diese Probanden dadurch aus, dass sie ihre „Karriere" auch noch im jungen Erwachsenenalter (26.-32. Lebensjahr) unvermindert fortsetzten und in diesem Zeitraum mindestens dreimal verurteilt wurden oder eine Freiheitsstrafe verbüßen mussten.
- Eine zweite Gruppe umfasst 32 Probanden, die trotz strafrechtlicher und fremdberichteter Unauffälligkeit in der Jugend in ihrer Erwachsenenzeit wiederholt strafrechtlich auffällig wurden. Diese als *„Spätstarter"* bezeichneten Probanden unterscheiden sich hinsichtlich der Selektionskriterien von den „Frühstartern" in der Jugendphase („keine Jugendkriminalität"). Sie wurden aber wie diese zwischen dem 19. und 32. Lebensjahr mindestens dreimal verurteilt und setzten ihre „Karriere" über das 26. Lebensjahr hinaus fort, d. h. sie erhielten zwischen dem 26.-32. Lebensjahr mindestens drei Sanktionen oder wurden zu einer unbedingten Freiheitsstrafe verurteilt.
- Eine dritte Gruppe besteht aus 21 Probanden, die als Wiederholungstäter in der Jugend- und Heranwachsendenphase (bis zum 25. Lebensjahr) auffällig wurden, von denen jedoch spätestens ab dem 26. Lebensjahr keine Straftaten mehr registriert sind. Alle Probanden dieser Gruppe, die wir als *„schwere Jugend- und Heranwachsendendelinquenz"* bezeichnen, wurden

bis zu ihrem 25. Lebensjahr mindestens zweimal verurteilt oder zeigten ein Verhalten, das gemäß unserer Kriterien (vgl. Kapitel 5) als „schwere Jugendkriminalität" eingestuft werden kann. Zudem waren sie zwischen ihrem 19. und 25. Lebensjahr mindestens einmal für mindestens sechs Monate in Haft.

- Die Probanden des vierten Verlaufstyp, die sogenannten „*Deeskalierer*" (N=20), unterscheiden sich von der Gruppe der „schweren Jugend- und Heranwachsendendelinquenz" lediglich in ihrer Kriminalitätsentwicklung ab dem 26. Lebensjahr. Sie zeigten also auch wiederholte Delinquenz in der Jugend- und Heranwachsendenphase (bis zum 25. Lebensjahr) und waren für mindestens sechs Monate in Haft. Spätestens ab dem 26. Lebensjahr kommt es bei ihnen zwar nicht zu einem völligen Ende der strafrechtlichen Auffälligkeiten, jedoch zu einem deutlichen Rückgang ihrer kriminellen Aktivitäten. Sie wurden im Siebenjahreszeitraum 26.-32. Lebensjahr maximal zweimal erneut verurteilt, erhielten jedoch keinen erneuten Freiheitsentzug.

Bei den verbleibenden 12 Probanden („Restgruppe") des H-Samples konnten wir kein eindeutiges Verlaufsmuster identifizieren, oder es handelt sich um Verlaufsmuster wie „leichte Jugend- und Heranwachsendendelinquenz" und „Erwachsenen-Einmaltäter", deren geringe Gruppengröße weitere Analysen als nicht sinnvoll erscheinen lässt.

Tabelle 69 gibt einen Überblick über die durchschnittliche Anzahl der Verurteilungen und Inhaftierungen der Probanden des jeweiligen Verlaufstyps. Besonders interessant ist dabei der Vergleich der „Frühstarter" mit den „Spätstartern". Es zeigt sich, dass die „Spätstarter" eine gewisse „Anlaufphase" benötigen und in der Heranwachsendenphase (19.-25. Lebensjahr) weniger „aktiv" sind als die „Frühstarter". Sie holen jedoch im darauffolgenden Zeitraum auf und dementsprechend sind nur noch geringe Unterschiede in der durchschnittlichen Anzahl der Verurteilungen und Inhaftierungen der Probanden beider Verlaufstypen feststellbar. Die im Vergleich zu den „Frühstartern" geringere Kriminalitätsbelastung der Probanden des Verlaufstypus „schwere Jugend- und Heranwachsendendelinquenz" in der Heranwachsendenphase (19.-25. Lebensjahr) ist darauf zurückzuführen, dass es bei einigen der Probanden mit „schwerer Jugend- und Heranwachsendendelinquenz" bereits zu Beginn dieses Zeitraumes zu einem Ende der strafrechtlichen Auffälligkeiten kommt.

Tabelle 69: Durchschnittliche Anzahl der Verurteilungen und Inhaftierungen der Verlaufsmuster im H-Sample bis zum 32. Lebensjahr

	„Frühstarter" *N=115*	*„Spätstarter"* *N=32*	*„schwere Jugend- und Heranwachsendendelinquenz"* *N=21*	*„Deeskalierer"* *N=20*
Verurteilungen 15.-18. Lj.	1,2	0	1,0	1,2
Inhaftierungen 15.-18. Lj.	0,9	0	0,6	0,7
Verurteilungen 19.-25. Lj.	5,1	3,4	3,1	4,2
Inhaftierungen 19.-25. Lj.	2,9	1,7	1,9	3,0
Verurteilungen 26.-32. Lj.	3,9	3,4	0	1,4
Inhaftierungen 26.-32. Lj.	2,4	2,3	0	0
Verurteilungen 19.-32. Lj.	8,9	6,9	3,0	5,6
Inhaftierungen 19.-32. Lj.	5,4	3,9	1,9	3,1

Mit Ausnahme eines Probanden des Verlaufstyps „schwere Jugend- und Heranwachsendendelinquenz" wurden alle Probanden wegen mindestens drei verschiedener Delikte verurteilt. Eine Anhäufung von Tätern, die sich auf bestimmte Delikte spezialisierten, konnte für keinen Verlaufstyp ausgemacht werden. Wie Tabelle 70 zu entnehmen ist, wurden von den Probanden aller vier Verlaufsmuster bis zum 32. Lebensjahr im Schnitt zwischen 5 und 10 verschiedene Delikte registriert. Mit Ausnahme eines „Frühstarters" begingen alle Probanden mindestens einmal ein Delikt, das von uns als „mittelschwer"[147] eingestuft wurde. Der Anteil der Täter, die bis zum 25. Lebensjahr mindestens einmal wegen eines „schweren" Delikts verurteilt wurden, ist bei den „Frühstartern" mit 37% und bei den Verlaufstypen „schwere Jugend- und Heranwachsendendelinquenz" mit 38% und bei den „Deeskalierer" mit 35% etwa gleich groß. Bei den „Spätstartern" fällt dieser Anteil von Probanden mit schweren Delikten bis zum 25. Lebensjahr noch geringer aus (19%), bis zum Beginn ihrer vierten Lebensdekade (Tabelle 70) gleichen sie sich jedoch auch in der Schwe-

[147] Zur Einstufung der Delikte in die verschiedenen Schwere-Kategorien vgl. Kapitel 4.2.

re der Delikte den „Frühstartern“ an. Die Zunahme der Deliktschwere bei einem Teil der Probanden kann auf eine Eskalation der Tatschwere im Verlauf der kriminellen Karriere hindeuten. Sie kann aber auch den eher relativ banalen Sachverhalt widerspiegeln, dass mit der Anzahl der Straftaten lediglich die Wahrscheinlichkeit zunimmt, dass sich darunter ein schweres Delikt befindet beziehungsweise ein Delikt, das von Seiten des Gerichts dahingehend interpretiert wird. Unterscheidet man die Delikte nicht nach der Schwere, sondern danach, ob es sich um Gewaltdelikte handelt oder nicht, so zeigt sich auch hier eine Gleichverteilung über die Gruppen. Unter den „Frühstartern“ sind es 32%, unter den Probanden der „schweren Jugend- und Heranwachsendendelinquenz“ 33% und unter den „Deeskalierern“ 30%, die bis zu ihrem 25. Lebensjahr mindestens ein schweres Gewaltdelikt (Vergewaltigung, sexuelle Nötigung, Raub, schwere und gefährliche Körperverletzung) begingen.[148] Fasst man den Begriff des „Gewalttäters“ enger und bezeichnet damit nur Probanden, bei denen mindestens zwei schwere Gewaltdelikte registriert wurde, so sind auch hierbei keine Unterschiede zwischen den Verlaufstypen festzustellen.[149]

Tabelle 70: Deliktschwere und Spezialisierung der Verlaufsmuster im H-Sample bis zum 32. Lebensjahr

	„Frühstarter“ N=115	*„Spätstarter“ N=32*	*„schwere Jugend- und Heranwachsendendelinquenz“ N=21*	*„Deeskalierer“ N=20*
mindestens ein „schweres“ Delikt bis zum 32. Lj.	51%	50%	38%	40%
Anzahl verschiedener Delikte bis zum 32. Lj. (Mittelwert)	9,9	6,8	5,3	7,7

[148] Bei den „Spätstartern“ liegt der Anteil infolge des kürzeren „Karrierezeitraumes“ um das 25. Lebensjahr noch bei 19%.

[149] Der Anteil der Täter, bei denen bis zum 25. Lebensjahr wiederholt ein Delikt wie Vergewaltigung, sexuelle Nötigung, Raub oder schwere/gefährliche Körperverletzung registriert wurde, umfaßt bei den Frühstartern 18%, bei „schwerer Jugend- und Heranwachsendendelinquenz“ 24% und bei den „Deeskalierern“ 25%. Diese Gleichverteilung der Gewalttäter über die Verlaufsgruppen erhält man auch dann, wenn man den Begriff des „Gewalttäters“ auf alle Probanden anwendet, von denen nicht nur nach offiziellen Delinquenzdaten, sondern auch von Eltern, Lehrern, Nachbarn etc. aus der Jugendzeit mindestens eine Gewalttat berichtet wird.

Diese Analysen lassen den Schluss zu, dass Karrieremerkmale wie Deliktsschwere oder Spezialisierung nicht mit Verlaufsaussagen in Verbindung zu bringen sind. Dies heißt aber auch, dass Verlaufsprognosen, die auf einer Unterscheidung der Täter nach Deliktsart oder Deliktsschwere beruhen[150], wenig sinnvoll sind. Hätte man beispielsweise eine Verlaufsprognose basierend auf der Unterscheidung „schwere Gewalt-Wiederholungstäter" und „keine Gewalttäter" bei den TJVU-Probanden getroffen als diese 25 Jahre alt waren, so hätte man sieben Jahre später feststellen müssen, wie wenig treffsicher diese Prognose war. Von den 33 Probanden, von denen bis zum 25. Lebensjahr wiederholt ein schweres Gewaltdelikte wie Vergewaltigung, sexuelle Nötigung, Raub oder schwere/gefährliche Körperverletzung registriert worden war, setzten 68% ihre Karriere bis zum 32. Lebensjahr unvermindert fort („Spätstarter", „Frühstarter"), bei 16% kam es zu einem Rückgang der Deliktsschwere und Verurteilungshäufigkeit („Deeskalierer") und bei 16% zu einem Ende der strafrechtlichen Auffälligkeit („schwere Jugend- und Heranwachsendendelinquenz"). Die Gewalttäter unterscheiden sich damit in ihrer weiteren Kriminalitätsentwicklung kaum von den 73 Wiederholungstätern der TJVU, bei denen weder nach Fremdberichten in der Jugend noch nach offiziellen Registrierungen ein Gewaltdelikt bis zum 25. Lebensjahr bekannt ist: 78% dieser Probanden setzten ihre Karriere unvermindert fort, 9% zeigten einen Rückgang der Auffälligkeiten und 13% wurden bis zum 32. Lebensjahr nicht mehr auffällig.

Alle vier Verlaufstypen bis zum 32. Lebensjahr – „Frühstarter", „Spätstarter", „schwere Jugend- und Heranwachsendendelinquenz" und „Deeskalierer" – beschreiben Kriminalitätsentwicklungen, bei denen die Kriminalität nicht als singuläres Ereignis auftaucht, sondern Ausdruck eines Verhaltens ist, das sich über einen längeren Zeitraum erstreckt. Nur bei den Probanden des Verlaufsmusters „Frühstarter" kann jedoch von einer Kontinuität der strafrechtlichen Auffälligkeiten von der Jugend bis ins mittlere Erwachsenenalter gesprochen werden. Die Probanden der Verlaufsmuster „Spätstarter", „schwere Jugend- und Heranwachsendendelinquenz" und – mit Einschränkungen – „Deeskalierer" zeichnen sich demgegenüber durch deutliche Veränderungen in ihrem Legalverhalten aus. Solche Veränderungen sind für den „low self-control"-Ansatz von Gottfredson/Hirschi nicht unproblematisch, da dieser erklären müsste, wie es bei einer unterstellten Konstanz der „low self-control" zu solchen Brüchen und Veränderungen in der Delinquenzentwicklung kommt. Die Kriminalitätstheorie von Gottfredson/Hirschi müsste also einerseits erklären können, warum es bei „Frühstartern" und Probanden mit „schwerer Jugend- und Heranwachsendendelinquenz" trotz einer ähnlichen Kriminalitätsbelastung in der Jugend- und Heranwachsendenphase spätestens ab dem jungen Erwachsenenalter zu völlig unterschiedlichen Kriminalitätsentwicklungen kommt. Auf der anderen Seite stellt sich beim Vergleich der „Spätstarter" mit den „Frühstartern" die Frage, warum es trotz

150 Solche Verlaufsprognosen, finden sich – explizit ausformuliert oder implizit suggeriert – immer wieder vor allem in an die Praxis gerichteten kriminologischen Veröffentlichungen. Ein jüngstes Beispiel hierfür ist der Artikel von Schneider (2000).

völlig unterschiedlicher Kriminalitätsbelastungen in der Kindheit und Jugend ab dem Heranwachsendenalter zu einer zunehmenden Angleichung der Kriminalitätsentwicklung kommt.

Gottfredson/Hirschi geben hierauf eine relativ einfache Antwort: Ihrer Ansicht nach handelt es sich bei dem Kriminalitätsverlauf „Spätstarter" lediglich um ein „Datenartefakt". Dieses Datenartefakt entsteht, wenn der Kriminalitätsverlauf auf der Grundlage offizieller Kriminalitätsregistrierungen gebildet wird. Würden an Stelle der offiziell registrierten Kriminalität selbstberichtete Angaben zum Legalverhalten herangezogen, so wäre nach Gottfredson/Hirschi auch bei Straftätern, die in ihrer Jugend offiziell unauffällig blieben, zahlreiche Straftaten auszumachen (Hirschi/ Gottfredson 2000, S. 61). Nicht ganz so eindeutig ist ihre Erklärung für den Diskontinuitätsverlauf „schwere Jugend- und Heranwachsendendelinquenz": Gottfredson/ Hirschi legen sich nicht genau fest, ob es bei Straftätern mit zunehmendem Alter zu einem allgemeinen Rückgang der strafrechtlich relevanten Auffälligkeiten kommt oder ob lediglich eine Verlagerung aus dem Hellfeld der Kriminalität in den sozialen Nahbereich stattfindet. Entscheidend für ihre Argumentation ist jedoch, dass sie bei Straftätern, die nach offiziellen Kriminalitätsdaten einen Rückgang oder ein Ende der strafrechtlichen Auffälligkeiten zeigen, von keiner grundsätzlichen Verhaltensänderung ausgehen: Auch bei „Abbrechern" zeigte sich die stabile Disposition zur Abweichung in einer weiterhin sozial auffälligen Lebensführung.

Obwohl wir die Delinquenzverläufe nicht nur auf Basis offizieller Kriminalitätsdaten bildeten, sondern für die Jugendphase auch Fremdberichte des sozialen Umfeldes über strafrechtlich relevantes Verhalten mit berücksichtigten, können wir den Vorwurf von Gottfredson/Hirschi, es handle sich bei den Verlaufsmustern „Spätstarter" und „schwere Jugend- und Heranwachsendendelinquenz" vor allem um Datenartefakte, nicht ganz entkräften, da uns keine systematisch erhobenen Angaben zur selbstberichteten Delinquenz vorliegen. Wir können jedoch überprüfen, ob bei Probanden, die Brüche in ihrer Kriminalitätsentwicklung aufweisen, jenseits der offiziell registrierten Kriminalität andere Indikatoren einer „geringen Selbstkontrolle" auszumachen sind. Folgt man der Argumentation von Hirschi/Gottfredson, so dürften sich zwischen „Frühstartern" und Probanden mit einem Diskontinuitätsverlauf keine größeren Unterschiede hinsichtlich früher Verhaltensauffälligkeiten, der Anbindung an die Schule, des Kontakts zu delinquenten Peers und des devianten Verhaltens in der Jugend zeigen. Auch in der Qualität der familialen Sozialisation – die nach Hirschi/ Gottfredson als Hauptursache hinter der „low self-control" steht – dürfte es kaum Unterschiede geben; alle Verlaufsgruppen müssten in diesen Bereich deutliche Defizite aufweisen.

Wie Tabelle 71 zeigt, unterscheiden sich die „Spätstarter" bei den meisten dieser Indikatoren von allen anderen Verlaufstypen. Besonders interessant ist der Vergleich der „Spätstarter" mit den „Frühstartern": Obwohl sich die Probanden beider Verlaufstypen in ihrer Delinquenzbelastung im jungen Erwachsenenalter kaum unterscheiden, lassen sich bei den „Spätstartern" deutlich weniger Indikatoren oder Ursachen für eine niedrige „low self-control" ausmachen als bei den „Frühstartern". Dies belegt auch eine logistische Regressionsanalyse, bei der die Variablen der Kindheits-

und Jugendgeschichte die erklärenden und die Verlaufstypengegenüberstellung die zu erklärende Variable bildet: Der Gesamterklärungswert von P^2= .36 verweist auf deutliche Unterschiede in der Frühgeschichte beider Verlaufstypen. Zieht man zum Vergleich die 123 V-Probanden heran, von denen bis zum 32. Lebensjahr keine Berichte über strafrechtlich relevantes Verhalten vorliegen (vgl.Tabelle 48, Kapitel 6.1), wird deutlich, dass auch unter den „Spätstartern" der Anteil von Probanden mit einer problematischen Familieninteraktion und einer schwachen Anbindung an die Schule größer ist als bei strafrechtlich unauffälligen Probanden. Das gesamte kontrolltheoretische Modell für Jugendkriminalität erklärt immerhin 33% Varianz zwischen unauffälligen V-Probanden und „Spätstartern" in der Kindheits- und Jugendgeschichte (zum Vergleich: Für die Gegenüberstellung von „unauffälligen" V-Probanden und „Frühstartern" beträgt der durch die Faktoren der Kindheits- und Jugendgeschichte erklärte Varianzanteil 61%). Es ist deshalb nicht davon auszugehen, dass die massiven strafrechtlichen Auffälligkeiten im Erwachsenenalter bei den meisten „Spätstartern" aus dem „Nichts" entstanden sind und sich mit der Volljährigkeit der „Paulus" schlagartig in einen „Saulus" verwandelte. Die problematischen Interaktionen in Familie und Schule bilden bei diesen Probanden aber möglicher-

Tabelle 71: *Defizite in der familialen Interaktion, Frühauffälligkeiten, schwache Anbindung Schule, delinquente Peers und Devianz bis zum 18. Lebensjahr der Verlaufsmuster im H-Sample bis zum 32. Lebensjahr*

	„Frühstarter" *N=115*	*„Spätstarter"* *N=32*	*„schwere Jugend- und Heranwachsendendelinquenz"* *N=21*	*„Deeskalierer"* *N=20*
unzureichende Beaufsichtigung	60%	22%	48%	60%
gewalttätiger/inkonsistenter Erziehungsstil (Indexwert >1)	39%	17%	18%	52%
geringe emotionale Familienbindung (Indexwert >1)	53%	35%	67%	33%
Defizite in mindestens einem Bereich der familialen Interaktion	66%	28%	62%	75%
Unruhe	23%	6%	14%	20%
Aggressivität/Trotz	29%	0%	10%	15%
geringe Anbindung Schule (Indexwert >1)	53%	19%	22%	56%
enge Beziehung zu delinquenten Peers	8%	0%	5%	16%
wiederholte Devianz bis 18. Lj. (Indexwerte 3+)	74%	3%	53%	55%

weise die Basis, auf der besondere Belastungen in der späten Jugend- und frühen Heranwachsendenphase ihre Wirkung entfalten können: Die Bande, die diese Probanden in der Konformität halten, sind nicht stark genug, um besonders kritischen Lebensereignisse in diesen Lebensphasen standzuhalten. Die Unterschiede zwischen „Frühstartern" und „Spätstartern" in ihrer Kindheits- und Jugendgeschichte, besonders in der für den Erklärungsansatz von Hirschi/Gottfredson so zentralen familialen Sozialisation, sind jedoch zu groß, als dass darin eine gemeinsame Ursache für unterschiedliche Kriminalitätsentwicklungen in der Jugend und eine ähnliche Kriminalitätsentwicklung im Erwachsenenalter liegen könnte. Die dargestellten Ergebnisse legen vielmehr den Schluss nahe, dass der Beginn der Auffälligkeiten bei den meisten „Spätstartern" nicht frühkindlichen Sozialisationserfahrungen und fehlender sozialer Kontrolle durch Elternhaus und Schule geschuldet ist, sondern die entscheidenden Weichenstellungen in Richtung kriminelle Karriere erst zu einem späteren Lebenszeitpunkt erfolgten.

Wie wir in Kapitel 2 ausgeführt haben, handelt es sich bei den „Spätstartern" – im Sinne von Straftätern, die erstmals im Erwachsenenalter offiziell auffällig wurden – schon allein hinsichtlich des quantitativen Umfangs um keinen Kriminalitätsverlauf, der als absolute Ausnahme bezeichnet werden kann. Dennoch wurde er bislang nur wenig untersucht.[151] Die wenigen Untersuchungen hierzu unterstützen jedoch unseren Befund. Deutliche Unterschiede zwischen früh- und spätauffälligen Probanden in ihrer Kindheits- und Jugendgeschichte wurden bereits im Rahmen der Tübinger Erstuntersuchung gefunden (Göppinger 1983, Göppinger 1997). West berichtet bei der Cambridge-Studie von einem ähnlichen Ergebnis (West 1982, S. 75 ff., West/Farrington 1977, S. 142 ff.). Er identifizierte unter den 136 Probanden der Cambridge-Studie, die bis zum Alter von 25 Jahren mindestens einmal verurteilt wurden, 33 sogenannte „latecomers", bei denen die erste Verurteilung erst nach dem 18. Lebensjahr erfolgte. Die „latecomers" unterschieden sich bei den meisten der untersuchten Variablen des strukturellen Kontext der Herkunftsfamilie (z. B. unvollständige Familie, Familieneinkommen, straffällige Eltern), der familialen Interaktion (z. B. elterliche Beaufsichtigung, Erziehungsstil) oder im Verhalten in der Schule nicht signifikant von den 275 nicht-delinquenten Probanden der Cambridge Studie. Zwar zeigten die „latecomers" signifikant höhere Werte bei selbstberichteter Delinquenz zwischen dem 14. und 16. Lebensjahr, doch auch hier lagen die „latecomers" näher bei den nicht-delinquenten Probanden als bei denjenigen, die sowohl in der Jugend- wie auch in Erwachsenenzeit verurteilt wurden.[152]

---

151 Die Cambridge-Studie ist neben der TJVU die einzige uns bekannte Langzeitstudie, bei der ein systematischer Vergleich verschiedener sozialer Indikatoren und Verhaltensausprägungen aus der Kindheit und Jugendzeit von „Spätstartern" (Beginn der Kriminalität erst im Erwachsenenalter) und „Frühstartern" durchgeführt wurde.

152 Unterstützung für die Annahme, dass ein lebensgeschichtlich später Beginn der Auffälligkeiten andere Ursachen hat als ein früher Beginn, liefern auch Studien von Patterson/Yoerger (1993) und Moffitt (1993, 1995), wenngleich in ihnen nicht der Beginn von sozialen Auffälligkeiten im Er-

Im Unterschied zu den „Spätstartern" unterscheiden sich die Probanden des Diskontinuitäts-Verlaufstyps „schwere Jugend- und Heranwachsendendelinquenz" in ihrer Früh- und Kindheitsgeschichte kaum von den „Frühstartern" (Tabelle 71). Die geringen, aber signifikanten Unterschiede zwischen den Probanden mit „schwerer Jugend- und Heranwachsendendelinquenz" und „Frühstartern" im Erziehungsstil und der Integration in die Schule werden durch eine logistische Regressionsanalyse in ihrer Bedeutung relativiert. Die Variablen des gesamten kontrolltheoretischen Jugendmodells ergeben für die Gegenüberstellung von „Frühstartern" und „schwere Jugend- und Heranwachsendendelinquenz" lediglich einen Gesamterklärungswert von 11%. Berücksichtigt man in einem solchen Modell nur die Frühauffälligkeiten und die familiale Sozialisation, beträgt der Gesamterklärungswert P^2 gerade noch 8%. Das heißt, beide Verlaufsmuster unterscheiden sich kaum in den Faktoren, die Hirschi/Gottfredson als zentrale Ursachen einer geringen Selbstkontrolle betrachten.

Das Problem für den Erklärungsansatz von Hirschi/Gottfredson mit dem Verlaufsmuster „schwere Jugend- und Heranwachsendendelinquenz" liegt aber darin, dass es gemäß der Idee einer stabilen „low self-control" bei diesen Probanden eigentlich gar nicht zu einem Ende der strafrechtlichen Auffälligkeiten kommen sollte. Auch wenn an dieser Stelle noch offen bleiben muss, ob das Ende der offiziell registrierten strafrechtlichen Auffälligkeiten einhergeht mit einem Ende auch anderer möglicher Ausdrucksformen einer „low self-control", so bleibt doch festzuhalten, dass der Erklärungsansatz von Hirschi/Gottfredson keine zufriedenstellende Antwort auf die Frage gibt, warum es trotz ähnlicher Sozialisationsbedingungen zu völlig unterschiedlichen Kriminalitätsentwicklungen im Erwachsenenalter kommt, die besonders aus kriminalpraktischer Sicht alles andere als unbedeutende Variationen darstellen.

---

wachsenenalter untersucht, sondern die Trennlinie für den Beginn der Auffälligkeiten in der frühen Jugendphase gezogen wurde. Patterson/Yoerger unterschieden in ihrer Untersuchung sogenannte „early starter", d. h. Probanden bei denen der Beginn des delinquenten Verhaltens vor dem 14. Lebensjahr lag, von sogenannten „late starter", die erst nach dem 14. Lebensjahr delinquentes Verhalten zeigten. Bei den „early starter" identifizierten sie als Hauptursache der frühen Auffälligkeiten das defizitäre Erziehungsverhalten der Eltern. Demgegenüber spielte das Erziehungsverhalten für die „late starter" kaum eine Rolle. Bei dieser Gruppe erklären sie den Beginn der Auffälligkeiten mit dem Rückgang des elterlichen Einflusses und dem Kontakt zu delinquenten Peers. Eine unterschiedliche Ursachenkonstellation ermittelte auch Moffitt für ihre beiden Verlaufsformen „life-course-persistent antisocial behavior" (Beginn der Auffälligkeiten in der Kindheit) und „adolescence-limited antisocial behavior" (Beginn der Auffälligkeiten in der Jugend). Nach ihrem Erklärungsansatz liegt die Hauptursache für den ersten Verlauf in einer Kombination von neuropsychologischen Defiziten und einer defizitären Eltern-Kind-Interaktion in den frühen Kindheitsjahren, während sie für den zweiten Verlauf die Statusinkonsistenzen in der Jugendzeit und ebenso wie Patterson/Yoerger den Kontakt mit delinquenten Peers verantwortlich macht. Zwar verknüpfen sowohl Moffitt wie auch Patterson/Yoerger den unterschiedlichen Beginn der Auffälligkeiten mit empirisch bislang nicht belegten Verlaufsprognosen (vgl. hierzu Kapitel 3.2.5). Entscheidend für unsere Argumentation ist jedoch, dass in beiden Untersuchungen frühe Sozialisationsdefizite nur mit einem lebensgeschichtlich frühen Beginn des delinquenten Verhaltens in Verbindung gebracht werden, bei einem späteren Beginn der Auffälligkeiten aber von anderen Ursachen ausgegangen wird.

Der Vergleich der Kindheits- und Jugendgeschichte der vier Verlaufstypen spricht entgegen der Annahme von Hirschi/Gottfredson dafür, dass sich Kriminalität und andere Verhaltensauffälligkeiten parallel entwickeln und sich im Zeitverlauf verändern können. Demnach müsste sich für die Probanden des Verlaufsmusters „Spätstarter" zeigen lassen, dass mit den strafrechtlichen Auffälligkeiten im Erwachsenenalter auch eine in anderen Bereichen auffällige Lebensführung einhergeht. In Tabelle 72 ist hierzu für alle Verlaufsmuster die Lebenssituation um das 25. Lebensjahr dargestellt. Zu dieser Zeit befanden sich alle unsere H-Probanden in ihrer „aktiven" Phase. Charakteristisch für die meisten Probanden aller Verlaufstypen ist in dieser Zeit eine sozial auffällige Lebensführung, die sich in Alkoholproblemen, einer unregelmäßigen Berufstätigkeit, einer unstrukturierten Freizeitgestaltung und Milieukontakten äußert. Obwohl die „Frühstarter", die „Deeskalierer" und die Probanden des Typus „schwere Jugend- und Heranwachsendendelinquenz" auf der einen Seite und die „Spätstarter" auf der anderen Seite eine unterschiedliche Vorgeschichte in Kindheit und Jugend haben, gleichen sich ihre Lebensumstände bis zur Inhaftierung in Rottenburg zunehmend an. Auch die Mehrzahl der „Spätstarter" zeigt Verhaltensauffälligkeiten, die nach Gottfredson/Hirschi als Kennzeichen einer „geringen Selbstkontrolle" interpretiert werden können. Da es sich nach Gottfredson/Hirschi dabei jedoch um eine zeitlich stabile Disposition handelt, die in der frühen Kindheit begründet liegt, dürfte es einen solchen Anstieg der Verhaltensauffälligkeiten im Erwachsenenalter, wie wir ihn bei den „Spätstartern" vorfinden, gar nicht geben.

Tabelle 72: Soziale Auffälligkeiten um das 25. Lebensjahr der Verlaufsmuster im H-Sample bis zum 32. Lebensjahr

	„Frühstarter" N=115	*„Spätstarter" N=32*	*„schwere Jugend- und Heranwachsenden-delinquenz" N=21*	*„Deeskalierer" N=20*
intensiver Alkoholkonsum	55%	63%	63%	47%
unregelmäßige Berufstätigkeit	95%	75%	86%	95%
unstrukturiertes Freizeitverhalten	89%	74%	80%	80%
Milieukontakte	70%	42%	70%	60%

Wesentlich unproblematischer gestaltet sich die Erklärung der unterschiedlichen Verlaufsmuster von Kriminalität für die altersabhängige soziale Kontrolltheorie von Sampson/Laub. Ob sich ein Individuum normkonform verhält oder nicht, ist nach diesem Erklärungsansatz nicht durch Sozialisationsdefizite vorbestimmt, sondern abhängig von der jeweiligen aktuellen Einbindung des Individuums in gesellschaftliche Institutionen und der aus dieser Einbindung resultierenden informellen Verhaltenskontrolle. Da sich das Ausmaß der sozialen Integration ungeachtet der Vorgeschichte im Lebenslauf verändern kann, sind auch grundsätzliche Verhaltensänderungen der Individuen möglich. Kommt es infolge veränderter sozialer Einbindungen im Erwachsenenalter zu einer Zunahme der sozialen Kontrolle, kann dies das Ende der Auffälligkeiten bedeuten, wie es sich bei dem Verlaufsmuster „schwere Jugend- und Heranwachsendendelinquenz" zeigt. Kommt es andererseits zu einer Abnahme der sozialen Kontrolle im Erwachsenenalter, so können damit die Verhaltensregulierungen wegfallen, die ein Individuum in der Konformität halten.

Hinter dem Beginn der „kriminellen Karriere" der „Spätstarter" im Heranwachsendenalter steht nach diesem Erklärungsansatz ein Rückgang oder Wegfall der sozialen Kontrolle in diesem Lebensabschnitt. Wenngleich wir den Prozess der Veränderung der sozialen Kontrolle selbst nicht abbilden können, so können wir jedoch das Resultat dieser Veränderung aufzeigen. Aus Tabelle 73 geht hervor, dass sich die „Spätstarter" bis zur Mitte ihrer dritten Lebensdekade nicht nur in ihrem Verhalten den Probanden der anderen Verlaufsmuster angleichen, sondern dass es auch in dem Ausmaß der sozialen Integration beziehungsweise Desintegration zu einer Angleichung kommt. Wie bei den anderen Verlaufsmustern sind nur noch bei einem kleinen Teil der „Spätstarter" um das 25. Lebensjahr Kennzeichen einer festen Einbindung in Arbeit, Freizeit oder eine Lebensgemeinschaft auszumachen.

Tabelle 73: Soziale Einbindung um das 25. Lebensjahr der Verlaufsmuster im H-Sample bis zum 32. Lebensjahr

	„Frühstarter" N=115	*„Spätstarter" N=32*	*„schwere Jugend- und Heranwachsenden-delinquenz" N=21*	*„Deeskalierer" N=20*
Einbindung in Arbeit	5%	25%	14%	5%
gutes Verhältnis zu Lebenspartner/ Eltern	13%	34%	24%	20%
Einbindung in Freizeit	13%	16%	14%	6%

Ein Beispiel dafür wie ungeachtet guter Startbedingungen und einer bis dahin normkonformen Lebensführung der Bruch zentraler Bindungen im Heranwachsendenalter den Beginn einer kriminellen Karriere markieren kann, gibt die Lebensgeschichte von Peter.

Fallbeispiel 3: der „Spätstarter" Peter

Peter wird 1941 als jüngstes von drei Kindern geboren. Peters Vater ist als Kraftfahrer viel unterwegs und selten zuhause. Daher befinden sich die Kinder meist in der Obhut der Mutter, die als führsorgend und tragende Kraft der Familie charakterisiert wird. Das Verhältnis der Geschwister zueinander ist gut. Von den Eltern Peters und seinen Geschwistern sind keinerlei soziale oder strafrechtliche Auffälligkeiten bekannt. Peters Persönlichkeit wird in jedem Lebensabschnitt überwiegend positiv beschrieben: Die Mutter bezeichnet ihren jüngsten Sohn als folgsam, ja geradezu anhänglich. In der Jugend gilt er als leicht erziehbar und auch als Erwachsener wird er von Dritten als unauffällig und umgänglich geschildert. Peters schulische Leistungen sind so gut, dass er am Ende der Volksschule für die höhere Schule vorgeschlagen wird. Da Peter jedoch schwer erkrankt (er muss sich ein Jahr lang in einer Kur erholen) und nach seiner Genesung als schonungsbedürftig gilt, nehmen die Eltern auch auf Anraten der Lehrer davon Abstand. Im Anschluss an die Volksschule beginnt Peter mit 15 Jahren eine dreijährige kaufmännische Ausbildung, die er 1959 erfolgreich abschließt. Im Anschluss daran wird er vom Ausbildungsbetrieb ins Beschäftigungsverhältnis übernommen.

In dieser Zeit, im Alter von 20 Jahren, beginnen Peters Schwierigkeiten: Angestiftet durch einen Arbeitskollegen, der die Firmenkasse bestohlen hatte, kaschiert Peter den Diebstahl des gemeinsam durchgebrachten Geldes. Als Diebstahl und Betrug schließlich aufgedeckt werden, wird Peter fristlos gekündigt. Seine Verurteilung zu 6 Monaten Freiheitsstrafe wird zur Bewährung ausgesetzt. Der Umgang mit seiner langjährigen Freundin wird ihm infolge der Verurteilung von deren Eltern verboten. Damit beginnt eine Zeit, die durch extreme Unbeständigkeit gekennzeichnet ist. Allein in den Jahren 1961 bis 1964 wechselt Peter mindestens neun Mal die Arbeitsstelle, wobei die Arbeitsverhältnisse sowohl durch Entlassungen seitens des Arbeitsgebers als auch durch Peter selbst beendet werden. Drei Mal wird Peter als qualifizierter kaufmännischer Angestellter eingestellt, aber auch Vertreter- und Aushilfstätigkeiten sind dabei. Auf die erste strafrechtliche Auffälligkeit folgen in den Jahren 1962-75 ungefähr 10 weitere Delikte, die mit Haftstrafen von einer Dauer zwischen einer Woche und neun Monaten geahndet werden. Dabei handelt es sich meist um Betrugsdelikte und Urkundenfälschung, aber auch Führerscheindelikte häufen sich. Charakteristisch für die Delikte ist, dass Peter sie nicht allein initiiert, sondern die Ideen anderer ausführt, um an Geld zu kommen. Beispielhaft hierfür ist eine zufällige Begegnung auf der Straße mit einem völlig mittellosen Bekannten, der Peter zum Scheckbetrug anstiftet. Je mehr Delikte beziehungsweise Verurteilungen sich summieren, desto desintegrierter wird auch Peters sonstige

Lebensführung. Er ist häufig ohne Arbeitsplatz, wohnsitzlos und hat wechselnde Frauenbekanntschaften.

1975 begeht Peter ein Betrugsdelikt, das mit 7 Monaten Freiheitsstrafe sanktioniert wird. Im Gefängnis lernt Peter eine Frau kennen, die aus politisch-sozialem Engagement in einer Gruppe mitarbeitet, die Gefangene betreut. Zu dieser Frau baut Peter eine Beziehung auf und wird von ihr auch aktiv in dem Wunsch nach einer künstlerischen Tätigkeit, die an sein früheres Hobby, das Dichten, anschließen soll, unterstützt. Nach der Entlassung findet Peter, der mittlerweile ungefähr 35 Jahre alt ist, einen Ausbildungsplatz in einem Photoatelier. Durch die emotionale Unterstützung der Betreuerin, die er später auch heiratet, lässt er sich durch Fehlschläge nicht abschrecken. Er zeigt sich sehr motiviert und begabt in seinem neuen Beruf, so dass ihm sein Arbeitgeber nach einigen Jahren eine Teilhabe an einem neuen Atelier vorschlägt. Nach finanziellen Startschwierigkeiten des gemeinsamen Ateliers ist Peter zwischenzeitlich (Stand 1990) beruflich gut etabliert. Er bleibt nach 1975 ohne weitere strafrechtliche Auffälligkeit und gilt als in der Gemeinde fest integriert und engagiert.

Das Fallbeispiel Peter verdeutlicht, dass es trotz guter Familiensituation, guter schulischer Leistungen, abgeschlossener Ausbildung und anschließender fester beruflicher Tätigkeit zu einer Straftat kommen kann. Diese Straftat ist ein Wendepunkt in Peters Leben. Infolge seiner strafrechtlichen Auffälligkeit verliert Peter seine Arbeit und seine Freundin. Der Verlust dieser sozialen Bindungen setzt in Peters Leben eine Dynamik in Gang, bei der sich Kriminalität, sozial auffälliges Verhalten und fehlende soziale Integration gegenseitig verstärken und so zu einer kriminellen Karriere führen, die sich über 15 Jahre erstreckt. Veränderungen in der sozialen Einbindung markieren bei Peter aber nicht nur den Beginn der kriminellen Karriere, sondern auch deren Ende: Seine spätere Ehefrau gibt ihm die emotionale Unterstützung, die er für einen Neuanfang braucht und eine erfüllende Arbeit verfestigt die Rückkehr in die Unauffälligkeit.

In den nachfolgenden Analysen wollen wir überprüfen, ob eine erfolgreiche Reintegration auch hinter dem Ende der strafrechtlichen Auffälligkeiten der Probanden des Verlaufstyps „schwere Jugend- und Heranwachsendenkriminalität" steht. Das Design der TJVU bringt es mit sich, dass auch bei den Probanden des Verlaufstypus „schwere Jugend- und Heranwachsendendelinquenz" die Daten zur Lebenssituation um das 25. Lebensjahr eine Lebensphase beschreiben, zu der sie noch „aktive" Straftäter waren. Und dementsprechend ist auch ihre Lebenssituation in dieser Zeit durch eine sozial auffällige Lebensführung und eine fehlende Integration in Arbeit, Partnerschaft und Freizeit gekennzeichnet. Wollen wir also den „Abbruch" krimineller Karrieren und die damit verbundenen Veränderungen in der sozialen Einbindung untersuchen, ist es nötig, den Untersuchungszeitraum auf die mittlere Erwachsenenphase (33.-39. Lebensjahr) auszudehnen.

6.4.2 Verlaufsmuster im H-Sample bis zum 39. Lebensjahr

Basierend auf den offiziellen Delinquenzdaten, lassen sich nach der Häufigkeit und Schwere der Kriminalität in der mittleren Erwachsenenphase (33.-39. Lebensjahr) drei unterschiedliche Kriminalitätsentwicklungen identifizieren:

1. Ein Ende der Straffälligkeit: der Proband erhielt keine Verurteilung.
2. Ein Rückgang der Straffälligkeit: der Proband erhielt maximal zwei Verurteilungen, wurde jedoch zu keiner (unbedingten) Freiheitsstrafe verurteilt wurde.
3. Eine unverminderte Fortsetzung der kriminellen Karriere: der Probanden erhielt drei Verurteilungen oder eine Verurteilung zu einer erneuten (unbedingten) Freiheitsstrafe.

In Tabelle 74 sind diese unterschiedlichen Entwicklungen für die 176 H-Probanden, für die valide Delinquenzdaten bis zum 39. Lebensjahr vorliegen, dargestellt. Nur bei 33% der H-Probanden ist im mittleren Erwachsenenalter (33.-39. Lj.) eine ähnlich starke Kriminalitätsbelastung festzustellen wie in ihrer dritten Lebensdekade. Bei 26% kam es zum einem Rückgang der Schwere und Häufigkeit der Straftaten, und bei 41% wurde überhaupt keine Straftat mehr registriert.

Tabelle 74: Kriminalitätsentwicklung zwischen dem 33. und dem 39. Lebensjahr, H-Probanden mit validen Delinquenzdaten bis zum 39. Lebensjahr (N=176)

	N	*Prozent*
keine erneute Verurteilung	73	41%
1- 2 Verurteilungen, aber keine Freiheitsstrafe	45	26%
3+ Verurteilungen oder eine Freiheitsstrafe	58	33%
Gesamt	176	100%

Vor dem Hintergrund der bisherigen Analysen ist zu erwarten, dass sich die Unterschiede im Kriminalitätsverlauf bis zum 32. Lebensjahr auch in Unterschieden in der Kriminalitätsentwicklung im mittleren Erwachsenenalter niederschlagen. In Tabelle 75 zeigen sich entsprechend deutliche Differenzen in der Rückfallwahrscheinlichkeit und in der „Schwere" des Rückfalls zwischen den Probanden des Verlaufstyps „schwere Jugend- und Heranwachsendendelinquenz" auf der einen Seite und den Verlaufstypen „Frühstarter" und „Spätstarter" auf der anderen Seite. Der Vergleich belegt erneut, dass eine unterschiedliche Kriminalitätsbelastung in der Jugend die Wahrscheinlichkeit des Rückfalls kaum beeinflusst, sich aber eine unterschiedliche Intensität der Karriere im jungen Erwachsenenalter auch in Unterschieden in der Kriminalitätsbelastung im nachfolgenden Zeitraum widerspiegelt. Aber auch bei den im Erwachsenenalter stark mit Kriminalität belasteten Verlaufsmustern ist ein Rückgang oder Ende der strafrechtlichen Auffälligkeiten wahrscheinlicher als eine unverminderte Fortsetzung der „kriminellen Karriere“. Nur noch 42% der „Frühstarter“ und 33% der „Spätstarter“ weisen in ihrer mittleren Erwachsenenphase eine ähnlich starke Kriminalitätsbelastung auf wie in ihrer dritten Lebensdekade. Der Anteil der „Abbrecher“ (keine erneute Verurteilung) fällt mit etwa 30% bei den „Frühstartern“ und den „Spätstartern“ ähnlich hoch aus – und dies, obwohl die Probanden beider Gruppen im davor liegenden Siebenjahreszeitraum (vgl. Tabelle 69) im Schnitt 3,9 beziehungsweise 3,4 Verurteilungen erhielten.

Tabelle 75: *Verlaufstypen bis zum 32. Lebensjahr und Kriminalitätsbelastung 33. – 39. Lebensjahr, N=176*

	keine Verurteilung	*1- 2 Verurteilungen, aber keine Freiheitsstrafe*	*3+ Verurteilungen oder eine Freiheitsstrafe*
„Frühstarter“ N=99	30% (30)	27% (27)	43% (42)
„Spätstarter“ N=30	27% (8)	40% (12)	33% (10)
„schwere Jugend- und Heranwachsenden-delinquenz“ N=21	86% (18)	9% (2)	5% (1)
„Deeskalierer“ N=15	47% (7)	20% (3)	33% (5)
Restgruppe N=11	91% (10)	9% (1)	---

Bei den Probanden des Verlaufstyps „schwere Jugend- und Heranwachsendendelinquenz“, die zwischen dem 26. und 32. Lebensjahr straffrei blieben, zeigt sich, dass der größte Teil dieser Probanden auch im weiteren Lebensverlauf nicht mehr straffällig wurde. Nur von drei Probanden (14%) ist im darauffolgenden Zeitraum eine erneute Verurteilung registriert, wobei nur bei einem Probanden infolge der Schwere der Tat eine unbedingte Freiheitsstrafe verhängt wurde. Bei Straftätern, die längere Zeit straffrei blieben (in unseren Analysen mindestens sieben Jahre), ist somit mit hoher Wahrscheinlichkeit davon auszugehen, dass sie auch im weiteren Lebensverlauf nicht mehr rückfällig werden.

Der Anteil der „Abbrecher“ fällt bei den Probanden der Verlaufsgruppe „Deeskalierer“ deutlich niedriger aus. Nur etwa bei der Hälfte (47%) der Probanden kündigt der Rückgang der Tatschwere und der Verurteilungsfrequenz im davor liegenden Siebenjahreszeitraum das Ende der strafrechtlichen Auffälligkeiten an. Demgegenüber kam es bei einem Drittel (33%) zu einer erneuten „Eskalation“ der Kriminalität im Sinne einer Zunahme der Verurteilungshäufigkeit oder einer erneuten Freiheitsstrafe. Gerade die „Deeskalierer“ zeigen, wie wechselhaft sich die Kriminalitätsbelastung im Lebenslauf darstellt. Die Unstetigkeit in ihrer Delinquenzentwicklung, aber auch die Veränderungen bei den anderen Verlaufsgruppen unterstreichen nachdrücklich die Fragwürdigkeit von Prognosen, die auf der zurückliegenden Delinquenzentwicklung beruhen; insbesondere dann, wenn diese Prognosen auf einem allzu engen Zeitraum beruhen.

Eine solche problematische Prognose findet sich beispielsweise in den Erklärungsansätzen von Moffitt (1993) und – in abgeschwächter Form – von Patterson/Yoerger (1993). Moffitt leitet aus dem Zeitpunkt des Beginns der sozialen Auffälligkeiten eine unterschiedliche Dauer der Auffälligkeiten ab. Bei Probanden, die bereits in ihrer Kindheit wiederholt sozial auffälliges Verhalten zeigten, hält sie ein „life-course-persistent antisocial behavior" für wahrscheinlich, und bei Probanden, bei denen der Beginn der Auffälligkeiten in der Jugend liegt, ein „adolescence-limited antisocial behavior". Auch wenn wir diese Verlaufsprognose aufgrund der spezifischen Selektionsbedingungen des H-Samples nicht wirklich überprüfen können, sprechen unsere Daten eher dagegen. Dies demonstriert der Vergleich der Probanden von zwei Verlaufsgruppen, die sich in der Dauer ihrer kriminellen Karriere deutlich unterscheiden: Unter den Probanden des Verlaufsmusters „Frühstarter" lassen sich 42 Probanden identifizieren (Tabelle 75), die auch nach dem 32. Lebensjahr ihre „kriminelle Karriere" fortsetzen (3+ Verurteilungen oder eine Freiheitsstrafe zwischen dem 33. und 39. Lebensjahr) und somit auch in einer längeren Verlaufsbetrachtung ein „persistent antisocial behavior" zeigen. Auf der anderen Seite sind unter den Probanden des Verlaufstyps „schwere Jugend- und Heranwachsendendelinquenz" 18 Probanden auszumachen, die auch nach dem 32. Lebensjahr keine weitere Verurteilung mehr erhielten und somit ab Mitte ihrer dritten Lebensdekade als „Abbrecher" zu werten sind. Nach den Überlegungen von Moffitt wäre zu erwarten, dass bei den Probanden mit einem „life-course-persistent antisocial behavior" der Anteil von Probanden, bei denen der Beginn der Auffälligkeiten schon vor dem 14. Lebensjahr festgestellt werden kann, deutlich höher liegt als bei den „Abbrechern". Unsere Daten ergeben jedoch eine Gleichverteilung in beiden Vergleichsgruppen: Bei den „Abbrechern" beträgt der Anteil der Probanden, die schon vor dem 14. Lebensjahr nach Fremdberichten oder behördlicher Erfassung delinquentes Verhalten zeigten, 61% und bei den „life course-persistent"-Probanden 69%. Keine Unterschiede zeigen sich auch bei dem Vergleich der beiden Gruppen hinsichtlich Berichten über andere soziale Auffälligkeiten bis zum 14. Lebensjahr. So liegen von 50% der „Abbrecher" Berichte über wiederholte Auffälligkeiten wie Herumstreunen, Klauerei, Alkoholkonsum oder Rauchen vor, gegenüber 43% der „life course-persistent behavior"-Probanden.

In den folgenden Analysen wollen wir den Frage nachgehen, ob es sich bei dem Rückgang der Kriminalitätsbelastung im mittleren Erwachsenenalter, der sich bei allen Verlaufsmustern zeigt, nur um eine Veränderung der Ausdrucksform der „kriminellen Neigung" handelt, wie dies Gottfredson/Hirschi unterstellen, oder ob es sich um eine generelle Verhaltensänderung handelt, die sich auch in anderen Verhaltensauffälligkeiten niederschlägt. Die Datenbasis für diese Analysen bilden die 112 nachuntersuchten H-Probanden, für die sowohl Delinquenzdaten als auch andere biographische Daten für die vierte Lebensdekade vorliegen. Ausgehend von der Kriminalitätsentwicklung bis zum 32. Lebensjahr können wir unter den verbleibenden 112 H-Probanden nach ihrer Kriminalitätsbelastung in der mittleren Erwachsenenphase verschiedene „Abbruchtypen" unterscheiden. Da eine Differenzierung nach der Kriminalitätsentwicklung bis zum 18. Lebensjahr die ohnehin kleinen Gruppen noch weiter verkleinern würde und die bisherigen Analysen ergaben, dass die Kriminalitätsbelastung in der Jugend kaum eine Bedeutung hat für Kriminalitätsbelastung in späteren Lebensphasen, verzichten wir auf eine Unterscheidung von Früh- und Spätstartern. Hinsichtlich der Fortsetzung oder der Beendigung des kriminellen Verhaltens im Erwachsenenalter lassen sich vier verschiedene Verläufe identifizieren:

- Eine Verlaufsgruppe *„frühe Abbrecher"* umfasst 21 Probanden, die nach ihrem 25. Lebensjahr keine weiteren Verurteilungen mehr erhielten oder die zwischen dem 26. und 32. Lebensjahr bereits einen deutlichen Rückgang in ihrer Delinquenzentwicklung zeigten (zwischen dem 25. und dem 32. Lebensjahr nur noch ein oder zwei Verurteilungen, aber keine Freiheitsstrafe). Gemeinsam ist den Probanden dieser Gruppe, dass sie ab dem 33. Lebensjahr straffrei blieben. Ihr gehören 15 Probanden des Verlaufstyp „schwere Jugend- und Heranwachsendendelinquenz" und 6 Probanden aus dem Verlaufstyp „Deeskalierer" an.
- Eine weitere Gruppe bilden die *„späten Abbrecher"*. In dieser Gruppe befinden sich die 28 Probanden (7 Probanden des Verlaufstyps „Spätstarter" und 21 Probanden aus dem Verlaufstyp „Frühstarter"), die zwischen dem 26. und dem 32. Lebensjahr mindestens dreimal verurteilt wurden oder in diesem Zeitraum eine Freiheitsstrafe erhielten, aber nach dem 33. Lebensjahr nicht mehr verurteilt wurden.
- Die dritte Gruppe (N=20) setzt sich aus Probanden zusammen, deren Delinquenzentwicklung sich von den späten Abbrechern dadurch unterscheidet, dass sie auch zwischen dem 33. und dem 39. Lebensjahr eine oder zwei Verurteilungen erhielten, bei diesen Verurteilungen jedoch keine unbedingten Freiheitsstrafen ausgesprochen wurde. Diese Probanden, die im mittleren Erwachsenenalter (33.-39. Lebensjahr) einen deutlichen Rückgang der Kriminalitätsentwicklung aufweisen, bezeichnen wir als *„schleichende Abbrecher"*. Sie setzt sich zusammen aus 5 Probanden des Verlaufstyps „Spätstarter" und 15 Probanden des Verlaufstyps „Frühstarter".
- In der vierten Gruppe befinden sich die 28 Probanden, die ihre „Karriere" auch im mittleren Erwachsenenalter unvermindert fortsetzten. Sie wurden zwischen dem 33. und zum 39. Lebensjahr mindestens dreimal verurteilt oder mussten erneut eine Freiheitsstrafe verbüßen. Unter diesen 21 Probanden, die wir als *„Persister"* bezeichnen, befinden sich 21 Probanden aus dem Verlaufstyp „Frühstarter", 3 Probanden aus dem Verlaufstyp „Spätstarter" und 4 Probanden aus dem Verlaufstyp „Deeskalierer".

12 der 112 nachuntersuchten H-Probanden konnten in diese Typologie nicht eingeordnet werden. Es handelt sich dabei um vier Probanden, die zwischen dem 15. und 39. Lebensjahr nur einmal verurteilt wurden, und um 8 Probanden, die mehrmals wechselnde Phasen von strafrechtlicher Auffälligkeit und Unauffälligkeit aufwiesen. Zusätzlich wurden drei Probanden aus der Analyse ausgeschlossen, die gemäß unserer Kriterien eigentlich als „Persister" gelten würden. Diese drei Probanden waren zwischen dem 33. und dem 39. Lebensjahr jedoch mehr als zwei Drittel der gesamten Zeit im Gefängnis, so dass eine sinnvolle Einordnung hinsichtlich sozialer Verhaltensauffälligkeiten und sozialer Integration nicht möglich war.

In Tabelle 76 ist die Kriminalitätsbelastung (Anzahl der durchschnittlichen Verurteilungen und Inhaftierungen) der vier „Abbruchtypen" in der frühen und mittleren Erwachsenenphase dargestellt und Abbildung 13 gibt einen Überblick über die Zusammensetzung der vier „Abbruchtypen" aus den Verlaufsgruppen bis zum 32. Lebensjahr.

Tabelle 76: Durchschnittliche Anzahl der Verurteilungen und Inhaftierungen der Verlaufsmuster im H-Sample bis zum 39. Lebensjahr

	„Frühe Abbrecher" N=21	*„Späte Abbrecher" N=28*	*„Schleichende Abbrecher" N=20*	*„Persister" N=28*
Verurteilungen 26.-32. Lj.	0,3	2,2	3,5	4,5
Inhaftierungen 26.-32. Lj.	0	1,8	2,1	2,5
Verurteilungen 33.-39. Lj.	0	0	1,4	3,9
Inhaftierungen 33.-39. Lj.	0	0	0	2,0

Abbildung 13: Verlaufsmuster im H-Sample

Verlaufstypen im H- Sample bis zum 32. Lebensjahr **Verlaufstypen im H- Sample bis zum 39. Lebensjahr**

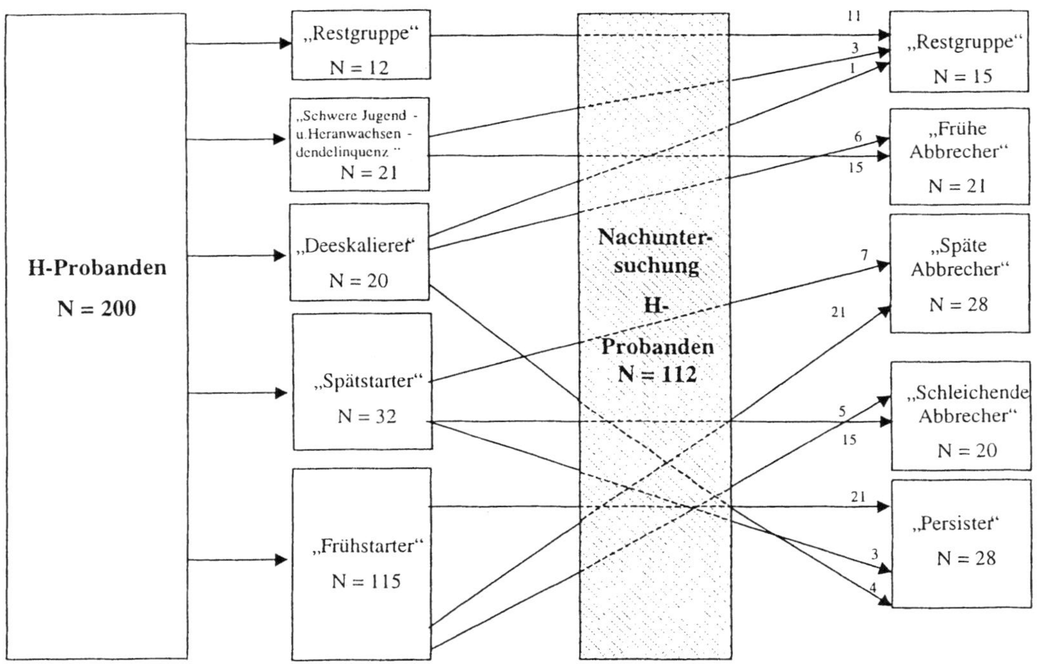

Auf der Grundlage dieser Typologie von Delinquenzverläufen im Erwachsenenalter wollen wir untersuchen, ob es einen Zusammenhang zwischen der Beendigung beziehungsweise dem Rückgang des kriminellen Verhaltens und anderen Verhaltensauffälligkeiten gibt. In Tabelle 77 ist für alle vier Verlaufsmuster bis zum 39. Lebensjahr der Anteil der Probanden aufgeführt, die um das 35. Lebensjahr einen auffälligen Alkoholkonsum, Milieukontakte und ein unregelmäßiges Arbeitsverhalten zeigten. Zu Vergleichszwecken ist zusätzlich die Gruppe der nachuntersuchten „unauffälligen" V-Probanden aufgeführt, von denen in keinem der Zeiträume, über die wir Informationen haben, kriminelles Verhalten bekannt ist.[153]

Tabelle 77: Soziale Auffälligkeiten um das 35. Lebensjahr der Verlaufsmuster im H-Sample bis zum 39. Lebensjahr und der „unauffälligen V-Probanden"

	unauffällige V-Probanden N=62	*„Frühe Abbrecher" N=21*	*„Späte Abbrecher" N=28*	*„Schleichende Abbrecher" N=20*	*„Persister" N=28*
intensiver Alkohol-konsum	10%	6%	32%	50%	70%
Milieukontakte	2%	0%	4%	25%	55%
Unregelmäßige Berufstätigkeit	0%	16%	29%	45%	67%

Der Vergleich zeigt erneut, dass es einen deutlichen Zusammenhang zwischen der Kriminalitätsbelastung und Verhaltensauffälligkeiten im Kontakt-, Freizeit- und Leistungsbereich gibt. Je stärker die Kriminalitätsbelastung im mittleren Erwachsenenalter, desto auffälliger ist die Lebensführung. Beispielsweise ist der Prozentsatz der Probanden in der „Persistergruppe", die keiner regelmäßigen Berufstätigkeit nachgehen, viermal so hoch, wie in der Gruppe der „frühen Abbrecher" und mehr als doppelt so hoch wie in der Verlaufsgruppe der „späten Abbrecher". Unterschiede bestehen aber nicht nur zwischen den „aktiven" und „nicht-aktiven" H-Probanden, sondern auch zwischen den Abbrechergruppen: Je früher es zu einem Rückgang oder Ende der strafrechtlichen Auffälligkeiten kommt, desto kleiner ist der Anteil der

[153] Wie bereits erwähnt, gab es bei den V-Probanden der Tübinger Jungtäter-Vergleichsuntersuchung eine Erhebungslücke der offiziellen Delinquenzgeschichte von ungefähr 10 Jahren, so dass verlässliche Delinquenzdaten für diese Population maximal bis zum Alter von 32 Jahren vorhanden sind. Für 149 der V-Probanden liegen jedoch aus erneuten Bundeszentralregisterauszügen Angaben über die Delinquenzentwicklung in der fünften Lebensdekade vor. Ausgehend von diesen 149 Probanden wurden für die Vergleichsanalyse die 62 V-Probanden ausgewählt, die sich an der Nachuntersuchung beteiligten, und von denen sowohl bis zu ihrem 32. Lebensjahr als auch in den späteren Lebensjahren, für die valide Delinquenzdaten vorliegen, keinerlei strafrechtlich relevanten Auffälligkeiten bekannt sind.

Probanden, von denen Berichte über Verhaltensauffälligkeiten um das 35. Lebensjahr vorliegen. Der Vergleich der „frühen Abbrecher" und der V-Probanden zeigt zudem, dass die meisten der Straftäter, die ihre „kriminelle Karriere" beim Übergang ins junge Erwachsenenalter beendeten, sich etwa ein Jahrzehnt später in ihrem Verhalten kaum mehr von Probanden unterscheiden, die niemals strafrechtlich auffällig wurden.

Die Gleichentwicklung von strafrechtlichen Auffälligkeiten und sozial auffälligen beziehungsweise unauffälligem Verhalten in anderen Lebensbereichen, wie sie sich bei unseren Probanden im mittleren Erwachsenenalter darstellt, spricht nicht nur gegen die Überlegungen von Gottfredson/Hirschi, sondern für den Erklärungsansatz von Sampson/Laub zu sprechen, demzufolge hinter einem „Abbruch" krimineller Karrieren eine generelle Veränderung der Lebensführung steht, die sich auch in einem Rückgang oder Ende anderer Verhaltensauffälligkeiten niederschlägt.

Ursächlich für die Verhaltensänderung ist nach der altersabhängigen sozialen Kontrolltheorie eine Veränderung in der sozialen Einbindung und die damit verbundene Veränderung der sozialen Kontrolle der Individuen. Im Unterschied zu der sozialen Kontrolle in der Kindheit und Jugend, die noch zu einem größeren Teil auf direkter Überwachung basiert, entsteht die Verhaltenskontrolle in der Erwachsenzeit aus einem System von Erwartungen und Verpflichtungen. Zentrale Bedeutung hierfür haben vor allem zwei Institutionen: die Familie und die Arbeit. Starke Bindungen an diese Institutionen stellen für das Individuum „soziales Kapital" dar, das ihm einerseits die Erfüllung seiner Bedürfnisse auf legalem Weg leichter ermöglicht und es andererseits von illegalen Verhaltensweisen abhält. Denn ein Verstoß gegen die Erwartungshaltungen, Wertigkeiten und Normen auf denen beide Institutionen beruhen – und eine Straftat stellt meist einen solchen Verstoß dar –, würde dieses „soziale Kapital" gefährden. Nach der altersabhängigen sozialen Kontrolltheorie ist der „Abbruch" einer kriminellen Karriere demnach als Prozess zu verstehen, in dessen Verlauf „soziales Kapital" gebildet wird. Am Anfang „investieren" die beteiligten Akteure noch vorsichtig, so dass die eventuell anfallenden Verluste noch nicht allzu hoch ausfallen. Wenn dann der Gewinn aus dieser sozialen Investition realisiert wird, ist das Individuum bereit, größere Investitionen zu tätigen. So nimmt beispielsweise die subjektive Bedeutung einer glücklichen Partnerschaf im Zeitverlauf zu. Je länger man in einer glücklichen Partnerschaft lebt, desto höher werden aber die Kosten, die bei einem Verlust dieser Bindung entstehen. Und es sind auch diese Kosten, die ein Individuum von weiteren Straftaten abhalten. Aus diesen Überlegungen folgern Laub und Sampson, dass die individuelle Kriminalitätsrate in dem Maße zurückgeht, wie die positiven Effekte einer glücklichen Ehe oder erfüllenden Arbeit zunehmen: „adults, regardless of delinquent background, will be inhibited from committing crime to the extend that they have social capital invested in their work and family lives." (Sampson/Laub 1993, S. 141).

Betrachtet man den Abbruch einer kriminellen Karriere als „Investitionsprozess", beschreibt nicht der „radikale", sondern der „schleichende" Abbruch den typischen

Entwicklungsverlauf eines Straftäters, der in eine harmonische Partnerschaft oder Arbeit eingebunden wird beziehungsweise sich einbindet.[154] Dieser Idee zufolge müssten sich nicht nur die H-Probanden, die in ihrer mittleren Erwachsenenphase noch aktive Straftäter sind, hinsichtlich ihrer Einbindung in Ehe/Partnerschaft und Arbeit von den „Abbrechern" unterscheiden. Es müsste sich auch zeigen lassen, dass H-Probanden, die ihre „kriminelle Karriere" früher beendeten, auch mehr „soziales Kapital" besitzen als H-Probanden, die ihre kriminelle Karriere später beendeten. Die „Abbrecher" müssten um das 35. Lebensjahr nicht nur deutlich häufiger in Familie und Arbeit eingebunden sein als die „Persister", es müsste sich auch eine Differenz zwischen den „frühen", „späten" und „schleichenden" Abbrechertypen ergeben.

In Tabelle 78 und Tabelle 79 ist hierzu für die vier Verlaufsgruppen im H-Sample und für die „unauffälligen" V-Probanden die Qualität der Einbindung in Ehe/Partnerschaft beziehungsweise der Arbeit um das 35. Lebensjahr dargestellt. Wie erwartet sind nicht nur deutliche Unterschiede zwischen den „persistierenden Straftätern" und den „Abbrechern", sondern auch zwischen den verschiedenen Abbrechertypen festzustellen. Je früher es zum Rückgang oder Ende der kriminellen Aktivitäten kam, desto größer ist der Anteil der Probanden, die fest in Arbeit und Ehe eingebunden sind. Sind es von den „frühen Abbrechern" beispielsweise 70%, die in einer weitgehend harmonischen oder zumindest teilweise befriedigend erlebten Ehe leben („gute" oder „funktionierende" Partnerschaft), so beträgt der Anteil bei den „späten Abbrechern" noch 61%, bei den „schleichenden Abbrechern" 47% und bei den „Persistern" nur noch 33%. Noch deutlicher fallen die Unterschiede hinsichtlich der Einbindung in die Arbeit aus. Hier sind es 78% der „frühen Abbrecher", die regelmäßig einer Arbeit nachgingen, der sie zumindest teilweise Interesse entgegenbrachten („gute" und „mittlere" Einbindung in Arbeit), 56% der „späten Abbrecher", 50% der „schleichenden Abbrecher" und nur 14% der „Persister".

Interpretiert man die Unterschiede in der Qualität der Einbindung als Unterschiede im Umfang des angesammelten „sozialen Kapitals", so zeigt sich, dass die „frühen Abbrechern" bis zu ihrem 35. Lebensjahr mehr Kapital ansammeln konnten als die „späten Abbrechern". So lebten 50% der „frühen Abbrecher" in einer „guten" Partnerschaft gegenüber 26% der „späten" Abbrecher. Hinsichtlich einer „guten" Einbindung in die Arbeit beträgt das Verhältnis 44% zu 28%. Ein Hinweis auf den Prozesscharakter der „sozialen Kapitalbildung" ergibt sich auch dann, wenn man sich die Qualität der Einbindung zum Zeitpunkt der Nachuntersuchung, die durchschnittlich um etwa das 45. Lebensjahr der Probanden lag, betrachtet. Der Anteil der Probanden, die um das 45. Lebensjahr in einer Partnerschaft lebten, die entsprechend der Selbstbewertung der Probanden als „gut" charakterisiert werden kann, stieg bei den „frühen Abbrechern" auf 57% (gegenüber 50% um das 35. Lebensjahr) und bei

[154] Aus der Logik des sozialen Kapitalansatzes kann man aber auch das Phänomen des „radikalen" Abbrechers ableiten. So wie man durch Zufall bei einer geringen Kapitalinvestition beispielsweise im Bereich von Börsenspekulationen enorme Gewinne realisieren kann, ist es übertragen auf unseren Bereich denkbar, dass neue Bindungsmöglichkeiten sich als einmalige Chance bieten, die dann schon nach kürzester Zeit eine radikale Veränderung nach sich ziehen.

den „späten Abbrechern“ auf 41% (gegenüber 26% um das 35. Lebensjahr). Dieser Anstieg in der „Bindungsqualität“ zeigt sich auch bei der Arbeitsintegration um das 45. Lebensjahr. Hier betrug der Anteil der Probanden, die einer regelmäßigen Arbeit nachgingen, der sie großes Interesse und Engagement entgegenbrachten, bei den „frühen Abbrechern“ 58% (gegenüber 44% um das 35. Lebensjahr) und bei den „späten Abbrechern“ 48% gegenüber (28% um das 35. Lebensjahr).

Tabelle 78: *Einbindung in Ehe/Partnerschaft um das 35. Lebensjahr der Verlaufsmuster im H-Sample bis zum 39. Lebensjahr und der „unauffälligen V-Probanden“*

	unauffällige V-Probanden N=62	*„Frühe Abbrecher“* N=21	*„Späte Abbrecher“* N=28	*„Schleichende Abbrecher“* N=20	*„Persister“* N=28
gute Partner-schaft/Ehe	58%	50%	26%	20%	26%
funktionie-rende Partner-schaft/Ehe	23%	20%	35%	27%	7%
keine oder schlechte Ehe/ Part-nerschaft	19%	30%	39%	53%	67%

Tabelle 79: Einbindung in die Arbeit um das 35. Lebensjahr der Verlaufsmuster im H-Sample bis zum 39. Lebensjahr und der „unauffälligen V-Probanden"

	unauffällige V-Probanden N=62	*„Frühe Abbrecher" N=21*	*„Späte Abbrecher" N=28*	*„Schleichende Abbrecher" N=20*	*„Persister" N=28*
gute Einbindung in Arbeit	64%	44%	28%	22%	5%
mittlere Einbindung in Arbeit	33%	33%	28%	28%	9%
keine/ schlechte Einbindung in Arbeit	3%	22%	44%	50%	86%

Besonders wenn man zum Vergleich die Lebenssituation um das 25. Lebensjahr (Tabelle 73) heranzieht, wird deutlich, dass sich die H-Probanden, die ihre kriminellen Karriere beenden, bis zum 35. Lebensjahr zunehmend den „unauffälligen" V-Probanden angleichen. Diese Angleichung erfolgt jedoch nicht in allen Lebensbereichen. So zeigt eine Übersicht über die Berufspositionen der Verlaufsmuster um das 35. Lebensjahr (Tabelle 80), dass die „kriminelle Karriere" auch bei vielen der erfolgreichen „resozialisierten" H-Probanden Folgen hinterlässt, die im weiteren Lebenslauf nicht mehr kompensiert werden können. Vor allem bei den höheren Berufspositionen[155] zeigt sich der Unterschied zwischen den H- und den V-Probanden deutlich. Nur 2% der H-Probanden, zwei „späte Abbrecher", erreichten bis zum 35. Lebensjahr eine höhere Berufsposition, im Unterschied zu 37% der V-Probanden (n=23) der „unauffälligen V-Probanden). Auch bei den H-Probanden, die ihre kriminelle Karriere beendeten, scheinen die gewachsenen Defizite in den Leistungsbiographien den Aufstieg in gehobenere Berufspositionen zu versperren.[156]

[155] Zu den höheren Berufspositionen zählen wir die Kategorien „höherer oder gehobener Beamtenstatus", „leitende Angestellte", „freiberuflich Tätige" und „größere selbständige Unternehmer".

[156] Die dargestellten Unterschiede in der Berufsposition spiegeln sich auch im Einkommen (siehe Anhang Tabelle A95) und der Schichtposition wider.

Tabelle 80: Berufspositionen um das 35. Lebensjahr der Verlaufsmuster im H-Sample bis zum 39. Lebensjahr und der „unauffälligen V-Probanden“

	„unauffällige V-Probanden“ N=62	*„Frühe Abbrecher“ N=21*	*„Späte Abbrecher“ N=28*	*„Schleichende Abbrecher“ N=20*	*„Persister“ N=28*
Gelegenheits-/Hilfsarbeiter	3%	26%	39%	55%	68%
Facharbeiter	29%	53%	46%	20%	14%
Einfacher oder mittlerer Angestellter	24%	5%	7%	10%	14%
Kleinunternehmer	7%	16%	-	15%	4%
Höherer oder gehobener Beamtenstatus	10%	-	-	-	-
Leitender Angestellter	22%	-	4%	-	-
Freiberuflich Tätige	2%	-	4%	-	-
Größerer selbständiger Unternehmer	3%	-	-	-	-

Über die Gründe können wir an dieser Stelle nur einige Überlegungen anstellen, die vor allem in Untersuchungen über den Zusammenhang von Kriminalität und Erwerbsbiographie diskutiert werden (Kofler 1980, West 1982, Göppinger 1997, Dietz et al. 1998). Um in eine gehobene Berufsposition zu kommen, ist eine einigermaßen ununterbrochene Leistungsbiographie, gekoppelt mit Leistungswillen und Leistungsfähigkeit, eine wichtige Vorraussetzung. Zumindest die ersten beiden Voraussetzungen waren, wie in den Arbeiten von Kofler (1980) und Göppinger (1983) ausgeführt, bei der Häftlingspopulation der TJVU nicht zu allen Zeiten gegeben. Gerade in der Lebensphase, in der die Schulzeit beendet wird und die Ausbildungszeit für den beruflichen Werdegang beginnt, hatten viele unsere H-Probanden deutliche Probleme im Leistungsbereich. Die sich in diesem Zeitabschnitt anhäufenden Probleme sind aufgrund gesellschaftlicher Rahmenbedingungen nicht mehr oder nur mit großem Aufwand korrigierbar. Unabhängig von den individuellen Fähigkeiten und dem Leistungswillen versperrt die unterbrochene Arbeitsbiographie, aber auch die „kriminelle Vorgeschichte“ der Probanden selbst, den Zugang zu bestimmten attraktiven Arbeitsmarktsegmenten und höheren Berufspositionen. Trotz der bestehenden Unterschiede zu den V-Probanden zeigt sich bei den meisten der H-Probanden, die ihre kriminelle Karriere im jungen Erwachsenenalter beendeten, eine deutliche berufliche Aufwärtsmobilität: Von den 21 „frühen Abbrechern“ waren um das 25. Lebensjahr 68% als Gelegenheits- und Hilfsarbeiter beschäftigt, während es um das 35. Lebensjahr nur noch 26% waren. Im Gegensatz dazu stieg die Anzahl der Facharbeiter in dieser Gruppe von 38% auf 53%. Eine ähnlich positive Entwicklung durchliefen auch die Probanden, die wir der Gruppe der „späten Abbrecher“ zugeordnet haben. 82% der 28 Probanden dieser Gruppe waren um das 25. Lebensjahr als Gelegenheits- und Hilfsarbeiter beschäftigt. Um das 35. Lebensjahr waren es nur noch 39%. Der Anteil der Facharbeiter stieg demgegenüber von 14% auf 46%. Diese deutliche berufliche Aufwärtsmobilität eines Teils der H-Probanden wurde von der ersten Forschergeneration der Tübinger Jungtäter Vergleichsuntersuchung nicht unbedingt erwartet. Göppinger (1997, S. 283) charakterisiert die Leistungsbiographien der H-Probanden als Syndrom mangelnder beruflicher Angepasstheit: „So ist das Leistungsverhalten vieler späterer Straffälliger gekennzeichnet durch frühzeitiges Schulschwänzen, häufiges Fehlen in der Ausbildung und am Arbeitsplatz, durch einen geringen Schulerfolg, das Fehlen beziehungsweise den Abbruch einer weiterführenden Ausbildung, geringe berufliche Qualifikation und häufigen Lehr- und Arbeitsstellenwechsel sowie nicht selten durch erhebliche Zeiten der Beschäftigungslosigkeit. Bei oftmals mangelndem Durchhaltevermögen und Interesse erfüllen sie ihre Leistungspflichten nur, soweit sie keine inneren oder äußeren Schwierigkeiten zu bewältigen haben. Diese beruflichen Auffälligkeiten bilden zusammen ein Syndrom mangelnder beruflicher Angepasstheit, das als spezifisch für die H-Probanden gelten kann.“ Diese Aussagen, die vor dem Hintergrund der Erstuntersuchung entstanden sind, lassen sich für die späteren Lebensphasen für die meisten H-Probanden nicht mehr aufrechterhalten. Offensichtlich löst sich bei einem Teil der H-Probanden das von Göppinger beschriebene Syndrom im weiteren Lebenslauf auf, und die Probanden fanden einen Weg in eine normale Erwerbsbiographie. Dies zeigt deutlich ein Vergleich der Berufspositionen über die drei Messzeitpunkte 25. Lebensjahr, 35. Lebensjahr und 45. Lebensjahr (siehe Anhang Tabelle A96). Es bleibt festzuhalten, dass es trotz der strukturellen Benachteiligung einem großen Teil der H-Probanden gelungen ist, im mittleren und späteren Lebensalter die Unterschiede zu den V-Probanden zu verringern. Diese Aufwärtsbewegung der H-Probanden spiegelt sich auch in der Einkommenssituation wider.

Den Zusammenhang zwischen dem Abbruch einer kriminellen Karriere und der sozialen Einbindung in Partnerschaft und Arbeit, wie er sich an den H-Probanden zeigt, ermittelten auch Sampson/Laub in ihrer Reanalyse der Glueck/Glueck-Daten. Das Ergebnis ihrer Analysen lässt sich mit einem Satz zusammenfassen: „Consistent with a sociological theory of adult development and informal social control, however, we found that job stability and marital attachment in adulthood were significantly related to changes in adult crime – the stronger the adult ties to work and family, the less crime and deviance occurred among both delinquent and controls"(1993, S. 248). Diese Aussage belegen sie mit mehreren Analysen, die sie mit verschiedenen Subgruppen und Indikatoren der sozialen Einbindung und Kriminalitätsbelastung durchführten.

So differenzierten Sampson/Laub (Laub/Nagin/Sampson 1998) in einer dieser Analysen die delinquenten Probanden der Glueck/Glueck Untersuchung nach ihrer Kriminalitätsbelastung bis zum 32. Lebensjahr in vier verschiedene Gruppen. Eine erste Gruppe umfasste Probanden, die durchgehend von der Jugend bis zum 32. Lebensjahr eine hohe Delinquenzbelastung aufwiesen. Eine zweite Gruppe zeigte ebenfalls bis zum 32. Lebensjahr einen durchgängigen Delinquenzverlauf, war jedoch insgesamt geringer mit Kriminalität belastet als die erste Gruppe. Einer dritten und der vierten Gruppe wurden Probanden zugeordnet, bei denen es in der Erwachsenenzeit zu einem deutlichen Rückgang der Kriminalitätsbelastung kam, wobei die durchschnittliche Verurteilungsrate bei der dritten Gruppe geringfügig über der Verurteilungsrate der vierten Gruppe lag. Beim Vergleich dieser Gruppen nach der Ehequalität im jungen Erwachsenenalter zeigten sich unabhängig davon, welcher Indikator herangezogen wurde (Trennung oder Scheidung der Ehepartner, Dauer der Ehe, Einschätzung der Beziehungsqualität durch den Probanden, eine Einschätzung über die Verantwortungsübernahme innerhalb der Ehe etc.), deutliche Unterschiede: Je geringer die Kriminalitätsbelastung der Gruppen war, desto besser war auch die Ehequalität der Probanden in diesem Zeitraum. Beispielsweise war der Anteil der geschiedenen Probanden, beziehungsweise der Anteil der Probanden, die von ihrer Ehefrau getrennt lebten, bei der ersten und zweiten Gruppe beinahe viermal so hoch, wie bei der ersten Gruppe. 38,5% der Probanden der ersten und der zweiten Gruppe waren bis zum 32. Lebensjahr entweder geschieden oder lebten von ihrer Ehefrau getrennt. Bei der dritten Gruppe betrug dieser Anteil noch 18.9% und bei der vierten Gruppe nur noch 10,3%.

In weiteren Analysen überprüften Sampson/Laub (Laub/Nagin/Sampson 1998), ob der präventive Effekt, der von einer engen Anbindung an eine Partnerin ausgeht, im Zeitverlauf zunimmt. Hierzu verglichen sie die Entwicklung der Verurteilungsraten von Probanden, die in einer stabilen und als harmonisch beschriebenen Partnerschaft lebten, mit der Verurteilungsrate von Probanden, deren Ehe als schlecht charakterisiert wurde. Schon nach der ersten Zeitperiode (2 Jahre nach der Eheschließung) zeigte sich ein deutlicher Unterschied zwischen beiden Vergleichsgruppen: Die Probanden mit einer guten Ehe hatten eine 19% geringere Sanktionshäufigkeit wie die Probanden mit einer schlechten Ehe. Diese Differenz nahm im Zeitverlauf weiter zu. Nach vier Jahren betrug der Unterschied 58% und nach 6 Jahren sogar 68%. Sampson/Laub belegen damit, dass die kriminalitätshemmende Wirkung, die durch eine enge Bindung zu einer Partnerin entsteht, nicht nur sehr stark ist, sondern im Zeitverlauf sogar noch zunimmt. Bestätigt wurde dieses Ergebnis zusätzlich durch eine Wiederholung der Analysen innerhalb der vier Sanktionsgruppen. So lag auch innerhalb der Gruppe von Probanden, die bis zum 32. Lebensjahr eine hohe Kriminalitätsbelastung aufwiesen, die Verurteilungsrate bei Probanden mit einer guten Ehe nach sechs Ehejahren um 61% unter der Verurteilungsrate von Probanden, die nicht in eine gute Ehe eingebunden waren.

In ihren Analysen über die Wirkung der Einbindung in die Arbeitswelt konnten Sampson/Laub (1996) ihre bei den Partnerschaftsanalysen gewonnenen Ergebnisse weitgehend reproduzieren. Die kriminalitätshemmende Wirkung einer engen Anbindung an die Arbeit („job stability" und „commitment") zeigte sich bei verheirateten wie auch nicht verheirateten Männer und auch dann, wenn auf die Qualität der Partnerschaft oder die Einkommenssituation der Probanden kontrolliert wurde.

Mit Hilfe multipler Regressionsanalysen belegten Sampson/Laub, dass der Zusammenhang zwischen Bindungen und Legalverhalten im Erwachsenenalter unabhängig von der Vorgeschichte der Probanden bestehen bleiben. So ergaben ihre Regressionsanalysen beispielsweise, dass von der Einbindung in die Arbeit und Partnerschaft zwischen dem 17. und 25. Lebensjahr auch unter Berücksichtigung der Kriminalität in der Jugendzeit (Verurteilungen, Inhaftierungen, selbst- und fremdberichtete Delinquenz) starke unabhängige Erklärungspfade auf die Kriminalitätsbelastung zwischen dem 17. und 25. Lebensjahr, aber auch auf die Kriminalitätsbelastung in nachfolgenden Zeitraum 25. bis 32. Lebensjahr ausgehen (Sampson/Laub 1993, S. 155). Sowohl die Einbindung in eine harmonische Partnerschaft wie auch die Einbindung in die Arbeitswelt im Erwachsenenalter führen auch bei bis dahin stark mit Kriminalität belasteten Individuen zu einem Rückgang beziehungsweise einem Ende der strafrechtlichen Auffälligkeiten, so die zentrale Schlussfolgerung von Sampson/Laub. Bei einer simultanen Berücksichtigung von sozialen Einbindungsfaktoren im Erwachsenenalter und Faktoren der Vorgeschichte verschwand der Einfluss von Frühauffälligkeiten (Aggressivität, frühe Delinquenz, Verhaltensstörungen) und frühen Sozialisationsdefiziten völlig. Zwar blieb ein unabhängiger Effekt der Kriminalitätsbelastung im Jugendalter auf die Kriminalitätsentwicklung im Erwachsenenalter bestehen, doch auch dieser Effekt fiel nicht allzu hoch aus, so dass Sampson/Laub zu der Schlussfolgerung gelangen: „Thus, conditional upon having a juvenile record, the intensity of adolescent delinquency seems to be only moderately predictive of eventual desistance"(Laub/Nagin/Sampson 1998, S. 231 f.).

6.5 Soziale Einbindung und das Ende der Auffälligkeiten

Mit den bisherigen Analysen konnten wir zeigen, dass parallel zum Rückgang der strafrechtlichen Auffälligkeiten bei den meisten unserer H-Probanden im mittleren Erwachsenenalter nicht nur ein Rückgang anderer Verhaltensauffälligkeiten zu beobachten ist, sondern dieser Rückgang auch mit einer Zunahme der sozialen Einbindung in Partnerschaft und Arbeit verbunden ist. Interpretiert man diesen Zusammenhang zwischen sozialer Integration und Legalverhalten im Sinne der altersabhängigen sozialen Kontrolltheorie als kausalen Zusammenhang („eine Zunahme der sozialen Kontrolle führt zu einem Rückgang der strafrechtlichen Auffälligkeiten"), so müsste sich die kriminalitätshemmende Wirkung fester sozialer Einbindungen in unseren Daten auch in einer nach vorne gerichteten Betrachtung feststellen lassen.

In den nachfolgenden Analysen wollen wir deshalb der Frage nachgehen, ob sich die Unterschiede in der sozialen Einbindung in Arbeit und Partnerschaft um das 35. Lebensjahr auch in einer unterschiedlichen Kriminalitätsentwicklung in den nachfolgenden Lebensjahren widerspiegeln. Wir betrachten hierzu die Kriminalitätsentwicklung im Fünfjahreszeitraum zwischen dem 35. und 39. Lebensjahr, für den uns noch für alle der nachuntersuchten H-Probanden valide Delinquenzdaten vorliegen.[157] Da es auch in den folgenden Analysen um den Zusammenhang von sozialer Einbindung und Legalverhalten geht, wurden erneut die drei Probanden aus der Analyse ausgeschlossen, die ihre vierte Lebensdekade überwiegend im Gefängnis verbrachten. In Tabelle 81 ist die Verurteilungshäufigkeit der in der Analyse verbleibenden 109 nachuntersuchten H-Probanden für den Zeit zwischen dem 35. und 39. Lebensjahr aufgeführt.

Tabelle 81: Verurteilungen zwischen dem 35. und 39. Lebensjahr, nachuntersuchte H-Probanden+

Anzahl Verurteilungen 35.-39. Lj.	*N*	*Prozent*
0	65	59,6
1	15	13,8
2	12	11,0
3	7	6,4
4	5	4,6
5	2	1,8
6	3	2,8
Gesamt	109	100,0

\+ Nicht berücksichtigt wurden die 3 nachuntersuchten H-Probanden, die zwischen dem 35. und 39. Lebensjahr länger als drei Jahre in Haft waren.

Nach der Stärke der Einbindung in eine berufliche Tätigkeit um das 35. Lebensjahr lassen sich innerhalb der 109 H-Probanden drei Gruppen unterscheiden. Erstens Probanden, die einer regelmäßigen Berufstätigkeit nachgingen, ihrer Arbeit Interesse entgegenbrachten und mit ihrer Tätigkeit überwiegend zufrieden waren („gute Einbindung in die Arbeit", N=23). Zweitens Probanden, die einer regelmäßigen Arbeit nachgingen, ihre Arbeit zumindest teilweise Interesse entgegenbrachten und mit ihrer Tätigkeit zumindest teilweise zufrieden waren („mittlere Einbindung in die Arbeit", N=26). Und drittens Probanden, die keiner geregelten Arbeit nachgingen, ihre Arbeitsstellen häufig wechselten, mit ihrer Tätigkeit unzufrieden waren und kein Interesse an ihrer Tätigkeit erkennen ließen („geringe Einbindung in die Arbeit", N=44). Bei 16 Probanden lagen keine oder sehr widersprüchliche Angaben vor (z. B. gingen

[157] Da ein Teil der nachuntersuchten H-Probanden beim letzten vorliegenden Bundeszentralregisterauszug nicht älter als 39 Jahre war, hätte eine Ausdehnung des Beobachtungszeitraumes zu einer weiteren Verringerung der ohnehin geringen Fallzahlen geführt.

sie keiner regelmäßigen Berufstätigkeit nach, zeigten sich aber sehr zufrieden mit ihrer Arbeit), so dass sie keiner der drei Gruppen zugeteilt werden konnten.

Der Vergleich der drei Gruppen nach der Verurteilungshäufigkeit zwischen dem 35. und 39. Lebensjahr (Tabelle 82) unterstützt die These, dass eine Integration in die Arbeitswelt die Wahrscheinlichkeit von weiteren kriminellen Handlungen reduziert. So wurden 87% der Probanden, die im Alter von etwa 35 Jahren fest in ihre Arbeit eingebunden waren, im darauffolgenden Zeitraum (35.-39. Lebensjahr) nicht mehr verurteilt, gegenüber nur 39% der Probanden, die lediglich schwach oder gar nicht in Arbeit und Beruf eingebunden waren. Auf der anderen Seite wurden 46% der Probanden mit einer geringen Arbeitsintegration in dem Fünfjahreszeitraum 35. bis 39. Lebensjahr zweimal oder häufiger verurteilt, gegenüber nur 4% der Probanden, die fest in ihre Arbeit eingebunden waren.

Tabelle 82: Einbindung in die Arbeit um das 35. Lebensjahr und Verurteilungen zwischen dem 35. und 39. Lebensjahr+

	keine Verurteilung	*eine Verurteilung*	*zwei oder mehr Verurteilungen*
geringe Einbindung in die Arbeit N=44	39%	16%	46%
mittlere Einbindung in die Arbeit N=26	77%	15%	8%
gute Einbindung in die Arbeit N=23	87%	9%	4%

+ N=93. Nur Probanden mit validen Angaben zur Qualität der Arbeitsbeziehung. Nicht berücksichtigt wurden zudem die 3 nachuntersuchten H-Probanden, die zwischen dem 35. und 39. Lebensjahr länger als drei Jahre in Haft waren.

Die Forscher, die sich mit dem Themenkomplex „Partnerschaft und Straffälligkeit" beschäftigten, sind sich weitgehend einig, dass eine Ehe oder feste Partnerschaft für sich genommen, d. h. ohne Berücksichtigung der Qualität der Beziehung, nicht zu einem Rückgang der strafrechtlichen Auffälligkeiten führt. So stellen Wright und Wright (1992, S. 54) in ihrem Literaturüberblick zum Zusammenhang von Ehe und Straffälligkeit fest: „As this review demonstrates, no clearly conforming set of findings has emerged from research to date that demonstrates that getting married and having children reduces the likelihood of criminal offence. Most studies which examine the simple bivariate relationship between marriage and criminality, whether using a cross-sectional or longitudinal design, find no differences in martial status between criminal and non criminal groups". Ein anderes Ergebnis ergab sich in den Studien, in denen die Qualität der Beziehung zwischen den Lebenspartnern mitberücksichtigt wurde. Unabhängig davon, welcher Indikator herangezogen wurde

(Trennung oder Scheidung der Ehepartner, die Dauer der Ehe, die Einschätzung der Beziehung durch die Ehepartner oder Verhaltensauffälligkeiten der Ehepartner) zeigten sich deutliche Unterschiede in der Qualität der Partnerbeziehung zwischen Straftätern und Nicht-Straftätern (Farrington 1995, Gibbens 1983, Fishman 1986 und Rutter 1998). Wittmann (1980), der im Rahmen der Erstuntersuchung die Partnerschaftsbeziehungen der TJVU-Probanden untersuchte, fand bei den Häftlingsprobanden deutlich häufiger gestörte eheliche Beziehungen als bei den V-Probanden. Eine Ursache für die gestörten Beziehungen sieht Wittmann darin, dass die Häftlingsprobanden oftmals Frauen wählten, die „selbst gefährdet, nicht in der Lage waren, den Probanden einen Halt zu geben" (S. 207). So lagen ihm bei etwa der Hälfte der Ehefrauen der Häftlingsprobanden Berichte über auffälliges Verhalten „wie 'schlampige' Haushaltsführung, Verschwendung in Geldsachen, streitsüchtiges Verhalten und außereheliche Beziehungen" vor (S. 206). Wittmann verweist zu Recht aber auch darauf, dass das sozial auffällige Verhalten der Ehefrauen nicht nur als Ursache der gestörten ehelichen Beziehungen, sondern auch als „Reaktion auf das Verhalten der Ehemänner" (S. 206) verstanden werden kann.

Das Ergebnis, dass nicht eine Partnerschaft per se, sondern nur eine funktionierende oder harmonische Partnerschaft einen Effekt auf das Legalverhalten von Individuen hat, deckt sich mit den kontrolltheoretischen Überlegungen von Sampson/Laub, nach denen nur von engen Beziehungen, die mit gegenseitigen Verpflichtungen und Erwartungen verbunden sind, Wirkungen auf das Verhalten zu erwarten sind. Dem Rechnung tragend lassen sich nach der Qualität der Partnerschaft/Ehe um das 35. Lebensjahr unsere H-Probanden in vier Gruppen unterscheiden: Erstens Probanden, die in einer festen Partnerschaft lebten, die sie als gut oder harmonisch beschrieben und bei der von der Lebenspartnerin keine Verhaltensauffälligkeiten wie außereheliche Beziehungen, Verschwendung in Geldsachen, psychische Probleme, Straffälligkeit, Alkoholismus etc. bekannt waren („gute Partnerschaft", N=33). Zweitens Probanden, die mit einer sozial unauffälligen Lebenspartnerin zusammenlebten und das Verhältnis zur Lebenspartnerin mit Äußerungen wie „teils/teils" oder „mal gut, mal schlecht" beschrieben („funktionierende Partnerschaft", N=20). Drittens Probanden, die in einer festen Partnerschaft lebten, das Verhältnis zum Lebenspartner als „schlecht" beschrieben oder von ihrer Ehefrau getrennt waren („schlechte Partnerschaft", N=24). Und viertens Probanden, die nicht verheiratet waren und in keiner festen Partnerschaft lebten („keine Partnerschaft", N=19). 13 Probanden konnten keiner der drei Gruppen zugeordnet werden, da entweder keine validen Daten oder sehr widersprüchlichen Konstellationen wie „gutes Verhältnis zu sozial stark auffälliger Lebenspartnerin" vorlagen.

Auch der Vergleich dieser vier Gruppen zeigt, dass die Probanden, die im Alter von etwa 35 Jahren in einer Partnerschaft lebten, die als funktionierend beziehungsweise als gut charakterisiert werden kann, in den darauffolgenden Jahren (35.-39. Lebensjahr) deutlich seltener verurteilt wurden als Probanden, die in einer gestörten Partnerschaft lebten (Tabelle 83). So wurden beispielsweise 76% der Probanden mit einer guten Partnerschaft nicht wieder straffällig im Unterschied zu 33% der Probanden mit einer schlechten Partnerschaft. Der Anteil der Rückfälligen bei den Probanden, die in keiner Partnerschaft lebten, ist zwar höher als bei Probanden, die durch eine funktionierende oder gute Partnerschaft „kontrolliert" werden, er ist aber auch niedriger als bei Probanden, die in einer gestörten Beziehung lebten. Dies legt die Vermutung nahe, dass von einer gestörten Ehebeziehung nicht nur keine Verhaltenskontrolle ausgeht, sondern in Erweiterung der kontrolltheoretischen Überlegungen eine gestörte Partnerschaft einen zusätzlichen Risikofaktor für Kriminalität darstellt.

Tabelle 83: *Einbindung in Ehe oder Partnerschaft um das 35. Lebensjahr und Verurteilungen zwischen dem 35. und 39. Lebensjahr*+

	keine Verurteilung	*eine Verurteilung*	*zwei oder mehr Verurteilungen*
keine Partnerschaft N=19	53%	16%	31%
Schlechte Partnerschaft/Ehe N=24	33%	25%	42%
funktionierende Partnerschaft/Ehe N=20	70%	10%	20%
gute Partnerschaft/Ehe N=33	76%	6%	18%

\+ N=96. Nur Probanden mit validen Angaben zur Qualität der Partnerschaft/Ehe. Berücksichtigt wurden zudem die 3 nachuntersuchten H-Probanden, die zwischen dem 35. und 39. Lebensjahr länger als drei Jahre in Haft waren.

Bei den Probanden, bei denen um das 35. Lebensjahr eine mittlere Anbindung an die Ehe/Partnerschaft beziehungsweise Arbeit vorlag, handelt es sich auch hinsichtlich ihrer Kriminalitätsbelastung zwischen dem 35. und 39. Lebensjahr um echte Mittelgruppen, so dass von einem weitgehend linearen Zusammenhang ausgegangen werden kann: Je stärker die Einbindung, desto geringer ist die Kriminalitätsbelastung.

Bemerkenswert ist, dass es bei immerhin 33% der Probanden, die in einer gestörten Partnerschaft lebten und bei 39% der Probanden, die nur schwach in die Arbeitswelt integriert waren, zu keiner weiteren Verurteilung zwischen dem 35. und 39. Lebensjahr kam. Auch wenn man beide Kontrollinstitutionen Partnerschaft und Arbeit zusammen betrachtet, sind es von den 25 Probanden, die um ihr 35. Lebensjahr weder in Arbeit noch in einer zumindest funktionierenden Partnerschaft eingebunden waren, über ein Viertel (28%), die nicht rückfällig wurden. Dieses Ergebnis kann bedeuten, dass ein Teil der Probanden – entgegen der kontrolltheoretischen Annahmen – ihre Straffälligkeit auch ohne eine feste Einbindung beendete. Es könnte aber auch darauf zurückzuführen sein, dass in den Analysen nur zwei Institutionen der sozialen Kontrolle berücksichtigt wurden, deren Ausformung und subjektive Relevanz für die Individuen zudem über grobe Indikatoren gefasst wurde. Bedeutung dafür, ob oder wie stark ein Individuum an die konventionelle Gesellschaft angebunden ist und sich ihren Wertigkeiten verpflichtet fühlt, haben aber sicherlich auch andere soziale Netzwerke. Bei diesen Netzwerken könnte es sich beispielsweise um die Eltern, die Geschwister, einen Freundeskreis oder einen Verein beziehungsweise Gruppe (z. B. Kirche) handeln.

Für die kontrolltheoretischen Überlegungen spricht, dass einerseits die 25 Probanden, die um ihr 35. Lebensjahr weder in die Arbeit noch in eine funktionierende Partnerschaft eingebunden sind, die höchste Kriminalitätsbelastung (24% wurden einmal und 48% wurden zwei- oder mehrmals verurteilt) aufweisen. Gleichzeitig ist die geringste Rückfallquote bei den Probanden auszumachen, die in beiden Lebensbereichen fest integriert waren: Von den 13 Probanden, die in einer harmonischen Beziehung lebten und regelmäßig mit Interesse einer Arbeit nachgingen, erhielt nur noch ein Proband eine Verurteilung zwischen dem 35. und 39. Lebensjahr. Dieses Ergebnis deutet darauf hin, dass beide Institutionen – Partnerschaft und Ehe – eine unabhängige Wirkung auf das Legalverhalten haben. Hierfür sprechen auch Regressionsanalysen, in die beide Variablen „Einbindung in die Arbeit“ und „Qualität der Partnerschaft“ als erklärende Variablen eingehen (Tabelle 84). Die abhängige Variable bildet dabei die Verurteilungshäufigkeit zwischen dem 35. und 39. Lebensjahr. Um eine Gleichgewichtung beider Lebensbereiche – Arbeit und Partnerschaft – sicherzustellen, wurden nur die Probanden berücksichtigt, die um das 35. Lebensjahr in einer festen Partnerschaft lebten beziehungsweise verheiratet waren und bei beiden Variablen eindeutig zugeordnet werden konnten (N=69).

Tabelle 84: Delinquenzvorgeschichte, soziale Einbindung um das 35. Lebensjahr und Delinquenzentwicklung zwischen dem 35. und 39. Lebensjahr, Regressionskoeffizienten und Anteil erklärter Varianz linearer Regressionsanalysen⁺, (N=69⁺⁺)

Einbindung in Arbeit	.43**	.41**	.43**	.22**	.29**	.37**
Qualität der Ehe/Partnerschaft	.19*	.18*	.18*	.18*	.18*	.19*
Jugendkriminalität	---	.08	---	---	---	---
Devianz bis zum 18. Lj.	---	---	.03	---	---	---
Verurteilungen 15. –34. Lj.	---	---	---	.50**	---	---
Inhaftierungen 15.-34. Lj.	---	---	---	---	.37**	---
Inhaftierungsdauer 15.-34. Lj.	---	---	---	---	---	.16*
R^2	.28	.28	.28	.48	.39	.30

+ Abhängige Variable: Delinquenzentwicklung zwischen dem 35. und 39. Lebensjahr
++ Nachuntersuchte H-Probanden, die um das 35. Lebensjahr in festen Partnerschaften lebten, und von denen sowohl bei der Variable „Einbindung in Partnerschaft/Ehe" wie auch bei der Variable „Einbindung in Arbeit" valide Werte vorliegen.
* $p<.10$
** $p<.005$

Von beiden Einbindungsindikatoren gehen unabhängige Wirkungen aus, die zusammen einen beachtlichen Gesamterklärungswert von 28% ergeben. Die unabhängigen Effekte der Integration in Arbeit und Partnerschaft bleiben auch dann erhalten, wenn auf die bisherige Delinquenzgeschichte kontrolliert wird. Erneut zeigt sich, dass weder Unterschiede im kriminellen Verhalten noch Unterschiede in sonstigen Verhaltensauffälligkeiten in der Kindheit und Jugend Rückschlüsse auf die Kriminalitätsbelastung im späteren Erwachsenalter zulassen.

Wie wir an andere Stelle zeigen konnten, sinken mit der Intensität und der Dauer der kriminellen Karriere die Chancen auf eine erfolgreiche Reintegration in späteren Lebensjahren. Die von der vorausgegangenen Kriminalitätsbelastung (Anzahl Verurteilungen 15.-34. Lebensjahr, Anzahl Inhaftierungen 15.-34. Lebensjahr, Inhaftierungsdauer 15.-34. Lebensjahr) unabhängigen Erklärungspfade der Arbeitssituation und Partnerschaft um das 35. Lebensjahr belegen jedoch, dass die Lebenssituation im mittleren Erwachsenenalter mehr ist als eine Funktion der Vorgeschichte: Auch bei Individuen, deren kriminelle Karriere sich über mehrere Lebensphasen erstreckte, kann es im mittleren Erwachsenenalter zum Aufbau stabiler Bindungen zu Arbeit und Partnerschaft kommen, die ihrerseits wiederum ein Ende der strafrechtlichen Auffälligkeiten wahrscheinlicher machen.

Dieser Zusammenhang zwischen dem Ende der Straffälligkeit und den Veränderungen in der sozialen Integration lässt sich mit der altersabhängigen sozialen Kontrolltheorie von Sampson/Laub als kausaler Zusammenhang interpretieren: Bestimmte Lebensereignisse im Erwachsenenalter führen zu einem Anstieg der sozialen Kontrolle, die ihrerseits wiederum sozial abweichendes Verhalten unwahrscheinlicher macht. Eine solche kausale Interpretation wird auch durch andere Studien gestützt. So konnte beispielsweise in verschiedenen Langzeitstudien gezeigt werden, dass die Häufigkeit der Straftatbegehung bei Männern nach einer auf funktionierender Partnerschaftsbeziehung beruhenden Heirat zurückgeht (Rand 1987, Knight/Osborn/West 1977, West 1982, Blumstein/Cohen/Farrington 1988). Auf der anderen Seite belegte Farrington (1995, S. 277) an den verheirateten Straftätern der Cambridge Studie, dass die Verurteilungshäufigkeit nach der Trennung und Scheidung von der Ehefrau wieder anstieg. Die Probanden, die von ihrer Ehefrau getrennt lebten, wiesen in dieser Zeit eine Kriminalitätsrate auf, die um 66% höher lag, als die der Probanden, die weiterhin mit ihrer Ehefrau zusammenlebten. Für die Zeit nach der Scheidung vergrößerten sich die Unterschiede sogar auf 110%.

Bei einem Teil der delinquenten Probanden des Glueck/Glueck-Samples stellte der Militärdienst in Übersee diesen entscheidenden Wendepunkt im Leben dar. Während des Militärdienstes verloren für diese Probanden nicht nur die bisher erfahrenen Stigmatisierungen und sozialen Benachteiligungen an Bedeutung („kniffing off of past experience", Sampson/Laub 1996, S. 247), sie wurden zudem mit Verhaltensanforderungen wie Disziplin, Zusammenarbeit, soziale Verantwortung und Menschenführung konfrontiert, denen sie sich nicht entziehen konnten.[158] Wichtiger als diese neuen Erfahrungen waren jedoch die besseren beruflichen Perspektiven, die sich aus dem Militärdienst ergaben: Das in den 50er Jahren im großen Stil aufgelegte Bildungsprogramms für ehemalige Soldaten (G.I. Bill of Rights) ermöglichte den Probanden, Bildungs- und Berufsqualifikationen zu erwerben, die ihnen nach dem Militärdienst den Zugang zu qualifizierten Tätigkeitsbereichen eröffneten. In der Folge kam es bei diesem Teil der delinquenten Probanden nicht nur zu einem Rückgang oder Ende der Verhaltensauffälligkeiten, sondern auch zu einer deutlichen beruflichen Aufwärtsmobilität: So betrug der Anteil der Probanden innerhalb der Gruppe der Delinquenten, die keinen Militärdienst verrichteten und bis zum Alter von 32 Jahren einen qualifizierten Beruf erreichten, nur 15%. Der Anteil der qualifiziert Beschäftigten stieg auf 21% bei den Probanden, die den Militärdienst verrichteten, aber die angebotenen Bildungsmaßnahmen nicht in Anspruch nahmen, und deutlich auf 58 % bei den Probanden, die den Militärdienst ableisteten und die Bildungsmaßnahmen in Anspruch nahmen. Den höchsten Anteil (78%) an qualifizierten Tätigkeiten erreichten die Probanden, die zusätzlich auch noch sehr früh in die Armee eintraten. Einen ähnlich positiven Effekt des Militärdienstes ermittelte Elder (1986) bei den Probanden zweier kalifornischer Langzeitstudien.

158 „Beginning with the basic training, the military performs an education and socialization function designed to reorient newcomers to a world with different rules and structures" (Sampson/Laub 1996, S. 247).

Beispiele für Wendepunkte im Leben, mit denen nicht nur ein Ende der strafrechtlichen Auffälligkeiten, sondern eine Veränderung der gesamten Lebensführung verbunden war, finden sich auch in den Lebensgeschichten der TJVU-Probanden.

Fallbeispiel 4: Dolf, der „späte Abbrecher"

Dolf, 1942 in Mecklenburg geboren, wird als Säugling von seinen leiblichen Eltern ausgesetzt und wächst bei Pflegeeltern auf. Als Dolf vier Jahre alt ist, stirbt sein Pflegevater. Die Mutter heiratet erneut, doch auch dieser Mann stirbt, als der Proband 16 ist. Die berufstätige Mutter hat mit zunehmenden Alter von Dolf deutliche Erziehungsprobleme, was nach ihren Aussagen der Grund für die Unterbringung von Dolf in mehreren Erziehungsheimen ist. Die erstmalige Heimunterbringung erfolgt auf ihr Betreiben, als Dolf 6 Jahre alt ist. Bis zum Alter von 15 ist er in insgesamt 13 Heimen untergebracht. Die Leistungen in der Schule, die Dolf nach eigenen Aussagen nicht gerne besucht, sind eher schwach. Von den Lehrern wird der Proband schon früh als „bösartig" und „schwer erziehbar" bezeichnet. Nach seinem Abgang von der Schule mit 16 beginnt er eine Schlosserlehre, bricht diese jedoch nach einem Jahr ab, um als Kraftfahrer zu arbeiten.

Nach seiner ersten offiziellen Verurteilung mit 17 (7 Wochenendarreste aufgrund mutwilliger Verkehrsgefährdung) setzt sich Dolf in den Westen ab, um sich seiner Strafe zu entziehen. Nach einem längeren Aufenthalt in einem Flüchtlingsheim, während dem er häufig die Arbeitsstellen wechselt, arbeitet er für zwei Jahre als Kohlehauer und wohnt in einem Bergmannswohnheim. Wegen unregelmäßigem Arbeitsverhalten wird ihm gekündigt. In diese Zeit, Dolf ist 21 Jahre alt, fällt seine erste offiziell registrierte Straftat im Westen und sein erster Gefängnisaufenthalt. Da Dolf die vereinbarte Ratenzahlung für eine Lederjacke nicht leistet, muss er wegen Betrugs eine dreimonatige Gefängnisstrafe verbüßen. Nach diesem ersten Haftaufenthalt hat Dolf zahlreiche wechselnde Arbeitsstellen von kurzer Dauer. Er verbringt viel Zeit in Kneipen und hat häufig Kontakt mit wechselnden Partnerinnen. Mit 22 lernt er seine spätere Frau kennen. Die Heirat erfolgt ein Jahr später, als sie von einem anderen Mann ein Kind erwartet und Dolf zur Heirat drängt. Schon nach einem Jahr, in dem er ein geregeltes Leben mit fester Anstellung führt, kommt es zu einem ernsthaften, handfesten Ehekrach. Infolgedessen zieht er aus der gemeinsamen Wohnung aus und verübt einen schweren Diebstahl (20 000 DM), weswegen er zu 10 Monaten Gefängnis verurteilt wird. Nach seiner Haftentlassung verweigert seine Ehefrau den Kontakt zu ihm. Dolf lebt für einige Wochen auf der Straße, bis er Anfang 1967 zusammen mit einem Bekannten mehrere Einbrüche begeht und erneut zu einer Haftstrafe, diesmal von 2 Jahren und 10 Monaten, verurteilt wird. Während Dolf seine Strafe absitzt, lässt sich seine Frau scheiden. Ein Fluchtversuch aus der Anstalt schlägt fehl. Aus dem Gefängnis wieder entlassen arbeitet er als Kellner in einer Bar im Rotlichtmilieu, wo er auch die Bekanntschaft mit seinen späteren Mittätern macht: Ein Jahr nach der Haftentlassung wird Dolf wegen zahlreicher Bandendiebstähle erneut zu 2 Jahren und 9 Monaten Gefängnis verurteilt.

Während der Haft macht Dolf eine Ausbildung zum Schreiner. Er hat dabei ein sehr gutes Verhältnis zu seinem Lehrmeister[159]*, der auch nach der vorzeitigen Haftentlassung dafür sorgt, dass Dolf – inzwischen 30 Jahre alt – eine Arbeit als Schreiner findet. In diesem Beschäftigungsverhältnis bleibt er einige Jahre. Er hat fortan keine finanziellen Probleme mehr, ständig eine feste Wohnung und meidet nach eigener Aussage den Kontakt zu alten Bekannten und Freunden. 1978 lernt Dolf seine spätere zweite Frau kennen. Die Heirat erfolgt zwei Jahre später. Seine Frau bringt zwei Kinder mit in die Ehe, aus der zudem ein weiteres Kind hervorgeht.*

Mitte seiner 5. Lebensdekade, als Dolf zum letzten Mal von Mitarbeitern des Kriminologischen Institutes interviewt wird (1985), lebt der Proband finanziell gesichert, führt eine gute Ehe, wird von den Nachbarn positiv beleumundet und ist Mitglied im Kleintierzüchterverein. Dolf wohnt mit seiner Frau und den drei Kindern in einem größeren gepflegten Einfamilienhaus. Das Ehepaar besitzt zwei Autos, einen Mittelklassewagen und einen VW-Bus. Er arbeitet zur Zeit der letzten Exploration seit 4 ½ Jahren in einem Küchenfertigungsbetrieb. Zusätzlich arbeitet Dolf sehr häufig noch nach Feierabend bei Bekannten oder Arbeitskollegen. Aus dem Bericht der Nachuntersuchung wird der starke Einfluss der Ehefrau deutlich. Angesprochen auf seine frühere Neigung zum Ausgehen erzählte Dolf, dass ihm das seine Frau schon abgewöhnt habe. Er sei richtig unter den Hammer gekommen. Auch aus den Schilderungen der Ehefrau über die anfängliche Entwicklung der Partnerschaft lässt sich erkennen, dass die positive Entwicklung nicht zuletzt durch ein großes Engagement der Ehefrau erreicht wurde.

Das Leben von Dolf ist bis weit ins Erwachsenenleben hinein von geringer Integration und schwachen emotionalen Bindungen geprägt. Erst durch den Lehrmeister während der letzten Haft und dessen Engagement für den Probanden wird der Weg ins „bürgerliche" Leben geöffnet. Die Integration ins Erwerbsleben schafft die Basis für eine strafrechtliche Unauffälligkeit, die wiederum vor allem durch die zweite Eheschließung stabilisiert wird.[160]

[159] Dolf selbst erwähnte bei dem Interview der Nachuntersuchung (1985), dass ihm die Ausbildung in der Vollzugsanstalt sehr viel gegeben habe. Dass es überhaupt zum Abschluss in der Vollzugsanstalt gekommen sei, habe er auch seinem Lehrmeister zu verdanken. Er habe von diesem Beamten immer Aufmunterungen bekommen und er sei wiederholt mit ihm am Wochenende in dessen Haus und im Garten gewesen. Dieser Lehrmeister habe sehr gütig mit ihm gesprochen und ihm immer wieder gut zugeredet.

[160] Dolf selbst machte beim Interview eine sehr interessante Bemerkung über die Prognose ehemaliger Strafgefangener. Er meinte, man könne dem Professor auch ausrichten, dass er sich gefangen habe. Auch wenn ihm von dem Professor prophezeit worden sei, dass einer wie er immer auf die Nase falle. Er könne sich dieser Worte noch genau erinnern. Es habe ihn schon damals sehr gewurmt.

Fallbeispiel 5: Jan, der „frühe Abbrecher"

Jan wird im letzten Kriegsjahr (1944) als eines von insgesamt fünf Kindern der Familie geboren. Die Familie lebt auf dem großelterlichen Hof und die Kinder werden schon früh zur Mitarbeit auf dem Feld herangezogen. In der Gemeinde gilt die Familie als in ordentlichen Verhältnissen lebend, als fleißig und gewissenhaft. Der Vater arbeitet im Eisenwarengeschäft der Großeltern, in dem auch die Mutter aushilfsweise mitarbeitet. Religion spielt in der Familie eine große Rolle: Als Jans jüngste Schwester erkrankt und als unheilbar gilt, treten seine Eltern einer Sekte (der Pfingstgemeinde) bei und zeigen Anzeichen von religiösem Fanatismus.

Im Alter von sieben Jahren findet Jan zufällig die Leiche eines Selbstmörders, den er gekannt hatte. In der Folgezeit leidet der Junge unter Wachträumen und zeigt erste Auffälligkeiten: Er läuft häufig von zuhause weg, entwendet kleinere Geldbeträge aus der Ladenkasse der Großeltern und erschwindelt sich in anderen Geschäften Waren.

Bis 1959 besucht Jan die Volksschule, wo er mittlere bis gute Leistungen zeigt. Im Anschluss daran macht er eine Ausbildung zum Schmied und Fahrzeugbauer. Obwohl seine Leistungen in der Berufsschule sehr mäßig sind und er wenig Freude an seiner Ausbildung hat (Jan macht die Lehre nur auf Drängen seines Vaters), beendet er sie mit der Gesellenprüfung. In der Lehrzeit hat Jan häufig Wirtshausschulden, die vom Vater beglichen werden, was zu heftigen Auseinandersetzungen in der Familie führt. Im Alter von 15 Jahren stiehlt Jan zusammen mit einem seiner Freunde ein Gewehr, ohne dieses jedoch gegen Menschen oder Tiere zu verwenden. Dieser Diebstahl bringt den beiden Jugendlichen eine Verwarnung und eine Arbeitsauflage wegen Vergehens gegen das Waffengesetz ein.

Als Jan 18 Jahre alt ist, eröffnet die Mutter ihm, dass er unehelich geboren und der erziehungsberechtigte Vater nicht sein leiblicher Vater sei. Dieses Erlebnis wirkt nach Aussage von Jan selbst, aber auch der dazu befragten Dritten, wie ein Schock. Das Verhältnis Jans zum Vater, den er nun plötzlich als Stiefvater sehen muss, verschlechtert sich dergestalt, dass er dessen Autorität nicht mehr anerkennt. Jan zieht von zu Hause aus, konsumiert viel Alkohol, hält sich häufig im Milieu auf, hat zahlreiche kürzere Frauenbekanntschaften, wechselt insgesamt siebenmal seinen Arbeitsplatz und fehlt häufig bei der Arbeit. Bis 1964 – Jan ist inzwischen 20 – wird er dreimal strafrechtlich auffällig: Auf eine Jugendstrafe wegen schweren Diebstahls, die zur Bewährung ausgesetzt wird, folgt eine Geldstrafe wegen Fahrens ohne Fahrerlaubnis und Betrugs. 1964 begeht er einen Diebstahl und erhält die Bewährungsauflage, wieder zu seinen Eltern zu ziehen. Nach einem halben Jahr entzieht er sich der elterlichen Aufsicht erneut. Aus Angst vor den Strafverfolgungsbehörden verlässt er Deutschland und heuert an der spanischen Küste an. Nach insgesamt fünf Monaten, die er dort mit wechselnden Arbeiten und Schmuggelei verbringt, kehrt Jan nach Deutschland zurück.

Nach der Rückkehr aus Spanien 1965 wird Jan wegen gemeinschaftlichem schwerem Diebstahl in 17 Fällen zu 8 Monaten Jugendstrafe und Rücknahme der vorigen Bewährung verurteilt. Noch im selben Jahr begehen er und zwei seiner

Mitgefangenen einen Ausbruchsversuch, der kurz nach der Flucht vereitelt wird. Jans Haftstrafe wird auf 2 Jahre ausgedehnt und er wird in den Erwachsenenvollzug verlegt.

Kurz nach der Haftentlassung 1966 lernt Jan seine spätere Frau kennen, von der er Vorurteilsfreiheit und Vertrauen in ihn als Strafentlassenen erfährt. 1967 kommt es zur Heirat. Fortan zeigt Jan keine strafrechtlichen oder andere soziale Auffälligkeiten mehr und beginnt, ein erfolgsorientiertes Berufsleben zu führen. Seit der Heirat hat er zwar wieder wechselnde Arbeitsstellen, aber diese Stellenwechsel sind durch die Suche nach neuen Anforderungen oder, wie in einem Fall, durch den Konkurs des Betriebes motiviert. Er ist in seinem erlernten Beruf als Kunstschmied stark engagiert. Er belegt unter großem finanziellen und zeitlichen Aufwand Weiterbildungskurse und erhält 1978 seinen Meisterbrief. Gemeinsam mit seiner Frau baut er einen eigenen kleinen Schlosserei-Betrieb auf. 1982 zieht das Ehepaar in ein großes Zweifamilienhaus, das es allein bewohnt. Seine knappe Freizeit verbringt Jan vor allem mit seiner Frau (der Kinderwunsch erfüllte sich nicht) und in einem Schützenverein. Seit seiner letzten Haftentlassung meidet Jan Wirtschaften, um „nicht wegen seiner Vergangenheit provoziert zu werden". Zu seiner Herkunftsfamilie pflegt er regelmäßig Kontakt, um, wie Jan sich in dem Nachuntersuchungsinterview äußert, „die Vergangenheit ungeschehen zu machen". Als eine seiner Schwestern an Krebs erkrankt, beteiligt er sich bis zu ihrem Tod an der Pflege. Auch zu den Brüdern besteht ein enges Verhältnis. Sein jüngster Bruder, der von Beruf technischer Zeichner ist, hat in den ersten Jahren der Betriebsgründung mitgearbeitet. Auch der andere Bruder von Jan, der in der Gemeinde als Hauptamtsleiter und Standesbeamter arbeitet, hat seit Beginn der Betriebsgründung unentgeltlich bei ihm gearbeitet, vor allem in der Buchhaltung. Jan betont beim letzten Interview 1988 (Jan ist 43 Jahre), dass er es ohne diese Hilfe nicht geschafft hätte, den Betrieb aufzubauen und am Leben zu erhalten. Sein zentraler Lebensinhalt sei die Arbeit und ein üblicher Arbeitstag gehe von 7.30 Uhr morgens bis 20 Uhr abends, und dies jeden Tag von Montag bis Samstag. Das große Interesse an seinem Beruf zeigt sich auch daran, dass Jan zur Zeit des Interviews (1988) noch eine Weiterbildung zum staatlich geprüften Restaurator im Schmiedehandwerk besucht. In den 10 Jahren, die er Meister ist, hat er insgesamt 4 Lehrlinge ausgebildet. Obwohl Jan nach allen Abzügen (nur) einen Nettolohn von 3000 DM im Monat hat, beläuft sich der Wert des Betriebs auf ungefähr 1 Million DM.

Bei Jan geht ein problematisches Verhältnis zur Herkunftsfamilie und vor allem zum Vater einher mit wiederholten Verhaltensauffälligkeiten in der Kindheit und Jugend. Doch erst der Verlust der familialen Einbindung in der späten Jugend- und Heranwachsendenphase führt bei Jan zum Abrutschen in eine kriminelle Karriere und eine sozial auffällige Lebensweise. Bei Jan kommt es zum erneuten Wendepunkt, als er seine zukünftige Ehefrau kennenlernt. Sie öffnet ihm den Weg zurück in die soziale und strafrechtliche Unauffälligkeit. Auch bei Peter, dem an anderer Stelle aufgeführten Beispiel eines „Spätstarters", ist es eine Partnerschaft, welche die notwendige Unterstützung gibt, mit der auch ein erfolgreicher beruflicher Neuanfang möglich ist.

Dieses Wechselspiel von Integration in Partnerschaft und Arbeit zeigt sich bei Dolf in genau der umgekehrten Reihenfolge: Der berufliche Erfolg bildet hier die Basis für eine erfüllende Partnerschaft. Die Beispiele zeigen, dass es mit dem Ende der Straffälligkeit zu einer positiven Entwicklung in allen Lebensbereichen kommt. Und unabhängig davon, welcher Bereich den „Motor" für diese Entwicklung bildet, verstärken sich die positiven Entwicklungen in den verschiedenen Lebensbereiche – Arbeit-, Freizeit- und Kontaktbereich – über den Zeitverlauf gegenseitig.

Leider können wir auf der Grundlage des vorliegenden Datenmaterials die Relevanz der jeweiligen Lebensbereiche für eine erfolgreiche Integration nur in sehr grober Form aufzeigen, dennoch belegen unsere quantitativen Analysen, dass ein Ende der strafrechtlichen Auffälligkeiten auch dann wahrscheinlicher wird, wenn es nur in einem Lebensbereich zu einer festen Ein- und Anbindung kommt. Zu diesem Ergebnis gelangen auch die wenigen Studien, die sich explizit mit dem Abbruch („Desistance") krimineller Karrieren beschäftigten.

Meisenhelder (1976), der retrospektiv den Karriereabbruch von 20 männlichen erwachsenen Straftätern untersuchte, kommt in seiner Studie zu folgendem Schluss: "In successful exiting projects, the social bonds and ties to the conventional world were the major reasons that these men were able to go straight" (S. 329). Diese "social bonds and ties" bestanden aus einer sinnvollen, finanziell attraktiven Arbeit, die Zukunfts- und Karriereperspektiven bot oder auch aus positiven Beziehungen zum anderen Geschlecht, Familienmitgliedern oder nicht-delinquenten Freunden. Deutlich wird in der Untersuchung von Meisenhelder, dass die Bindungen für die untersuchten Ex-Straftäter nicht nur eine wichtige Ressource bildeten, auf die sie in schwierigen Lebenssituationen zurückgreifen konnten, sondern dass der mit einer Straftat befürchtete Verlust der Bindungen die Probanden von weiteren Straftaten zurückhielt. Auch Irwin (1970) und Shover (1985) zeigen in ihren Desistance-Analysen, dass Bindungen zu anderen Menschen, oftmals in Form einer für beide Seiten befriedigenden Beziehung zu einer Frau, und Aktivitäten (z. B. die Teilnahme an Bildungsmaßnahmen, eine ausfüllende Arbeit), die einen konventionellen Lebensstil fördern, für eine erfolgreiche Reintegration wichtig sind.

Mulvey und Aber (1988), deren Sample 48 jugendliche Mehrfachtäter, „Abbrecher" und „Persister" umfasste, konnten zwar auch die Bedeutung einer befriedigenden Arbeit für den Abbruchprozess feststellen, fanden jedoch keine Unterstützung für die These, dass eine längerfristige Beziehung zu einer Frau Bedeutung für die Resozialisierung hat. Solche Beziehungen waren bei ihren Probanden, sowohl bei „Persistern" wie auch bei „Abbrechern", die große Ausnahme. Dieses Ergebnis könnte damit zu erklären sein, dass sie ein Sample jugendlicher Straftäter untersuchten, und bei Jugendlichen die subjektive Relevanz einer festen Beziehung noch nicht so ausgeprägt ist wie bei Erwachsenen.

Die Bedeutung der sozialen Einbindungen in eine befriedigende berufliche Tätigkeit für das Legalverhalten belegt auch die Anfang der 80er Jahre von Spieß (Spieß 1986) durchgeführte Studie. Im Rahmen des Projektes „Prognose und Behandlung bei jungen Rechtsbrechern" (Kury et al. 1986) untersuchte Spieß den Verlauf der Bewährungszeit von 170 jugendlichen Straftätern. Die 170 Probanden und ihre Bewährungshelfer wurden im Verlauf des Projekts beziehungsweise des Bewährungsverfahrens mehrmals schriftlich befragt. Zusätzlich konnte Spieß auf die Gerichtsakten und einen in der Untersuchungshaft durchgeführten Persönlichkeitstest zurückgreifen. Hinsichtlich verschiedener Sozialmerkmale wie Berufstätigkeit der Mutter, Heimaufenthalt und Schulabschluss fand Spieß keine bedeutenden Unterschiede zwischen Probanden, deren Bewährung widerrufen wurde beziehungsweise Probanden, die ihre Bewährungszeit erfolgreich durchlebten. Auch die Ergebnisse des während der Untersuchungshaft durchgeführten Persönlichkeitstests („Freiburger Persönlichkeitsinventar"), mit dem Charakter- beziehungsweise Persönlichkeitszüge wie Aggressivität, Depressivität und Kontaktprobleme festgestellt werden sollten, ermöglichten keine Trennung von Bewährungserfolg und Rückfall. Einzig bei der Vorstrafenbelastung zeigten sich Unterschiede: Probanden mit früheren Jugendstrafen hatten eine höhere Widerrufsquote als Probanden ohne Vorstrafen. Als besondere Belastung für den Bewährungserfolg erwies sich die fehlende Arbeitsintegration zu Beginn der Bewährungszeit. Nur 60% der Probanden fanden einen Ausbildungs- oder Arbeitsplatz, und auch die Probanden, die in dieser Richtung erfolgreich waren, fanden kaum eine Stelle, die Aussicht auf eine Verbesserung der beruflichen Qualifikation bot. Besondere Bedeutung erhielt die fehlende Arbeitsintegration durch die mit ihr verbundenen Folgeerscheinungen hinsichtlich sozialer Teilnahmechancen oder Existenzsicherung: Arbeitslose Probanden waren nicht nur überdurchschnittlich stark weiteren Belastungen (geringes Einkommen, Schuldenbelastung und fehlende Schuldenregulierung, fehlende Partnerbindungen etc.) ausgesetzt, sie waren durch diese Belastungen zugleich stärker widerrufsgefährdet als vergleichbar belastete Probanden mit bestehenden Arbeits- und Ausbildungsverhältnissen. Nach Spieß geht die Gefährdung des Bewährungserfolges weniger von einzelnen Risikofaktoren als vielmehr von der Zusammenballung einer Vielzahl von Integrationsproblemen aus. Dabei zeigen besonders zwei Gruppen diese Ballung von Risikofaktoren: Probanden, die nach der Haftentlassung länger arbeitslos waren und Probanden mit einer starken Vorstrafenbelastung. Doch da vorbestrafte Probanden dann kein höheres Widerrufsrisiko hatten, wenn sie in der Bewährungszeit nur geringe sonstige Belastungen aufwiesen, deutet Spieß diesen Zusammenhang als weiteres Indiz dafür, dass weniger frühere biographische Risikomerkmale den Bewährungserfolg beeinflussen als vielmehr die aktuellen Bedingungen in der Bewährungszeit.

Im Rahmen einer Reanalyse der Cambridge Studie[161], bei der 411 männliche Probanden im Alter von 8 Jahren bis zum Alter von 32 Jahren untersucht wurden, differenzierten Nagin/Farrington/Moffitt (1995) nach der Dauer und Intensität der strafrechtlichen Auffälligkeiten vier verschiedene Verlaufstypen: Erstens Probanden, die niemals offiziell registriert wurden, zweitens Probanden, die ihre offizielle Auffälligkeit beim Übergang zum Erwachsenenalter beenden; drittens die sogenannten „high-level chronics", Probanden, die über den gesamten Untersuchungszeitraum

161 Für eine detaillierte Beschreibung der Studie siehe Farrington/West (1990).

eine hohe Tatfrequenz zeigten, und viertens Probanden, die über den gesamten Untersuchungszeitraum eine niedrige Tatfrequenz zeigen. Für unseren Zusammenhang interessant sind vor allem ihre Ergebnisse über die Entwicklung der „adolescence-limited"-Gruppe in der Erwachsenenzeit. Im Unterschied zu den Probanden, die nie straffällig wurden, hatte diese Gruppe wie auch die beiden anderen Delinquenzgruppen im Alter von 18 Jahren deutliche Probleme im Leistungs- und Partnerschaftsbereich. Ein anderes Bild zeigte sich bei dieser Gruppe jedoch um das 32. Lebensjahr: „By age 32 the work records of the adolescence-limiteds were indistinguishable from the never-convicted and substantially better than those of the high- and low-level chronics" (S. 112). Ein solcher Unterschied zwischen Abbrechern und „chronischen Tätern" ergab auch die Analyse der Partnerschaftsbeziehungen um das 32. Lebensjahr: „The adolescence-limiteds also seem to have established better relationship with their spouses than the chronics" (S. 112).

Obwohl also auch die Cambridge-Studie belegt, dass es bei einem Teil der jugendlichen Straftäter in der Erwachsenenphase nicht nur zu einem Ende der strafrechtlichen Auffälligkeiten, sondern auch zu einer Veränderung in anderen Lebensbereichen kam, der sie hinsichtlich dem Verhalten in Arbeit und Partnerschaft ununterscheidbar von strafrechtlich unauffälligen Probanden macht, führen Gottfredson/Hirschi (2000) gerade diese Studie als Beleg für die von ihnen postulierte stabile Disposition zur Abweichung an. Dies liegt daran, dass Nagin/Farrington/Moffitt (1995) trotz der Integration in Arbeit und Ehe bei ihren Abbrechern eine gegenüber den nicht-straffälligen Probanden deutlich höhere Quote selbstberichteter Delinquenz und Devianz ausmachten: „The seeming reformation of the adolescence-limiteds however, was less than complete. They continued to drink heavily, use drugs, and get into fights. While their official criminal records ceased many years before, they were still committing criminal acts, such as stealing from their employer, according to their self-reports" (S. 112). Hirschi/Gottfredson (2000) sehen in diesem Ergebnis eine Bestätigung ihrer These, dass Straftäter auch nach dem Ende ihrer offiziell registrierten kriminellen Karriere ihr abweichendes Verhalten fortsetzen: "Indeed, subsequent analysis of the same grouping found that the adolescent limited offenders actually continued to offend – by some measures at rates exceeding those of high level chronic offenders!" (Hirschi/Gottfredson 2000, S. 60).

Gegen diese einseitige Interpretation ist einzuwenden, dass sich – wie Nagin/Farrington/Moffitt weiterhin feststellten – bei den Abbrechern nicht nur das Verhalten in Familie und Arbeit deutlich veränderte, sondern auch die Qualität der Auffälligkeiten: „At age 32 they seem to be careful to avoid committing crimes with a high risk of conviction, which might jeopardize their stable work careers, or to engage in behaviors, like spousal assault, that might harm their familial relationships. Instead, they seem to restrict their deviance to behaviors less likely to result in official sanction or disrupt intimate attachments" (1995, S. 132). Bei genauer Betrachtung zeigt sich demnach bei den Abbrechern der Cambidge-Studie, dass sie die Auffälligkeiten nicht in allen Lebensbereichen gleichermaßen zeigen, sondern ihr Verhalten von dem jeweiligen Kontext und ihren (sozial integrierten) Lebenssituationen abhängig machen. Eine solche „Kontrolle der geringen Selbstkontrolle" spricht u. E. jedoch eher gegen die Thesen von Hirschi/Gottfredson als für sie.

Angesichts der spärlichen Forschung über den Zusammenhang zwischen der Beendigung der offiziellen Auffälligkeit und anderem Verhalten muss die Frage offen bleiben, ob die Reintegration der meisten Straftäter zu einer generellen Verhaltensänderung führt, oder ob sich bei ihnen in einigen Bereichen weiterhin stärkere Tendenzen zur Abweichung zeigen als bei strafrechtlich nie auffälligen Individuen. Leider verfügen wir über keine Angaben zur selbstberichteten Delinquenz im Erwachsenenalter, mit denen wir diese Frage klären könnten. Unsere Ergebnisse lassen jedoch darauf schließen, dass die Verhaltensänderungen eines Teils unserer H-Probanden zumindest soweit geht, dass sie von der Umwelt nicht mehr als sozial auffällig zu identifizieren sind. Auch wenn wir ein im Sinne von Hirschi/Gottfredson hartes Kriterium zugrunde legen und von sozialer Auffälligkeit nur dann sprechen, wenn ein Proband entweder verurteilt wurde oder Berichte über eine Verhaltensauffälligkeiten wie Milieukontakte, unregelmäßiges Arbeitsverhalten und intensiver Alkoholkonsum vorliegen, sind fast ein Drittel (31%) der nachuntersuchten H-Probanden in ihrer vierten Lebensdekade als sozial unauffällig zu charakterisieren. Dieses Drittel ist weder ein Datenartefakt noch ist es aufgrund seiner Quantität theoretisch vernachlässigbar – zwei Argumente, die Hirschi/Gottfredson (1995, 2000) gegen die Delinquenzverlaufsforschung immer wieder anführen.

Sieht man einmal von der Frage, wie weit die Resozialisierung ehemaliger Straftäter geht, ab, so spricht schon allein der Umstand, dass es bei einem großen Teil der Straftäter zu einem Ende der offiziell registrierten Straffälligkeit kommt, gegen die „allgemeine" Kriminalitätstheorie von Hirschi/Gottfredson. Ihre „Erklärung" beschränkt sich auf den Verweis auf eine Art „Naturkonstante Alter", die zu einem Rückgang der Gelegenheitsfaktoren führt. Damit ist es ihnen aber nicht möglich, die unterschiedlichen Erscheinungsbilder zwischen „Abbrechern" und „Persistern" – ein Unterschied der zumindest kriminalpraktisch sehr relevant ist – zu fassen.

Hierin liegt gerade die Stärke des Ansatzes von Sampson/Laub. Mit ihrer „altersabhängigen sozialen Kontrolltheorie" ist nicht nur der Rückgang der Kriminalität, sondern die ganze Vielzahl unterschiedlicher Kriminalitätsverläufe – zumindest soweit es sich um wiederholte und schwere Kriminalität handelt – zu erklären. Doch auch ihr theoretischer Ansatz lässt noch viele Fragen offen. Dies betrifft vor allem den Zusammenhang zwischen der „Außenwelt" der Individuen und ihrer „Innenwelt". In welchem Verhältnis stehen Veränderungen der sozialen Einbindung und Veränderungen in den Werthaltungen oder der „Selbstkontrolle" der Individuen? Zu klären wäre in diesem Zusammenhang auch die Frage nach der unterschiedlichen Bedeutung der verschiedenen Aspekte der sozialen Kontrolle, wie z. B. der Internalisierung von Werthaltungen und Verhaltenserwartungen, der Einbindung in Alltagsroutinen (und damit einhergehender zeitlicher und räumlicher Restriktionen) und der veränderten Kosten-Nutzen-Abwägung.

Auf die Relevanz dieser verschiedenen Aspekte verweist die Studie von Mischkowitz (1993). Er ermittelte bei den H-Probanden der TJVU vier idealtypische Komponenten der Lebensstil-Änderung, die zum Ende der kriminellen Aktivitäten führten: Neben einer „anbindungsbezogenen Reintegration" (die Anbindung an eine bestimmte Person wie z. B. die Ehefrau oder eine Gruppe wie z.B. eine Religionsgemeinschaft) und einer „einbindungsbezogenen Reintegration" (die zeitliche Einbindung in Arbeit und/oder Freizeit, frei nach dem Motto: „Wer keine freie Zeit hat, kommt auch nicht auf dumme Gedanken") – identifizierte er eine „vereinbarungsbezogene Reintegration" (im Sinne eines veränderten Kosten-Nutzen-Kalküls) und eine „wertbezogenen Reintegration" (Entwicklung eines moralischen Bewusstseins beziehungsweise gesinnungsethischen Verbots zur Straftat).[162]

Matt (1995), der im Rahmen einer Längsschnittstudie das „Doppelleben" – das Vorliegen ausgeprägter jugendtypischer Delinquenz in der Freizeit bei gleichzeitiger guter Integration ins Berufsbildungssystem – von 60 Haupt- und Sonderschülern untersuchte, nennt drei Faktoren, die für den Übergang zur Konformität verantwortlich sind: 1. Veränderungen im Kontakt- und Freizeitbereich, und hier vor allem das Herauslösen aus einem (delinquenten) Freundeskreis und das Eingehen einer festen Beziehung. 2. Die Veränderung der Kosten-Nutzen-Abwägung durch den Kontakt mit Institutionen der sozialen Kontrolle: Die Angst vor den Folgen offiziell dokumentierter Straffälligkeit und deren Konsequenzen für die weitere Lebensführung führen zu einer Verhaltensänderung. 3. Die Veränderung des Selbstbildes, bei dem Konformität die Abgrenzung zur Jugendrolle und die Entwicklung zum Erwachsensein dokumentiert.

Sommer et al. (1994) entwickeln auf der Grundlage einer qualitativen Studie über den Abbruch der kriminellen Karriere ein Stufenmodell, bei dem sie drei Teilschritte des Abbruchs unterscheiden: Erstens den Entschluss und die Motivation zum Abbruch, zweitens die Einleitung von Veränderungen und den Bruch mit alten Verhaltensweisen und Kontakten und drittens den Aufbau neuer sozialer Netzwerke und einer neuen Identität. Bei jedem dieser Schritte – Motivation, Veränderung und Stabilisierung – ist nach Sommer et al. ein Scheitern möglich. Beispielsweise kann das Individuum den Entschluss fassen, mit seinen kriminellen Aktivitäten zu brechen und versuchen sich in neue, nicht-deviante soziale Netzwerke zu integrieren. Dieses Bemühen hat jedoch nur dann langfristig Erfolg, wenn es dem Individuum gelingt, über diese neuen Netzwerke eine nicht-deviante Identität aufzubauen.

Auch Shover (1985) betont in seinen Analysen, dass die Einbindung in Partnerschaft, Arbeit und andere konventionelle Aktivitäten, die den Abbruch des delinquenten Verhaltens kennzeichnet, verbunden ist mit einer Veränderung des Selbstbildes. Er stellt vier spezifische Umorientierungen fest, die mit dem Abbruch einer

---

[162] Auch Mischkowitz (1993) ermittelte die von uns festgestellte Nicht-Wirkung der Kindheits- und Jugendgeschichte auf den Abbruch einer kriminellen Karriere: Seine „Abbrecher" unterschieden sich weder hinsichtlich der von Göppinger gebildeten „Syndrome der Früherkennung" (Variablenbündel, welche die Bereiche familiärer Belastung, Schule, Ausbildung, Freizeit und Kontakt beschrieben; vgl. Göppinger 1983) noch hinsichtlich der ebenfalls auf Göppinger zurückgehenden "kriminovalenten Konstellationen" (bezogen auf den Lebensstil um 25) signifikant von den Probanden, die weiterhin strafrechtliche Auffälligkeiten zeigten. Mischkowitz (1993, S.172) spricht in diesem Zusammenhang von einer „Tendenz in Richtung einer Irrelevanz der bekannten Prognosekriterien im Hinblick auf die Beendigung einer kriminellen Laufbahn im Alter von 30 Jahren".

kriminellen Karriere verbunden sind: 1. eine neue Einstellung sich selbst gegenüber, die auch zu einer distanzierten, beurteilenden Sicht vergangener Jahre führt, 2. ein wachsendes Bewusstsein, dass Zeit eine sich erschöpfende Ressource darstellt, 3. weniger Wünsche und Ziele materieller Art, und 4. ein Gefühl des Überdrusses aufgrund der durch ständige Kontakte mit dem Strafrechtssystem entstandenen Probleme.

Die aufgeführten qualitativen Studien unterstreichen nicht nur die Bedeutung der sozialen Einbindung, sondern sie erweitern den Focus der Abbruchsanalysen um den Aspekt der Selbstbildänderung. Die Frage, ob die Selbstbildänderung, die besonders in den Studien von Sommers et al. (1994) und Shover (1985) betont wird, eine notwendige Vorraussetzung für die Integration in neue soziale Netzwerke ist, muss angesichts des eher dürftigen Angebots an empirischen Arbeiten zu Abbruchprozessen krimineller Karrieren offen bleiben. Wenn man sich die Idee des sozialen Kapitalansatzes von Sampson/Laub zu eigen macht, ist es jedoch naheliegend, die Veränderung des Selbstbildes und die Veränderung in der sozialen Einbindung als einen gleichzeitig ablaufenden, sich wechselseitig verstärkender Prozess zu betrachten. Das Selbstbild verändert sich in dem Maße, wie die kognitive und affektive Sicherheit im Umgang mit den neuen sozialen Netzwerken steigt.

6.6 Zusammenfassung

Bei einer lebensgeschichtlichen Betrachtung der offiziell registrierten Kriminalität, aber auch anderer Dimensionen sozial abweichenden Verhaltens, zeigen sich sehr unterschiedliche Verlaufsmuster und Entwicklungssequenzen. Bei der repräsentativen Vergleichsgruppe bleibt der weitaus größte Teil der in diesem Sample registrierten Kriminalität auf einmalige und/oder leichte Delikte in der Jugend- und Heranwachsendenphase beschränkt. Dieses Erscheinungsbild der Kriminalität ist weder mit einer problematischen Sozialisation erklärbar, noch findet sie ihre Entsprechung in einer in anderen Bereichen auffälligen Lebensführung. Sie hat auch keine größeren Auswirkungen auf den weiteren Lebensweg der Individuen.

Demgegenüber spiegeln sich die schweren strafrechtlichen Auffälligkeiten bei den meisten unserer Häftlingsprobanden Mitte ihrer dritten Lebensdekade auch in anderen Verhaltensauffälligkeiten und einer sozial deprivierten Lebenssituation wider. Trotz der ähnlichen Lebenssituation um das 25. Lebensjahr, lassen sich auch innerhalb der Häftlingsprobanden eine Vielzahl unterschiedlicher Verläufe ausmachen. Das Gesamtbild, wie es sich bei einer Betrachtung über mehrere Lebensphasen hinweg darstellt, ist mehr von Brüchen und Veränderungen als von einer Kontinuität beziehungsweise Stabilität der strafrechtlichen Auffälligkeiten gekennzeichnet. Nur ein kleiner Teil der Straftäter zeigt eine Kontinuität sozial auffälligen Verhaltens von der Kindheit bis ins späte Erwachsenenalter. Nicht nur hinsichtlich des Beginns der Auffälligkeiten, auch hinsichtlich des Endes beziehungsweise der Dauer der „kriminellen Karrieren" gibt es deutliche Unterschiede zwischen den Probanden. Es sind jedoch weniger die Faktoren der frühen Kindheits- und Jugendgeschichte als vielmehr die Intensität der kriminellen Karriere im Heranwachsenden- und Erwachsenenalter und die damit verbundene Kumulation struktureller Benachteiligungen, welche die Chancen einer erfolgreichen Resozialisierung der Straftäter in späteren Lebensabschnitten reduzieren.

Trotz der hohen Kriminalitätsbelastung in der dritten Lebensdekade kommt es bei den meisten der Häftlingsprobanden ab dem mittleren Erwachsenenalter zu einem deutlichen Rückgang oder sogar Ende der strafrechtlichen Auffälligkeiten. Diese Veränderung im Legalverhalten spiegelt sich auch in anderen Dimensionen des sozialen Lebens wider: Der Rückgang beziehungsweise die Beendigung des kriminellem Verhaltens geht einher mit einem allgemeinen Rückgang beziehungsweise einer Beendigung anderer Verhaltensauffälligkeiten. Positiv gewendet deuten unsere Analysen darauf hin, dass es einem großen Teil unserer Häftlingsprobanden im späteren Lebensalter gelingt, starke soziale Bindungen zu ihrer Arbeit und Familie aufzubauen und sich erfolgreich in eine sozial unauffällige Lebensweise zu integrieren. Der Abbruch einer kriminellen Karriere ist also auch bei hoch belasteten Straftätern keine Ausnahme, sondern eine häufige Entwicklungssequenz.

Diese empirischen Befunde berühren einige zentrale Punkte der aktuellen Theoriediskussion innerhalb der kriminologischen Langzeitforschung. Im Mittelpunkt dieser Diskussion steht die Frage, ob sozial abweichendes Verhalten von Individuen eine zeitlich stabile Disposition darstellt, die sich über ein ganzes Leben erstreckt, oder ob sich das Verhalten von Individuen und die diesem Verhalten zugrunde liegenden Dispositionen im Lebensverlauf verändern. Unsere empirischen Befunde sprechen nicht nur eindeutig gegen die erste, von Hirschi/Gottfredson vertretene Position, sondern sie unterstützen die zweite Position, wie sie in der Theorie der „altersabhängigen sozialen Kontrolle" von Sampson/Laub formuliert ist. Bei diesem Ansatz kommt der jeweils aktuellen Einbindung des Individuums in die informellen Bereiche der sozialen Kontrolle (Arbeitswelt, Partnerschaft, Familie, Freundschaftsbeziehungen usw.) die zentrale Erklärungsfunktion für das Legalverhalten der Individuen zu.

Die Kritik, die basierend auf den wenigen empirischen Untersuchungen zu unterschiedlichen Delinquenzverläufen im Lebenslauf an der „general theory of crime" geübt wird, weisen Hirschi/Gottfredson zurück: „Mountains of evidence have been ignored before, but the fact remains that general theories of crime are not falsified by alleging that particular cases or sets of cases are contrary to them, or by finding variation in uninterpreted correlates of crime among groups of arbitrarily selected offenders however refined the statistical procedure for doing so." (Hirschi/Gottfredson 2000, S. 62). Drei Kritikpunkte werden hierbei von ihnen angeschnitten. Ihr erster Kritikpunkt betrifft die Willkür bei der Konstruktion von Delinquenzverläufen. Natürlich sind die jeweils konstruierten Delinquenzverläufe abhängig vom Erkenntnisinteresse und haben keinen ontologischen Status. Wenn man die Entwicklung von Kriminalität und anderen Formen sozial abweichendem Verhalten im Lebenslauf untersuchen möchte, kommt man unabhängig von der theoretischen Ausrichtung nicht umhin, die jeweiligen Auffälligkeiten beziehungsweise die Unauffälligkeiten in Zeitphasen zu ordnen. Das ist genau die Vorgehensweise, welche die Autoren der „developmental theories" und wir selbst bei unseren Analysen über die Delinquenzverlaufsgruppen gewählt haben. Die Art dieser Analyse bedingt jedoch nicht ihre Ergebnisse. Wenn das Erkenntnisziel die Frage nach den Bedingungen der Beendigung von offiziell registrierter und sanktionierter Auffälligkeit ist, trägt der Einwand, dass es sich bei diesem unbestrittenen Phänomen nur um eine Verlagerung der Auffälligkeiten weg von offizieller Registrierung handelt, nur sehr wenig zu diesem Erkenntnisziel bei.

Ihr zweiter Kritikpunkt zielt auf das Ausmaß der in den verschiedenen Untersuchungen festgestellten Unterschiede zwischen den einzelnen Delinquenzverlaufsmustern. Was für andere Autoren signifikante Differenzen sind, sind für Hirschi/Gottfredson nur „Variationen". Ob man die Differenzen zwischen verschiedenen Straftätergruppen nur als „Variationen" oder qualitative Veränderungen ansieht, ist eine Frage des Maßstabs beziehungsweise der Frage, an welchen Verhaltensäußerungen man die Existenz einer „niedrigen Selbstkontrolle" festmacht. Legt man den engen Maßstab von Hirschi/Gottfredson für eine geringe Selbstkontrolle an und fasst jede Verhaltensauffälligkeit wie z. B. „intensiven Alkoholkonsum" darunter, so sind auch bei einem großen Teil unserer strafrechtlich unauffälligen V-Probanden Kennzeichen einer geringen Selbstkontrolle vorhanden. Beispielsweise wäre ein im Gesundheitssystem gut integrierter Arzt, der dem Alkohol nicht abgeneigt ist, ab und an auch im betrunkenen Zustand Auto fährt und in (größeren) Abständen seine Steuererklärung frisiert, aber ansonsten sozial unauffällig ist – eine sicherlich nicht ganz untypische Erscheinungsform – nach den theoretischen Überlegungen von Hirschi/Gottfredson eine Person mit geringer Selbstkontrolle. Ein solches Beispiel wirft die Frage auf, ob der von ihnen angelegte Maßstab nicht eher das Produkt sehr spezifischer normativer Überzeugungen ist denn das Produkt einer wissenschaftlich abgesicherten Untersuchung über den Zusammenhang von sozial auffälligem Verhalten und Kriminalität.

Der dritte Kritikpunkt von Hirschi/Gottfredson bezieht sich auf die Anzahl der in ihrem Sinne „echten" Gegenbeispiele. Im Unterschied zu den Vertretern der „developmental theories", sind sie der Auffassung, dass es sich bei den Gegenbeispielen nur um eine theoretisch vernachlässigbare kleine Anzahl von Personen handelt, bei der es zu Veränderungen wie „bad boy goes good" oder „good boy goes bad" kommt. Bei den meisten Untersuchungen, so ihre Argumentation, würde sich bei genauerer Betrachtung vor allem der selbstberichteten Delinquenz herausstellen, dass es Phänomene wie „Spätstarter" oder „Abbrecher" nur in Ausnahmefällen gibt. Diesen Kritikpunkt können wir mit unseren Daten nicht wirklich widerlegen, da uns keine systematischen erfassten Selbstberichte über delinquentes Verhalten vorliegen.[163] Gegen die Argumentation von Hirschi/Gottfredson spricht aber, dass wir selbst dann, wenn wir bei unserer Analysen die Maßstäbe von Gottfredson/Hirschi anlegen, fast bei jedem dritten H-Proband aus der Nachuntersuchung im mittleren

[163] Auch mit dem Datensatz von Sampson/Laub ist eine solche Widerlegung nicht möglich. Infolge des spezifischen Designs der Glueck/Glueck-Studie umfaßt die Gruppe der „Spätstarter" in ihrem Sample nur wenige Probanden aus der in der Jugend unauffälligen Kontrastgruppe. Für die Überprüfung der Unauffälligkeit ihrer „Abbrecher" fehlen ihnen ebenso wie uns die dafür notwendigen systematisch erhobenen Selbstberichte über delinquentes Verhalten.

Lebensalter kein „criminal and analogous behavior" (Hirsch/Gottfredson 2000, S. 64) mehr feststellen konnten. Wir können nicht ausschließen, dass diese H-Probanden in einer Verhaltensdimension, die in der Nachuntersuchung nicht erfasst wurde, weiterhin auffällig waren. Doch schon allein die Vorstellung, dass das Handeln einer Personen in einigen Verhaltensbereichen durch eine geringe Selbstkontrolle und in anderen Bereichen durch eine hohe Selbstkontrolle gesteuert wird, ist mit der Idee einer allgemeinen Verhaltenssteuerung durch eine geringe Selbstkontrolle kaum vereinbar.

Unsere Ergebnisse sprechen nicht nur gegen den „low self-control"-Ansatz von Gottfredson/Hirschi. Auch die neueren Erklärungsansätze innerhalb der dynamisch gedachten „developmental theories", wie sie Moffitt (1993) und Patterson (Patterson/Yoerger 1993) vertreten, sind noch zu wenig ausdifferenziert, um die Vielfalt der von uns aufgezeigten Delinquenzverläufe gerecht zu werden. Moffitt und Patterson unterscheiden zwei unterschiedliche Delinquenzverlaufsgruppen mit zwei unterschiedlichen Erklärungsmustern: Eine zahlenmäßig relativ kleine Gruppe – Pattersons „early starters" und Moffitts „life-course-persistent offenders" – beginnt mit den strafrechtlich relevanten Verhaltensauffälligkeiten schon sehr früh im Leben und verändert dieses Verhalten im weiteren Lebensverlauf nicht mehr. Auf der anderen Seite steht eine zahlenmäßig große Gruppe von Individuen, die nur in einem relativ kurzen Zeitabschnitt in der Jugend- und Heranwachsendenphase eine Delinquenzgeschichte aufweisen: Pattersons „late starters" und Moffitts „adolescence- limited offenders". Problematisch an dieser theoretischen Dichotomisierung ist vor allem die Kontinuitätsannahme bei den „life-course-persistent offenders" beziehungsweise den „early starters". Es lässt sich wohl kaum bestreiten, dass es eine Gruppe von Individuen gibt, die ihr kriminelles Verhalten ein Leben lang beibehalten. Wie groß diese Gruppe ist und wie sie prognostisch von anderen Verlaufsgruppen unterschieden werden kann, ist jedoch nach wie vor eine offene Frage.

Die theoretischen Annahmen bei Moffitt wie auch bei Patterson basieren auf Längsschnittstudien, bei denen das Erwachsenenalter bislang noch nicht erfasst ist. Wie vielfältig sich jedoch die Entwicklungswege selbst bei sogenannten „Intensiv-" oder „Karrieretätern" darstellen, zeigten unsere Verlaufsbetrachtungen, die im Unterschied zu den meisten Langzeitstudien auch das mittlere Erwachsenenalter mitberücksichtigen. Repräsentative Langzeitstudien wie die Philadelphia Kohortenuntersuchung verweisen darauf, dass Delinquenzverlaufsmuster wie ein später Einstieg in beziehungsweise der Ausstieg aus einer kriminellen Karriere schon allein auf Grund ihrer quantitativen Dimension nicht ignoriert werden dürfen. Eine allgemeine Kriminalitätstheorie sollte in der Lage sein, diese unterschiedlichen Verlaufsmuster zu erklären. Mit einem statischen oder dichotomen Erklärungsansatz sind diese Verlaufsmuster nur sehr unzureichend erfasst. Das theoretische Modell von Sampson/Laub hat demgegenüber den Vorteil, diesen unterschiedlichen Verlaufsformen gerecht zu werden. Dennoch lässt auch dieser Ansatz noch viele Fragen unbeantwortet. Gibt es Bindungen, die wichtiger sind als andere? Reichen starke Bindungen in einem Lebensbereich für einen erfolgreichen Abbruch aus? Wie stark muss eine Bindung sein, um eine kriminalitätshemmende Wirkung zu entfalten? Wie ist das

Wechselspiel zwischen Veränderungen der sozialen Kontrolle und Veränderungen in den Werthaltungen oder im Selbstbild der Individuen? Gibt es einen Abbruch ohne soziale Integration? Eine zufriedenstellende Antwort auf solche Fragen sind mit quantitativ angelegten Analysen jedoch kaum möglich. Hier sind vor allem qualitative Studien gefragt, die den nach wie vor bestehenden „black box"-Charakter der konkreten Ablaufprozesse, die zu Veränderungen im Legalverhalten führen, weiter auflösen.

7 Schlussbetrachtung: Die zentralen Ergebnisse

1. In repräsentativen Langzeitstudien, denen die offiziell registrierte Kriminalität von Männern auf der Basis von Individualdaten von der Kindheit bis ins junge Erwachsenenalter zu Grunde liegt, zeigen sich sehr unterschiedliche Entwicklungsverläufe. Bis Mitte beziehungsweise Ende der dritten Lebensdekade wird durchschnittlich ein Drittel einer männlichen Geburtskohorte mindestens einmal im Zusammenhang mit kriminellem Verhalten registriert. Eine Kontinuität der strafrechtlichen Auffälligkeiten über die verschiedenen Lebensphasen hinweg, lässt sich jedoch nur bei einer Minderheit der Straftäter ermitteln. Bei den meisten Straftätern bleibt es bei einem einmaligen Kontakt mit den Strafverfolgungsorganen. Der Anteil der Einmaltäter bei den Geburtskohorten beträgt zwischen 43% und 46% aller Täter. Selbst bei den meisten Wiederholungstätern beschränkt sich die Auffälligkeiten auf einen relativ kurze „Episode" in der Jugend- und Heranwachsendenzeit.

2. Der Anteil der jugendlichen Straftäter, die gemessen an der Anzahl ihrer Registrierungen als „Intensivtäter" oder „chronische" Straftäter bezeichnet werden können, umfasst etwa 3% bis 6% der gesamten männlichen Geburtskohorte beziehungsweise 15% bis 22% aller jugendlichen Straftäter. 65% bis 82% dieser jugendlichen „Intensivtäter" wurden auch als Heranwachsende oder junge Erwachsene erneut verurteilt, wobei bei etwa der Hälfte kein Rückgang der Registrierungshäufigkeit zu beobachten ist. Anderseits wurden auch von dieser Gruppe je nach Studie zwischen 18% und 35% im Heranwachsenden- und jungen Erwachsenenalter nicht mehr erneut auffällig, d. h. diese jugendlichen „Intensivtäter" beendeten ihre „kriminelle Karriere" beim Übergang in die Erwachsenenphase. Nimmt man Probanden zum Ausgangspunkt, die bereits in der Kindheit strafrechtlich auffällig wurden, so sind es auch hier fast ein Drittel die in der Jugend, und mehr als Hälfte die im Erwachsenenalter nicht mehr registriert wurden.

3. Bei etwa 8 bis 10% einer männlichen Geburtskohorte wird erstmals im Erwachsenenalter eine Straftat registriert. Diese Gruppe umfasst jeweils über ein Viertel aller bis zur Mitte beziehungsweise Ende der dritten Lebensdekade registrierten Straftäter einer Geburtskohorte. Bei knapp 2/3 der Straftäter, die im Erwachsenenalter wiederholt registriert werden, liegen bereits Berichte über Straftaten in der Jugendphase vor. Anderseits lassen sich mehr als 1/3 der erwachsenen Wiederholungstäter als „Spätstarter" bezeichnen, da bei dieser Gruppe erstmals im Erwachsenenalter eine Straftat registriert wurde.

4. Das beschriebene Strukturbild der unterschiedlichen Kriminalitätsverläufe bis ins junge Erwachsenenalter erhält man unabhängig davon, welche Indikatoren

der offiziell registrierten Kriminalitätsbelastung (polizeiliche Registrierungen, Verurteilungen etc.) herangezogen werden. Es gibt zwar Variationen in der Größe der jeweiligen Verlaufsmuster, doch die grundsätzliche Verteilungsstruktur bleibt erhalten. Dieses Strukturbild reproduziert sich auch dann, wenn es auf der Grundlage selbstberichteter Delinquenz erstellt wird. Die Kriminalitätsbelastung im hierzu analysierten „National Youth Survey" liegt zwar insgesamt höher, doch auch bei dieser Verlaufsbetrachtung sind Veränderungen und Brüche in der Delinquenzentwicklung bei den meisten Tätern festzustellen.

5. Die Analysen der Rückfallentwicklung von Häftlingspopulationen zeigen, dass ein Ende der strafrechtlichen Auffälligkeiten auch bei schwerer und wiederholter Kriminalität nicht die Ausnahme bildet. Zwar überwiegt in den ersten fünf Jahren nach der Haftentlassung noch die Anzahl der rückfälligen Täter, erweitert man jedoch den Beobachtungszeitraum, so ist der Abbruch der „kriminellen Karriere" ein zumindest gleichwahrscheinlicher Entwicklungspfad wie ihre Fortsetzung. Deutlich wird bei den Langzeitbetrachtungen auch, dass der Abbruch krimineller Karrieren nicht nur im Zusammenhang mit der Statuspassage vom Jugendlichen zum Erwachsenen stattfindet, sondern auch in späteren Lebensabschnitten erfolgt.

6. Die unterschiedlichen Kriminalitätsentwicklungen im Lebenslauf werden in den klassischen kriminologischen Theorien kaum thematisiert. Die klassischen Theorieansätze bleiben weitgehend einer statischen und dichotomen Struktur verhaftet und bieten in erster Linie Erklärungen für den Beginn delinquenten Verhaltens in der Jugendphase. Es ist allenfalls möglich, von diesen Theorien Faktoren abzuleiten, die Kontinuität und Diskontinuität von Delinquenz im Lebenslauf beziehungsweise den Abbruch krimineller Karrieren im besonderen beeinflussen.

7. Die Vertreter der neueren „entwicklungsdynamischen" Theorieansätze verschoben die Fragestellung der klassischen Theorieansätze nach dem Unterschied zwischen Tätern und Nicht-Tätern hin zu der Frage nach der Stabilität und Veränderung von delinquentem Verhalten im Lebenslauf. Gemeinsam ist diesen Theorieansätzen, dass sie Kriminalität im Kontext der lebensgeschichtlichen Entwicklung der Individuen interpretieren. Verschiedenen Einflussfaktoren werden dabei in den unterschiedlichen Altersabschnitten unterschiedliche Wirkungen auf die Individuen zugeschrieben. Bei der Theoriebildung werden einzelne Aspekte und Argumentationen der verschiedenen klassischen Theorien miteinander verbunden. Doch auch bei den meisten dieser neueren Theorieansätze sind noch deutliche Defizite auszumachen: Soweit sie überhaupt verschiedene Delinquenzverläufe explizieren, handelt es sich zum einen um einen Kontinuitätsverlauf, bei dem sich die soziale Auffälligkeit von der Kindheit bis ins Erwachsenenalter erstreckt, zum anderen um einen Diskontinuitätsverlauf, bei dem sich die Kriminalität auf die Jugendphase beschränkt und mit dem Erwachsenwerden

verschwindet. Mit diesen beiden Verlaufsstrukturen ist aber nur ein Teil der aufgezeigten Delinquenzverläufe erklärbar.

8. Diese theoretische Lücke versuchen Sampson/Laub mit ihrer „altersabhängigen sozialen Kontrolltheorie" zu schließen. Ihrer Argumentation zufolge kommt es ungeachtet der immer wieder festgestellten Kontinuität sozialer Auffälligkeiten bei vielen auffälligen Individuen zu Veränderungen und Brüchen in der Entwicklung. Diese Veränderungen, so ihr Hauptargument, sind mit Veränderungen der sozialen Einbindungen eines Individuums im Lebensverlauf zu erklären. Sampson/Laub verbinden dabei die klassische soziale Kontrolltheorie mit dem Kapitalansatz von Coleman, indem sie schwache soziale Bindungen als Ausdruck eines geringen „sozialen Kapitals" und starke soziale Bindungen als Ausdruck eines hohen „sozialen Kapitals" interpretieren.

9. Die in der aktuellen Theoriediskussion über Kontinuität und Diskontinuität sozialer Auffälligkeiten derzeit wohl populärste Gegenposition zu Sampson/Laubs altersabhängiger sozialer Kontrolltheorie vertreten Gottfredson/Hirschi. In ihrer „General Theory of Crime" erklären sie Kriminalität wie auch andere Formen sozial abweichenden Verhaltens mit einer „geringen Selbstkontrolle" („low self-control") der Individuen. Diese individuelle Verhaltensdisposition wird bereits in der frühen Sozialisation herausgebildet und verändert sich im weiteren Lebenslauf nicht mehr grundlegend.

10. Der zentrale Unterschied zwischen den beiden Erklärungsansätzen liegt in der Bedeutung, die den frühen Sozialisationserfahrungen für den weiteren Lebensweg zugesprochen wird. Nach Hirschi/Gottfredson bleibt die in der frühen Kindheit entstandene Selbstkontrolle über das ganze Leben stabil und prägt das Verhalten auch in späteren Lebensabschnitten. Demgegenüber ist es das zentrale Argument von Sampson/Laub, dass eine solche strikte Determination durch frühe Sozialisationserfahrungen nicht existiert. Entscheidend für das Verhalten sind vielmehr die jeweils aktuellen sozialen Bindungen eines Individuums. Diese Bindungen werden zwar von der bisherigen Lebensgeschichte beeinflusst, doch können sie durch bestimmte Lebensereignisse und damit verbundenen Rollenbeziehungsweise Statusübergängen verändert werden.

11. Nach Sampson/Laub geht eine Veränderung des Legalverhaltens infolge veränderter sozialer Einbindungen einher mit einer Veränderung der gesamten Lebensführung. Ein Ende der strafrechtlichen Auffälligkeiten bedeutet demnach auch ein Ende anderer sozialer Auffälligkeiten. Nach dem Erklärungsansatz von Hirschi/Gottfredson kommt es bei allen Individuen unabhängig von spezifischen sozialen Interaktionen mit fortschreitendem Alter zu einem Rückgang der Kriminalität. Dieser Rückgang ist jedoch lediglich eine Veränderung in der Ausdrucksform der über den Lebenslauf stabilen „geringen Selbstkontrolle". Auch

wenn die Kriminalität mit dem Alter zurückgeht, zeigt sich die geringe Selbstkontrolle eines Individuums immer noch in anderen Verhaltensauffälligkeiten.

12. Beide Erklärungsansätze bilden die Interpretationsfolie unserer empirischen Analysen zur Entwicklung von Kriminalität und sozialen Auffälligkeiten im Lebenslauf der Probanden der Tübinger-Jungtäter-Vergleichsuntersuchung (TJVU). Basierend auf den umfangreichen quantitativen und qualitativen Erhebungen, die von der Mitte der 60er bis Anfang der 90er von Mitarbeitern des Tübinger Instituts für Kriminologie durchgeführt wurden, konnten wir die Lebensgeschichte von 200 ehemaligen Häftlingen und 200 Probanden eines repräsentativen Vergleichssamples von der Geburt bis etwa Mitte der fünften Lebensdekade aufarbeiten.

13. Unsere Analysen zu Kriminalität und sozialer Auffälligkeit der Probanden der TJVU im Kindes- und Jugendalter unterstützen das kontrolltheoretische Erklärungsmodell von Sampson/Laub: Ob es zu wiederholten oder schweren strafrechtlichen Auffälligkeiten eines Kindes kommt, ist abhängig von der Stärke der Bindung an die Familie und die Schule und den daraus resultierenden internen und externen Verhaltenskontrollen. Sind diese Bindungen stark ausgeprägt, so ist delinquentes Verhalten unwahrscheinlich, sind sie schwach, so ist es wahrscheinlich. Wenn ein Jugendlicher nur schwache emotionale Bindung zu seinen Eltern aufweist, einem inkonsistenten und gewalttätigen Erziehungsstil ausgesetzt ist oder ungenügend beaufsichtigt wird, steigt die Wahrscheinlichkeit sozial abweichenden Verhaltens. Diese erhöhte Wahrscheinlichkeit ist auch dann gegeben, wenn sich ein Jugendlicher nur gering mit der Schule identifiziert beziehungsweise ihr nur wenig Interesse und Engagement entgegenbringt. Wir gehen dabei von einer additiven Wirkung aus: Je schwächer die Bindung eines Individuums an Familie und Schule, desto größer ist die Wahrscheinlichkeit, dass das Individuum schwere oder wiederholte strafrechtlich relevante Auffälligkeiten in der Kindheit und Jugend zeigt.

14. Strukturelle Hintergrundfaktoren der Herkunftsfamilie wie Familiengröße, sozioökonomischer Status, strukturell unvollständige Familie etc. wirken nur dann kriminalitätsfördernd, wenn sie die Ausgestaltung der Interaktionsprozesse in Familie und Schule negativ beeinflussen. Unser Ergebnis unterstützt die Mediatisierungsthese von Sampson/Laub. Allerdings verweisen unsere Berechnungen darauf, dass die Ausgestaltung der jeweiligen Interaktionen nur zu einem kleinen Teil vom strukturellen Kontext der Familie abhängen: man kann allenfalls von einer losen Koppelung zwischen familialer und schulischer Interaktion und strukturellem Hintergrund ausgehen.

15. Die Wirkungen einer fehlenden informellen sozialen Kontrolle auf das Verhalten bleiben auch dann bestehen, wenn in die Analysen Frühauffälligkeiten der Probanden einbezogen werden, die möglicherweise in angeborenen oder krank-

heitsbedingten Faktoren wurzeln. Wenngleich auch unsere Berechnungen eine unabhängige Wirkung frühkindlicher Faktoren auf Delinquenz ergaben, so unterstützten sie jedoch mehr die Validität eines auf sozialer Einbindung basierenden Erklärungsmodells für schwere Jugenddelinquenz. Die Erklärungskraft der sozialen Interaktionseffekte und der damit verbundenen informellen sozialen Kontrolle ist deutlich größer als die Erklärungskraft früher Verhaltensauffälligkeiten. Auch wenn frühe Verhaltensauffälligkeiten das Risiko einer problematischen Interaktion in Familie und Schule erhöhen, zeigen unsere Analysen, dass die Bindungsdefizite an Familie und Schule nur zu einem geringen Teil auf solche frühen Auffälligkeiten zurückzuführen sind.

16. Unsere Untersuchung zur Wirkung delinquenter Peers sprechen gegen eine „reine“ lerntheoretische Argumentation, nach der hinter der Genese schwerer Jugendkriminalität vor allem die enge Assoziation mit delinquenten Peers steht. Zwar hatten die meisten unserer Probanden mit schwerer Jugendkriminalität Kontakt zu delinquenten Gleichaltrigen, doch war der Kontakt in den meisten Fällen nicht sehr eng. Bei den wenigen Probanden, bei denen der Kontakt zu delinquenten Peers jedoch eng war, erhöht diese Bindung unabhängig von der Einbindung in Familie und Schule die Wahrscheinlichkeit schwerer Jugendkriminalität. Im Rahmen einer Theorie der informellen sozialen Kontrolle kann die enge Assoziation mit delinquenten Gleichaltrigen als zusätzlicher Risikofaktor interpretiert werden, der die sozialen Bindungen an die konventionelle Gesellschaft und ihre Normen schwächt.

17. Gottfredson/Hirschi interpretieren den engen Zusammenhang zwischen jugendlicher Delinquenz, schulischen Problemen und delinquenten Peers als Folge der in einer defizitären familialen Sozialisation wurzelnden geringen Selbstkontrolle. Wie sich bei unseren Analysen zur Assoziation mit delinquenten Peers zeigte, ist die Relevanz solcher Selbstselektionsprozesse nicht ganz von der Hand zu weisen. Ein Erklärungsmodell, das über solche Selektionsprozesse hinaus, den Interaktionen in den verschiedenen Lebensbereichen eine eigenständige Wirkung für die Genese und Dynamik sozialer Auffälligkeiten zuschreibt, liefert jedoch deutlich höhere Erklärungswerte.

18. Unsere Analysen bezogen sich zunächst auf eine Gegenüberstellung von nichtauffälligen Jugendlichen und Jugendlichen, die schwere und/oder wiederholte Kriminalität zeigen. Für diesen Kontrastgruppenvergleich erbrachte das kontrolltheoretische Familienmodell von Sampson/Laub relativ hohe Erklärungswerte. Die eingeschränkte Reichweite ihres Erklärungsansatzes wurde jedoch bei der Ausdehnung unserer Analysen auf leichte Auffälligkeiten in Kindheit und Jugend deutlich: Leichte Formen sozialer Auffälligkeit sperren sich gegen eine Erklärung, die primär auf Defiziten in der familialen Sozialisation rekurriert. Dieses Erklärungsdefizit wird auch dann nicht behoben, wenn die Ein- beziehungsweise Anbindung zu anderen relevanten Institutionen der sozialen Kontrolle in

Kindheit und Jugend, wie Schule und Freundeskreis, in die Analyse miteinbezogen werden. Insofern ist auch der Ansatz von Sampson/Laub keine allgemeine Kriminalitätstheorie, da Kriminalität ohne Bindungsprobleme mit ihrer theoretischen Position nicht vereinbar ist. Für die Erklärung leichter Formen sozialer Auffälligkeiten in der Jugend, die einhergehen mit einem ansonsten unauffälligen Lebensstil und guter sozialer Einbindung, sind offensichtlich andere theoretische Konzepte gefordert. Möglicherweise handelt es sich bei diesen leichten und oftmals einmaligen Auffälligkeiten aber auch um ganz „normale" Verhaltensweisen, die nicht mit auf die Erklärung von sozial- beziehungsweise normabweichenden Verhalten abzielenden Theorien erfasst werden können.

19. Die Analyse der Entwicklung von Verhaltensauffälligkeiten der Probanden des repräsentativen Vergleichssample über die Jugendphase hinaus ergab, dass sozial auffällige Jugendliche mit einer größeren Wahrscheinlichkeit auch als Erwachsene Verhaltensauffälligkeiten zeigen als sozial unauffällige Jugendliche. Diese Kontinuität im Verhalten war jedoch nur bei schweren oder wiederholten Verhaltensauffälligkeiten auszumachen. Bei einmaliger oder geringfügiger Devianz lässt sich kein Zusammenhang zwischen den verschiedenen Lebensphasen ermitteln. Deutlicher als die Kontinuität sozialer Auffälligkeiten über verschiedene Lebensphasen hinweg zeigte sich im Vergleichssample die Veränderung des Verhaltens im Zeitverlauf. Die Aussage, dass die meisten sozial auffälligen Jugendlichen nicht sozial auffällige Erwachsene werden, trifft auch auf die V-Probanden der TJVU zu.

20. Bei dem größten Teil der im Vergleichssample registrierten Kriminalität handelt es sich um einmalige oder leichte Straftaten, die auf die Jugend- und Heranwachsendenphase beschränkt bleiben. Individuen, die diese Verlaufsform von Kriminalität aufweisen, unterscheiden sich im Ausmaß der sozialen Kontrolle in der Kindheit und Jugend nicht von sozial unauffälligen Probanden. Es kommt trotz guter familialer und schulischer Integration zu Straftaten, die sich dem Betrachter meist als jugendliche Leichtsinnstaten oder Unbedachtheiten darstellen. Die strafrechtliche Auffälligkeit ist weder mit einer auffälligen Lebensführung verbunden, noch hat sie erkennbare Auswirkungen auf den weiteren Lebensweg. Wie schon bei der getrennten Betrachtung der Kindheits- und Jugendphase zeigt sich auch bei der Erweiterung des Untersuchungszeitraumes auf die Heranwachsenden- und frühe Erwachsenenphase, dass leichte Formen von Kriminalität nicht mit kontrolltheoretischen Erklärungsansätzen zu fassen sind.

21. Die Analysen der Delinquenzentwicklung der Häftlingsprobanden im Erwachsenenalter ergaben, dass von der Entwicklung in der Kindheit und Jugend kaum auf die spätere Delinquenzentwicklung geschlossen werden kann. Weder die Belastungen in Familie und Schule noch die Peerkontakte oder frühkindliche Verhaltensauffälligkeiten lassen einen Schluss auf das Legalverhalten in späteren Zeitabschnitten zu. Auch die Delinquenzentwicklung in der Jugend- und Heran-

wachsendenphase hat nur geringen Einfluss auf die Rückfallhäufigkeit in späteren Lebensabschnitten, wobei der Einfluss umso geringer wird, je später der untersuchte Rückfallzeitraum liegt.

22. Ein anderes Bild ergab sich jedoch, wenn es über diese Freiheitsstrafe als junger Erwachsener hinaus zu einer weiteren Verstrickung in Kriminalität im Lebenslauf kommt. Diese erneute kriminelle Aktivität erhöht nicht nur die Wahrscheinlichkeit, auch in späteren Lebensabschnitten straffällig zu werden, sondern auch die Wahrscheinlichkeit einer starken Kriminalitätsinvolvierung in diesen Lebensabschnitten. Diese Kontinuität im sozial auffälligen Verhalten, die Kerner/Janssen als „Eigendynamik der Rückfallkriminalität" bezeichnen, lässt sich nach dem Erklärungsansatz von Sampson/Laub mit einer kumulativen Kontinuität sozialer Benachteiligungen erklären: Je länger die kriminelle Karriere andauert, desto abweichender wird der gesamte Lebenszuschnitt des Individuums und desto weniger entspricht es den Rollen- und Verhaltenserwartungen der „konventionellen Gesellschaft". Entsprechend sinken seine Chancen stabile, befriedigende Bindungen aufzubauen und aus dem Teufelskreis „fehlende Integration führt zu Kriminalität – Kriminalität verhindert Integration" auszubrechen. Ihren Ausgangspunkt nimmt diese Entwicklung zwar in einer schwachen Integration in Familie und Schule, die Dynamik der kriminellen Karriere wird jedoch nicht durch die frühen Kontrollprozesse, sondern durch die aktuellen Integrationsbedingungen bestimmt. Je früher die Dynamik greift, desto schlechter sind die Chancen, in späteren Lebensphasen soziales Kapital aufzubauen, und desto größer sind die Hürden, die es beim Abbruch der kriminellen Karriere zu überwinden gilt.

23. Wenngleich grundsätzlich von einem Zusammenhang von kriminellem Verhalten in einem Zeitabschnitt und kriminellem Verhalten in einem darauffolgenden Zeitabschnitt ausgegangen werden kann, so belegen unsere Analysen aber auch sehr eindrücklich, dass eine sinnvolle Prognose zukünftigen Legalverhaltens basierend auf vergangenem Legalverhalten kaum möglich ist.

24. Veränderungen im Legalverhalten zwischen den einzelnen Lebensphasen zeigen sich für das Häftlings-Sample bereits beim Übergang von der Jugend ins Heranwachsendenalter. So liegen beispielsweise von jedem fünften H-Proband bis zum 18. Lebensjahr keine Berichte über delinquentes Verhalten vor. Im Erwachsenenalter spiegeln sich die Veränderungen in der Delinquenzentwicklung am deutlichsten im Rückgang des Anteils der wiederverurteilten Häftlingsprobanden wieder: Bei den 176 H-Probanden, für die Delinquenzdaten bis zum 39. Lebensjahr vorliegen, geht der Anteil der wiederverurteilten H-Probanden von 85% zwischen dem 26. und 32. Lebensjahr auf 58% zwischen dem 33. und 39. Lebensjahr zurück. Noch deutlicher ist der Rückgang, wenn man eine erneute Inhaftierung als Kriterium heranzieht. Sind es zwischen dem 26. und 32. Lebensjahr noch 74% der Häftlingsprobanden, die infolge einer Straftat inhaftiert wur-

den, so sind es zwischen dem 33. und 39. Lebensjahr noch 40%. Dieses Ergebnis lässt den Schluss zu, dass selbst bei einer stark mit Kriminalität belasteten Population im Zeitverlauf das Ende oder ein deutlicher Rückgang der strafrechtlichen Auffälligkeiten ein häufig vorkommendes Entwicklungsmuster ist.

25. Nur bei weniger als der Hälfte der H-Probanden, die in ihrer Heranwachsendenzeit (19.-25. Lebensjahr) drei- oder mehrmals verurteilt wurden, ist eine kriminellen Karriere auszumachen, die von der Jugend bis ins junge Erwachsenenalter (26.-32. Lebensjahr) reicht. Und nur bei einem Drittel erstreckt sich diese Karriere bis in die mittlere Erwachsenenphase (33.-39. Lebensjahr).

26. Vier Dimensionen, die „Häufigkeit", der „Beginn", die „zeitliche Erstreckung" und der „Abbruch" der strafrechtlichen Auffälligkeiten bildeten die Basis für die Typologisierung unserer 200 Häftlingsprobanden in unterschiedliche Kriminalitätsverlaufsmuster bis zum 32. Lebensjahr. Alle vier Verlaufstypen beschreiben Kriminalitätsentwicklungen, bei denen die Kriminalität nicht als singuläres Ereignis auftaucht, sondern Ausdruck eines Verhaltens ist, das sich über einen längeren Zeitraum erstreckt. Nur bei den Probanden des Verlaufsmusters „Frühstarter" kann jedoch von einer Kontinuität der strafrechtlichen Auffälligkeiten von der Jugend bis ins mittlere Erwachsenenalter gesprochen werden. Die Probanden der Verlaufsmuster „Spätstarter", „schwere Jugend- und Heranwachsendendelinquenz" und – mit Einschränkungen – „Deeskalierer" zeichnen sind demgegenüber durch deutliche Veränderungen in ihrem Legalverhalten aus.

27. Der Vergleich der Kindheits- und Jugendgeschichte der vier Verlaufstypen spricht entgegen der Annahmen von Hirschi/Gottfredson dafür, dass sich Kriminalität und andere Verhaltensauffälligkeiten parallel entwickeln und sich im Zeitverlauf verändern. Bei „Frühstartern" und „Spätstartern" (Beginn der strafrechtlichen relevanten Auffälligkeiten vor beziehungsweise nach dem 18. Lebensjahr) kommt es trotz einer unterschiedlichen Vorgeschichte und deutlichen Unterschieden in der familialen und schulischen Sozialisation zu einer ähnlichen Involvierung in wiederholte und schwere Kriminalität im jungen Erwachsenenalter. Damit verbunden zu einer Lebenssituation, die gekennzeichnet ist von Verhaltensauffälligkeiten im Kontakt-, Freizeit- und Leistungsbereich und von schwachen Bindungen an Arbeit, Familie und Freundeskreis. Andererseits kommt es ungeachtet einer ähnlichen Vorgeschichte in Kindheit und Jugend und ähnlicher Sozialisationsbedingungen wie sie bei „Frühstartern" und Probanden des Verlaufstypus „schwere Jugend- und Heranwachsendendeliquenz" vorliegen, zu völlig unterschiedlichen Delinquenzentwicklungen im Erwachsenenalter.

28. Den Zusammenhang zwischen Veränderungen im Legalverhalten, Veränderungen in sonstigen Verhaltensauffälligkeiten und Veränderungen in der sozialen Einbindung ermittelten wir auch auf Grundlage einer Typologie von unterschiedlichen Delinquenzverläufen im Erwachsenalter (bis zum 39. Lebensjahr).

Während bei den „Abbrechern" der Ausstieg aus offizieller strafrechtlicher Auffälligkeit einhergeht mit einem Einstieg in eine sozialintegrierte Lebensführung, die derjenigen der strafrechtlich unauffälligen Probanden des Vergleichssamples sehr ähnlich ist, schlägt sich die Kontinuität sozialer Auffälligkeit der „Persister" auch jenseits offiziell registrierter Straftaten in einer desintegrierten Lebensführung nieder.

29. Da uns für das Erwachsenenalter keine systematisch erhobenen Selbstberichte zur Kriminalität vorliegen, muss offen bleiben, ob die Reintegration der meisten Straftäter zu einer generellen Verhaltensänderung führt oder ob sie in einigen Bereichen weiterhin stärkere Tendenzen zur Abweichung zeigen als strafrechtlich nie auffällige Individuen. Unsere Ergebnisse lassen jedoch darauf schließen, dass die Verhaltensänderungen eines Teils unserer Häftlingsprobanden zumindest soweit geht, dass sie von der Umwelt nicht mehr als sozial auffällig zu identifizieren sind.

30. Nach der altersabhängigen sozialen Kontrolltheorie ist der „Abbruch" einer kriminellen Karriere als Prozess zu verstehen, in dessen Verlauf „soziales Kapital" gebildet wird. Gemäß der Idee des „Kapitalansatzes" zeigte sich, dass die Probanden, die ihre „kriminelle Karriere" früher beendeten, im mittleren Erwachsenenalter mehr „soziales Kapital" besitzen, als Probanden, die ihre kriminelle Karriere später beendeten. Die frühen „Abbrecher" sind um das 35. Lebensjahr nicht nur deutlich häufiger in Familie und Arbeit eingebunden, sie weisen auch stärkere Bindungen auf als die „späten" und die „schleichenden Abbrecher".

31. Der Zusammenhang zwischen dem Ende der Straffälligkeit und den Veränderungen in der sozialen Einbindung lässt sich mit der altersabhängigen sozialen Kontrolltheorie von Sampson/Laub als kausaler Zusammenhang interpretieren: Bestimmte Lebensereignisse im Erwachsenenalter führen zu einem Anstieg der informellen sozialen Kontrolle, die ihrerseits wiederum sozial abweichendes Verhalten unwahrscheinlicher macht. Auch wenn wir mit unseren Analysen keinen direkten Beleg für die ursächliche Wirkung sozialer Integration auf das Legalverhalten erbringen können, zeigen unsere Analysen doch sehr deutlich, dass ein Ende der strafrechtlichen Auffälligkeiten zumindest wahrscheinlicher wird, wenn es zu einer solchen Integration kommt.

32. Unsere Analysen haben gezeigt, dass trotz der zahlreichen empirischen Arbeiten und der damit verbundenen Erklärungsversuche, das Wissen um die Ursachen von Kriminalität und ihrer Entwicklung im Lebenslauf noch sehr spärlich ist. Die Kriminologie ist deshalb gut beraten, mit Empfehlungen an die Praxis sehr vorsichtig zu sein. Dies gilt insbesondere für prognostischen Aussagen, in denen vom zurückliegenden Verhalten auf das zukünftige Verhalten geschlossen wird. Stellt man uns dennoch die Frage, welche kriminalpraktischen Konsequenzen

aus unseren Ergebnissen abzuleiten wären, so ist dies die wohlwissentlich sehr allgemein gehaltene Forderung nach einer Behandlung von Straftätern, bei der weniger die Persönlichkeit des Täters und zurückliegende Verhaltensauffälligkeiten als vielmehr die zukünftigen sozialen Integrationsbedingungen im Mittelpunkt stehen.

8 Tabellen- und Abbildungsverzeichnis

8.1 Tabellenverzeichnis

8.2 Abbildungsverzeichnis

9 Literaturverzeichnis

Agnew, R. (1985). A Revised Strain Theory of Delinquency. Social Forces, 64, 151-167.

Agnew, R. (1992). Foundation for a general strain theory of crime and delinquency. Criminology, 30, 47-87.

Agnew, R. (1995). Testing the leading crime theories: An alternative strategy focusing on motivational processes. Journal of Research in Crime and Delinquency, 32, 4, 363-398.

Agnew, R. (1997). Stability and Change in Crime over the Life Course: A Strain Theory Explanation. In T. P. Thornberry (Hrsg.), Developmental theories of crime and delinquency, 101-132. New-Brunswick/ London: Transaction Publ.

Akers, R. L. (1985). Deviant Behavior: A Social Learning Approach (3. Aufl.). Columbia: University Press.

Akers, R. L./Krohn, M. D./Lanza-Kaduce, L./Radosevich, M. (1979). Social Learning and Deviant Behavior: A Specific Test of a General Theory. American Sociological Review, 44, 635-655.

Albrecht, H.-J. (1993). Kriminelle Karrieren. In G. Kaiser/H. J. Kerner/F. Sack/H. Schellhoss (Hrsg.), Kleines kriminologisches Wörterbuch, Heidelberg: C.F. Müller Juristischer Verlag, (3. Auflage), 301-308.

Albrecht, G./Howe, C. W. (1992). Soziale Schicht und Delinquenz. Verwischte Spuren oder falsche Fährte? Kölner Zeitschrift für Soziologie und Sozialpsychologie, 44, 4, 697-730.

Albrecht, G./Howe, C. W./Wolterhoff, J. (1991). Familienstruktur und Delinquenz. René König zur Vollendung des 85. Lebensjahres gewidmet. Soziale Probleme, 2, 2, 107-156.

Albrecht, H. J. (1980). Die generalpräventive Effizienz von strafrechtlichen Sanktionen. In G. Kaiser (Hrsg.), Empirische Kriminologie. Ein Jahrzehnt kriminologischer Forschung am Max-Planck-Institut. Freiburg i. Br.

Aldrich, J. H./Nelson, F. D. (1984). Linear Probability, Logit and Probit Models. Beverly Hills: Sage.

Backhaus, K./Erichson, B./Plinke, W./Schuchard-Ficher, Chr./Weiber, R. (1987). Multivariate Analysemethoden – Eine anwendungsorientierte Einführung (4.Aufl.). Berlin.

Barkley, R./Cunningham, E. (1979). The effects of methylphenidate on mother-child interaction of hyperactive children. Archives of General Psychiatry, 36, 201-208.

Barnett, A./Blumstein, A./Cohen, J./Farrington, D. P. (1992). Not all criminal career models are equally valid. Criminology, 30, 133-147.

Baumann, U. (1996). Registrierungskarrieren von Strafentlassenen. Zeitschrift für Strafvollzug und Straffälligenhilfe, 2, 67-78.

Becker, G. S. (1993). Ökonomische Erklärung menschlichen Verhaltens (2. Aufl.). Tübingen: J.C.B. Mohr (Paul Siebeck).

Becker, H. S. (1964). The Other Side: Perspectives on Deviance. New York: Free Press.

Becker, H. S. (1963). Outsiders. Studies in the Sociology of Deviance. New York.

Bell, R. Q. (1977). Socialization findings re-examined. In R. Q. Bell/R. V. Harper (Hrsg.), Child effects on adults, 53-84. Hillsdale, NJ: Erlbaum.

Berlitz, C./Guth, H. W./Kaulitzki, R./Schumann, K. F. (1987). Grenzen der Generalprävention. Das Beispiel Jugendkriminalität. Kriminologisches Journal, 19, 13-31.

Bernard, T. J./Snipes, J. (1996). Theoretical Integration in Criminology. In M. Tonry (Hrsg.), Crime and Justice: An Annual Review of Research (Band 20). Chicago: University of Chicago Press.

Bertram, H. (1976). Probleme einer sozialstrukturell orientierten Sozialisationsforschung. Zeitschrift für Soziologie, 5, 103-117.

Bertram, H. (1978). Gesellschaft, Familie und moralisches Urteil. Weinheim: Beltz.

Bertram, H. (1981). Sozialstruktur und Sozialisation. Zur mikroanalytischen Analyse von Chancenungleichheit. Darmstadt: Luchterhand.

Blake, J. (1989). Family Size and Achievement. Berkeley: University of California Press.

Blumstein, A./Cohen, J./Farrington. D. P. (1988a). Criminal career research. Its value for criminology. Criminology, 26, 1-35.

Blumstein, A./Cohen, J./Farrington, D. P. (1988b). Longitudinal and criminal career research: Further clarifications. Criminology, 26, 57-74.

Blumstein, A./Cohen, J./Roth, J. A./Visher, C. A. (1986). Criminal Careers and "Career Criminals" (Band I). Washington, D.C.: National Academy Press.
Blumstein, A./Farrington, D. P./Moitra, S. (1985). Delinquency Careers. Innocents, Desisters, Persisters. Crime and Justice, 6, 187-219.
Bordua, D. J. (1967). Sociological theories and their implications for juvenile delinquency. Washington, DC: Govt. Print. Office.
Boy, P. (1983). Etikettierungstheoretische Analyse des Strafverfahrens – empirisch fundierte Theorie oder plausible Fiktion? In H. J. Kerner/H. Kury/K. Sessar (Hrsg.), Deutsche Forschungen zur Kriminalitätsentstehung und Kriminalitätskontrolle (Band 6/ 2. Teilband), 1380-1413. Köln u.a.: Carl Heymanns.
Braithewaite, J. (1989). Crime, shame and reintegration. Cambridge: Cambridge University Press.
Brennan, P., A./Mednick, S. A./Volavka, J. (1995). Biomedical Factors in Crime. In J. Q. Wilson/J. Petersilia (Hrsg.), Crime. Twenty-eight leading experts look at the most pressing problem of our time, 65-90. San Francisco: Institute for Contemporary Studies Press.
Bronfenbrenner, U. (1986). Ecology of the family as a context for human development: research perspectives. Developmental Psychology, 22, 6, 723-742.
Brusten, M./Peters, D. (1969). Ideologie und Fakten in der Rechtsprechung. Kriminologisches Journal, 2, 36-52.
Brusten, M./Hurrelmann, K. (1973). Abweichendes Verhalten in der Schule: Eine Untersuchung zu Prozessen der Stigmatisierung. München: Juventa.
Buikhuisen, W./Hoekstra, H. A. (1974). Factors Related to Recidivism. British Journal of Criminology, 14, 63-69.

Caspi, A./Elder, G. H./Bem, D. J. (1987). Moving Against the World: Life-Course Patterns of Explosive Children. Developmental Psychology, 23, 2, 308-313.
Caspi, A./Moffitt, T. E. (1995). The Continuity of Maladaptive Behavior: From Description to Understanding in the Study of Antisocial Behavior. In D. Cicchetti/D. J. Cohen (Hrsg.), Developmental Psychopathology (Band 2: Risk, Disorder, and Adaption), 472-511. New York u.a.: Wiley-Interscience Publication.
Clarke, R. V./Cornish, D. B. (1987). Understanding crime displacement: An application of rational choice theory. Criminology, 25, 933-947.
Clarke, R. V./Cornish, D. B. (1985). Modeling offenders' decisions: A framework for research and policy. Crime and justice (An annual review of research), 6, 147-185.
Clinard, M. B./Meier, R. F. (1975). Sociology of Deviant Behavior (5. Aufl.). New York u.a.: Holt, Rinehart and Winston.
Cloward, R./Ohlin, L. (1959). Illegitimate means, anomie, and deviant behavior. American Sociological Review, 24, 164-177.
Cloward, R., Ohlin, L. (1961). Delinquency and Opportunity. Glencoe, IL: Free Press.
Cohen, A. J. (1955). Delinquent Boys: The Culture of the Gang. New York: Free Press.
Cohen, L. E./Vila, B. J. (1996). Self-Control and Social Control: An Exposition of the Gottfresdon-Hirschi/Sampson-Laub Debate. Studies on Crime and Crime Prevention, 5, 2, 125-150.
Coleman, J. S. (1988). Social capital in the creation of human capital. American Journal of Sociology, 94, 95-120.
Coleman, J. S. (1991). Grundlagen der Sozialtheorie (Bd. 1: Handlungen und Handlungssysteme). München: Oldenbourg.
Collins, W. A. (1990). Parent child relationships in the transition to adolescence: Continuity and change in interaction, affect and cognition. In R. Montmayor/G. R. Adams/P. Gulotta (Hrsg.), From childhood to adolescence: A transitional period?, 85-106. Newbury Park, CA: Sage.
Cressey, D. R. (1954). The Differential Association Theory and Compulsive Crimes. Journal of Criminal Law and Criminology, 45, 29-40.

Demaris, A. (1992). Logit Modeling. Practical Applications. Newbury Park u.a.: Sage.
Dietz, G. U./Matt, E./Schumann, K. F./Seus, L. (1997). "Lehre tut viel...". Berufsbildung, Lebensplanung und Delinquenz bei Arbeiterjugendlichen. Münster: Votum.
Dölling, D. (1993). Strafeinschätzungen und Delinquenz bei Jugendlichen und Heranwachsenden. In H. J. Kerner/H. Kury/K. Sessar (Hrsg.), Interdisziplinäre Beiträge zur kriminologischen Forschung, 6, 1, 51-85. Köln.

Dolde, G. (1978). Sozialisation und Kriminelle Karriere. Eine empirische Analyse der sozio-ökonomischen und familialen Sozialisationsbedingungen männlicher Strafgefangener im Vergleich zur "Normal"-Bevölkerung. München: Minerva.
Dolde, G. (1996). Zur "Bewährung" der Sozialtherapie im Justizvollzug von Baden-Württemberg: Tendenzen aus einer neuen Rückfalluntersuchung. Zeitschrift für Strafvollzug, 5, 290-297.
Dolde, G./Grübl G. (1996). Jugendstrafvollzug in Baden-Württemberg – Untersuchungen zur Biographie, zum Vollzugsverlauf und zur Rückfälligkeit von ehemaligen Jugendstrafgefangenen. In H. J. Kerner/G. Dolde/H. G. Mey (Hrsg.), Jugendstrafvollzug und Bewährung, 219-357. Bonn: Forum Verlag Godesberg.
Dunford, F. W./Elliott, D. S. (1984). Identifiying Career Offenders Using Self-Reported Data. Journal of Research in Crime and Delinquency, 21, 1, 57-86.
Durkheim, E. (1973). Der Selbstmord. Neuwied/ Berlin: Luchterhand.

Elder, G. H. (1975). Age Differentiation and the Life Course. Annual Review of Sociology, 1, 165-190.
Elder, G. H. (1985). Perspectives on the Life Course. In G. H. Elder (Hrsg.), Life Course Dynamics. Trajectories and Transitions, 23-49. London/Ithaca: Cornell University Press.
Elder, G. H./Caspi, A. (1990). Persönliche Entwicklung und sozialer Wandel. Kölner Zeitschrift für Soziologie und Sozialpsychologie, Sonderheft 31, 22-57.
Elder, G. H./Caspi, A. (1990). Studying Lives in a Changing Society. In A.Rabin/R. Zucker/S. Frank/R. Emmons (Hrsg.), Studying Persons and Lives, 201-247. New York: Springer.
Elliott, D. S. (1985). The assumption that theories can be combined with increased explanatory power. In R. F. Meier (Hrsg.), Theoretical Methods in Criminology, 123-149. Beverly Hills, CA: Sage.
Elliott, D. S./Voss. H. L. (1974). Delinquency and Dropout. Lexington, Mass.: Heath.
Elliott, D. S./Ageton, S. S./Canter, R. J. (1979). An Integrated Theoretical Perspective on Delinquent Behavior. Journal of Research in Crime and Delinquency , 16, 1, 3-27.
Elliott, D. S./Huizinga, D. (1989). Improving Self-Reported Measures of Delinquency. In M. W. Klein (Hrsg.), Cross-National Research in Self-Reported Crime and Delinquency, 155-186. Dordrecht u.a.: Kluwer Academic Publishers.
Elliott, D. S./Huizinga, D./Ageton, S. S. (Hrsg.) (1985). Explaning Delinquency And Drug Use. Beverly Hills: Sage.
Elliott, D. S./Menard, S. (1990). Conventional Bonding, Delinquent Peers And Delinquent Behavior. Paper presented at the Meeting of the American Sociological Association, Washington, D.C.
Erikson, K. T. (1964). Notes on the Sociology of Deviance. In H. S. Becker (Hrsg.), The Other Side: Perspectives on Deviance. New York: Free Press.

Farrington, D. P. (1977). The effects of public labeling. British Journal of Criminology, 17, 112-125.
Farrington, D. P. (1983). Offending from 10 to 25 Years of Age. In K. T. Van Dusen/S. A. Mednick (Hrsg.), Prospective Studies of Crime and Delinquency, 17-37. Boston: Kluwer-Nijhoff.
Farrington, D. P. (1986). Age and Crime. Crime and Justice, 7, 189-250.
Farrington, D. P. (1989). Self-reported and official offending from adolescence to adulthood. In M.W. Klein (Hrsg.), Cross-National Research in Self-Reported Crime and Delinquency, 399-424. Dordrecht u.a.: Kluwer Academic Publishers.
Farrington, D. P. (1992). Explaining the beginning, progress and ending of antisocial behavior from birth to adulthood. In J. McCord (Hrsg.), Advances in criminological theory (3: Facts, frameworks and forecasts, 253-286). New Brunswick, NJ: Transaction Publishers.
Farrington, D. P. (1994). Human Development and Criminal Careers. In M. Maguire/R. Morgan/R. Reiner (Hrsg.), The Oxford Handbook of Criminology, 512-584. Oxford: Clarendon Press.
Farrington, D. P. (1995). The Development of Offending and Antisocial Behaviour from Childhood: Key Findings from the Cambridge Study in Delinquent Development. Journal of Child Psychology and Psychiatry, 36, 1-61.
Farrington, D. P. (1999). A Criminological Research Agenda for the Next Millennium. International Journal of Offender Therapy and Comparative Criminology, 43, 2, 154-167.
Farrington, D. P./Loeber, R./Van Kammen, W. B. (1990a). Long-term criminal outcomes of hyperactivity-impulsivity-attention deficit and conduct problems in childhood. In L. Robins/M. Rutter (Hrsg.), Straight and devious pathways from childhood to adulthood, 62-81. New York: Cambridge University Press.
Farrington, D. P./West, D. J. (1990b). The Cambridge Study in Delinquent Develoment (A Long-Term Follow-up of 411 London Males). In H. J. Kerner/G. Kaiser (Hrsg.), Kriminalität – Persönlichkeit,

Lebensgeschichte und Verhalten. Festschrift für Hans Göppinger zum 70. Geburtstag, 115-138. Berlin u.a.: Springer.
Farrington, D. P./West, D. J. (1995). Effects of marriage, separation, and children on offending by adult males. In Z. Smith Blau (Hrsg.), Current perspectives on aging and the life cycle, 249-281. Greenwich/ London: JAI Press.
Feest, J. (1971). Die Situation des Verdachts. In J. Feest/R. Lautman (Hrsg.), Die Polizei, 71-92. Köln.
Fend, H. (1976). Sozialisationseffekte der Schule. Weinheim: Beltz.
Fergusson, D. M./Horwood, L. J./Lynskey, M. T. (1993). The effects of conduct disorder and attention deficit in middle childhood on offending and scholastic ability at age 13. Journal of Child Psychology and Psyciatry, 34, 899-916.
Fishman, L. T. (1986). Repeating the cycle of hard living and crime: Wives' accommodations to husbands' parole performance. Federal Probation, 50, 44-54.
Frehsee, D./Löschper, G./Schumann, K. F. (1993). Strafrecht, soziale Kontrolle, soziale Disziplinierung. Opladen: Westdeutscher Verlag.

Garofalo, J./Hindelang, J. (1977). An introduction to the National Crime Survey. Washington, DC: Government Printing Office.
Garofalo, J. (1977). Time: A neglected dimension in tests of criminological theories. In R. F. Meier (Hrsg.), Theory in criminology, 93-116. Beverly Hills: Sage Publications.
Geißler, R. (1994). Soziale Schichtung und Kriminalität. In R. Geißler (Hrsg.), Soziale Schichtung und Lebenschancen, 160-194. Stuttgart: Ferdinand Enke.
Gibbens, T. C. (1984). Borstal boys after 25 years. British Journal of Criminology, 24, 49-62.
Glueck, S./Glueck, E. (1937). Later criminal careers. New York: Commonwealth Fund.
Glueck, S./Glueck, E. (1957 (zuerst 1950)). Unraveling Juvenile Delinquency (3. Aufl.). Cambridge, Mass.: Harvard University Press.
Glueck, S./Glueck, E. (1964). Ventures in Criminology. Cambridge, Mass.: Harvard University Press.
Glueck, S./Glueck, E. (1968). Delinquents and Non-Delinquents in Perspective. Cambridge, Mass.: Harvard University Press.
Glueck, S./Glueck, E. (1974). Of Delinquency and Crime. A Panorama of Years of Search and Research. Springfield, Ill.: Charles C. Thomas.
Göppinger, H. (Hrsg.) (1980). Kriminologie. Ein Lehrbuch (4. Aufl.). München: C. H. Beck.
Göppinger, H. (Hrsg.) (1983). Der Täter in seinen sozialen Bezügen. Ergebnisse aus der Tübinger Jungtäter-Vergleichsuntersuchung. Berlin u.a.: Springer Verlag.
Göppinger, H. (1985). Angewandte Kriminologie. Berlin u.a.: Springer.
Göppinger, H./ bearbeitet von M. Bock und A. Böhm/ unter Mitarbeit von Hans-Ludwig Kröber und Werner Maschke. (1997). Kriminologie. München: C.H. Beck.
Goffman, E. (1961). Asylums. New York: Anchor Books.
Goffman, E. (1963). Stigma: Notes on the Management of Spoiled Identity. Englewood Cliffs: Prentice-Hall.
Gottfredson, M./Hirschi, T. (1986). The true value of lambda would appear to be zero: An essay on career criminals, criminal careers, selective incapacitation, cohort studies, and related topics. Criminology, 24, 213-234.
Gottfredson, M./Hirschi, T. (1988). Science, public policy, and the career paradigm. Criminology, 26, 17-37.
Gottfredson, M./Hirschi, T. (1990). A General Theory of Crime. Stanford: Stanford University Press.
Gottfredson, S. D./Gottfredson, D. M. (1994). Behavioral prediction and the problem of incapacitation. Criminology, 32, 441-474.
Gove, W. R. (1985). The Effect of Age and Gender on Deviant Behavior. A Biopsychosocial Perspective. In A. S. Rossi (Hrsg.), Gender and the Life Course, 115-144. New York: Aldine.
Gove, W. R. (1980). The Labeling of Deviance: Evaluation of a Perspective (2.Aufl.). Beverly Hills, CA: Sage.
Greenberg, D. F. (1985). Age, crime and social explanation. American Journal of Sociology, 91, 1-21.
Greenberg, D. F. (1979). Delinquency and the age structure of society. In S. L. Messinger/E. Bittner (Hrsg.), Criminology review yearbook, 586-620. Beverly Hills: Sage.
Greve, W./Hosser, D. (1996). Strafhaft als Entwicklungskrise. Die Bedeutung einer Gefängnisstrafe im Leben Jugendlicher: Konturen einer Forschungsfrage. In C. Pfeiffer/W. Greve (Hrsg.), Forschungsthema 'Kriminalität'. Festschrift für Heinz Barth (InterdisziplinäreBeiträge zur kriminologischen Forschung; Band 5), 215-246. Baden-Baden: Nomos Verlagsgesellschaft.

Grundies, V. (1999). Polizeiliche Registrierungen von 7- bis 23jährigen. Befunde der Freiburger Kohortenuntersuchung. In H. J. Albrecht/H. Kury (Hrsg.), Forschungen zu Kriminalität und Kriminalitätskontrolle am Max-Planck-Institut für ausländisches und internationales Strafrecht in Freiburg i.Br., 371-401. Freiburg: o.V.
Gulotta, R. G. (1994). Persistance and desistance in delinquent careers: A test of Braithwaite's reintegrative Shaming theory. Chicago: UMI.

Hartnagel, T. F. (1997). Crime, illegal drug use and social control in the transition from school to work. Criminal Behavior and Mental Health, 7, 311-326.
Heinz, W. (1990). Mehrfach Auffällige – Mehrfach Betroffene. Erlebnisweisen und Reaktionsformen. In DVJJ (Hrsg.), Mehrfach Auffällige – Mehrfach Betroffene. Erlebnisweisen und Reaktionsformen, 30-73. Bonn: Forum Verlag Godesberg.
Heinz, W./Spieß, G./Storz, R. (1988). Prävalenz und Inzidenz strafrechtlicher Sanktionierung im Jugendalter. Ergebnisse einer Untersuchung von zwei Sanktioniertenkohorten anhand von Daten des Bundeszentralregisters. In G. Kaiser et al. (Hrsg.), Kriminologische Forschung in der 80er Jahren. Projektberichte aus der Bundesrepublik Deutschland, 35/2, 631-661. Freiburg.
Hermann, D./Kerner, H.-J. (1988): Die Eigendynamik der Rückfallkriminalität. Kölner Zeitschrift für Soziologie und Sozialpsychologie, 40, 3, 464-484.
Hermann, D./Weninger, W. (1999). Das Dunkelfeld in Dunkelfelduntersuchungen. Über die Messung selbstberichteter Delinquenz. Kölner Zeitschrift für Soziologie und Sozialpsychologie, 51, 4, 759-766.
Herrnstein, R. J. (1995). Criminogenic Traits. In J. Q. Wilson/J. Petersilia (Hrsg.), Crime. Twenty-eight leading experts look at the most pressing problem of our time, 39-65. San Francisco: Institute for Contemporary Studies Press.
Hirschi, T. (1969). Causes of Delinquency. Berkeley: University of California Press.
Hirschi, T. (1979). Separate and Unequal Is Better. Journal of Research in Crime and Delinquency, 16, 34-37.
Hirschi, T. (1983). Crime and Family Policy. Journal of Contemporary Studies, 6.
Hirschi, T./Gottfredson, M. R. (1983). Age and the explanation of crime. American Journal of Sociology, 89, 552-584.
Hirschi, T./Gottfredson, M. (1988). Toward a general theory of crime. In W. Buikhausen/S.Mednick (Hrsg.), Explaining crime (Interdisciplanary approaches), 8-26. Leiden: Brill.
Hirschi, T./Gottfredson, M. R. (Hrsg.) (1994). The Generality of Deviance. New Brunswick, London: Transaction Publishers.
Hirschi, T./Gottfredson, M. R. (1995). Control Theory and Life-Course Perspective. Studies on crime and crime prevention, 4, 131-142.
Hirschi, T./Gottfredson, M. R. (2000). In defense of self-control. Theoretical Criminology, 4, 55-69.
Holtappels, H. G. (1987). Schulprobleme und abweichendes Verhalten aus der Schülerperspektive. Bochum: Schallwig.
Hradil, S. (1987). Sozialstrukturanalyse in einer fortgeschrittenen Gesellschaft. Opladen: Leske und Budrich.
Hurrelmann, K. (1986). Einführung in die Sozialisationstheorie. Über den Zusammenhang von Sozialstruktur und Persönlichkeit. Weinheim/ Basel: Beltz.
Hurrelmann, K. (1997). Ist Kriminalität eine unvermeidliche Begleiterscheinung des Erwachsenwerdens? DVJJ-Journal (Extra-Ausgabe. Dokumentation des 1. Bremer Jugendgerichtstages am 25. und 26. April 1997), 20-33.
Hurrelmann, K./Engel, U./Holler, B./Nordlohne, E. (1987). Statusunsicherheit und psychosomatische Beschwerden im Jugendalter. Zeitschrift für Sozialisationsforschung und Erziehungssoziologie, 44-59.
Hurrelmann, K./Rosewitz, B./Wolf, H. K. (1985). Lebensphase Jugend. Eine Einführung in die sozialwissenschaftliche Jugendforschung. Weinheim/München: Juventa.

Irwin, J. (1970). The Felon. Englewood Cliffs, N.J.: Prentice-Hall, Inc.
Jakobs, G. (1983). Strafrecht. Allgemeiner Teil. Berlin/ New York.
Jessor, R./Donovan, J. E./Costa, F. M. (1991). Beyond Adolescence: Problem Behavior and Young Adult Development. New York: Cambridge University Press.
Junger-Tas, J. (1993). Changes in the family and their impact on delinquency. European Journal on Criminal Policy and Research, 1, 27-51.

Junger-Tas, J./Terlouw, G. J./Klein, M. W. (Hrsg.). (1994). Delinquent Behavior among Young People in the Western World. Amsterdam/ New York: Kugler.

Kaiser, G. (1988). Kriminologie. Ein Lehrbuch (2. Aufl.). Heidelberg: C. F. Müller Juristischer Verlag.
Kaiser, G. (1993). Intensivtäter. In G. Kaiser/H. J. Kerner/F. Sack/H. Schellhoss (Hrsg.), Kleines kriminologisches Wörterbuch, Heidelberg: C.F. Müller Juristischer Verlag, (3. Auflage), 178-182.
Kaiser, G. (1997). Kriminologie. Eine Einführung in die Grundlagen (10. Aufl.). Heidelberg: C. F. Müller.
Kandel, D./Faust, R. (1975). Sequence and stages in patterns of adolescent drug use. Archives of General Psychiatry, 32, 923-932.
Karger, T./Sutterer, P. (1993). Legalbiographische Implikationen verschiedener Sanktionsstrategien bei Jugendlichen am Beispiel des einfachen Diebstahls. In G. Kaiser/H. Kury (Hrsg.), Kriminologische Forschung in den 90er Jahren. Criminological Research in the 1990's. Beiträge aus dem Max-Planck-Institut für ausländisches und internationales Strafrecht, 66,1, 127-155. Freiburg i. Br.
Karstedt, S. (1996). Soziale Ungleichheit und Kriminalität – Zurück in die Zukunft? In K. D. Bussmann/R. Kreissl (Hrsg.), Kritische Kriminologie in der Diskussion: Theorien, Analysen, Positionen, 45-72. Opladen: Westdeutscher Verlag.
Kaupen, W. (1973). Klassenjustiz in der Bundesrepublik. Vorgänge, 12, 32-44.
Kelly, D. H. (1979). The Role of Teachers' Nominations in the Perpetuation of Deviant Adolescent Careers. In D. H. Kelly (Hrsg.), Deviant Behavior. NewYork: St. Martin's Press.
Kercher, K. (1988). Criminology. In E. F. Borgatta/K. S. Cook (Hrsg.), The future of sociology, 294-316. Newbury Park: Sage.
Kerner, H.-J. (1986). Mehrfachtäter, "Intensivtäter" und Rückfälligkeit. Eine Analyse der Strukturen neuerer kriminalistisch-kriminlogischer Erhebungen. In H. Göppinger/R. Vossen (Hrsg.), Rückfallkriminalität. Führerscheinentzug (Bericht über die XXIII. Tagung der Gesellschaft für die gesamte Kriminologie vom 10-12. Oktober 1985 in Salzburg), 103-135. Stuttgart: Enke.
Kerner, H.-J. (1994). Kriminalität als Konstrukt. Universitas – Zeitschrift für interdisziplinäre Wissenschaft, 49, 924-937.
Kerner, H.-J. (1996). Erfolgsbeurteilung nach Strafvollzug – Ein Teil des umfassenden Problems vergleichender Sanktionsforschung. In H. J. Kerner/G. Dolde/H. G. Mey (Hrsg.), Jugendstrafvollzug und Bewährung, 3-95. Bonn: Forum Verlag Godesberg.
Kerner, H.-J./Dolde, G./Mey, H. G. (Hrsg.). (1996). Jugendstrafvollzug und Bewährung. Analysen zum Vollzugsverlauf und zur Rückfallentwicklung (Schriftenreihe des Deutschen Bewährungshilfevereins e.V., Band 27). Bonn: Forum Verlag Godesberg.
Kerner, H.-J./Weitekamp, E. G. M./Stelly, W./Thomas, J. (1997). Patterns of criminality and alcohol abuse: results of the Tuebingen Criminal Behaviour Development Study. Criminal Behaviour and Mental Health, 7, 401-420.
Kersten, J. (1997). Gut und (Ge)schlecht: Männlichkeit, Kultur und Kriminalität. Berlin/ New York: de Gruyter.
Keske, B. (1983). Die Kriminalität der "Kriminellen". Eine empirische Untersuchung von Struktur und Verlauf der Kriminalität bei Strafgefangenen sowie ihrer Sanktionierung. München: Minerva.
Klinteberg, B. (1997). Hyperactive Behaviour and Aggressiveness as Early Risk Indicators for Violence: Variable and Person Approaches. Studies on Crime and Crime Prevention, 6, 21-34.
Knight, B. J./West, D. J. (1975). Temporary and continuing delinquency. British Journal of Criminology, 15, 43-50.
Knight, B. J./Osborn, S. G./West, D. J. (1977). Early Marriage and Criminal Tendency in Males. British Journal of Criminology, 17, 348-360.
Kofler, R. (Hrsg.) (1980). Beruf und Kriminalität. Eine empirische Untersuchung der Zusammenhänge zwischen Beruf und Straffälligkeit bei den Probanden der Tübinger Jungtäter-Vergleichsuntersuchung. München: Minerva.
Kolvin, I./Miller, F. J. W./Scott, D. M./Gatzanis, S. R. M./Fleeting, M. (Hrsg.) (1990). Continuities of Deprivation? Aldershot: Avebury.
Krämer, K. (1992). Delinquenz, Suchtmittelumgang und andere Formen abweichenden Verhaltens. Ein Geschlechtervergleich. Freiburg i.Br.: Lambertus.
Kreß, C. (1998). Das Sechste Gesetz zur Reform des Strafrechts. Neue Juristische Wochenschrift, 51, 633-644.
Kreuzer, A. (1994). Kriminologische Dunkelfeldforschung. Neue Zeitschrift für Strafrecht, 4, 164-168.

Krüger, H. P./Schöch, H./Vollrath, M./Lübmann, R. (1998). Die Auswirkung der Erhöhung des Gefahrengrenzwerts. In H. P. Krüger (Hrsg.), Fahren unter Alkohol. Stuttgart.

Krüger, U. (1999). Jugendliche Vielfachtäter. Entwicklungen, Analysen und Reaktionen in Hamburg. Kriminalistik, 6, 374-379.

Kühnel/Jagozinski/Terwey. (1989). Teilnehmen oder Boykottieren. Ein Anwendungsspiel der binären logistischen Regression mit SPSSx. ZA-Information, 25, 62 f.

Kürzinger, J. (1993). Eigentums- und Vermögenskriminalität. In G. Kaiser/H. J. Kerner/F. Sack/H. Schellhoss (Hrsg.), Kleines kriminologisches Wörterbuch, Heidelberg: C.F. Müller Juristischer Verlag (3. Auflage), 107-113.

Kury, H. u. a. (Hrsg.). (1986). Prognose und Behandlung bei jungen Rechtsbrechern. Ergebnisse eines Forschungsprojektes (Kriminologische Forschungsberichte aus dem Max-Planck-Institut für ausländisches und internationales Strafrecht). Freiburg i.Br.: Eigenverlag.

Lamnek, S. (1977). Kriminalitätstheorien – kritisch. München: Fink.

Lamnek, S. (1993). Theorien abweichenden Verhaltens: eine Einführung für Soziologen, Psychologen, Pädagogen, Juristen, Politologen, Kommunikationswissenschaftler und Sozialarbeiter (5. Aufl.). München: Fink.

Larzelere, R. E./Patterson, G. R. (1990). Parental Management: Mediator of the Effect of Socioeconomic status on Early Delinquency. Criminology, 28, 301-323.

Laub, J. H./Sampson, R. J. (1988). Unraveling Families and Delinquency: A Reanalysis of the Glueck's Data. Criminology, 26, 355-381.

Laub, J. H./Sampson, R. J. (1991). The Sutherland-Glueck Debate: On the Sociology of Criminological Knowledge. American Journal of Sociology, 96,1402-1440.

Laub, J. H./Sampson, R. J. (1993). Turning points in the life course: Why change matters to the study of crime. Criminology, 31, 301-325.

Laub, J. H./Sampson, R. J. (1995). Crime, conformity, and death in later life: A 60 year perspective. Paper presented at the Annual Meeting of the American Sociological Association, Washington DC. August 1995; unveröffentlicht.

Laub, J. H./Nagin, D. S./Sampson, R. J. (1998). Trajectories of Change in Criminal Offending: Good Marriages and the Desistance Process. American Sociological Review, 63 , 4, 225-238.

Le Blanc, M./Fréchette, M. (1989). Male Criminal Activity from Childhood Through Youth. Multilevel and Developmental Perspectives. New York u.a.: Springer.

Lemert, E. M. (1951). Social Pathology. New York: McGraw-Hill.

Liska, A./Reed, M. (1985). Ties to Conventional Institutions and Delinquency: Estimating Reciprocal Effects. American Sociological Review, 50, 4, 547-560.

Loeber R./Dishion T. (1983). Early Predictors of Male Delinquency: A Review. Psychological Bulletin, 94, 68-99.

Loeber, R./Farrington, D. P./Stouthamer-Loeber, M./Van Kammen, W. B. (1998). Antisocial Behavior and Mental Health Problems. Explanatory Factors in Childhood and Adolescence.Mahwah, NJ/ London: Lawrence Erlbaum Associates.

Loeber, R./Le Blanc, M. (1990). Toward a Developmental Criminology. In M. Tonry/N. Morris (Hrsg.), Crime and Justice (A Review of Research, Band 12), 375- 473. Chicago and London: The University of Chicago Press.

Loeber, R./Stouthamer-Loeber, M. (1986). Family Factors as Correlates and Predictors of Juvenile Conduct Problems and Delinquency. In M. Tonry/N. Morris (Hrsg.), Crime and Justice (An Annual Review of Research, Band 7), 29-149. Chicago and London: The University of Chicago Press.

Lösel, F. (1985). Täterpersönlichkeit. In G. Kaiser/H. J. Kerner/F. Sack/H. Schellhoss (Hrsg.), Kleines Kriminologisches Wörterbuch (2. Aufl.), 471-479. Heidelberg: C. F. Müller Juristischer Verlag.

Lösel, F./Bliesener, T. (1994). Some High-risk Adolescents do not Develop Conduct Problems: Study of Protective Factors. International Journal of Behavioral Development, 17, 753-777.

Lytton, H. (1990). Child and Parent Effects in Boy's Conduct Disorder: A Reinterpretation. Developmental Psychology, 26, 683-697.

Magnusson, D. (1988). Individual Development from an Interactional Perspective: A Longitudinal Study. Hillsdale, NJ: Erlbaum.

Magnusson, D./Bergman, L. R. (1988). Individual and variable-based approaches to longitudinal research on early risk factors. In M. Rutter (Hrsg.), Studies of psychosocial risk: The power of longitudinal data, 44-61. Cambridge: Cambridge University Press.

Magnusson, D./Bergman, L. R. (1990). A pattern approach to the study of pathways from childhood to adulthood. In L. Robins/M. Rutter (Hrsg.), Straight and devious pathways from childhood to adulthood, 101-115. New York: Cambridge University Press.
Magnusson, D./Dunér, A./Zetterblom, G. (1975). Adjustment: A Longitudinal Study. New York: Wiley.
Magnusson, D./Klinteberg, B./Stattin, H. (1993). Autonomic activity/reactivity, behavior, and crime in a longitudinal perspective. In J. McCord (Hrsg.), Facts, frameworks and forecasts, 287-318. New Brunswick, NJ: Transaction Publishers.
Mansel, J./Hurrelmann, K. (1991). Alltagsstreß bei Jugendlichen. Eine Untersuchung über Lebenschancen, Lebensrisiken und psychosoziale Befindlichkeiten im Statusübergang (2. Aufl.). Weinheim/ München: Juventa.
Mansel, J./Hurrelmann, K. (1994). Außen- und innengerichtete Formen der Problemverarbeitung Jugendlicher, Aggressivität und psychosomatische Beschwerden. Soziale Welt, 45, 147-179.
Mansel, J. (1999). Brutalität ohne Grenzen? Befunde aus Dunkelfeldforschungen über die Entwicklung der Häufigkeit aggressiven Verhaltens Jugendlicher. In H. Timmermann/E.Wessela (Hrsg.), Jugendforschung in Deutschland. Eine Zwischenbilanz, 205-243. Opladen: Leske & Budrich.
Maschke, W. (Hrsg.). (1986). Das Umfeld der Straftat. Ein erfahrungswissenschaftlicher Beitrag zum kriminologischen Tatbild. München: Minerva.
Matt, E. (1995). Episode und "Doppel-Leben": Zur Delinquenz Jugendlicher. Monatsschrift für Kriminologie und Strafrechtsreform, 78, 153-181.
McCord, J. (1980). Patterns of Deviance. In S. B. Sells/C. Rick/J. S. Strauss/W. Pollin (Hrsg.), Human Functioning in Longitudinal Perspective,157-165. Baltimore: Williams and Wilkins.
McCord, J. (1995). Relationship between Alcohol and Crime over the Life Course. In H. B. Kaplan (Hrsg.), Drugs, Crime, and Other Deviant Adaptions, 129-141. New York: Plenum Press.
Mednick, S. A./Gabrielli, W. F./Huthings, B. (1984). Genetic Influences in Criminal Convictions: Evidence from an Adoption Cohort. Science, 224, 891-894.
Meisenhelder, T. (1977). An exploratory study of exiting from criminal careers. Criminology, 15, 319-334.
Mednick, S. A./Harway, M./Finello, K. M. (Hrsg.) (1984). Handbook of Longitudinal Research (Band 1: Birth and Childhood Cohorts). New York u.a.: Praeger.
Mednick, S. A./Harway, M./Finello, K. M. (Hrsg.) (1984). Handbook of Longitudinal Research (Band 2: Teenage and Adult Cohorts). New York u.a.: Praeger.
Menard, S./Elliott, D. S. (1990). Longitudinal and cross-sectional data collection and analysis in the study of crime and delinquency. Justice Quarterly, 7, 11-55.
Merton, R. K. (1968). Sozialstruktur und Anomie. In F. Sack/R. König (Hrsg.), Kriminalsoziologie, 283-313. Frankfurt.
Merton, R. K. (1938). Social structure and anomie. American Sociological Review, 3, 672-682.
Merton, R. K. (1957). Social Theory and Social Structure. New York.
Messerschmidt, J.W. (1993). Masculinities and Crime. Lanham.
Miller, W. (1959). Norm-violating Behavior in Middle-Class Culture. In W. Kvaraceus/W. Miller (Hrsg.), Delinquent Behavior: Culture and the Individual, 76 ff. Washington.
Mischkowitz, R. (1993). Kriminelle Karrieren und ihr Abbruch. Empirische Ergebnisse einer kriminologischen Langzeituntersuchung als Beitrag zur „Age-Crime-Debate". Bonn: ForumVerlag Godesberg.
Miyazawa, K. (1993). Das organisierte Verbrechen in Japan – Schattenseite einer modernen Industriegesellschaft. In P. A. Albrecht/A. P. Ehlers/F. Lamott/C. Pfeiffer Schwind, H. D./M. Walter (Hrsg.), Festschrift für Horst Schüler-Springorum, 149-162. Köln: Heymans.
Moffitt, T. E. (1990a). Juvenile delinquency and attention deficit disorder: Developmental trajectories from age 3 to 15. Child Developoment, 61, 893-910.
Moffitt, T. E. (1990b). The neuropsychology of juvenile delinquency: A critical review. In M. Tonry/N. Morris (Hrsg.), Crime and justice (Band 12), 99-169. Chicago: University of Chicago Press.
Moffitt, T. E. (1993). Adolescence-Limited and Life-Course-Persistent Antisocial Behavior: A Development Taxonomy. Psychological Review, 100, 674-701.
Moffitt, T. E. (1994). Natural Histories of Delinquency. In E. G. M. Weitekamp/H. J. Kerner (Hrsg.), Cross-National Longitudinal Research on Human Development and Criminal Behavior, 3-61. Dordrecht u.a.: Kluwer Academic Publishers.
Moffitt, T. E. (1997). Adolescence-Limited and Life-Course-Persistent Offending: A Complementary Pair of Developmental Theories. In T. P. Thornberry (Hrsg.), Developmental Theories of Crime and Delinquency, 11-54. New Brunswick/ London: Transaction Publ.

Moffitt, T. E./Lynam, D. R./Silva, P. A. (1994a). Neuropsychological tests predicting persistent male delinquency. Criminology, 32, 277-300.
Moffitt, T. E./Silva, P. A./Lynam, D. R./Henry, B. (1994b). Self-reported delinquency at age 18: New Zealand's Dunedin multidisciplinary health and development study. In J. Junger-Tas/G. J. Terlouw/M. W. Klein (Hrsg.), Delinquent behavior among young people in the western world, 354-369. Amsterdam/ New York: Kugler.
Mulvey, E. P./Aber, M. (1988). Growing out of delinquency: Development and desistance. In R. L. Jenkins et al. (Hrsg.), The abondonment of delinquent behavior (Promoting and turnaround, 99-116. New York u. a..: Praeger.

Nagin, D. S./Farrington, D. P./Moffitt, T. E. (1995). Life-course trajectories of different types of offenders. Criminology, 33, 111-139.
Nagin, D. S./Paternoster, R. (1991). On the relationship of past to future participation in delinquency. Criminology, 29, 163-189.

Olweus, D. (1979). Stability of aggressive reaction patterns in males: A review. Psychological Bulletin, 86, 852-875.
Olweus, D. (1980). Familial and Temperamental Determinats of Aggressive Behavior in Adolescent Boys: A Causal Analysis. Developmental Psychology, 16, 644-660.
Olweus, D. (1983). Low School Achievement and Aggressive Behavior in Adolescent Boys. In D. Magnusson/V. L. Allen (Hrsg.), Human Development: An Interactional Perspective, 353-365. New York: Academic.
Osborn, S. G. (1980). Moving Home, Leaving London and Delinquent Trends. British Journal of Criminology, 20, 54-61.

Palamara, F./Cullen, F. T./Gersten, J. C. (1986). The effect of police and mental health intervention on juvenile deviance: Specifying contingencies in the impact of formal reaction. Journal of Health and Social Behavior, 27, 90-105.
Parsons, T. (1951). The Social System. New York: The Free Press.
Patterson, G. R. (1976). The aggressive child: Victim and architect of a coercive system. In E. J. Mash/L. Hamerlynck/L. Handy (Hrsg.), Behavior modification and families, 267-316.New York: Brunner/Mazel.
Patterson, G. R. (1980). Children Who Steal. In T. Hirschi/M. Gottfredson (Hrsg.), Understanding Crime: Current Theory and Research, 73-90. Beverly Hills, Calif.: Sage.
Patterson, G. R. (1982). Coercive Family Process. A social Learning Approach. Eugene, Oreg.: Castaha Publishers.
Patterson, G. R. (1995). Coercion as a basis for early age of onset for arrest. In J. McCord (Hrsg.), Coercion and punishment in long-term perspectives, 81-105. Cambrige: Cambridge University Press.
Patterson, G. R./Dishion, T. J. (1985). Contributions of families and peers to delinquency. Criminology, 23, 63-79.
Patterson, G. R./DeBaryshe, B. D./Ramsey, E. (1989). A Developmental Perspective on Antisocial Behavior. American Psychologist, 44, 329-335.
Patterson, G. R./Bank, L./Stoolmiller, M. (1990). The Preadolescent's Contributions to Disrupted Family Process. In R. Montemayor/G. R. Adams/T. P. Gullotta (Hrsg.), From childhood to adolescence: a transitional period? (Advances in adolescent development, Band 2), 107-133). Newbury Park: California u.a.: Sage Publications.
Patterson, G. R./Reid, J. B./Dishion, T. J. (1992). Antisocial Boys. Oregon: Castalia.
Patterson, G. R./Yoerger, K. (1993). Developmental Models for Delinquent Behavior. In S. Hodgins (Hrsg.), Mental disorder and crime, 140-172. Newbury Park: Sage.
Petillon, H. (1982). Soziale Beziehungen zwischen Lehrern, Schülern und Schülergruppen. Weinheim: Beltz.
Pfeiffer, C. (1987). Und wenn es künftig weniger werden – Die Herausforderung der geburtenschwachen Jahrgänge (Teil 1). In DVJJ (Hrsg.), Und wenn es künftig weniger werden – Die Herausforderung der geburtenschwachen Jahrgänge (Schriftenreihe Neue Folge, Band 17), 9-52. München: Selbstverlag der DVJJ.
Pickles, A./Rutter, M. (1991). Statistical and conceptual models of "turning points" in developmental processes. In D. Magnusson et al. (Hrsg.), Problems and methods in longitudinal research: Stability and change, 133-189. New York u.a.: Cambridge University Press.

Piliavin, I./Gartner, R./Thornton, G./Matsueda, R. L. (1986). Crime, deterrence, and rational choice. American Sociological Review, 51, 101-119.
Popitz, H. (1980). Die normative Konstruktion von Gesellschaft. Tübingen: J.C.B. Mohr (Paul Siebeck).
Posiege, P./Steinschulte-Leidig, B. (1999). Intensivtäter. Eine Übersicht zu aktuelle Entwicklungen. Wiesbaden: Bundeskriminalamt.
Pulkkinen, L. (1987). Offensive and defensive aggression in humans: A longitudinal perspective. Aggressive Behavior, 13, 197-212.

Quinton, D./Pickles, A./Maughan, B./Rutter, M. (1993). Partners, peers and pathways: Assortative pairing and continuities in conduct disorder. Development and Psychopatology, 5, 763-783.
Quinton, D./Rutter, M. (1988). Parenting breakdown: The making and breaking of inter-generational links. Alershot: Avebury.

Raine, A./Brennan, P./Mednick, S. A. (1994). Birth complications combined with early maternal rejection at age 1 year predispose to violent crime et age 18 years. Archives of General Psychiatry, 51, 984-988.
Raine, A./Brennan, P./Mednick, B./Mednick, S. A. (1996). High rates of violence, crime, academic problems, and behavioral problems in those with both early neuromotor deficits and negative family environments. Archives of General Psychiatry, 53, 544-549.
Raine, A./Brennan, P./Mednick, S. A. (1997). Interaction between birth complications and early maternal rejection in predisposing individuals to adult violence: Specificity to serious, early-onset violence. American Journal of Psychiatry, 154, 1265-1271.
Rand, A. (1987). Transitional Life Events and Desistance from Delinquency and Crime. In M. E. Wolfgang/T. P. Thornberry/R. M. Figlio (Hrsg.), From Boy to Man, from Delinquency to Crime, 134-162. Chicago: University of Chicago Press.
Ray, M. C./Downs, W. R. (1986). An empirical test of labeling theory using longitudinal data. Journal of Research in Crime and Delinquency, 23, 169-194.
Riley, D./Shaw, M. (1985). Parental Supervision and Juvenile Delinquency (Home Office Research Study No. 83). London: HMSO.
Robins, L. N. (1978). Study Childhood Predictors of Adult Antisocial Behavior. Replications from Longitudinal Studies. Psychological Medicine, 8, 611-622.
Robins, L. N. (Hrsg.) (1966). Deviant Children Grown Up. Baltimore: Williams and Wilkins.
Robins, L. N./Rutter, M. (Hrsg.). (1990). Straight and devious pathways from childhood to adulthood. New York.
Rottleuthner, H. (1969). Klassenjustiz? Kritische Justiz, 2, 1-26.
Rutter, M./Giller, H. (1983). Juvenile Delinquency. Trends and Perspectives. Great Britain: Penguin Books.
Rutter, M./Giller, H./Hagell, A. (1998). Antisocial Behavior by Young People. Cambridge: University Press.

Sack, F. (1969). Abweichendes Verhalten. In W. Bernsdorf (Hrsg.), Wörterbuch der Soziologie, 2-8. Stuttgart: Ferdinand Enke.
Sampson, R. J./Laub, J. H. (1993). Crime in the Making: Pathways and Turning Points Through Life. Cambrigde and London: Harvard University Press.
Sampson, R. J./Laub J.H. (1995). Understanding Variability in Lives Through Time: Contributions of Life-Course Criminology. Studies on Crime and Crime Prevention, 4, 143-158.
Sampson, R. J./Laub, J. H. (1996). Socioeconomic achievement in the life course of disadvantaged men: military service as a turning point, circa 1940-65. American Sociological Review, 61, 347-367.
Sampson, R. J./Laub, J. H. (1997). A Life-Course Theory of Cumulative Disadvantage and the Stability of Delinquency. In T. P. Thornberry (Hrsg.), Developmental theories of crime and delinquency, 133-161. New Brunswick/London: Transaction Publ.
Schäffer, P. (1996). Rückfall bei ehemaligen Strafgefangenen . Ergebnisse einer Nachuntersuchung der Tübinger Jungtäter-Vergleichsuntersuchung. Baden-Baden: Nomos-Verlag (Nomos Universitätsschriften: Recht; Band 197)
Schellhoss, H. (1985). Rehabilitation, Resozialisierung. In G. Kaiser/H. J. Kerner/F. Sack/H. Schellhoss (Hrsg.), Kleines Kriminologisches Wörterbuch, 357-361. Heidelberg: C. F. Müller Juristischer Verlag.

Schneider, H. J. (2000). Gewaltdelinquenz im Kindes- und Jugendalter. Häufigkeit, Ursachen, Vorbeugung und Kontrolle in internationaler Perspektive. Kriminalistik, 2, 87-98.

Schöch, H. (1984). Kriminalprävention durch Generalprävention? In DVJJ (Hrsg.), Jugendgerichtsverfahren und Generalprävention, 273-280. München.

Schöch, H. (1985). Schule. In G. Kaiser/H. J. Kerner/Sack-Fritz/H. Schellhoss (Hrsg.), Kleines Kriminologisches Wörterbuch (2. Aufl.), 383-387. Heidelberg: C. F. Müller Juristischer Verlag.

Schröder, A./Schmitt, B. (1988). Soziale Unterstützung. In L. Brüderl (Hrsg.), Theorien und Methoden der Bewältigungsforschung, 149-159. Weinheim/München.

Schubert, A. (1997). Delinquente Karrieren Jugendlicher. Reanalysen der Philadelphia Cohort Studies. Aachen: Shaker.

Schumann, K. F. (1989). Positive Generalprävention – Ergebnisse und Chancen der Forschung. Heidelberg: Müller.

Schumann, K. F. (1998). Empirische Beweisbarkeit der Grundannahmen von positiver Generalprävention. In B. Schünemann/A. von Hirsch/N. Jareborg (Hrsg.), Positive Generalprävention. Kritische Analysen im deutsch-englischen Dialog. Uppsala-Symposium 1996, 17-28. Heidelberg: C.F. Müller.

Schumann, K. F./Berlitz, C./Guth, H. W./Kaulitzki, R. (Hrsg.). (1987). Jugendkriminalität und die Grenzen der Generalprävention. Neuwied/Darmstadt: Luchterhand.

Seiffge-Krenke, I. (1984). Problembewältigung im Jugendalter (Habilitationsschrift). Gießen.

Sessar, K. (1997). Zu einer Kriminologie ohne Täter. Oder auch: Die kriminogene Tat. Monatsschrift für Kriminologie und Strafrechtsreform, 1-24.

Shannon, L. W. (1988). Criminal Career Continuity. New York: Human Sciences Press.

Shannon, L. W./McKim, J. L./Curry, J. P./Haffner, L. J. (Hrsg.). (1988). Criminal Career Continuity. Its Social Context. New York: Human Sciences Press, INC.

Shover, N. (1983). The Latter Stages of Ordinary Property Offenders` Careers. Social Problems, 31, 208-218.

Shover, N. (1985). Aging Criminals. Beverly Hills u.a.: Sage Publications.

Shover, N./Thompson, C. Y. (1992). Age, differential expectations, and crime desistance. Criminology, 30, 89-104.

Silbereisen, R. K./Vaskovics, L., A./Zinnecker, J. (Hrsg.) (1996). Jungsein in Deutschland. Jugendliche und junge Erwachsene 1991 und 1996. Opladen: Leske und Budrich.

Silberman, M. (1976). Toward a Theory of Criminal Deterrence. American Sociological Review, 41, 442-461.

Silva, P. A./Stanton, W. R. (1996). From Child to Adult: The Dunedin Multidisciplinary Health and Development Study. Auckland: Oxford University Press.

Simmel, G. (1958). Soziologie. Untersuchungen über die Formen der Vergesellschaftung. Berlin: Duncker & Humblot (4. Aufl.).

Smith, D./Paternoster, R. (1990). Formal Processing and Future Delinquency: Deviance Amplification as Selection Artifact. Law and Society Review, 24.

Sommers, I./Baskin, D. R./Fagan, J. (1994). Getting out of the life: crime desistance by female street offenders. Deviant behavior (An interdisciplinary journal), 15, 125-149.

Spieß, G. (1986). Soziale Integration und Bewährungserfolg: Aspekte der Situation nach Haftentlassung und ihre Bedeutung für die Legalbewährung. In H. Kury/Max-Planck-Institut für Ausländisches und Internationales Strafrecht: Kriminologische Forschungsberichte (Hrsg.), Prognose und Behandlung bei jungen Rechtsbrechern. Ergebnisse eines Forschungsprojekts (Band 26), 511-579. Freiburg: Eigenverlag.

Spittler, E. (1968). Die Kriminalität Strafunmündiger. Gießen. (Jur. Diss.)

Statistisches Bundesamt (1975). Statistisches Jahrbuch 1975 für die Bundesrepublik Deutschland. Stuttgart/ Mainz: Kohlhammer.

Statistisches Bundesamt (1999). Statistisches Jahrburch 1999 für die Bundesrepublik Deutschland. Stuttgart: Metzler-Poeschel.

Stattin, H./Magnusson, D. (1991). Stability and change in criminal behaviour up to age 30. The British Journal of Criminology, 31, 327-346.

Stattin, H./Magnusson, D./Reichel, H. (1989). Criminal Activity at Different Ages. A Study Based on a Swedish Longitudinal Research Population. British Journal of Criminology, 29, 368-385.

Steffensmeier, D./Allan, E./Harer, D./Streifel, C. (1989). Age and the distribution of crime: Variant or invariant? American Journal of Sociology, 94, 803-831.

Steinkamp, G. (1991). Sozialstruktur und Sozialisation. In K. Hurrelmann/D.Ulich (Hrsg.), Neues Handbuch der Sozialisationsforschung, 251-277. Weinheim/ Basel: Beltz.

Sutherland, E. (1937). The Professional Thief. Chicago: University of Chicago Press.
Sutherland, E. H./Cressey D.R. (1955 (zuerst 1939)). Principles of Criminology. Chicago u.a.
Sutherland, E. H./Cressey, D. R. (1978 (zuerst 1949)). Criminology (10. Aufl.). Philadelphia: J.B. Lippincott Company.
Sykes, G. M./Matza, D. (1957). Techniques of Neutralization: A Theory of Delinquency. American Sociological Review, 22, 664-670.

Thornberry, T. P. (1987). Toward an interactional theory of delinquency. Criminology, 25, 863-891.
Thornberry, T. P./Farnworth, M. (1982). Social Correlates of Criminal Involvement: Further Evidence in the Relationship Between Social Status and Criminal Behavior. American Sociological Review, 47, 505-518.
Thornberry, T. P./Lizotte, A. J./Krohn, M. D./Farnworth, M./Jang, S. J. (1991). Principal studies. Testing interactional theory: an examination of reciprocal causal relationships among family, school, and delinquency. Rochester youth development study. The Journal of Criminal Law & Criminology, 82, 3-35.
Thornberry, T. P./Lizotte, A. J./Krohn, M. D./Farnworth, M./Jang, S. J. (1994). Delinquent peers, beliefs, and delinquent behavior: A longitudinal test of interactional theory. Criminology, 32, 47-83.
Timmer, S./Veroff, J./Colten, M. E. (1985). Life Stress, Helplessness, and the Use of Alcohol and Drugs to Cope – An Analysis of National Survey Data. In T. A. Wills/S. Shiffman (Hrsg.), Coping and Substance Use, 171-198. Orlando.
Tittle, C. R. (1980). Sanctions and social deviance. The question of deterrence. New York: Praeger.
Tittle, C. R. (1995). Control Balance. Toward a General Theory of Deviance. Boulder, Colo.: Westview Press.
Tittle, Ch. R./Villemez, W. J./Smith, D. A. (1978). The Myth of Social Class and Criminality: An Empirical Evidence. American Sociological Review, 43, 643-656.
Tittle, C. R./Meier, R. F. (1990). Specifying the SES/delinquency relationship. Criminology, 28, 271-299.
Tracy, P. E./Wolfgang, M. E./Figlio, R. M. (1990). Delinquency Careers in Two Birth Cohorts. New York u.a.: Plenum Press.
Tracy, P. E./Kempf-Leonhard, K. (1996). Continuity and Discontinuity in Criminal Careers. New York: Plenum Press.

Vila, B. (1994). A general paradigm for understanding criminal behavior: extending evolutionary ecological theory. Criminology, 32, 311-359.
Villmow, B./Stephan, E. (1983). Jugendkriminalität in einer Gemeinde. Freiburg i. Br.: Max-Planck-Institut
Visher, C. (1995). Career Offenders and Crime Control. In J. Sheley (Hrsg.), Criminology, 514-534. Belmont, CA: Wadsworth.
Vold, G. B./Bernard, T. J./Snipes, J. B. (1998). Theoretical Criminology. New York, Oxford: Oxford University Press.
Voß, R. (1987). Anpassung auf Rezept. Stuttgart: Klett-Cotta.

Wadsworth, M. (1979). Roots of Delinquency: Infancy, Adolescence and Crime. Oxford: Martin Robertson.
Wells, E. L./Ranking, J. H. (1991). Families and delinquency: A meta-analysis of the impact of broken homes. Social Problems, 38, 71-93.
Werner, E. E. (1989). Vulnerability and resilience: A longitudinal perspective. In M. Brambring/F. Lösel/H. Skowronek (Hrsg.), Children at risk: Assessment, longitudinal research, and intervention, 157-172. Berlin u.a.: De Gruyter.
Werner, E. E. (1990). Protective factors and individual resilience. In S. J. Meisel/J. Skonkoff (Hrsg.), Handbook of early childhood intervention, 97-116. New York: Cambridge University Press.
West, D. J. (1982). Delinquency. Its Roots, Careers and Prospects. London: Heinemann.
West, D. J./Farrington, D. P. (Hrsg.) (1973). Who Becomes Delinquent? London: Heinemann.
West, D. J./Farrington, D. P. (Hrsg.) (1977). The Delinquent Way of Life. Third Report of the Cambridge Study in Delinquent Development. London: Heinemann.
White, J. L./Earls, F./Robins, L./Silva, P. A. (1990). How early can we tell? Predictors of childhood conduct disorder and adolescent delinquency. Criminology, 28, 507-529.

Wills, T. A./Shiffman, S. (1985). Coping and Substance Use - A Conceptual Framework. In T. A. Wills/S. Shiffman (Hrsg.), Coping and Substance Use, 3-24. Orlando.

Wilson, J. Q./Herrnstein, R. J. (1985). Crime and Human Nature. New York: Simon and Schuster.

Wiswede, G. (1979). Soziologie abweichenden Verhaltens (2. Aufl.). Stuttgart u.a.: Kohlhammer.

Wittchen, H. U./Saß, H./Zaudig, M./Koehler, K. (Hrsg.) (1991). Diagnostisches und Statistisches Manual Psychischer Störungen DSM-III-R (3. Aufl.). Weinheim/ Basel: Beltz.

Wittmann, H. J. (1980). Zur Bedeutung der Ehe für die Bewährung von Straffälligen. Zeitschrift für Strafvollzug und Straffälligenhilfe, 29, 204-208.

Wolfgang, M. E. (1995). Transitions of crime in the aging process. In Z. Smith Blau (Hrsg.), Current perspectives on aging and the life cycle (Delinquency and Disrepute in the life course, Band 4), Greenwich u. a.: JAI Press, 141-153.

Wolfgang, M. E./Ferracuti, F. (1967). The Subculture of Violence. Toward a Integrated Theory in Criminology. London.

Wolfgang, M. E./Figlio, R. M./Sellin, T. (1972). Delinquency in a Birth Cohort (Studies on Crime and Justice). Chicago u.a.: The University of Chicago Press.

Wolfgang, M. E./Thornberry, T. P./Figlio, R. M. (Hrsg.). (1987). From Boy to Man, from Delinquency to Crime. Chicago u.a.: The University of Chicago Press.

Wright, K. N./Wright, K. E. (1992). Does Getting Married Reduce the Likelihood of Criminality? A Review of the Literature. Federal Probation, 56, 50-56.

10 Anhang

Tabelle A85: Variablen des Kindes- und Jugendalter, Gesamtsample (N=400)

	N	*Minimum*	*Maximum*	*Mean*	*Std. Deviation*
Berufstätigkeit Mutter	400	,00	1,00	,6400	,4806
unzureichende Wohnverhältnisse	398	,00	1,00	,2915	,4550
Familiengröße	396	1,00	4,00	2,3662	,8714
sozio-ökonomischer Status	392	1,00	4,00	2,7934	,8965
Umgebungswechsel	400	,00	3,00	1,1325	1,1525
strukturell unvollständige Familie	399	,00	1,00	,4010	,4907
Devianz Eltern	398	,00	1,00	,2060	,4050
emotionale Familienbindung	314	,00	3,00	1,1274	1,0094
Erziehungsstil	344	,00	3,00	,7645	,9567
Beaufsichtigung	372	,00	2,00	,4274	,7176
Aggressivität /Trotz	400	,00	1,00	,1203	,3257
Unruhe	400	,00	1,00	,097	,2970
Anbindung Schule	375	,00	3,00	,7067	,9996
enge Beziehungen zu delinquenten Peers	385	,00	1,00	,067	,2513
Delinquente Peers bis zum 18. Lj	377	,00	1,00	,2732	,4462
Devianz bis zum 18. Lj	400	,00	14,00	2,3875	2,9401
Jugendkriminalität	400	,00	2,00	,7750	,8492

Tabelle A86: Häufigkeitsverteilung der Indexvariable „Devianz bis zum 18. Lebensjahr", Gesamtsample (N=400)

Anzahl der Berichte über Auffälligkeiten	*N*	*%*
0	135	33,8
1	66	16,5
2	74	18,5
3	31	7,8
4	21	5,3
5	14	3,5
6	12	3,0
7	15	3,8
8	8	2,0
9	8	2,0
10	5	1,3
11	6	1,5
12	2	0,5
13	1	0,3
14	2	0,5
Gesamt	400	100,0

Tabelle A87: Familie und leichte Jugendkriminalität, Korrelationskoeffizienten nach Kendall⁺

		leichte Jugendkriminalität⁺
Familiengröße	N=287	.03
Berufstätigkeit Mutter	N=291	.04
strukturell unvollständige Familie	N=290	.07
Umgebungswechsel	N=291	.15 *
sozio-ökonomischer Status	N=284	.13 *
unzureichende Wohnverhältnisse	N=290	.16 *
Devianz Eltern	N=289	.16 *
emotionale Familienbindung	N=226	.16 *
Erziehungsstil	N=251	.20 **
Beaufsichtigung	N=272	.22 *

\+ Abhängige Variable: keine Jugendkriminalität versus schwere Jugendkriminalität

* $p < .05$

** $p < .001$

Tabelle A88: Struktureller Hintergrund, Familieninteraktion, Frühauffälligkeiten, Schule, Peers und schwere Jugendkriminalität⁺, Regressionskoeffizienten und Anteil erklärter Varianz

	logistische Regression *N=201⁺⁺*	*lineare Regression* *N=308⁺⁺⁺*
sozio-ökonomischer Status	.00	-.02
unzureichende Wohnverhältnisse	-.03	-.04
Berufstätigkeit Mutter	.16 *	.06
strukturell unvollständige Familie	.00	.00
Familiengröße	.00	-.02
Umgebungswechsel	.00	.04
Devianz der Eltern	.05	.05
emotionale Familienbindung	.12 *	.11 *
Erziehungsstil	.18 **	.15 *
Beaufsichtigung	.14 **	.23 **
Unruhe	.00	.12 *
Aggressivität/Trotz	.00	.10 *
Anbindung Schule	.26 **	.37 **
enge Beziehung zu delinquenten Peers	.17 *	.09 *
	P^2=.67	R^2=.61

+ Abhängige Variable: keine Jugendkriminalität versus schwere Jugendkriminalität
++ berücksichtigt wurden nur die Fälle, die bei allen unabhängigen Variablen gültige Werte haben („missing value listwise")
+++ paarweiser Ausschluss fehlender Werte („missing value pairwise)
* p< .05
** p< .001

Tabelle A89: Variablen für die Zeit um das ca. 25. Lebensjahr, H-Sample (N=200)

	N	*Minimum*	*Maximum*	*Mean*	*Std. Deviation*
übermäßiger Alkoholkonsum um ca.25	177	,00	4,00	3,3277	,9505
Milieukontakte um ca. 25	194	,00	1,00	,6340	,4830
unregelmäßige Berufstätigkeit um ca. 25	200	,00	1,00	,8750	,3315
unstrukturiertes Freizeitverhalten um ca. 25	200	,00	1,00	,8050	,3972
Einbindung in Arbeit um ca. 25	200	,00	1,00	,1250	,3315
gutes Verhältnis zu Lebens-partner/Eltern um ca. 25	200	,00	1,00	,2100	,4083
Einbindung in Freizeit um ca. 25	197	,00	1,00	,1371	,3448

Tabelle A90: Variablen für die Zeit um das ca. 35. Lebensjahr, nachuntersuchte H-Probanden (N=112)

	N	*Minimum*	*Maximum*	*Mean*	*Std. Deviation*
intensiver Alkoholkonsum um ca.35	108	,00	1,00	,3889	,4898
Milieukontakte um ca. 35	108	,00	1,00	,2130	,4113
unregelmäßige Berufstätigkeit um ca. 35	107	,00	1,00	,3846	,4886
Qualität Partnerschaft/Ehe um ca. 35	109	1,00	4,00	2,3486	1,1335
Einbindung in Arbeit um ca. 35	104	1,00	3,00	2,2500	,8095

Tabelle A91: Variablen für die Zeit um das ca. 25. Lebensjahr, V-Sample (N=200)

	N	*Minimum*	*Maximum*	*Mean*	*Std. Deviation*
übermäßiger Alkoholkonsum um ca.25	187	,00	4,00	2,0214	1,3196
Milieukontakte um ca.25	200	,00	1,00	,001	,09
unregelmäßige Berufstätigkeit um ca. 25	200	,00	1,00	,1300	,3371
unstrukturiertes Freizeitverhalten um ca. 25	200	,00	1,00	,003	,1710
Einbindung in Arbeit um ca. 25	200	,00	1,00	,8700	,3371
gutes Verhältnis zu Lebens-partner/Eltern um ca. 25	200	,00	1,00	,8250	,3809
Einbindung in Freizeit um ca. 25	194	,00	1,00	,7835	,4129

Tabelle A92: Variablen für die Zeit um das ca. 35. Lebensjahr, nachuntersuchte V-Probanden (N=118)

	N	*Minimum*	*Maximum*	*Mean*	*Std. Deviation*
intensiver Alkoholkonsum um ca. 35	111	,00	1,00	,1171	,3230
Milieukontakte um ca. 35	115	,00	1,00	,0008	,0093
unregelmäßige Berufstätigkeit um ca. 35	117	,00	,00	,0000	,0000
Qualität Partnerschaft/Ehe um ca. 35	110	1,00	4,00	1,8364	1,0538
Einbindung in Arbeit um ca. 35	110	1,00	3,00	1,4455	,5517

Tabelle A93: Inhaftierungshäufigkeit bis zum 25. Lebensjahr und soziale Auffälligkeiten um das 25. Lebensjahr

Anzahl Inhaftierungen bis zum 25. Lebensjahr	*unregelmäßige Berufstätigkeit*	*Milieu-Kontakte*	*intensiver Alkohol-konsum*	*unstrukt. Freizeitver-halten*
0,1 N=54	76%	40%	59%	72%
2,3 N=65	92%	58%	43%	83%
4+ N=57	93%	77%	61%	90%

Tabelle A94: Inhaftierungshäufigkeit bis zum 25. Lebensjahr und soziale Bindungen um das 25. Lebensjahr

Anzahl Inhaftierungen bis zum 25. Lebensjahr	*Einbindung in Arbeit*	*gutes Verhältnis zu Lebenspartner /Eltern*	*Einbindung in Freizeit*	*Einbindung in Arbeit o. Lebensgemein-schaft o. Freizeit*
0,1 N=54	24%	30%	17%	39%
2,3 N=65	8%	17%	17%	34%
4+ N=57	7%	19%	7%	25%

Tabelle A95: *Monatliches Nettoeinkommen aus beruflicher Tätigkeit um das 35. Lebensjahr, Vergleich der Verlaufsmuster bis zum 39. Lebensjahr (nachuntersuchte Probanden)*

	Kein Einkommen	*bis 750 DM*	*750 - 1500 DM*	*1500 - 2000 DM*	*2000 - 3000 DM*	*über 3000 DM*	*Total*
Alle V-Probanden	-	-	12 12%	40 40%	23 23%	26 26%	101 100%
„unauffällige V-Probanden"	-	-	3 6%	21 38%	15 28%	15 28%	54 100%
„Frühe Abbrecher"	-	16%	5 31%	6 38%	3 19%	1 6%	16 100%
„Späte Abbrecher"	-	2 9%	8 36%	7 32%	3 14%	2 9%	22 100%
„Schleichende Abbrecher"	4 23%	-	8 44%	6 33%	-	-	18 100%
„Persister"	5 24%	1 5%	6 29%	6 29%	2 10%	1 5%	21 100%

Tabelle A96: Entwicklung der Berufspositionen der H- und V-Probanden bis zum 45. Lebensjahr, nachuntersuchte Probanden

	H-Probanden (N=97) +			*„unauffällige" V-Probanden (N=62)*			*Alle V-Probanden (N=118)*		
	25. Lj.	35. Lj.	45. Lj.	25. Lj.	35. Lj.	45. Lj.	25. Lj.	35. Lj.	45. Lj.
Gelegenheits- /Hilfsarbeiter	76 78%	46 47%	41 42%	6 10%	2 3%	3 5%	13 11%	7 6%	8 7%
Facharbeiter	14 14%	31 32%	27 28%	22 36%	18 29%	17 27%	43 36%	35 30%	32 27%
Student oder in Ausbildung	-	-	-	10 16%	-	-	15 13%	-	-
Einfacher oder mittlerer Angestellter	5 5%	9 9%	7 7%	15 24%	15 24%	11 18%	29 25%	24 20%	20 17%
Mittlerer Beamten-status	-	-	-	2 3%	-	-	3 3%	-	-
Kleinunternehmer	2 2%	7 7%	14 14%	-	4 7%	4 7%	3 3%	11 9%	12 10%
Landwirt	-	-	-	-	-	-	2 2%	1 1%	1 1%
Höherer oder gehobener Beamtenstatus	-	-	-	2 3%	6 10%	6 10%	2 2%	9 8%	9 8%
Leitender Ange-stellter	-	1 1%	5 5%	3 5%	14 23%	17 27%	5 4%	22 19%	24 20%
Freiberuflich Täti-ge	-	1 1%	1 1%	1 2%	1 2%	3 5%	1 15	2 2%	4 3%
Größerer selbständiger Unternehmer	-	-	-	1 2%	2 3%	1 2%	2 2%	6 5%	7 6%
Keine Angaben	-	2 2%	2 2%	-	-	-	-	1 1%	1 1%

\+ nur H-Probanden der Delinquenzverlaufsmuster bis zum 39. Lebensjahr

Printed in Germany
by Amazon Distribution
GmbH, Leipzig

15967772R00198